KB122279

문명개화 시대의 자유, 권리, 주권, 사회

서양을 번역하다

이 저서는 2018년 대한민국 교육부와 한국연구재단의 지원을 받아 수행된 연구임.
(NRF-2018S1A6A3A01023515)

Lesson 2. *Creatures and Beings.*
All created things are *creatures.* The stone, the leaf, the horse, the bird, the tree, and the star, are all creatures. Some creatures have life, and others have not. Those which have life, as the horse, the bird, and the tree, are called *beings.* Those which have not life, as the star and the stone, are only called *things,* not *beings.*

문명개화 시대의 자유, 권리, 주권, 사회

서양을 번역하다

Translating the West

더글라스 하울랜드 지음
김현, 박은영 소진형, 손민석, 송경호, 이헌미, 홍철기 옮김

Mankind are called *human beings.* Human beings have both bodies and souls. Their bodies grow ; a child is bigger than an infant, and a man is bigger than a child. Their souls are made to understand, to reason, and to love. Mankind know what is right and what is wrong, and they are accountable to God for their actions.

성균관대학교
출 판 부

감사의 글

오래전 대학원에서 이 연구에 관심을 가진 이래로 많은 학자들이 지혜와 아량으로 나를 대해 주셨다. 일본에서 도움을 주신 많은 분들 중에 나를 근대언어연구세미나에 처음으로 불러 주셨고 오랜 기간 동안 부족한 질문에 답해 주신 것은 물론 이해의 지평을 넓혀 주신 전 국립언어연구센터, 현재는 국제기독교대학의 히다 요시후미(飛田良文) 교수에게 특히 감사의 말씀을 드린다. 만일 내가 히다 교수의 학문적 엄격함을 닮을 수 있었다면 무언가를 성취하고도 남았을 것이다. 또한 내게 일본법과 정치에 관한 연구를 맡겨 주신 것은 물론 연구의 성공에 필요한 수많은 자료의 소개를 아끼지 않으셨던 릿쿄대학의 이가라시 아키오(五十嵐暁郎) 교수에게도 특별한 감사를 표한다. 또 릿쿄대학의 마에다 가즈오(前田一男) 박사는 나에게 도쿄대학과 일본 교육의 역사를 가르쳐 주었다. 그리고 교과서연구센터의 나카무라 기쿠지(中村紀久二) 선생은 일본의 교과서 연구의 역사를 소개해 주었고, 가나가와대학의 오이카와 기요

히데(及川清秀) 선생은 언어 사용과 참고 자료에 대한 나의 질문에 꼭 필요한 답변을 제공해 주었다.

많은 도서관과 자료보관실의 호의와 도움으로 연구에 필요한 소장품을 열람할 수 있었다. 일본의 소장품과 기술 접근에 대한 방대한 지식을 제공해준 릿교대학 법학도서관의 고이즈미 도오루(小泉徹) 선생과 초보자인 내게 개인 소장 자료를 기꺼이 공개해 주신 오쿠보 도시아키(大久保利謙) 교수에게 큰 은혜를 입었다. 또한 도쿄중앙도서관의 이노우에 데쓰지로 아카이브, 국립교육연구소 도서관, 도쿄대학 법학도서관, 도쿄대학 메이지정기간행물 아카이브, 동양문고(東洋文庫), 와세다대학 도서관 특수 컬렉션(문고)의 관계자분들에게도 감사드린다. 하버드-옌칭 도서관의 티모시 코너(Timothy Connor)는 일본 국립국회도서관 메이지시대 도서 마루젠(丸善) 마이크로필름 컬렉션을 이용할 수 있도록 친절하게 도와주셨다.

이 작업의 연구와 저술은 몇몇 단체와 개인의 아낌없는 지원을 통해 가능했다. 이 연구는 1980년대에 논문 작성과 함께 시작하게 되었고 일본 문부성 연구 펠로우쉽의 지원을 받았다. 1992년 국제교류기금(Japan Foundation)의 전문가 펠로우쉽 프로그램을 통해 도쿄에서 연구를 계속할 수 있었고, 1994년 아시아연구협회(Association for Asian Studies) 동북아시아 지역평의회에서 수여하는 보조금은 또 다른 일본행을 가능하게 했다. 예비 집필은 미국 사회과학연구회의(Social Science Research Council)와 드폴대학 문과대학과 대학연구회의 연구보조금의 도움을 받았다. 또 1997-1998학년도에는 우드로 윌슨 센터(Woodrow Wilson

International Center for Scholars)의 펠로우쉽을 통해 저서 형태로 연구를 진척시킬 수 있었다. 윌슨 센터의 동료인 찰스 브릭스(Charles Briggs), 데이비드 길마틴(David Gilmartin), 아킬 굽타(Akhil Gupta), 제임스 헤비아(James Hevia), 루이즈 화이트(Luise White) 외에도, 켄 알펜(Ken Alpern), 앤드류 바세이(Andrew Barshay), 린 프라이왈드(Linn Freiwald), 하워드 카플란(Howard Kaplan), 제임스 키틀러(James Ketelaar), 리처드 킹(Richard H. King), 엘리자베스 릴레호즈(Elizabeth Lillehoj), 조셉 머피(Joseph Murphy), 루크 로버츠(Luke Roberts), 카렌 스콧(Karen Scott), 로널드 토비(Ronald Toby), 데이비드 터커(David Tucker), 앤 웨마이어(Ann Wehmeyer) 및 조지 윌슨(George M. Wilson) 등 많은 친구들과 동료 연구자들의 비판적 제언에 감사드린다. 케빈 독(Kevin M. Doak)과 스테판 다나카(Stefan Tanaka)는 장기간에 걸친 연구 프로젝트 동안 광범위한 지식과 전문적 식견으로 충고해 주었고, 초고를 꼼꼼히 읽고 혜안으로 제언을 해 준 두 사람의 호의에 다시금 진심으로 감사의 마음을 전한다.

아울러 이 책은 “Nishi Amane's Efforts to Translate Western Knowledge: Sound, Mark, and Meaning”, *Semiotica* 83(3-4), 1991(283-310) ; “Society Reified: Herbert Spencer and Political Theory in Early Meiji Japan,” *Comparative Studies in Society and History* 42(1), 2000.01(67-86) ; “Translating Liberty in Nineteenth-Century Japan.” *Journal of the History of Ideas* 62(1), 2001.01(168~181) 등의 논문에 바탕을 두고 있다.

마지막으로 전문적인 지원을 아끼지 않은 해리 하루투니안(Harry

Harootunian)과 그레고리 코즐로스키(Gregory Kozlowski)와 믿음과 열정을 가지고 기다려 준 하와이대학 출판부의 패트리샤 크로스비(Patricia Crosby), 저술 활동을 위한 휴직을 권유했던 마이클 메제이(Michael L. Mezey) 학장, 도쿄에서 무수한 친절을 베풀어 준 노리코 아소(Noriko Aso), 알란 크리스티(Alan Christy), 레슬리 핀커스(Leslie Pincus)와 컴퓨터 그래픽의 제이슨 존스(Jason Jones), 미쓰쿠리의 전기를 알게 해 준 알렉시스 더든(Alexis Dudden), 워싱턴에서 연구 지원을 한 리 페닝턴(Lee K. Pennington), 긴 겨울 동안 함께 했던 프란츠(Franz)와 볼프강(Wolfgang)의 소나타, 소중한 지적 교류를 지속한 린(Linn)과 하워드(Howard), 카렌(Karen)의 이성적인 목소리와 훈육과 관용을 베풀어 주셨던 나의 부모님, 그리고 많은 것을 가능하게 해준 롭(Rob)에게 특별히 감사드린다.

일러두기

- 『메이로쿠잡지(明六雑誌)』의 글을 인용할 때는 오쿠보 도시아키(大久保利謙)의 연대표기에 따랐다. 또한 누락된 날짜를 제공할 때에는 꺾쇠괄호로 표시했다. 大久保利謙, 『明六社考』, 立体社, 1976, pp. 29-30 참조.
- 메이지 초기의 정기간행물이 번호 매기기에 문제가 있고, 혹시 모를 혼란을 피하고자 인용을 할 경우 날짜는 물론 권, 호 발행번호 등 가급적 많은 정보를 포함시켰다. 또한 일본의 연호 표기를 양력으로 환산하여 메이지 6년 4월을 1873년 4월로 표기하였다.
- 그리고 '원본' 저자들(1887년 12월 출판 규정에 따라 법적으로 의무화)보다 작품의 메이지 번역자를 우선시하는 일본의 습관에 따라, 이 책에서는 『국법범론(国法汎論)』의 기본 표기는 블룬칠리(J. K. Bluntschli) 대신 가토 히로유키(加藤弘之)로 한다. W. W. McLaren, ed., *Japanese Government Documents*(1914; repr. Tokyo: Asiatic Society of Japan, 1979), p. 553를 참조하라. 마지막으로 단어 사용의 예시를 위해 5장과 6장에서 짧은 저작들을 많이 인용했고, 그 목록들은 참고문헌에서 확인할 수 있다.

역자 일러두기

- 역자들은 원저자의 의도를 명확하게 전달하기 위해 다음과 같은 규칙에 따라 번역을 진행하였다.
  1) 본문에서 사용된 " "표기는 모두 원저자의 표기이며, 그 외의 ' '표기는 역자들이 독자의 이해를 돕기 위해 추가한 것이다.
  2) 원저에서 저자가 특정 개념어를 설명하면서 일본어 발음 그대로 영문 이탤릭으로 표기한 단어의 경우, 원칙적으로 한국어 발음으로 표기 후 고딕체로 구분해 두었다.
     (예 : 저자가 *jiyu*와 같이 표기한 것은 일본어 '自由'를 말하므로 **자유**(自由)의 형태로 표기함)
  3) 원저의 모든 주석은 각 장의 끝에 미주로 처리하였고, 옮긴이 주가 필요할 경우에는 (옮긴이)로 구분하여 표기하였다.
  4) 한자 표기는 기본적으로 일본식 한자(간체)를 사용하는 것을 원칙으로 하였다.

제1장

서론

본 연구는 19세기 후반 서유럽과 미국에서 일본으로 전파된 정치적 개념에 관한 내용이다. 내가 이 책에서 검토한 특정한 개념들, 즉 자유, 권리, 주권, 인민, 사회는 대체로 영국 맥락의 '자유주의'와 문명에 대한 계몽주의 모델을 경유해서 일본에 소개되었다. 존 스튜어트 밀(John Stuart Mill)의 『자유론(*On Liberty*)』(1859년)과 같은 문헌을 읽은 이들은 자유주의 용례로 표시된 정치적 지형도가 친숙하다. 인민*은 합세하여 전제 군주에 반대하고, 전제 군주의 특권을 인민이 개인의 자유를 가지고 정부에 참여할 권리로 변화시키는 법률을 강제한다. 그리하여 시민의 자

* '피플(people)'은 현대어라면 '국민'으로 옮기는 것이 적절하지만, 여기서는 다음의 문제들 때문에 특정 문맥이나 용례를 예외로 하면 대체로 '인민'으로 옮긴다. 첫째, '네이션(nation)'의 번역어로 사용되는 '국민(国民)'과 차별성을 나타내기 힘들다. 둘째, '피플'의 동아시아 근대 번역사가 '정치 공동체의 전체 성원'보다는 '피치자' 혹은 '백성'이라는 의미에서 출발하였다. 셋째, 이 책에서 다루는 시기에 '인민(人民)'이 '피플'의 우세한 번역어였다. 관련된 내용은 이 책의 6장을 참조(옮긴이).

치(自治) 사회로 재건한다. 시민사회와 정치체가 발전함에 따라 올바르게 통치할 수 있는 우월한 이해력을 가진 합리적인 사람들이 사회 하층민 교육을 담당하고, 더 많은 이들에게 정치에 참여하는 선거권을 부여하게 된다. 참여가 확대됨에 따라 모든 인류의 잠재적인 발전 역시 함께 확대된다.

하지만 이러한 이상적인 시나리오는 미리 결정되어 있는 단순한 작업이 아니었다. 본 연구의 한 가지 목적은 일본의 경우 서구화가 선형적 과정이 아니었다는 점을 보여주는 것이다. 즉, 뿌리가 흙과 삼베에 안전하게 고정된 상태로 배달되는 나무와 달리, 서양은 깔끔한 꾸러미로 포장된 형태로 이식되지는 않았다. 서구화의 내용을 규정하는 개념은 번역이 잘 되지 않았고, 일본의 기존 개념에 자연스럽게 들어맞지 않았다. 따라서 일본에서 새로운 서구 정치 담론을 채택하기 위해서는 새로운 정치 담론에 관여할 수 있는 새로운 용어를 발명해야 했다. 서구를 번역하려는 일본의 노력은 두 문제의 차원에서 이해되어야 한다. 바로 새로운 개념의 생성과 유통이라는 언어의 문제와 서구화된 일본에서 시행될 정책에 대한 논쟁에서 사용되는 새로운 개념이라는 행동의 문제이다.

본 연구의 두 번째 목적은 서구화가 19세기 일본에 도입되는 과정에서 번역과 정치적 실천의 연관성을 명확히 하는 것이다. 일본의 정치와 교육, 지식인 지도자들은 정치적 개념을 실천하는 것보다 그것을 번역하는 데 훨씬 더 열정적이었다. 유럽의 지도자들과 마찬가지로 그들은 자유주의적 제도 설립에 있어서는 신중을 기했다. 자유주의와 민주주의에 대한 19세기의 관심에 있어서 더 오래된 공화주의 이론이 유럽에 영향을 미친 것처럼, 대다수 일본 지도자들은 조심스럽게 대의적 제도가 있는 헌정체제를 옹호했다. 인민은 그들 자신을 대표할 수 있기 전에 정치적이고 도덕적인 계도를 필요로 했다. 아울러 이러한 관점은 지난 세기 서구화 과정에서 거의 모든 국가적 변화에 영향을 미쳤다.

따라서 본 연구는 19세기 서구 자유주의 이론과 그 전파를 살펴볼 수 있는 새로운 렌즈를 제시한다. 내 주장의 핵심에는 서구화와 근대화의 차이점이 있다. 서구화에 있어서, 나는 **문명개화**(文明開化)와 관련된 초기 메이지 시대의 현상에 주목하고자 한다. 산업기술과 과학지식에서부터 자치적인 상공인 집단에 영향을 미친 교육체제까지, 서구의 본을 따라 부강한 일본을 만들기 위한 일본인들의 노력 말이다. 2장에서 설명하겠지만 **문명개화**는 서양을 더 닮아 가는 서구화와 서구 문명의 계몽된 상태에 도달하기 위해 적극적으로 애쓰는 작업 모두를 의미하는 것이었다. 이 책에서 나는 서양의 정치구조를 재생산하려는 일본의 노력을 알려 주는 정치언어 채택과 추론방식에 중점을 둔다.

하지만 "문명화된다는 것" 혹은 서구와 비슷해진다는 것이 반드시 더 근대적이 된다는 것을 의미하지는 않는다. 나는 **문명개화**를 근대화 이론의 의도적인 대안으로 이해하고 여기에 집중하고자 하는데, 근대화 이론은 역사기술 이론과 "근대적이 되는" 과정을 문제적으로 융합시키고 있기 때문이다. 전자는 산업화의 진전에 따라 사회가 어떻게 변화되는지를 설명하는데 이는 묘사되고 논의될 수도 있다. 하지만 후자의 경우 그 암묵적인 가치와 가정으로 인해 극도로 논쟁적이다. 누가 혹은 무엇이 "근대적이라는 것"을 결정하는가. 근대화와 근대화하는 국가들의 공통적인 발전 패턴을 찾는 관념론적 방식은 근대화 이론의 두드러진 가정이다. 영국의 경험은 자본축적과 관료화, 그리고 생산, 운송, 통신 분야의 합리적 방법을 검토하는 데 있어 지속적으로 비교의 준거점 역할을 하는데, 이는 근대화 이론이 근대적이고 진보적이며 사회적으로 좋은 것이라고 평가하는 현상이다.

문명개화의 근대적 혹은 서구적 내용을 파악하는 것보다 내가 여기에서 더 관심을 기울여 검토하고 싶은 것은 문명개화를 개념화하고 그것이 제기한 정치적, 도덕적 충돌에 관여했던 학자들과 교육자들의 지적 역동성이다. 특히 정치적 개념과 관련해서 유럽인과 일본인이 "서구적이라는 것"을 묘사할 때, 그것의 우연성과 의미 차이를 포착하지 못한다는 점에서 근대화 이론에 대한 관념론은 뚜렷한 결점을 안고 있다. 근대화 이론가들은 산업자본주의의 여파로 자유민주주의가 정당하게 뒤따른다고 집요하게 추정해 왔다. 비록 일본이 초기에는 자유주의 질서를 제정하는 데 더디었지만, 1945년 이후로 진전이 현저하게 나타났다는 것이다. 그러나 4장과 5장에서 볼 수 있듯이, 이른바 "리버티(liberty)", "로(law)", "라이트(right)"는 네덜란드어, 영어, 프랑스어, 독일어, 그리고 일본어에서 공통 의미를 지닌 안정적 용어가 아니다. 그것들은 영어만큼이나 일본어로도 경쟁이 매우 치열한 용어들이었다. 본 연구는 서양에 대한 일본어 번역을 관념화된 자유주의적 관점이 아니라 서구화된 일본인들이 선택한 역사적 서구 모델의 관점에서 다룬다. 예를 들어 밀의 『자유론』과 같은 모델이 시대를 초월해서 자유주의를 대변하는 것은 아니다. 오늘날 미국에서 자칭 자유주의자들 대부분은 밀의 엘리트주의와 민주적 제도에 대한 그의 회의주의를 지지하지 않을 것이다. 이전 학자들은 언론의 자유를 둘러싼 메이지 일본의 논쟁을 자유주의의 한 가지 사례로 해석하는 경향이 있었는데, 나는 바로 그 지점, 즉 논쟁의 과정에서 "리버티"가 어떻게 구성되는지를 보기 위해서는 언론의 자유에 대한 유럽인들의 논증과 적절한 도덕적 행동에 대한 일본인의 주장을 상호 참조하면서 논쟁의 양상을 사려깊게 독해해야 한다고 주장한다. 나는 근대화 이론에서 가정한 정치적 관념론을 일본의 역사 발전에 대한 설명으로 대체하고자 한다.

본 연구로 우리의 관심이 일본이 서구화에 참여하는 토대가 된 19세기 유럽 정치이론 논쟁으로 향하게 된다면, 그것은 또한 일본의 서구화에 수반된 윤리적 선택의 근본 문제로 돌아감을 의미한다. 실제로 자료들을 검토해 보면 일본 지도자들이 정치사상의 도덕적 내용을 의도적으로 강조하고 있기 때문에 가치문제가 최우선적으로 등장하고 있음을 확인하게 된다. 일본 서구화에 대한 초창기 연구 대부분은 입헌민주주의와 산업자본주의가 보편적으로 신뢰할 수 있고 암묵적으로 우월한 윤리를 내포하고 있다고 가정했다. 하지만 사실 19세기 영국 자유주의가 주창하는 개인주의와 행동의 자유를 두고, 일본의 지식인, 교육자, 정치인들 사이에서는 논쟁이 독특한 방식으로 벌어지고 있었다. 번역에 있어서, "리버티" 같은 영어 단어는 선뜻 받아들이기 어렵게 하는 일정 정도의 이기심을 내포한 용어였다. 정치적 행동 영역에서 자유는 사회적 안정에 무정부주의적인 위협을 가했고, 따라서 자유에 제한을 가하는 윤리적 결정은 합당해 보였다.

그렇다고 일본에서 정치적 관계의 주요 요소들이 19세기의 많은 기간 동안 중단 없이 지속되었다고 주장하는 것은 아니다. 이 책의 요점은 개인의 자유에 대한 제약이 "봉건" 혹은 "근세" 도쿠가와 정권(1603~1867)에서 서구화한 메이지 정권(1868~1912)에 이르기까지 변함없는 조건이었다고 말하는 것이 아니다. 오히려 도쿠가와에서 메이지로 이행하는 과정에서 정치적 관계를 묘사하는 새로운 어휘가 발명되었고, 새롭게 구축되고 있는 사회적, 정치적 관계를 해석하는 데 사용되었다는 것이다. 이 책을 통해 주로 영국 자유주의에서 차용된 새로운 어휘들이 번역 과정에서 어떻게 변화를 일으키고, 변화되었는지를 보여 주고자 한다.

물론 일본의 환경이 유럽의 환경과는 달랐기 때문에 서구 정치이론과 언어가 어느 정도는 변형되었다. 도쿠가와 막부가 종식되면서부터 메이지 유신에서 일어난 정치적 대립은 불가피하게 자유주의적 패러다임을 변형시켰다. 1860년대부터 1880년대까지 정치논쟁의 핵심은 천황의 특권이 아니라 스스로 임명한 번벌(藩閥) 세력의 수중에 있는 정부권력이었다. 정확하게는 도쿠가와 쇼군의 지배권 때문에, 황실의 주권자는 인민들이 맞서야 했던 자의적으로 통치하는 전제군주로 인식된 적이 결코 없었다. 오히려 1860년대와 1880년대 사이에 다시 나타난 지배적 대립은 번벌 정부와 인민 사이의 대립이었다. 대부분은 정부의 행정권과 권위 대(對) 인민 자치권과 정부를 구성할 권리 사이의 투쟁으로 구체화되었다. 이 투쟁에서 천황은 정치적 해결의 열쇠임을 증명했다. 많은 학자들이 입증했듯이 1889년 메이지 헌법을 천황이 승인하면서 인민들은 선출된 의회에서 실현될 행정권의 몫을 받았다. 그러나 천황의 신민됨을 나타내는 사회 통합을 위해 인민은 천황에게는 주권을, 정부에는 민권을 넘겨야 했다. 이러한 거래를 촉진시킨 중요한 발전은 '사회(社会)'라는 새로운 개념이었다. 계몽된 상층민이 지닌 보다 더 큰 합리성을 바탕으로 인민의 정치적 계도를 정당화했던 계몽주의 모델은 사회의 자연적인 발전 단계에 기초해서 정치적 계도를 정당화하는 진화적인 모델로 대체되었다.

본 연구는 일본정치사에 기여하는 것 이상의 의미를 지니고 있는데, 이는 유럽의 정치개념 번역이 일본에서 서구 정치사상의 사회적 기반을 구성하는 방식에 초점을 맞추고 있기 때문이다. 번역과정에서 자유주의 패러다임과 그 구성적 개념은 변형되었다. 아울러 나의 원래 관심사는 1860년에서 1890년 사이에 '권리', '자유', '사회' 같은 개념의 일본 버전이 구축되는 과정이었기 때문에 그 형태와 의미가 모두 불안정했다는 것이다. 학자, 교육자, 관료, 언론인, 지역 정당 및 지역 협회(문해 사회의 다양한 세력)는 단어의 의미와 권위와 행동에 대한 자신들의 고유한 주장을 두고 논쟁했다. 따라서 이러한 번역과 논쟁 작업은 일본에 받아들여진 세계에 대한 묘사와 새로운 세계의 구성 둘 다를 포함하고 있었다. 19세기 영국의 J. S. 밀과 같은 지식인들이 마치 "개인"을 "사회"와 별개인 것처럼 논의할 수 있다고 믿었다면, 우리는 노르베르트 엘리아스(Norbert Elias)가 자신의 혁신적인 저작인 『문명화 과정(*The Civilizing Process*)』에서 지적했듯이, 그러한 지식인은 주어진 사회적 지위에서 자신의 경험을 반영하고 있었음을 기억해야 한다. 나아가 그럼에도 그와 같은 재현은 논쟁의 여지가 있다는 점을 기억해야 한다.[1] 특히 일본의 환경에서 자유주의적 패러다임과 같은 정치 구조의 계급적 기반은 신중하게 검토할 가치가 있다. 당시 일본의 환경은 부르주아 계급이 없는 상황에서 도쿠가와 막부의 특권을 부여받은 엘리트 계층인 전직 사무라이와 평민들의 연합이 1868년의 메이지 유신의 의미와 도쿠가와 정권을 대신할 정치적 구조 창출을 놓고 고군분투하고 있었기 때문이다.

이 책에서는 두 가지 병렬적 논의를 추적한다. 첫째, 나는 일본어에서의 서양 개념 번역을 주로 기호학의 관점에서 살펴보는데, 이는 하나의 언어적 맥락에서 다른 언어적 맥락으로 변환하는 문제로서 번역을 이론화한다. 언어나 사용의 특수성과는 무관하게 단어의 고정된 속성으로서의 의미를 이해하려고 하기보다는(의미론적 투명성의 문제) 새로운 단어(및 기존 단어의 새로운 사용)로 인해 의미가 생성되는 과정을 검토한다. 3장에서 서술한 바와 같이 1860년대와 1870년대 일본에서는 의미를 생성하는 두 가지 기본 형태가 있었다. 음운 전사(phonic transcription) 혹은 음역(phonic translation)을 통해 외국어의 '소리'를 재현하려고 시도한 외래어와 외국어의 '의미'를 일본식 기호로 표현하려는 번역어, 그리고 한자는 19세기 번역어의 표준 수단이었다. 예를 들면 일본 학자들이 "리버티(liberty)"라는 영어 단어를 번역할 때, 그들은 외래어 **리베루치**(リベルチ)와 번역어 **자유**(自由)를 모두 만들었다(후자는 여전히 "리버티"의 표준번역이다). 그러나 외래어와 번역어 모두 일본어 특유의 형태로 병치되는 경우가 아주 많았는데, 나는 이것을 "합성 기호(compound sign)" 또는 "동류어(同類語, analog)"라고 부른다. 사실상 **자유**를 **리베루치**로 이해하도록 독자에게 지시하는 기호 형식이다.

이러한 기호학적 접근법은 일본사를 다루는 거의 모든 역사연구에서 사용되는 의미론적 투명성과 관련해 광범위하게 퍼진 가정을 비판한다. 의미론적 투명성을 비판하면서, 나는 이전 연구들이 개념의 언어를 문제화하지 않았다는 사실에 주목한다. 일본의 지성사가들과 정치사가들은 유럽 저자들이 쓴 지문을 논하고 언어가 역사적 맥락에 얽매이지 않는다고 가정하는 것으로 만족해 왔다. 즉 19세기의 유럽인 혹은 일본인 독자에게 텍스트가 의미했던 바는 오늘날 그것을 읽는 독자 누구도 동일한 의미로 이해할 수 있다고 가정했던 것이다. 그럴 리가 없다. 독일 헌법 사상인 '조치알레 레히트(soziale Recht, 사회권)'에 대한 일본어 번역의 중심 개념을 예로 들어 보자. 여전히 일본 입헌주의의 지적 구조에 대한 최상의 연구에서, 저자는 '조치알레 레히트'가 어떻게 일본 관용어로 번역되었는지, 혹은 그 번역이 개념의 의미에 어떤 영향을 끼쳤는지에 대해서는 언급하지 않는다. 대신에 언어는 역사적 맥락 바깥에 있기 때문에 '조치알레 레히트'는 메이지 정부의 독일 고문들, 그들과 동시대를 살았던 조언받은 일본인들, 1960년대 초 역사학자들, 그리고 오늘날 이 문제를 고려하는 사람들 모두에게 보편적이고 고정된 의미를 전한다는 것이다. 독일 전통에서 '레히트(Recht)'를 언급하는 이들이라면 누구나 인정할 수 있듯이, '레히트(Recht)'는 우리가 영어로 "로(law)"와 "라이트(right)"로 알고 있는 것을 포괄하기 때문에 이해의 출발점은 법률 개념 전통의 차이를 푸는 데서부터 시작해야 한다.[2] 다시 말해 우리는 "서구 사상의 영향"을 투명하게 참조할 수 없고, 일본인이 외국어의 낯선 지적 전통의 여러 흐름을 문제없이 흡수했다고 가정하기 어렵다. 의미를 일정하게 유지하는 것은 불가능하며, 단순히 표현 형식에 있어서 추상적 방식으로 그것들의 정확성이나 부정확성의 "별 것 아닌" 변화라고 말할 수는 없다. 그러한 분석은 학자나 번역가가 그의 연구를 잘했을 때 일본인들은 어떤 개념이나 텍스트에 대한 지식을 습득했다는, 불만족스럽지만 널리 퍼져 있는 결론만을 제시하기 때문이다. 만약 그가 작업을 잘하지 못했다면, 오역의 결과로 일본인들을 오해하게 된다. 이러한 결론들은 지나치게 큰 정치권력을 지식인에게 귀속시킬 뿐 아니라, 한 언어의 맥락에서 다른 언어의 맥락으로 의미를 전달하고 재구성하는 구체적인 문제 또한 무시한다.

두 번째 논증으로는 단어가 고립되어 존재하지 않기 때문에(아마도 사전은 한 가지 예외일 것이다), 나는 텍스트 기록에서 단언된 실용적 의미를 이해하기 위해 일본 정치 논쟁에서 사용된 새로운 용어를 검토한다. 4, 5, 6장에서 나는 일본적 주권의 본질, 대중 권리의 적실성, 종교의 자유에 대한 수용 등 여러 정치 논쟁에서 단어의 구체적 용법을 검토한다. 이 과정은 단어의 의미가 사전에서가 아니라 사용되는 와중에 생성되기 때문에 문맥에 대한 면밀한 검토가 필요하다.[3] 본 연구는 사회와 대의기관의 관계에 대한 유럽의 이론을 일본에 전파하는 시도가 두 가지 이유로 문제가 있었음을 강조하는데, 이 두 가지 모두 주목할 만한 가치가 있는 것이다. "소사이어티(society)"와 같은 영어의 추상적 개념에 대한 일본어 단어가 없었을 뿐만 아니라, 유럽인이 "소사이어티"가 의미하는 바를 만장일치로 정하지 않았다면, 일본인 역시 그들 스스로가 "소사이어티"에 대한 어떤 의미를 구축하는 데 노력해야만 했을 것이다.

번역 작업과 번역어를 둘러싼 정치 논쟁이라는 두 가지 주장을 연관시키면서 나는 독일에서 발전된 간학문적인 역사기술 접근방식인 '개념사(Begriffsgeschichte)'의 통찰에서 도움을 받았다. (역사언어학으로부터 온) 어휘장 이론과 철학과 정치사상, 사회의 역사를 결합한 개념사는 근대성의 부상에 따른 다중 시간성, 즉 정치적 변화와 인식론적 변화의 병행적 발전을 파악한다. 멜빈 리히터(Melvin Richter)에 따르면 개념사는 개념의 역사를 사회사와 연관시킨다. 특히 일단 사회적 혹은 정치적 변화가 개념화될 경우, 그것은 사상과 정부 및 사회 구조의 변화를 관련시킨다.[4] 개념사 작업을 가장 잘 보여 주는 정치 개념에 대한 여러 권의 역사사전 편찬의 책임자인 라인하르트 코젤렉(Reinhart Koselleck)은 '말안장의 시대(Sattelzeit)' 혹은 "분수령"으로 규정된 1750년에서 1850년 사이에 독일 근대성 부상을 둘러싼 작업을 조직했다. 그는 근대성과 함께 경험과 기대 사이의 긴장이 역사적 시간에 대한 새롭고 근대적인 감각을 생성하고, 그 과정에서 정치개념이 더욱 추상적이 되고, 미래를 지향하게 된다고 주장한다. 나의 기획과 특히 관련된 것은 프랑스 혁명으로 추적할 수 있는 정치적 범주에서의 변화인데, 그것은 새로운 경험공간과 새로운 기대지평을 열어 주는 것이었다. 아리스토텔레스적인 통치형태 —군주정, 귀족정, 민주정—는 전제주의 아니면 공화주의를 선택하는 의무적인 대안으로 대체되었다. 공화주의라는 새로운 개념과 관련해서 코젤렉은 다음과 같이 언급한다. "헌법이 어떤 방식으로 시행되든지 간에 장기적 관점에서 인치는 법치로 대체되어야 했다. 공화국을 실현하기 위해서라면 말이다." 근대인은 미래의 행동에 따라 정치형식을 약속하는 정치개념을 도입했다.[5]

새로운 경험공간이 열리고 새로운 기대지평을 여는 이러한 묘사는 일본에 소개된 서구 정치사상의 도입부로 적합하다. 서구 문명에 대한 일본의 열망을 묘사할 때 일본 작가들은 일본의 초기 모델인 중국 문명과의 관계를 회상하는 공간적 은유를 자주 사용했다. 2장에서 논의하는 서양 문명에 대한 모든 연관된 표현들[문명(文明), 개화(開化), 개명(開明) 등]은 문명의 역(文明の域)과 같이 공간적 표현인 역(域)과 짝을 이루었다. 이는 문명의 단계나 수준을 의미하기 위해 은유적으로 확장되는 문명의 지역이나 접경지대다. 중국 사례를 본뜬 일본식 모델과 마찬가지로, 이러한 공간적 은유는 독특한 관점의 전환을 요구한다. 영토나 접경지대의 관점에서는 정형화된 중심에서 그러한 역(域)에 접근한다. 역(域)은 문명화된 공간의 가장자리에 놓여 있다. 고대에 일본이 중국문명의 상당 부분을 차용했을 때, 중국 관점에서 보면 일본은 그런 접경지대였다. 일본은 중국 문명의 가장자리에서부터 진출했다. 이것이 근원이 되어서 수준이나 단계의 관점에서, 1870년대에 흔히 사용되는 은유, 표준 혹은 준거점은 다시 다른 곳에(유럽에) 있었다. 그리고 일본은 멀리서부터 이 새로운 중심지에 다시 접근했다. 일본은 서구화된 공간이 되는 노정에서 접경지대였던 것이다. 일본이 타자와 관련해 자신을 바라보는 이 파열된 시선은 공화주의, 산업의 부, 기술력의 새로운 지평으로 가득 찬 공간인 새로운 경험공간에 개방되어 있다.[6] 코젤렉의 사례는 19세기 일본에서 적어도 두 가지 시간성에 주의를 기울이라고 촉구할 것이다. 한편으로는 서구화를 명분으로 하는 정치행동의 연대기적 전개과정, 다른 한편으로는 서구의 정치개념의 통합과 함께 일어나는 인식론적 변화이다.

19세기 일본 서구화

1853년 미 해군이 에도 만에 도착했을 때 일본 관료들은 서구의 출현에 놀라지 않았다. 일본인 일부는 한 세기가 훨씬 넘도록 유럽에 대한 세심한 연구를 수행하고 있었기 때문이다. 도쿠가와 막부(1603~1867)가 1641년에 외국인과의 접촉을 금지하는 쇄국 정책을 선언했음에도, 나가사키 항에 있는 데지마(出島)에서는 중국과 네덜란드 상인들이 두 세기 넘게 일본과 독점무역을 이어 오면서 교류가 끊이지 않았다. 네덜란드인과 일본인들 간의 의사소통은 "나가사키 통역사"의 가직(家職)을 잇는 가문들을 통해 이루어졌다. 일본인은 네덜란드어 구사능력을 길렀지만 초기에는 네덜란드어 문헌 소유가 금지되었기 때문에 문자를 공부할 수 없었다. 16세기와 17세기 초에 포르투갈과 스페인 가톨릭신자들이 일본에 가져온 그리스도교 문헌들이 잠재적으로 선동하는 영향력을 행사할 수 있었기 때문에, 막부는 1641년 약학, 외과학, 항해에 관한 서적을 제외한 유럽 서적을 금지했다. 관료들은 점차 늘어나는 네덜란드어 사전과 문법의 유통을 외면했지만, 언어 능력은 필요했다. 마침내 1720년 8대 쇼군 요시무네(吉宗, 재위 1716~1745)는 네덜란드 서적 수입을 허용했다.[7]

한의학 훈련을 받은 의사들의 연구를 보완하기 위해 네덜란드 의학지식 외에도 천문학에 응용되는 네덜란드 수학에 대한 관심과 정확한 달력을 제작하는 일에 요시무네는 관심을 기울였다. 그는 학자들에게 네덜란드어 연구, 네덜란드어 서적 수집, 번역에 필요한 전문지식 개발 등을 의뢰하여 수도 에도(현재의 도쿄)에서 핵심적인 학문 활동을 승인했고,

18세기 말에 이르러 이러한 일련의 연구는 "난학(蘭学)"으로 알려지게 되었다. 수학, 천문학, 의학과는 별개로, 네덜란드를 배우는 일본 학생들은 세계지리, 자연사, 원근법 회화, 기타 관련 공예와 학문 분야의 지식을 추구해 나갔다.[8] 18세기의 네덜란드어 학습은 현저하게 아마추어적이었지만, 막부 천문방의 후원으로 1811년에 공식 번역국이 설립되어 19세기에 들어서면서 점차 전문성을 갖추게 되었다. 19세기 전반에는 미국, 영국, 러시아 선박에 일본 해역을 침범하면서, 막부는 난학의 내용에 군사학, 포술, 군수품 등을 추가했다.

영국과 중국 간의 아편전쟁(1839~1842), 페리의 일본 침입(1853~1854)은 유럽에 관심이 있는 일본 관료들과 학자들에게 새로운 환경을 조성했다. 첫째, 일본인들은 모든 서양인들이 네덜란드어를 하는 것이 아님을, 사실 일본인들은 영어와 프랑스어를 빨리 숙달해야 함을 깨달았다. 둘째, 쇼군과 그의 가신들은 즉시 미국인과 유럽인들을 담당하기 위해 특화된 연구에 학자들을 즉시 참여시켜야 함을 깨달았다. 국제법, 외교 의전, 전문 통역 작업 등이 그것이었다. 역사가들은 도쿠가와 막부 말기(1853~1867)를 서양에 대한 일본 연구의 두 번째 단계로 지목하는데, 이는 1856년에 막부가 설치한 번역국을 반쇼시라베쇼(蕃書調所)로 재건하는 등 1854년 이후 서양 학문에 대한 즉각적이고 실용적인 방향성에 바탕을 두고 있다. 두 번째 단계에서는 난학에서 "해외(유학)" 혹은 "양학(洋学)"으로의 전환이 이루어진다. 양학은 1856년 이후 급속하게 확대되었고, 반쇼시라베쇼는 1862년에 요쇼시라베소(洋書調所)로 개칭되었다. 이 막부직할기관은 미국과 유럽 공식 방문에 참여하여 장기간 유학생을 파견하였으며, 네덜란드어, 영어, 프랑스어, 독일어에 능통한 젊은 세대 학자들을 양성하여 4, 5장에서 논의할 다수의 주요 문헌들의 번역을 후원하였다. 여기에는 헨리 휘튼(Henry Wheaton)의 『국제법의 요소들(만국공법, *Elements of International Law*)』과 네덜란드어 강의를 바탕으로 한 사이먼 비세링(Simon Vissering)의 국제법, 헌법, 자연법에 관한 3부작도 포함된다. 1860년 약 200명에서 1866년까지 1,500명으로 증가한 반쇼시라베쇼는 개혁적인 핵심 관료들을 배출했으며, 이들 중 상당수는 메이지 초기에 교육받은 지식인 지도자로 간주되어 메이지 정부에서 두각을 나타내며 관직을 역임했다.[9]

1868년에 메이지 유신이 선포되었다. 이는 주로 교토 조정의 구성원들과 남부 지역 사무라이들로 구성되어 있는 스스로 임명한 번벌의 작품으로, 두 집단은 도쿠가와 막부 지배권에 반대하여 단결했다. 따라서 메이지 유신은 사실 메이지 천황의 이름으로 행해진 혁명이었고 일본의 정치구조를 완전히 바꾸려는 의도가 있었다. "복고된" 천황 친정의 첫 10년 동안 영주들은 그들의 영토와 세습 녹봉을 받는 사무라이들과 독점적 군사기능을 박탈당했다. 농민들은 토지로부터 해방되었고, 도시민들도 조닌(町人)공동체로부터 자유로워졌다. 이러한 기관들을 대체하기 위해 도쿄의 새로운 중앙정부는 중앙집권적 관료제도와 함께 징병된 국민군을 갖춘 부현(府県) 제도를 수립했다. 토지의 자유매매와 토지세를 실시했으며, 직업 선택과 국내 무역과 여행에 대한 제한을 없앴다. 당시 주요 구호였던 "공의정치(公議政治)"는 이전 정권의 배타적 습속과는 상반되는 공론화하는 방식으로 운영되는 정부를 의미했다. 비록 메이지 번벌은 도쿠가와 막부를 전복하면서, 특히 세습 위계의 정치원칙을 재능과 능력을 보상하는 방식의 잠재적으로 보다 평등주의적인 원칙으로 대체하기를 원했지만, 공개적 논의가 국가적으로 대의적인 의회를 암시하는지에 대한 질문에는 답하지 않았다.

무엇보다도 메이지 혁명가들의 마음속에는 외세 열강에 대한 도쿠가와 막부의 정책 실패가 있었는데, 그들은 막부의 정책이 나약하고, 궁극적으로 천황 친정을 무시한 것으로 판단했다. 공격적인 군사정책을 기반으로 한 유럽 자본주의와 식민주의 확대로 대표되는 19세기 후반 국제정치상황을 감안할 때, 번벌은 메이지천황 아래에서의 국민통합을 강조하였다. 번벌세력은 정치권력을 중앙집권화하고 혁명정권에 필요한 정치적 정당성을 획득하기 위해 고군분투하는 동시에 계속되는 중앙집중화에 대한 예외를 요구하는 사무라이의 불만과 지역 요구에 반복적으로 공격받고 있었다. 유신 지도자 중 한 사람인 기도 다카요시(木戶孝允)는 자신의 일기에서 번벌정권이 궁지에 몰린 입장에 대한 좌절감을 회고했다. 그를 특별히 분개하게 한 것은 동료 번벌 사이의 분열이었는데, 이 분열은 여러 정치적 위기와 군사충돌로 메이지 통치 첫 10년을 불안정하게 만들었다.[10]

번벌 사이에서 돌이킬 수 없는 최초의 균열은 1873년 말에 발생했다. 당연한 일이지만, 이 균열은 서구 입헌정부가 필요한지 아닌지에 대한 열띤 논쟁뿐만 아니라 번벌의 권위에 대한 가장 심각한 군사 반란을 불러일으켰다. (조선의 외교상 무례를 징벌하기 위한)정한론(征韓論)이 실패로 끝나자 여기에 불만을 품은 한 파벌은 이에 항의하여 관직에서 물러났다. 그들은 사무라이들의 사기 진작을 위한 군사적 모험을 상상하고, 다수파의 내부발전정책보다는 대외 확장을 선호하였다. 이타가키 다이스케(板垣退助)가 이끌던 이 파벌 일부는 1874년 1월 번벌의 권위주의 권력을 견제하기 위한 국회 설치를 촉구하는 "건백서"를 발표했다. 이타가키와 그 일파는 때로 사무라이를 들쑤시는 선동가들로 치부되기도 하지만, 그들의 행동은 당시 국회개설운동으로 알려진 운동을 개시했다. 십년이 넘게 지속된 이 운동은 우선 도시와 각 지역에서 청원서 제출과 정당결성을 위한 운동을 야기했고, 일부 지역에서는 조세정의와 지역 권리를 위해 점차 격렬한 농촌 시위 대열에 합류하였다. 첫 번째 단계는 1881년 번벌이 1890년에는 국회를 소집하겠다고 약속하면서 반대파가 부분적으로 흡수되었다. 1884년에 정점을 찍은 두 번째 단계에서는 무력으로 철저히 진압되었다. 물러선 파벌의 다른 이들은 군사봉기에 나섰다. 1877년에는 번벌에 대한 가장 중대한 도전인 세이난 전쟁(西南戰爭)이 이전 번벌 집권세력의 일원이었던 사이고 다카모리(西鄕隆盛)의 주도하에 일어났는데, 그는 성공하지 못했던 정한론의 중심에 선 인물이었다. 사이고는 급료와 특권, 생계수단 상실에 불만을 품은 전직 사무라이 군대를 이끌었는데, 새로운 정부군은 수개월의 장기전 끝에서야 반란군을 물리쳤다. 기도와 권력층 다수에게 이것은 반체제 인사들과 불만을 품은 이들이 반대를 조장하고 정부를 파괴하기 위해 저지른 또 다른 음모였다.[11]

학자들은 오랫동안 번벌 정치가 국회에 내재된 대중 참여에 어느 정도로 전념했는지를 두고 논의해 왔다. 기도 다카요시는 확실히 그러한 발전을 상상했지만, 군주제의 안전과 인민의 안녕을 우려한 나머지 그 상상은 누그러졌다. 그는 유교적 가부장주의에 비추어 인민에 대한 책임감을 가지고 중앙집권화를 꾀하는 것이 정부의 역할이라고 간주했다. 이에 그는 농민과 사무라이의 고난에 거듭 우려를 표했고, 번벌정치의 목표가 인재양성을 통해 역량 있고, 책임감 있게 구성되는 "인민의 정부"가 되어야 한다고 이해했다. 기도는 (1871년 12월부터 1873년 7월까지) 서구의 기술과 정치·경제·과학기관을 조사하기 위해 해외로 파견된 공식대표단인 이와쿠라(岩倉) 사절단과 함께 유럽을 순방한 이후, (몽테스키외가 언급한) "법의 정신"이 궁극적으로 인민을 보호할 것이기 때문에 인민들 사이에서 지역이나 다른 분열에 대응하는 최선의 방법은 "법률에 대한 존중을 대중의 마음에 함양시키는 것"이라고 결론지었다. 그는 특히 교육 및 군사기관에서 기강을 유지하기 위해서는 법체계가 "전제적(專制的)" 근본법(헌법)에 기초해야 한다고 지적했다. 그러나 그것은 또한 지방의회와 점차적으로 국회를 포함해야 했고, 무엇보다 가장 중요한 점은 메이지 천황 집권 10년을 맞아 정실(情實)을 없애기 위해 공평한 행정에 전념해야 한다는 것이었다.[12]

일본의 정치적, 사회적 구조조정의 중심에는 문화적 변화 혹은 서구화 작업이 있었다. 일본의 국제적 취약성에 대한 경각심이 확산되었음을 감안할 때, 번벌과 이를 지지하는 지식인들은 중국, 인도, 아프리카에서 보고된 서구의 침략에 저항할 수 있는 새로운 일본, 서구의 본보기를 따르는 부강한 일본을 만들기로 결심했다. 당시 "인라이튼드 시빌리제이션(enlightened civilization)", 곧 **문명개화**로 불린 새로운 서구화 프로그램은 선박과 총기를 제조하고, 일본의 면화 산업을 기계화하는 데 필요한 산업기술뿐만 아니라 그 기술을 알려 주는 과학지식도 포함하고 있었다. 이러한 일본의 사업이 직면한 문제는 광범위한 19세기 유럽 과학이었다. 학문과 기술 분야의 형식적 분화가 유럽과 미국에서 겨우 확립되기 시작하던 시절, 과학은 형이상학, 정치경제, 산업과 불가분의 관계에 있었고, 그 결과 종교, 윤리, 정치와 분리될 수 없었다. 서구화 직조 과정에서 이 하나하나는 전체의 통합으로 이어졌고, 일본 지식인들은 서양의 패턴을 복제할 수 있는 이런저런 인과적 순서를 논의하는 데 정신적으로 많은 노력을 기울였다. 그리스도교가 서구 문명의 출발점이라고 주장하는 이가 있는가 하면, 다른 이들은 그것이 과학이라고 주장했다. 모두가 분명하게 동의한 것은 산업화와 서구의 대학제도가 일본의 발전을 위해 반드시 필요하다는 것이었다.

문화 변화에 관한 공론의 장으로 가장 유명한 장소는 메이로쿠샤(明六社)였는데, 이는 메이지 6년(1873)에 설립된 것을 따라 명명된 것이었다. 교육자로 자임한 이들은 대부분 사무라이였는데, 이들은 자신들의 임무를 세 가지로 보았다. 즉 학문과 도덕성을 발전시키는 것, 지도력의 패턴을 확립하는 것(새로운 일본에서 그들 자신의 역할을 주장하는 것), 그리고 그들의 계몽되지 않은 동료들과 평민들에게 모범이 될 대중연설과 토론을 위한 포럼을 발전시키는 것이 그것이었다. 유럽이나 미국의 학회 방식을 따라 메이로쿠샤는 최초의 학술지인 『메이로쿠잡지(明六雜誌)』와 같은 출판물을 통해 사상을 논의하고, 이러한 사상 전파를 함께 장려하고자 했다. 학회 구성원 가운데는 도쿠가와 양학 학파에서 활동을 시작한 대표적인 철학자, 교육자, 법학자 및 정치경제학자들이 다수 포함되어 있었다. 이들 중 한 사람인 가토 히로유키(加藤弘之)는 1861년에 입헌정체 이론을 체계적으로 도입한 최초의 인물이었다. 다른 두 사람인 후쿠자와 유키치(福沢諭吉)와 나카무라 게이우(中村敬宇)는 여러 인기 있는 작품을 통해 영미 자유주의 이론을 소개했는데, 특히 나카무라가 번역한 새뮤얼 스마일즈(Samuel Smiles)의 『자조론(*Self-Help*)』과 존 스튜어트 밀의 『자유론』은 널리 읽혔다. 메이로쿠샤가 처음 논의한 수많은 이슈들 중에는 종교의 자유, 민선의원(民撰議院)의 필요성, 여성의 평등, 일본 내 외국인의 자유여행, 언론의 자유 등이 있었다. 따라서 메이로쿠샤의 저술은 사회적, 정치적 문제에 대한 공론화의 토대를 마련하는데 중요한 정치적 의제를 구성했다.[13]

2장에서 설명하듯이 메이로쿠샤의 초기 논쟁은 개화문명을 촉진하는 교육 사업의 출발점에 관한 것이었다. 니시 아마네(西周)와 시미즈 우사부로(清水卯三郎)가 이끄는 일부 회원들은 지역 방언과 계급 차이, 번거로운 문자 체계로 분열되어 있던 메이로쿠샤 회원들과 전반적인 사람들의 소통이 원활하도록 일본어를 재구성하는 데 주력해야 한다고 촉구했다. 그러나 목소리를 높인 다수는 그러한 기획이 너무 거창하다고 느꼈다. 그들은 인민의 무지를 진보의 주된 장애물로 인식했다. 그들은 학회 구성원들이 수월하게 인민들의 교육과 문명을 책임질 수 있는 위치에 있다고 진단했던 것이다. 물론 이 분석에 내포된 것은 계급 격차에 대한 가정이었다. 사케 양조장의 아들인 시미즈를 제외하면 이들은 모두 사무라이 출신으로 "인민"을 열등한 계급으로 대상화했다. 그들은 전형적으로 농공상인으로 구성된 하층 계급 사람들을 그들의 지배적 자리에서 비롯된 오만한 가부장주의의 관점에서 바라보았다. 이론적으로는 모든 계층의 모든 남성이 자유롭고 평등하다는 것을 이해하고, 거의 모든 메이로쿠샤 학자들이 권위주의적인 도쿠가와 막부가 불행하게도 백성들 사이의 노예근성을 조장했다는 것에 동의했겠지만, 이러한 동정어린 주장이 기존 상황의 사실을 바꿀 수는 없었다.

그럼에도 이 전직 사무라이들의 신망에서 두 가지를 명심해야 한다. 우선 시미즈 같은 평민을 그들의 대열에 포함시킬 수 있었던 것은 그들이 일반적으로 나카무라 게이우가 스마일즈의 『자조론』을 번역할 때 명료하게 말한 원칙과 후쿠자와 유키치가 『학문의 권장(学問のすすめ)』에서 밝힌 원칙에 대한 믿음을 공유했기 때문이다. 그것은 하늘이 사람을 서로 위아래로 창조하지 않았기 때문에 인간 사회에서 높고 낮은 것은 전적으로 교육과 자기계발의 산물이라는 것이다. 두 번째로 이 사람들은 전직 사무라이로서 그들의 글에서 자신을 나타내지 않은 경우가 많았다. 오히려 그들이 공유해 온 사무라의 양육의 핵심 요소, 곧 사무라이는 정치적 특권계급이었다는 점에 근거하여 그들의 논의에서 전형적으로 사용되는 단어는 "정부(政府)"였다. 『메이로쿠잡지』와 같은 텍스트에서 이 학자들은 정부와 인민의 대립으로 일본을 대변하고, 메이로쿠샤 학자들은 은연중에 정부를 대표하여 발언하고 있었다. 실제로 메이로쿠샤와 번벌 사이에는 수많은 연결고리가 있었다. 후쿠자와 유키치는 번벌 지배자였던 기도 다카요시와 개인적으로 친구였고, 모리 아리노리(森有礼), 간다 다카히라(神田孝平), 가토 히로유키, 쓰다 마미치(津田真道)는 초기 공

회(公会)인 공의소(公議所)의 '조정위원회' 위원으로 활동했다. 간다는 효고현령(兵庫県令)을 역임했고, 그 역량으로 지방관회의에서 중심적인 역할을 했다. 가토는 천황의 시강(侍講)을 지냈다. 그들 중 몇 명은 이후 경력에서 중앙 정부 관리로 활동했다. 모리는 문부대신을, 가토는 도쿄제국대학 총장과 문부대신을 역임했고, 니시 아마네는 병부성에 출사했다.

이 사람들은 정부를 대변했는데, 그들의 문명에 대한 지식과 정부 참여를 고려할 때 그들이 정부의 입장을 공개적으로 대변할 수 있는 최고의 자격을 가지고 있었기 때문이다. 다시 말해 전직 사무라이의 사회에서의 엘리트 지위와 서구 자유주의가 상상한 능력주의 엘리트를 연결하는 강력한 동질감에 힘입어 서구화 작업이 진행된 셈이다. 따라서 1875년 집권 번벌이 인민의 국정 개입을 억제하기 위해 대대적인 언론 검열법을 제정했을 때, 메이로쿠샤는 자발적으로 그 저널을 발행하는 것을 중단함으로써 정부와의 결속을 과시했다. 2년 동안 다른 비정치 저널들은 계획적으로 『메이로쿠잡지』의 작업을 재개했다. 이들 중 가장 두드러진 것은 새로운 도쿄제국대학 교수진이 펴낸 『학예지림(学芸志林)』(1877~1885)과 문부성이 설립한 새로운 명예학술단체의 간행물인 『도쿄학사회원잡지(東京学士会院雑誌』(1880~1901)이다. 이 두 잡지에는 메이지 교육가들의 핵심적인 논문들이 동일하게 실렸다.[14]

동시에 메이로쿠샤 학자들이 정부와 그 목표와 강하게 동일시했다는 점은 1870년대와 1880년대의 정치적 분쟁 동안에 전자가 후자를 지지했음을 의미했다. 한 마디로 메이로쿠샤와 번벌은 정치참여보다 사회적 안정을 선호하고 대중적인 대표성을 확대하기보다 엘리트 통치 유지를 선호하는 점진주의 정책으로 결속되었다. 4장과 5장에서는 메이로쿠샤와 그 일파 대다수가 자유보다 충성심을, 그리고 개인의 권리보다 국가의 권리를 중시한다는 것을 보여 준다. 6장에서는 1880년대 중반까지 사회 진화에 대한 새로운 설명이 사회의 발전단계를 바탕으로 지속적인 정치적 계도를 정당화했고, 점진주의가 과학적 근거에 기반한 추정적인 확실성 속에서 보다 확고하게 뿌리내리게 되었음을 주장한다.

문명개화의 역사기술

거의 모든 학자들은 문명개화의 초기 메이지 현상을 "현대 일본의 부상"의 측면, 곧 일본의 국사나 일본 근대화 역사에서 하나의 계기로 취급해 왔다. 가장 초기에 문명개화를 체계적으로 다룬 이들은 아마도 1930년대와 1940년대에 활동한 일본 마르크스주의자들이었을 것이다. 메이지 유신의 역사를 부르주아 혁명으로 쓰려고 했던 관점에서 핫토리 시소(服部之総), 미야카와 도오루(宮川透), 도야마 시게키(遠山茂樹), 그리고 영어로 작업한 E. H. 노먼(E. H. Norman)은 일본혁명의 독특한 발전을 설명하기 위해 노력했다. 그들은 1885년 이후 관료 권력의 확대라는 "메이지 절대주의" 오류를 자주 확인했는데, 제국 관료들은 광범위한 권한을 가지고 유권자와 입법부에 책임지지 않는 독재국가의 주력이 되었다. "부국강병(富国強兵)"이라는 구호와 함께 근대 유럽문명이 제시한 발전의 길을 따라 도쿠가와 사회를 변화시키려는 노력을 보면서 마르크스주의자들은 **문명개화**를 두고 개혁가가 될 이들이 사용한 부르주아 정책으로 취급했다. 일반적으로 **문명개화**가 내포하는 자유주의 개혁과 관련해서는, 불행하게도 이 개혁가들은 시민적 자유와 선출된 제도보다 산업자본주의와 그것의 진보 이데올로기에 더 전념했다. 따라서 개혁가가 될 이들은 1930년대의 파시즘으로 혁명을 오도한 바로 그 절대주의 관료가 될 것이었다.[15]

1950년대 후반 마르크스주의에 정면으로 반대하여 일본 역사기술에 관여한 근대화 이론가들은 **문명개화**를 마르크스주의 역사가들과 거의 동일한 방식으로 취급했다. 근대화 이론에서 **문명개화**는 근대 서구의 기술혁신을 도입하기 위해 정부가 의도한 정책과 프로그램을 공론화한 구호이다. 하지만 마르크스주의와는 달리 근대화 이론가들은 메이지 시대에서 1960년대까지 지속적이고 수혜적인 발전을 보았기 때문에 궁극적으로 성공적인 승리서사로 역사를 기술한다. 이는 1930년대 "파시즘" 문제를 회피하는 해석이다. 대부분의 근대화 이론가들은 파시즘과 전쟁의 불운한 시기를 일탈로 취급한다. 일부는 일본 내셔널리즘이 근대화의 패턴을 폭넓게 규정할 수 있는 교훈을 제공한다고 주장함으로써 긍정적인 해석을 내린다.[16] 근대화론과 관련해서 다소 우려섞인 시선으로 메이지 발전의 궤적을 바라보는 관점이 드물게 제출되기도 했다. 니시무라 시게키(西村茂樹)와 같은 메이로쿠샤 지식인들은 1880년대에 "문명과 계몽" 프로그램의 행동준칙에 대해 한탄스러울 정도로 주의를 기울이고 있지 않음을 인식했는데, 이러한 "반동적" 대응 정도가 드문 공헌이라고 볼 수 있다.[17] 어쨌든 근대화 이론가들이 일상적으로 '시빌리제이션(문명개화)'과 '모더니제이션(근대화)'을 동일시한다는 점을 볼 때, 메이지 발전의 장기적 흐름에 관해서는 대체로 긍정적인 접근이 두드러진다. 이는 **문명개화**를 설명하는 문제를 근대화 과정의 지적 요인들, 특히 "계몽"의 합리성과 과학적 사고의 특성을 설명하는 문제로 환원하는 융합을 의미했다. 정치제도가 부차적 현상이 된 것처럼, 의미와 번역의 문제 역시 산업자본주의의 발전에 부차적인 것으로 치부되었다.[18]

마르크스주의와 근대화 이론 모두 일본 지성사에서 현재 **문명개화**를 표준적으로 다루는 해석에 기여하고 있는데, 이러한 전형으로는 카르멘 블랙커(Carmen Blacker)의 『일본 계몽주의(*The Japanese Enlightenment*)』, 캐롤 글럭(Carol Gluck)의 『일본의 근대 신화(Japan's Modern Myths)』, 오쿠보 도시아키(大久保利謙)와 마쓰모토 산노스케(松本三之介)와 같은 저명한 역사가들의 수많은 출판물, 하야시야 다쓰사부로(林屋辰三郎) 및 도쿄대학 인문학연구소에서 생산한 1979년 연구물인『문명개화의 연구(文明開化の研究)』 같은 저작물이 있다. 현재 대부분 역사가들은 아무 문제없이 문명과 근대화(혹은 근대성)를 동일시하는데, 이들은 문명과 근대화 양자 모두가 메이지 시대에 일본이 이룬 기술진보를 지시한다고 본다. 특히 **문명개화**가 후원하는 지적, 사회학적 토대를 지시한다고 보는데, 말하자면 합리성, 효용성, 과학, 근대교육체계, 그리고 공통의 언어습관과 교과서가 제공하는 국가적 통일의 약속과 같은 것들이 있다. 무엇보다 **문명개화**가 일본 근대화를 위한 실질적인 추동력을 나타낸다고 본다. 2장에서 설명하는 것처럼 18세기 프랑스 계몽주의에 대한 논급은 일본과의 병렬성을 시사하고, 또한 비록 시대착오적이기는 하지만 메이지 초기에 주어진 설정과 인력을 깔끔하게 열거할 수 있는 계몽사상처럼 "계몽(enlightenment)"을 본질화하고 있음을 시사한다. 예를 들어 블랙커에게 있어서 일본의 "계몽운동"은 과학적 세계관의 획득을 의미하며, 이는 프랑스 계몽철학의 방식으로 전통지식을 다시 생각하는 계기로 작용한다.[19]

일본 역사학자 대다수는 1884년경 민권운동의 소멸과 지식인들이 번벌 지도력 배후에 결집하면서 자유주의적 가치를 포기하고 문명개화 시대를 마감하는 시기와 관련해서 마르크스주의의 관점을 따른다. 마르크스주의자들이 메이지 절대주의의 부상이라고 밝힌 것을 반영하고 있는 것이다. 실제로 오늘날에는 비서구세계 전역의 근대 산업발전의 중심이었던 일본에서의 자본주의와 권위주의의 공동 발전의 연결고리를 변칙적으로 취급하거나 침묵하기 어렵다. 따라서 오늘날 메이지 시대를 연구하는 대부분 일본 역사가들은 일본이 성공적 산업발전의 수혜자라는 근대화 이론에 동의하겠지만, 동시에 메이지 번벌 및 개혁가가 될 사람들이 내린 가치판단의 문제를 그들은 인식해야만 한다. 나지타 데쓰오(奈地田哲夫)는 메이지 계몽을 "역사의 급진적이고 예기치 못한 혼란 ... 그리고 사회적 가치로서 충성 행위에 대한 지속적인 심리적 애착 사이의" 긴장을 나타내는 "고도의 다원적인" 이념의 집합체로 묘사했다. 캐롤 글럭은 "문명과 계몽"을 천황 계보로 규정되어 오랜 기간 동안 지속되고 강력한 일본 고유의 정치체인 국체(国体)에 대한 관심에서 일시적으로 전환된 것으로 판단한다. 그리고 야마무로 신이치(山室信一)는 문명개화를 일본 국민 국가 건설을 대표하는 국제적이고 체계적인 "교의"로 묘사하고 있다.[20] 하지만 나는 문명개화를 일본사 속에 위치시키기보다, 일본의 지식인들이 서구 모델을 표상하는 데 필요했던 언어자료를 만들고 번역과 학술, 토론에서 그 의미를 도출하면서 보여준 "문명"의 역동성을 설명하는 데 관심이 있다. 내가 여기에서 쟁점으로 삼고자 하는 바는 문명개화가 자유주의 운동을 대표하고 이후에 보수적 반작용으로 이어진 특성을 평가하는 것이다. 메이지 초기 지식인들이 자유주의자로서 활동을 시작해서 어느 정도 중년의 보수적 반전을 겪는 모습을 묘사하기보다, 이 책에서 나의 입장은 그들의 19세기 자유주의가 포퓰리스트 민주주의보다는 엘리트 공화주의에, 개인의 자유와 권리보다는 법과 질서에 더 많이 헌신했다는 것이다. 자칭 엘리트로서 그들은 대중의 주도권 대신 합리적이고 국가적인 통제를 선택했다. 이 책에서 나는 이러한 선택에 대한 개념적, 의미론적 기반을 검토한다.

의미론적 투명성의 문제

앞서 언급했듯이 일본 서구화의 개념적 토대에 대한 이전 연구에서 가장 큰 난점은 의미론적 투명성의 오류에 있다. 내가 이 문제를 주목한 최초의 역사학자는 분명히 아니지만 독자들은 아마도 그 문제를 다르게 표현한 이전의 비평에 익숙할 것이다. 의미론적 투명성은 아서 러브조이(Arthur O. Lovejoy)의 『존재의 대연쇄(*The Great Chain of Being*)』에서 표준적으로 나타난 "관념사(the history of ideas)"의 실천에 전제되어 있다. 이러한 역사기술 양식과 관련해서는 존 던(John Dunn)과 퀜틴 스키너(Quentin Skinner) 모두 30년 전에, 관념을 그 맥락으로부터 과도하게 추상화한다는 점과 사고활동을 너무 자주 사상가에 대한 전기적 접근이나 보편적 주제를 전달하기 위해 관념을 과도하게 단순화하는 분류를 내포하는 "물화된 재구성"으로 변화시킨다는 점을 비판했다.[21] 지성사가들은 최근 수십 년간 그들의 방법론을 실질적으로 수정했지만, 던과 스키너가 "관념사"와 연관시킨 문제들은 일본의 서구화 연구에서 여전하다. 친숙한 이 문제를 장황하게 설명하게 될 위험을 무릅쓰면서, 나는 일본의 서구 문명 관여에 대한 개념적 기초를 놓는데 관념의 역사기술이 두 가지 중대한 지점에서 더 나은 이해를 저해했다고 지적하고 싶다. 두 지점은 관념을 맥락으로부터 추상화하는 것과 관념을 단순화하는 분류인데, 이 둘 모두는 의미론적 투명성이라는 핵심 문제의 원인이 된다.

조셉 피타우(Joseph Pittau)의 『메이지 초기 일본 정치사상(*Political Thought in Early Meiji Japan*)』은 입헌주의의 발전에 대한 가장 훌륭한 논의로 남아 있기 때문에, 전형적인 초기 학계의 방법론적 단점이 있음에도 면밀히 검토할 가치가 있다. 서론에서 피타우는 "역사에서 펼쳐지는" 관념들은 본질적으로 추상적인 것이라고 본다. 그것들은 제도에서 보다 구체적인 방식으로 표현된다(이는 지도자들의 한 가지 목적이다).[22] 따라서 역사적 행위자로서 구체화된 존재 속에서 관념들이 마주하게 되는 긴장은 다음과 같다. 총체적이거나 독창적인 정치철학자의 체계에서의 관념들의 자리와 정치인들이 이런저런 생동하는 체계에서 활용하는 차원에서 선별되고 합리화된 관념들의 자리 사이에서 괴리가 나타난다는 것이다. 관념에 대한 피타우의 이해는 시간이 지남에 따라 관념의 연속성과 정체성에 몰입되어 있다. 혹은 다른 방식으로 말한다면, 피타우는 단어의 의미론적 투명성의 원칙에 전념한다. 관념이 언제 어떤 언어로 표현되는지는 크게 중요하지 않다. 피타우에게 루돌프 폰 그나이스트(Rudolf von Gneist)의 철학체계에서의 '레히트슈타트(Rechtsstaat)'와 같은 독일적 관념은 이토 히로부미(伊藤博文)가 일본 헌법에 그나이스트를 선택적으로 채택할 때도 같은 관념이다. (비일본인 독자는 말할 것도 없고) '레히트슈타트'를 이해하지 못할 수 있는 비독일인 독자는 설령 다른 번역가가 그것을 "헌법국가(constitutional state)"로 옮기더라도, 피타우의 삽입구 주석 ["법률국가(legal state)"]에 의존해야만 한다. '레히트슈타트'에 대해 그나이스트가 의미한 바가 일본어로 어떻게 번역되었고, 일본 정치인들은 그것을 어떻게 해석했는지를 설명하는 대신에, 피타우는 단순하게 그나이스트 체계의 맥락에서 '레히트슈타트'를 제시하고, 그나이스트의 "교의"가 이토에게 영향력을 행사했다고 주장한다. '레히트슈타트'는 역사적 맥락에서 추출되어 초시간적 관념으로 취급된다.[23]

구체적 번역 맥락에서 이러한 관념들의 추상화에 대한 변이는 관념을 가치로 축소하는 것이다. 이는 주로 탈콧 파슨스(Talcott Parsons) 사례에 나타난 근대화이론과 사회학 사이의 맞물림에서 비롯된 문제였다.[24] 가치에 대한 체계적 연구를 위해 개념은 그것들의 직접적인 맥락으로부터 추상화된다. 첫째, 일반적으로 근대화 정책에 도움이 되어 온 가치들을 파악하고, 둘째, 그것들의 옹호자 입장에서 그러한 가치에 대한 헌신의 정도를 파악하기 위해서 말이다. 예를 들어 민주주의는 정치제도로 이해되기보다는 근대와 근대화하는 세계에서 개인과 사회에 동기를 부여하는 몇 가지 근대적 가치들 가운데 하나로 이해된다.[25] 민주주의에서 가장 잘 연구되는 부분은 민주주의가 그 자체로 사회적 동원을 촉진하는 역량이 있다는 점이며, 따라서 그 핵심기능에는 정책을 인도하는 합리적 선택에 사회가 참여하는 수단인 선거가 있다.[26] 가치에 대한 이러한 근대화 접근은 주로 상정된 시스템의 기능적 부분을 식별하는 기능주의로 알려지기 때문에 관념은 도구적 이성에 따라 작동하는 행동원칙으로 환원될 수 있다. 역사기술학은 다시 관념사로 쓰여진 지성사로 귀결되고, 개념은 그것들의 역사적 맥락에서 물화되고 소거된다. 대신 근대화가 야기한 체계의 변화와 가치의 관계가 한 가지 수준에서 제시되고, 어떤 가치와 그에 상응하는 정책을 합리적으로 선택할 수 있는 위치에 있는 행위자들의 이해나 의도성이 다음 수준에서 제시된다.[27]

예를 들어 로버트 벨라(Robert Bellah)와 로버트 스칼라피노(Robert Scalapino)는 일본이 일본의 근대화를 촉진하는 다소 고정된 "가치-제도적 구조"(value-institutional structure)를 가지고 있다고 기술한다. 벨라가 일본의 "중심적 가치체계"를 파악하고, 도쿠가와 시대의 이러한 중심 가치가 어떻게 일본의 근대화를 조장했는지를 설명하기 위해 정치, 종교, 경제 영역 간의 충성도와 같은 중심 가치의 통합을 도표화하고자 했다면, 스칼라피노는 지속적인 가치구조에 의해 활성화되는 일련의 "이데올로기"적 관점에서 근대화 단계를 파악했다.[28] 스칼라피노가 제시한 첫 번째 단계인 국가통일은 메이지 시대와 자유주의 이데올로기와 대응한다. 국가통일의 무대, 메이지 시기, 자유주의 이데올로기의 결합은 내셔널리즘, 대중동원, 근대 경제발전을 촉진시켰다. 이러한 국가 통일의 단계는 소위 (이타가키 다이스케와 같은) 급진파와 (후쿠자와 유키치와 같은) 온건파의 내부 분열로 인해 얽혔지만, 제국주의의 핵심가치는 두 집단 모두에게 지지를 받았고, 국가적 통일을 동기 부여하는 일본 근대화의 다른 단계에서도 내내 지속되었다.[29]

개념적 또는 의미론적 차이의 문제에 기꺼이 주목하려는 몇 안 되는 근대화 이론가 중 한 명으로서, 스칼라피노는 일본인이 외국 이데올로기를 이해하고 활용할 수 있는 능력을 자신하는데, 그의 관점에서 볼 때 이 과정은 주로 핵심어의 적절한 선택에 달려 있다. 아마도 스칼라피노는 "이 단어들은 그 기원에 있는 것들과는 다른 의미를 담고 있을 것"이라는 점과 "관념과 사회적 환경 사이에 편재하는 격차"가 존재한다는 점을 알고 있기 때문인지, 그가 초첨을 맞춘 부분은 의미가 아니라 외래의 관념으로 만들어진 것에 대한 일본 정치인들의 활용에 있다. 메이지 지식인들이 "강조점이나 해석의 측면에서 갈렸을 때, 그것은 일반적으로 토착화된 조건의 요구를 충족시키려는 의식적이거나 무의식적인 노력이었다."[30] 스칼라피노에게 있어서 관념의 힘은 정치적 행동을 요구하는 상황에서 중요하다. 반면에 관념의 의미는 —그것이 근대적이고 서구적인 표준을 지칭하기 때문에— 일시적으로만 문제가 되거나 부차적인 관심사에 지나지 않는다. "추종 국가(follower nation)" 일본은 이데올로기적인 성향이 뒷받침된 보편적인 흐름을 따를 수밖에 없었다. 일본은 전통적 생활방식을 강조했기 때문에, 일본 제국주의와 같은 가치의 "상대적으로 높은 배타성의 정도"가 "서구주의의 순수하게 기술적인 측면"을 도

입하는데 도움이 되었다.[31]

그러나 이 "가치사회학(sociology of values)"은 보편적인 것과 특수한 것 사이의 내적 모순에 기초한 해석적 문제를 생성한다. 근대화가 보편적인 가치, 특히 합리화에 의해 결정되는 선형 과정으로 해석될 때, 황국사상과 같은 일본의 특정한 가치에 비추어 보면 일본 성공의 특수성은 일본이 근대화가 규정하는 이상적이고 보편적인 국가에 도달하는 것을 방해한다. 예를 들어 해석의 한 가지 어려운 점은 일본의 성공적인 근대화를 가능하게 한 특정한 일본의 가치로서 권위주의가 근대화에 "좋은" 것이었는지 여부를 도구적으로 추론할 수 있는가 하는 점이었다. 일본의 성공적인 근대화가 이상적이지도 보편적이지도 않은 방법으로 달성되었다면, 학자들은 어떻게 그것을 평가했을까.[32]

이 난제는 일본 서구화의 역사에서 독특한 방식으로 표현된다. 메이지 지식인들 사이에서 "반민주적" 태도에 대한 전후 역사학자들의 부적절한 변명이 바로 그것이다. 근대화 역사기술에서 묘사한 것처럼, 파슨스적인 사회학은 관념의 중요성을 목소리를 내는 이들의 헌신의 정도라고 다시 규정했다. 간단히 말해서 사회학은 의도에 대한 문제로 관심을 돌렸다. 피타우가 입헌주의 연구에서 질문했던 것처럼, 1930년대의 황국 이데올로기는 메이지 초기 지식인들이 진정으로 원했던 것이었을까. 소수의 독자들에게는 놀랍게도 피타우의 대답은 '그렇지 않다'이다. 하지만 이 독자들은 1950년대와 1960년대 일본 지성사를 연구하는 수많은 학자들이 자신들이 다루는 주제의 저술에서 "비자유주의적" 견해가 있다는 것에 변명할 수밖에 없다고 느끼고 있었던 점에 대해 고민하게 된다. 분명히 피타우가 오늘날 학자들이 거의 관심을 갖지 않는 질문 —"이것이 정말로 그들이 원했던 것인가"—을 던진 것은, 미국이 베트남전쟁에 참전하던 시기에 근대화 이론의 중심이 된 이데올로기적 난제를 반영한 것이다. 제3세계 지도자들에게 제시되는 근대화 모델이 일본의 산업화와 정치적 권위주의의 공동프로그램은 모순처럼 보였다. 일본 역사학자들은 자유주의와 민주주의의 목표를 유보하려는 근대화 이론의 성향에 대해 침묵으로 일관하면서 냉전정책과의 공모관계를 드러냈다. 이는 그들의 주제에 의도치 않은 반대를 불러 일으켜 권위주의와 같은 가치관의 온당치 못한 유인책에 대해 변명해야 하는 난처한 입장에 처하게 되었다. 피타우가 말했듯이 근대화는 메이지 지도자들의 목표였다. 설령 그 결과가 의도하지 않은 권위주의적인 방법의 계기였다고 하더라도 그들에게는 좋은 목표였다.[33] 이는 내가 이 책에서 보여주듯이 19세기의 자유주의가 사회적, 교육적 엘리트의 권위를 자신 있게 주장했다는 것을 기억할 때 특히나 독특한 결론이다.

관념을 맥락으로부터 추상화하는 이러한 문제와는 별개로 의미론적 투명성은 관념의 단순한 분류법에도 암시되어 있다. 한 가지 흔한 습관은 전통 대 현대, 일본 대 외국, 또는 보수 대 진보의 대조적인 요소를 식별하는 것이다.[34] 이 책의 주제와 관련해서 이러한 단순화가 가장 확실하게 문제가 되는 지점은 자유주의와 보수주의 사이의 거짓되고 시대착오적인 대조로 역사를 대체하는 것뿐만 아니라, 자유주의를 관념적으로 규정하는 것과 메이지 초기 일본 자유주의에서 실제적으로 구축된 것을 혼동한다는 점이다. 예를 들어 일본 자유주의 건설의 중심이었던 밀의 자유주의는 기본적으로 최소정부와 교육받은 엘리트들의 지도력 둘 다에 헌신한다는 점에서 본질적으로 자유지상주의적이었다. 여러 학자들이 지적했듯이 미셸 푸코(Michel Foucault)의 "통치성(governmentality)" 해설을 바탕으로 살펴보면 자유주의 정치이성을 가장 잘 규정하는 것은 법의 지배와 법의 정교화에 지배받는 자들의 참여이다. 동시에 자유주의적 법은 개별적이거나 예외적인 조치들을 배제하는 일반적인 형태의 정부 개입과 자치(自治) 시민사회에 가장 잘 맡겨져 있는 사회 경제에 대한 정부 개입 제한 양자 모두에 헌신되어 있다. 그레이엄 버첼(Graham Burchell)이 "정부의 목표가 시민사회의 다소간의 자동적 기능을 확보할 수 있는 규제 체계를 제공하는 한, 국가의 정부권력 행사는 사회에 내재하는 권력관계와 연속선상에 있거나 접목되어 있는 것으로 볼 수 있다"고 결론내린 것은 적절하다.[35] 19세기 일본뿐만 아니라 영국에서도 사회의 내재적인 권력관계는 사회 하층민에 대한 교육받은 엘리트들의 계도원칙을 강조했다. 우데이 싱 메흐타(Uday Singh Mehta)가 설득력 있게 주장했듯이 영국 자유주의와 제국주의 모두 계도적 특징이 있었고, 그 둘을 완전히 양립시켰다.[36] 일본도 마찬가지이다.

예를 들어 후쿠자와 유키치는 "마지막까지 자유주의자"라고 칭송받아 왔고, 번벌 정치나 언론 통제와 같이 그가 이전에 옹호했던 "자유주의 사상과 충돌하는 정책들"을 지지한다는 비판을 받아 왔다.[37] 후쿠자와와 그의 메이로쿠샤 동료들은 이러한 관념들을 그들 개인적인 삶에서 구현했기 때문에 자유주의를 전형적으로 나타낸다고 평가받는다. 그 증거로서 후쿠자와가 말을 타고 있는 소작농을 만난 것에 대한 이제는 진부한 일화를 종종 읽곤 한다. 후쿠자와는 휴가를 보내고 있던 가마쿠라(鎌倉) 인근 해변에서 말을 타고 있는 농부와 마주쳤다. 그런데 이 농부는 계급 차이가 새롭게 사라진 것을 의식하지 못하고 사무라이임이 분명한 사람 앞에 말을 타고 있는 것을 당황해하며 말에서 내려와 후쿠자와 앞에 꿇어앉았다. 하네 미키소(Mikiso Hane), 이반 홀(Ivan Hall) 등 다른 이들이 이 이야기를 해석한 것처럼 "후쿠자와는 소작농의 노예근성을 꾸짖고 다시 말에 올라타게 했다."[38] 후쿠자와가 이 이야기의 그 부분을 어떻게 말했는지 살펴보자.

> 그 불쌍한 친구는 내 앞에서 말에 올라타는 것을 꺼려했다.
> "자, 다시 말을 타게." 내가 재차 말했다.
> "그렇지 않으면 내가 두들겨 패 줄 테니."
> 현 정부의 법에 따르면 어떠한 사람, 농부 혹은 상인도 길가에서 누구를 만나든지 자유롭게 말을 탈 수 있다네.
> 자네는 이유를 모른 채 모두를 두려워할 뿐이야.
> 그게 바로 자네의 문제야."
> 나는 그에게 다시 말을 타라고 강요하고 그를 쫓아냈다.[39]

학자들은 당연히 메이지 정부하의 새로운 계급 평등을 위한 후쿠자와의 헌신의 증거로 이 구절을 읽었지만, 후쿠자와가 거만하게 자신이 알고 있는 최선을 다른 사람도 하도록 하기 위해서 법의 힘과 개인적인 폭력의 위협을 동시에 발동한다는 사실은 무시한다. 이것은 문명개화를 장려하는 데 가부장주의적 계도를 고집했던 자유주의의 증거이다. 그러나 하네와 다른 사람들은 자유주의로부터 계도를 배제하고, 대신에 전기적인 변화의 관점에서 자유주의의 종식을 설명했다. 그들은 초기 메이지 지식인들이 진보적인 젊은 시절에 자유주의를 받아들인 다음 그 후 중년에 자유주의에서 보수주의로 변화를 겪었다고 말한다.[40] 유사하지만 보다 넓은 맥락에서 하네는 일그러지긴 했지만 필요했던 내셔널리즘이 동시에 부상하면서 메이지 초기 자유주의가 "인기를 잃은 것"으로 보고 있다.[41] 실제로 일본에서의 자유주의와 입헌주의에 대한 관심은 부강함에 대한 일본의 필요성에 부합한 것이었다. 나는 이들이 정부 지지에 헌신하고 변화하는 정책을 따랐다는 하네의 의견에 동의한다. 그러나 단순한 반대나 그릇된 전기적 변화를 호출하지 않고도 그들의 다소 일관된 관점을 설명할 수 있다.[42] 자유주의와 계몽 프로젝트가 제시한 개념들은 정치와 인식론을 도쿠가와 정권의 대대로 내려오는 형태로부터 분리시키고, 서구 지식의 새로운 범주에 위치시켰다. 그러나 일본의 자유주의는 더 광범위하게 포괄하기는 했지만 여전히 엘리트 집단의 수중에 정치권력을 재구성하는 작업에 더 신경을 썼고 민주주의나 평등에는 관심을 덜 기울였다.

그렇다면 1870년대의 일본 "자유주의"를 규명하면서, 통치하는 번벌 측에 가까운 지식인들이 사회적 안정을 위해 자유를 대중 연설, 집회, 언론이 아니라 사상과 종교적 신념의 내부영역과 관련시키는 것으로 규정할 정도로 "자유"가 이기심을 강하게 내포하고 있을 때 우리는 주의를 기울여야만 한다. 이것이 내가 5장과 6장에서 메이지의 맥락 속에 소위 민권운동을 재배치해야 한다고 주장하는 이유 중 하나이다. 20세기 학계는 민주주의 운동으로 보는 경향이 있었지만, 대부분 그렇지 않았다. 1920년대 "다이쇼 데모크라시" 전성기 동안 일본 학자들과 운동가들은 메이지 시대를 "자유민권운동"이라고 부르면서 그들 자신의 활동에 대한 선례를 찾았다. 그리고 전후에는 이 메이지 운동을 전후 헌법에 따른 일본의 "민주화 운동"의 선례로 꼽았다. 그러나 1870년대 동시대인들에게 이 운동은 "국회개설운동"으로 알려져 있었다.[43] 1880년대까지 "민중의 권리"를 요구하는 시위에 대한 인쇄 매체의 설명에서 "자유"는 점점 더 늘어났지만, "민주주의"는 결코 그렇지 않았다. 간헐적인 지역 정치사회 및 전국 정당지회 활동가들을 제외하면, 우에키 에모리(植木枝盛)는 인민 모두가 정치적 결정에 어느 정도 역할을 할 자격이 있다고 제안한다는 점에서, 홀로 전국(도쿄) 무대에 섰던 사람으로 볼 수 있다. 대신 대다수의 지식인들은 유럽과 마찬가지로 신중하게 대의하는 제도를 가진 헌정체제를 옹호했다.[44]

전후 미국 학계에서 친숙하기는 하지만 오해의 소지가 있는 용어인 자유주의 대 보수주의라는 틀을 가지고 일본 연구를 수행했다는 점은 우리가 19세기 일본에 대한 논평을 볼 때 특히 잘 드러난다. 예를 들어 1881년에 발행된 『재팬 위클리 메일(*Japan Weekly Mail*)』 사설에서 영국 작가는 일본의 정치적 갈등을 보수주의 대 내셔널리즘으로 확인했다. 그에게 내셔널리즘이라는 것은 일본 개혁가가 될 이들이 개혁을 외치면서 주창했던 구체적인 형태, 즉 "책임부담을 배로 늘리는" 국회를 의미했다. 그 작가에 따르면 일본이 직면한 위험은 자유주의 추종세력이 보수주의적으로 변하면서 자유주의가 소멸하는 것이 아니었다. 오히려 그는 내셔널리즘이 명예로운 애국주의로 비춰지지 않고 반역으로 재정립될 것을 우려했다. 즉 보수적 정부가 애국자의 개혁요청에 대한 내셔널리스트 정서를 존중할 것인지, 아니면 거기에 반역자라는 꼬리표를 붙일 것인지에 대한 것이었다. 어떤 경우든 메이로쿠샤 지식인들은 보수 진영에 앉아 있는데, 이는 일본 주간지의 눈에는 내셔널리스트들이 주로 이타가키 다이스케의 자유당과 연대한 개혁 성향의 지방조직에 있었기 때문이다.[45]

여기서 나는 자유주의에 대한 헌신이나 일본의 가치가 자유주의에 도움이 되는지에 대한 논의에 압도되기보다는 개념과 그들의 평가를 살펴볼 것이다. 혹은 디페시 차크라바티(Dipesh Chakrabarty)가 최근 논의에서 실제하는 것을 단순히 이데올로기적인 것과 구분하기보다 "이데올로기적인 것"과 "정치적인 것"에 관해 진술한 것처럼, 나는 의미와 정책을 두고 역사적 논쟁에 뒤얽혀 있는 만큼 정치적 개념에 관여하고자 한다.[46] 일본 근대화에 대한 초기 연구가 "중심 가치"로 관통한 것은 당시 일본인들이 "도덕적 성품"이라고 불렀던 윤리라는 지속적인 문제의 측면에서 더 잘 검토될 수 있다. 기도 다카요시가 1868년 말 자신의 『일기』에 언급했듯이, 일본의 국가비상사태에서 요구되는 변화의 기초가 되는 기술체계는 태도 변화를 요구했지만 도덕적 성품의 함양은 여전히 전국 가정에 가장 필수적인 것이었다.[47]

번역에서의 개념의 역사성

"인라이튼드 시빌리제이션(enlightened civilization)"의 역사성과 그 번역된 용어로 일본 서구화를 다시 정립하기 위해, 나는 일찍이 윌리엄 부스마(William J. Bouwsma)가 지성사와 문화사, 사회사의 연결을 시도한 의미의 역사로 묘사했던 "언어학적 전환 이후의" 지성사와 개념사 둘 다를 따랐다.[48] 새로운 지성사는 특히 H. D. 하루투니언(H. D. Harootunian)과 나지타 데쓰오, 그리고 그의 제자들과 동료들의 "시카고학파"를 통한 도쿠가와 일본 연구에서 잘 대표되고는 있지만, 캐롤 글럭과 스테판 다나카(Stefan Tanaka)의 두드러진 작업들을 제외하고는 메이지 일본의 지성사에 대한 공헌은 거의 없었다.[49] 1994년 하버드 대학에서의 메이지 컨퍼런스로 대표되는 새로운 연구방향은 서구화나 지성사에 관여하지 않았다. 오히려 여기에서 제출된 글들은 근대화 대신에 국가건설, 그리고 엘리트 특권 부과 대신에 지역적 저항을 다룬다.[50] 일본에서 메이지 일본의 새로운 지성사는 아마도 이시다 다케시(石田雄)로 가장 잘 대표될 것이다. 그의 일본의 서구 정치 개념 수입에 대한 분석은 일본의 정치 논쟁에 핵심 사상을 소개하는 저명한 지식인들의 작업을 추적한다. 번역이 "동양" 혹은 일본문화와 서양문화를 조정하는 메커니즘으로서, 이시다는 에른스트 카시러(Ernst Cassirer)의 『상징형식의 철학(*Philosophy of Symbolic Forms*)』에서 언어 상징의 개념을 차용하는데, 이는 문화적, 시간적 차이에 의미론적으로 투명한 개념인 언어 보편성의 문을 문제적인 방식으로 열어젖힌다.[51] 이 책에서 나는 언어학적 전환 이후의 지성사로 다시 언어학을 되돌리기 위해 번역에서 단어에 대한 구체적인 연구를 수행할 것이다.

아마도 새로운 지성사의 영미 관행에서 가장 걸출한 인물은 퀜틴 스키너일 것이다. 그의 작업은 역사적 과정에 참여하려는 노력의 모범이다. 스키너는 정치사상에 대한 과거 공헌의 의도를 파악하기 위해 단어 사용을 검토하는데, 그는 행동의 관점에서 의도성을 기술한다. 스키너는 "저자들이 집필하면서 무엇을 하고 있었는지" 설명할 수 있기를 원한다. 그러면,

> 우리는 저자들이 어떤 주장을 제시하고 있었는지뿐만 아니라 그들이 어떤 질문을 다루고 그에 대답하려 하는지, 그들이 어느 정도까지 수용하고 지지했는지, 또 질문하고 거부했는지, 혹은 심지어 정치적 논쟁에 만연한 가정과 관습을 논쟁적으로 무시했는지도 볼 수 있다.[52]

이론적으로 스키너는 역사를 과거 사유의 역사로 보고, 이를 연구하기 위해서 사상가들이 과거에 어떤 질문을 던졌는지를 이해하는 방법론을 사용하는 R. G. 콜링우드(R. G. Collingwood)의 이해방식에 대한 정교한 대안을 제시한다. 하지만 여기에 덧붙여 스키너는 과거의 사유를 재고할 수 있다는 콜링우드의 주장과 보편적 주제의 단위 사상을 고립시키는 러브조이의 추상적 방법 모두의 주장에 내재된 관념론을 교정할 뿐만 아니라 새로운 지성사에 가해지는 평준화된 환원주의 혐의로부터 잠정적으로 벗어나게 한다. 여기에서 환원주의 혐의란 의미가 행동을 설명

한다는 오래된 유럽과 미국의 가정을 유지하면서 새로운 지성사가 경험을 의미로 환원시켰다고 하는 비판이다.[53] 스키너는 정치적 텍스트를 참고해서 정치사건을 연구하기보다는 관념이 표현되는 단어와 정치사건을 구성하는 과거 논쟁에서 사용되는 방법을 연구하라고 했을 것이다.

코젤렉의 개념사 옹호자들이 공통된 견해를 주장하는 것은 바로 이 방법론적 관점에 있다. 그들은 모두 사유를 맥락 안에서 다루고 "역사적 행위자들이 추상적인 용어의 의미와 사용에 대해 논쟁했을 때 무엇이 걸려 있었는지에 대한 질문"을 고심하는 책무를 공유한다.[54] 그러나 코젤렉의 "기본개념"에서 두드러지는 추상화 정도는 관례적인 관념사에 나타나는 관념론을 재생산할 위험이 있다. 코젤렉에 따르면 개념은 시간적 순서에 따라 그것들을 정렬하기 위해서 상황적 맥락에서 분리되어야 한다. 따라서 코젤렉은 개념을 단어와 구분한다. "단어는 의미의 잠재성을 제시하며 개념은 그 자체로 의미의 풍부함을 통합한다."[55] 비록 누군가가 코젤렉을 지지하기 위해 이 개념의 추상화는 사실 근대성의 특성이라고 주장할 수는 있겠지만, 개념에서의 경험에 대한 이러한 인식은 정확하게 근대 시간성의 효과이다. 나는 의미에 대한 이 물화된 이해가 그의 초점이라는 점에 맞부딪히게 된다.

> 단어의 의미는 사유의 연속이든 사물이든 언제나 그것이 의미하는 것을 가리킨다. 그러므로 그 의미는 단어에 고정되어 있지만, 그것은 말이나 글의 맥락에 의해 유지되며, 또한 그것이 참조되는 상황에서 비롯되기도 한다. 단어는 단어가 사용되는 의미의 맥락이 단어 자체에 완전히 통합되면

개념이 된다. 개념은 단어에 고정되어 있지만 동시에 단어에 국한되지 않는다.[56]

즉 언어적 기호로서 한 단어의 개념적 의미(signification)는 물질적 기표(signifier)를 초과한다. 개념은 여러 의미에서 추상화되므로 물질적 기호(sign)에서 분리된 사상으로 볼 수 있다. 또는 한스 에리히 보데커(Hans Erich Bodeker)가 핵심을 집고 있듯이, 코젤렉은 단어의 의미와 참조 관계를 구별하고, 단어 대 사유 관계를 의미의 삼각형의 세 번째 극으로 도입한다. 따라서 개념은 단어, 단어가 참조하는 대상, 그리고 사유가 의도한 의미 있는 내용이라는 세 가지 요점으로 규정된다.[57] 코젤렉 이론의 이러한 측면의 영향으로 멜빈 리히터(Melvin Richter)는 "개인이나 집단은 표현할 수 있는 단어가 없어도 개념을 가질 수 있다"는 관념론적인 결론에 이르게 되었다. 즉 의미론적 투명성의 추상적 관념론을 모방한 의외의 입장에 서게 된 것이다.[58]

보다 유물론적으로 개념과 단어의 관계를 이해하는 방법은 유형(type)과 항목(token) 사이의 기호 관계이다. 즉 추상적이고 일반적인 존재(사전에 있는 것 같이)에 있는 단어와 특정한 사용 사례에서 나타나는 단어 사이의 기호 관계인 것이다. 2장과 3장에서 설명하듯이 **문명**(文明)과 같은 기호 유형은 "보편적(중국) 문명"의 의미를 담고 있는데, 이는 후쿠자와 유키치가 은유적으로 확장해서 이 단어(기호 항목)를 "보편적(서양) 문명"이라는 뜻으로 사용할 수 있게 했다. 그 과정에서 유형은 새로운 항목에서 파생된 새로운 의미를 상정하기 시작했다. **문명**의 의미는 중국에서 서구 문명으로 옮겨 갔다. 코젤렉에게 개념은 의미의 추상적인 총체(summations)이다. 기호 유형과 같이 말이다. 이에 반해 모호하거나 잠재적인 의미를 나타내는 단어는 사용되면서 현실화된다. 기호 항목처럼 말이다.[59] 내가 의존하고 있는 유물론 언어학자인 V. N. 볼로쉬노프(V. N. Voloshinov)는 유형과 항목 용어에 관해서 의미와 주제, 즉 추상적인 단어(유형)와 사용 중인 단어(항목)로 설명한다. 하지만 퀜틴 스키너와 마찬가지로 볼로쉬노프는 단 하나의 단어로 이 두 가지 측면의 단어가 통일되어 있다고 주장한다. 이 주장은 두 가지 결론에 이르도록 몰아붙인다. 첫째, 우리는 물질적 단어와 정신적 또는 관념적 의미를 다루는 것이 아니라 의미에 "다양한 리듬(multi-accentual)"이 있고, 용례와 사용자에 따라 달라지는 물질적 단어를 다룬다. 둘째, 언어는 사용자가 사용할 수 있는 공시적인 전체(synchronic totality)로 간주되어야 하는데, "발언(utterances)"이나 "진술(statements)" 형태를 취하는 사용자의 언어 사용은 스키너와 볼로쉬노프 모두가 "이해(understanding)"라고 부르는 관점에서 검토되어야 한다.[60] 우리는 단어들이 언어 맥락에서 어떻게 사용되는지를 조사함으로써 단어들을 이해하게 된다.

그러나 코젤렉은 기호 유형과 항목의 언어에 찬성하지 않는다. 오히려 그는 구조주의 언어학자의 어휘를 지닌 자신의 작업을 유물론과 관념론의 흥미로운 조합을 만들어내는 공시태와 통시태(혹은 구조와 사건)의 조합으로 설명한다.[61] 코젤렉은 다른 속도로 움직이는 현실의 다른 층위(혹은 다층적 시간성)에 대한 매혹적인 설명을 생성하는 인간 삶의 동물적 물질성으로 자신의 작업을 단호하게 뒷받침한다. 한편으로는 언어 현상의 반복과 순환이 있다. 다른 한편으로는 독특한 일련의 사건들이 있다. 두 연쇄가 다른 속도로 서로 독립적으로 변화한다는 사실은 언어적, 사회정치적 현상을 모두 포함하는 변화를 이해하는 다양한 방법을 산출한다.[62] 개념사가 "구체적이고 공시적인 경우의 구술(口述) 단어"와 관련되어 있는 "항상 존재하고 통시적으로 기존에 존재하는 언어"를 다루고 있다고 주장할 때, 물적 토대는 단어에 위치할 수 있다.[63] 따라서,

> 새로운 용어는 이전에는 존재하지 않았던 경험이나 기대를 표현하는 언어로 만들어질 수 있다. 다만 이미 사실상 각각 현존하는 언어에 포함되어 있지 않고, 그것이 전해지는 언어적 맥락에서 그 의미를 끌어내지 않는다는 점이 그렇게 새로운 것이 될 수는 없다.[64]

단어의 물성(物性)은 새로운 개념을 만들거나 기존 개념을 새로운 방향으로 확장하는 언어 사용자의 역량을 좌우하는 것으로 보인다. 이것이 이 책에서의 내 입장이다.

그러나 코젤렉의 최근 해석가들은 개념사의 언어적 기초가 광범위하게 의미장 혹은 어휘장에 대한 구조주의적 연구로부터 비롯되었음을 상기시킨다. 여기에는 역사언어학자들이 [소쉬르(Saussure)가 랑그(lange)라고 호명했던] 언어의 (공시적) 구조를 검토하려는 여러 다른 시도들이 포함되어 있다. 이는 동일하거나 유사한 개념 표기에 사용할 수 있는 다른 용어에 대한 연구인 명칭론(onomasiology)을 주어진 용어의 모든 다른 의미에 대한 연구인 어의론(semasiology)과 비교하고, 관련 용어의 집합과

관련된 의미장을 식별하기 위한 것이었다.[65] 역사언어학자들은 의미장이 어휘적인지 개념적인지에 대해 의견이 분분하지만, 코젤렉 해석가들은 개념이 어휘적 항목이 아닌 의미론적 분야 내의 위치해 있다는 관념론적 해석을 반복적으로 확정 짓는다.[66] 실제로 코젤렉은 근래에 자신의 언어학적 관점의 토대를 의미론에 두었다. 언어학에서 분석적으로 취급될 때, 의미론은 일반적으로 단어와 어떻게든 연관되어 있는 단어의 요소들, 특징 또는 구성요소로서 의미를 구체화하고, 따라서 단어들 사이에 의미있는 구별을 제시한다. 그것은 단어의 물적 기반과는 무관하게 순수한 의미론으로서 개념의 구체화를 제공하는 요소를 식별하는 분석 절차이다. 따라서 개념사 기획은 의미론의 철학적 정신주의에 관여한 다음에 그러한 의미를 사회적 영역으로 되돌리기 위해 물질적 사회사에서 출현한 것으로 보이는데, 이는 비평가들이 지적한 점이다.[67]

개념사 작업과 담론과 언어로 정치사상 분석의 근거를 삼아야 한다고 주장하는 스키너와 J. G. A. 포콕(J. G. A. Pocock) 같은 지성사가의 작업을 가장 뚜렷하게 갈라놓은 지점은 언어적 맥락에서 비롯된 개념의 잠재적 독립성이다. 이안 햄프셔-몽크(Iain Hampsher-Monk)에 따르면, 특히 스키너는 언어 사용자들의 주어진 사회에서 유통되는 단어의 의미의 다양성에 주목함으로써 이러한 함정을 피하려고 한다.[68] 포콕 자신은 최근에 담론의 역사 그리고 담론을 사용하고 담론이 형성하는 사람들의 역사로부터 개념의 역사로 나아가는 것이 그 반대로 나아가는 것보다 적절하다고 말했다. 그는 코젤렉과 그 추종자들이 반대로 나아간다고 본다. "역사적 기록 어디에서 발견되든지, 동일개념 혹은 동일개념의 변형

요소를 동일단어 혹은 동일단어의 어원이 같은 말로 귀속시키려고 할 때" 개념사는 역사에 관념적 구조물을 부과하려는 위험을 안고 있다.[69] 마찬가지로 네덜란드의 개념사가인 빌렘 프리히호프(Willem Frijhoff)는 최근에 개념사와 사회사의 연관성을 강조했는데, 이는 "어떻게 의미론적 변화가 새로운 형태의 사회적 표현에 토대를 두고 있는지, 변화하는 사회적 관계에 토대를 두고 있는지, 혹은 사회조직의 인식이나 문화적 모델의 낡은 계획을 갱신하는 데 토대를 두고 있는지"를 두고 재개된 관심을 지지하기 위한 것이었다.[70] 그리고 한스 위르겐 뤼제브링크(Hans-Jürgen Lüsebrink)는 의사소통의 물질성, 정치적 혹은 사회적 집단에서의 사용, 번역과정을 통한 상호 문화적 전이에 이르기까지 개념에 대한 관심을 확장시킬 것을 주장했다.[71]

이 책은 그러한 노력에 기여하기 위한 것이다. 동시에 나의 경우에 개념사에 있어서 개념적 발전에 대한 장기적 관점에 대한 필요성은 번역의 실천으로 대체되었다. 그것은 20-30년 내에 일어난 것이기는 한데, 이 시기 동안 일본 지식인들과 활동가들의 "기대지평"을 확립했고, 코젤렉과 추종자들이 유럽 근대에 일어났다고 이론화한 변화를 작업하기 시작했다. 코젤렉은 영국, 프랑스, 독일에서 민주화에 접근하는 다른 방법을 다룬 논의에서 다음과 같이 지적한 바 있다. "정치적 논쟁이 방향을 바꾼 구체적인 개념은 때때로 이러한 개념에 길을 터 준 역사적 경험에 얽매어 있었다."[72] 여기에서 나는 세 가지 다른 사례들로 개념과 경험을 중재하는 과정에 관여한다. 4장에서는 "리버티(liberty)"와 "프리덤(freedom)"과 관련하여 빠르게 표준화된 번역어인 자유(自由)를 살펴보는

데, 아마도 쉬운 표준화는 "리버티"의 적절한 의미에 대한 일련의 논쟁을 동반했을 것이다. 5장에서는 "라이트(right)", "소버린티(sovereignty), "파워(power)", 그리고 여타 많은 단어를 번역하는 데 사용된 용어인 **권**(権)을 검토한다. 따라서 **권**(権)은 기점(起点) 언어에서 인식되는 그러한 구별에 대해 일본어로 의미 있는 구별을 만드는 문제를 제기한다. 그리고 6장에서는 **사회**(社会)라는 신조어를 만들 필요가 있었던 일본인들을 논하기 위해 새롭게 차용된 개념인 "소사이어티(society)"를 살펴본다.

그러나 나는 또한 개념사가 언어와 의미론적 변화에 반영되는 실제의 역사적 불연속성에 대한 진입점을 마련함으로써 현재에 대한 비판 역할을 수행한다는 주장을 주목하면서 감회를 느낀다. 멜빈 리히터와 테렌스 볼이 주장했듯이 개념의 역사는 현재에 영향을 미친다. 유용한 개념이 우리가 특정 노선을 따라 사유하도록 밀어붙이는 방법을 인식하는 데 역사가 도움이 된다면, 우리는 이 역사를 통해 "우리의 상황에 대한 대안적이고 덜 제한적인 개념규정에 따라 행동하는 방법을 생각"할 수 있게 된다.[73] 두 가지 결론이 뒤따른다. 첫째, 개념사의 비판적 충동은 우리에게 역사적 학문을 근대화 이론과 같은 관념론자들의 시대착오로부터 해방시키도록 촉구한다. 둘째, 코젤렉이 주장했듯이 개념을 다른 언어로 번역하는 것은 개념적, 정치적 구조를 다른 곳으로 확장하는 것임을 인식하도록 한다. 정확하게 바로 이것이 이 책의 주제이다.[74]

주석

1 Norbert Elias, *The Civilizing Process: The History of Manners and State Formation and Civilization*, trans. Edmund Jephcott (Oxford: Blackwell, 1994), pp. 187, 201-206.

2 Joseph Pittau, *Political Thought in Early Meiji Japan, 1868-1889* (Cambridge. Mass.: Harvard University Press, 1967), pp. 131-157. 또한 다음을 참조. George Akita, *Foundations of Constitutional Government in Modern Japan, 1868-1900* (Cambridge. Mass.: Harvard University Press, 1967); Carmen Blacker, *The Japanese Enlightenment: A Study of the Writings of Fukuzawa Yukichi* (Cambridge: Cambridge University Press, 1964); Thomas R. H. Havens, *Nishi Amane and Modern Japanese Thought* (Princeton: Princeton University Press, 1970); and Nobutaka Ike, *A Beginnings of Political Democracy in Japan* (Baltimore: Johns Hopkins University Press, 1950). 이 저작들은 훌륭한 연구이지만, 그들은 모두 내가 의미론적 투명성이라고 부르는 실수에 관여되어 있다.

3 일본 국어학(国語学)에 있어 지속적으로 결여된 한 가지 분야는 사전이 기호 유형(sign types, "일반어")의 주요 원천이라고 상정하는 사전연구가 여전히 만연하게 잔존하고 있다는 점이다. 내가 보기에는, 사전은 기호 항목(sign tokens, 사용된 단어 사례)를 제공하는 또 하나의 텍스트에 불과하다. 예를 들어 1862년 초기의 인상적인 영일사전에서 호리 다츠노스케(堀達之助)는 "시빌리제이션(civilization)"을 후쿠자와 유키치(福澤諭吉)가 처음에 문명(文明)이라는 용어를 사용한 것보다는 전형적이지 않은 풀어쓰기 번역인 '행실을 바르게 함(行儀正しくする事)'으로 번역했다. 더 중요한 것은, 이 책에서 검토하고 있는 다른 어떤 텍스트에서도 '행실을 바르게 함'이라는 표현을 사용한 것을 본 적이 없다는 점이다. 그것은 일반적으로 이해되는 의미인 기호 유형이 아니라, 단어 사용 사례인 기호 항목이다. 누군가 호리의 목적은 결국 일본인 독자에게 영단어의 해석을 제공하기 위한 것에 불과했다고 주장할지 모르지만, 그러한 답변은 언어사용에 대한 우리의 이해에서 사전을 더욱 무시하는 것이다. 호리의 작품과 같은 사전은 단지 단어의 사례(기호 항목)를 제공할 뿐만 아니라, 이러한 단어들에 대한 맥락은 거의 제공하지 않는다. 그들이 "번역"하는 영어의 등가물과 병행하여 격리된 품목(item)으로 제시되기 때문이다. 다시 말해 대부분의 외국어사전은 우리에게 단어 사용의 역사적 실상과 관련된 정보는 거의 제공하지 않는다. 다음을 참조. 堀達之助 編, 『英和対訳袖珍辞書』, 1862, p. 129; 호리 다츠노스케의 사전에 대한 배경과 관련해서는 다음을 참조. 永嶋大典, 『蘭和·英和辞書発達史』(東京: 講談社, 1970), pp.

52-72. 사전연구에 대한 일본어 문헌은 엄청나다. 나가시마 다이스케(永嶋大典)에 더해 다음 문헌을 보라. 吉田金彦, 「辞書の歴史」, 阪倉篤義 編, 『講座国語史3: 語彙史』(東京: 大修館書店, 1971), pp. 503-537; 松井利彦, 『近代漢語辞書の成立と展開』(東京: 笠間書院, 1990); 그리고 Yokoyama Toshio, "Setsuyoshu and Japanese Civilization", in *Themes and Theories in Modan Japanese History: Essays in Memory of Richard Storry*, ed. Sue Henny and Jean-Pierre Lehmann (London: Athlone, 1988), pp. 78-98.

4 Melvin Richter, *The History of Political and Social Concepts: A Critical Introduction* (New York: Oxford University Press, 1995), p. 20; Melvin Richter, "Appreciating a Contemporary Classic: The Geschichtliche Grundbegriffe and Future Scholarship" in *The Meaning of Historical Terms and Concepts: New Studies on Begriffsgeschichte*, ed. Hartmut Lehmann and Melvin Richter (Washington, D.C.: German Historical Institute, 1996), p. 10. 또한 다음을 참조. Reinhart Koselleck, *Futures On the Semantics of Historical Time* (Cambridge, Mass.: MIT Press, 1985), pp. 73-91.

5 Koselleck, *Futures Past*, pp. 270-275, 286-288(p. 287에서 인용); 또한 그의 다음 논문을 보라 "Social History and Begrijfsgeschichte", in *History of Concepts: Comparative Perspectives*, ed. lain Hampsher-Monk, Karin Tilmans, and Frank van Vree (Amsterdam: Amsterdam University Press, 1998), p. 25. 앙리 르페브르(Henri Lefebvre)는 매개되지 않은 관계(혈연, 가족 등)의 절대공간에서 근대사회의 추상적 공간을 생산하는 것과 같은 근대 공간에 대한 관련된 분석을 제시한다. 다음을 참조. *The Production of Space*, trans. Donald Nicholson-Smith (Oxford: Blackwell, 1991), pp. 48-53, 229-291; 그리고 마쓰모토 산노스케(松本三之介)는 도쿠가와에서 메이지로의 이행과정에서의 정치적 의식의 형성을 논하는데, 상황에서부터 개념의 이론화와 분기가 이루어지는 "추상화"와 양립할 수 있는 방식으로 논의한다. 다음을 참조. 『近代日本の知的状況』(東京: 中央公論社, 1974), pp. 8-13.

6 코젤렉 사례와는 무관하게 사카모토 다카오(坂本多加雄)는 메이지 초기의 문명 도입과 진보의 영향으로 새로운 시간경험을 논의했다. 『近代日本精神史論』(東京: 講談社, 1996), pp. 20-33. 일본을 접경지대로 몰아넣는 새로운 중심지로 서구를 조망하는 보다 전형적인 논의는 다음을 참조. 亀井俊介, 「日本の近代と翻訳」, 亀井俊介 編, 『近代日本の翻訳文化』(東京: 中央公論社, 1994), pp. 9-11.

7 나가사키 통역사들은 이차문헌에서 "네덜란드 통사(通詞)"로 등장한다. 난학과 양학에 대한 가장 좋은 요약은 다음을 참고하라. David Abosch, "Kato Hiroyuki and the Introduction of German Political Thought: 1868-1883" (Ph.D. dissertation. University of California, 1964), pp. 63-160; Grant K. Goodman, *Japan: The Dutch Experience* (London: Athlone, 1986); Hirakawa Sukehiro, "Japans Turn to the West", in *The Cambridge History of Japan, vol. 5: The Nineteenth Century*, ed. Marius Jansen (Cambridge: Cambridge University Press, 1989), pp. 432-498; Donald Keene,

The Japanese Discovery of Europe, 1720-1830, rev. ed. (Stanford: Stanford University Press, 1969); 沼田次郎, 『洋学伝来の歴史』(東京: 至文堂 1960), 『洋学』(東京: 吉川弘文館, 1989) 그리고 杉本つとむ 編, 『図録蘭学事始』(東京: 早稲田大学出版部, 1985) 또한 근래의 재평가는 다음을 참조. Tetsuo Najita, "Ambiguous Encounters: Ogata Koan and International Studies in Late Tokugawa Osaka", in *Osaka: The Merchants' Capital of Early Modern Japan*, ed. James L. McClain and Wakita Osamu (Ithaca: Cornell University Press, 1999) pp. 213-242.

8 다음을 참조. Timon Screech, *The Western Scientific Gaze and Popular Imagery in Later Edo Japan: The Lens Within the Heart* (Cambridge: Cambridge University Press, 1996), pp. 6-30.

9 Abosch, "Kato Hiroyuki", pp. 154-157. 막말시기의 양학에 관해서는 다음을 참조. W. G. Beasley, *Japan Encounters the Barbarian: Japanese Travellers in America and Europe* (New Haven: Yale University Press, 1995). 반쇼시라베쇼(이후 요쇼시라베쇼)는 종종 양학소(洋学所)로 불리기도 하지만 공식명칭은 아니었다. 1863년에 개성소(開成所)로 개칭되었고, 1868년에 의학소(醫学所)에 흡수되어 1877년에 도쿄제국대학에 속하게 된다. 다음을 참조. 日蘭学会 編, 『洋学史事典』(東京: 雄松堂出版, 1984), pp. 156, 591, 727.

10 Kido Takayoshi, *The Diary of Kido Takayoshi*, trans. Sidney Devere Brown and Akiko Hirota (Tokyo: University of Tokyo Press, 1983-1986), 3:402, 462, 초기 메이지 발전에서 기도의 역할에 관해서는 다음을 참조. 五十嵐暁郎, 『明治維新の思想』(横浜: 世織書房, 1996), pp. 11-92.

11 Kido, *Diary, vol. 3* passim; George M. Beckmann, "Political Crises and the Crystallization of Japanese Constitutional Thought, 187-1881", *Pacific Historical Review* 23(3) (August 1954) 2: 9-270; 그리고 Jackson H. Bailey, "Prince Saionji and the Popular Rights Movement", *Journal of Asian Studies* 21(1) (November 1961): 49-63.

12 Kido, *Diary*, 2:88, 398, 407; 3:132, 318.

13 다음을 참조. David Huish, "Aims and Achievement of the Meirokusha — Fact and Fiction", *Monumenta Nipponica* 32(4) (Winter 1977): 495-514; Ivan Parker Hall, *Mori Arinori* (Cambridge, Mass.: Harvard University Press, 1973), pp. 233-245; 大久保利謙, 『明六社考』(東京: 立体社, 1976); 遠山茂樹, 「明六雑誌」, 『思想』 447(1961.9): 117-128, 그리고 Toyama Shigeki, "Reforms of the Meiji Restoration and the Birth of Modern Intellectuals", *Acta Asiatica* 13 (1967): 55-99. 메이지 유신 이후 문명개화에 초점을 두었기 때문에 많은 이차문헌들이 막말 시기의 양학(洋学)을 넘어 질적으로 새로운 발전으로 기록한다. 그러나 오쿠보(大久保)는 양학이 도쿠가와 양학에서부터 메이로쿠샤와 가쿠시카이인(学士会院)에 이르는 주목할 만한 연속성에 관해 논의

해 왔다. 다음을 참조. 『明治の思想と文化』(東京: 吉川弘文館, 1988), pp. 14-27, 75-82.

14 두 저널의 배경에 관한 짧막한 논의는 도쿄대학 100년사에 포함되어 있다. 『東京大学百年史:通史』(東京: 東京大学, 1984) 1:491-500, 614-621. 가쿠시카이인(学士会院)에 관해서는 다음을 참조. Walter Dening, "The Gakushikaiin", *Transactions of the Asiatic Society of Japan*, ser. I, vol.15 (1887): 58-82; 그리고 大久保利謙, 『明治の思想と文化』, pp. 226-236, 255-277.

15 이 맥락에서 첫 번째 주요저작은 다음과 같다. 服部之総, 『明治維新史』(1929) 또한 핫토리의 이후 발표를 보라. 「文明開化」(1953) 大久保利謙 編, 『明治文学全集 3: 明治啓蒙思想集』(東京: 筑摩書房, 1967), pp. 417-424; 宮川透, 「日本啓蒙思想の構造」, 『明治文学全集 3: 明治啓蒙思想集』, pp. 424-436; 遠山茂樹, 『明治維新』(東京: 岩波書店, 1972), pp. 293-296; E. H. Norman, *Origins of the Modern Japanese State: Selected Writings of E. H. Norman*, ed. John W. Dower (New York: Random House, 1975), pp. 457-458. 미야카와와 도야마 둘 다 절대주의에 대한 마르크스주의자에 대한 설명을 단순화하면서 계급관계에 대한 중요한 논의를 결락하고 있다. 다음을 참조. W. G. Beasley, *The Meiji Restoration* (Stanford: Stanford University Press, 1972), pp. 7-8, 234-235.

16 예를 들어 다음을 참조. Albert M. Craig, "Fukuzawa Yukichi: The Philosophical Foundations of Meiji Nationalism", in *Political Development in Modern Japan*, ed. Robert E. Ward (Princeton: Princeton University Press, 1968), pp. 99-148.

17 Donald H. Shively, "Nishimura Shigeki: A Confucian View of Modernization", in *Changing Japanese Attitudes Toward Modernization*, ed. Marius B. Jansen (Princeton: Princeton University Press, 1965), pp. 193-241.

18 마르크스주의와 근대화 이론 모두를 아우르는 일본 역사기술학의 훌륭한 논의는 다음을 참조. John W. Dower's introduction, "E. H. Norman, Japan, and the Uses of History", in Norman, *Origins of the Modern Japanese State*, pp. 3-108. 근대화 이론은 오늘날에도 인정된 패러다임으로 남아 있다. 축의 시대 이론과 근대화를 혼합한 다음 논의를 보라. S. N. Eisenstadt, *Japanese Civilization: A Comparative View* (Chicago: University of Chicago Press, 1996), 또한 일본의 독특한 발전을 중국과 서구(근대) 관료지배와 합리화의 결합으로 취급하는 다음 논의를 보라. Johann P Arnason, *Social Theory and Japanese Experience: The Dual Civilization* (London: Kegan Paul International, 1997), 제목에서 기대할 수 있는 바와 달리 다음 논의는 내가 서구화라고 부르는 것에 대한 분석과 서구 관념과 제도들이 일본과 중국에 소개된 것에 대한 귀중한 역사화를 담고 있다. Yoda Yoshiie, *The Foundations of Japans Modernization: A Comparison with China's Path Towards Modernization*, trans. Kurt W. Radtke (Leiden: Brill, 1996), 근대화에 대해 더 나아간 두 가지 관점과 관련해서는 다음을 참조. The Japanese National Committee of Historical Sciences, *Recent*

Trends in Bibliographical Essays: Japan at the XIIIth International Congress of Historical Sciences in Moscow (Tokyo: Japan Society for the Promotion of Science, 1970), 1:61-68; 그리고 Jacques Mutel, "Modernization of Japan: Why Has Japan Succeeded in Its Modernization?" in *Europe and the Rise of Capitalism*, ed. Jean Baechler, John A. Hall, and Michael Mann (Oxford: Blackwell, 1988), pp. 136-158. 또한 근대화를 국가형성 문제로 전환한 근래의 논평은 다음을 참조. Sheldon Gardon, "Rethinking Modernization and Modernity in Japanese History: A Focus on State Society Relations", *Journal of Asian Studies* 53(2) (May 1994): 346-366; 그리고 Tetsuo Najita, "Presidential Address: Reflections on Modernity and Modernization", *Journal of Asian Studies* 52(4) (November 1993): 845-853.

19 Blacker, *Japanese Enlightenment*, pp. xi-xii, 30-40. 또한 다음을 참조. 松本三之介, 『近代日本の知的状況』, pp. 47-83. 그리고 森一貫, 『近代日本思想史序説 —「自然」と「社会」の論理』(京都: 晃洋書房, 1984), pp. 84-115.

20 Tetsuo Najita, *Japan: The Intellectual Foundations of Modern Japanese Politics* (Chicago: University of Chicago Press, 1974), p. 86; Carol Gluck, *Japan's Modern Myths: Ideology in the Late Meiji Period* (Princeton: Princeton University Press, 1985), p. 144; 그리고 山室信一, 『近代日本の知と政治 — 井上毅から大衆演芸まで』(東京: 木鐸社, 1985), p. 159. 최근 니시카와 나가오(西川長夫)는 메이지를 문화 수입과 내셔널리즘의 장기적 패턴으로 위치시켰다. 그의 역사적 시대구분은 국민국가의 후원하에 "근대"를 "국가문화" 시대로 해체하고, 그 뒤를 이어 우리의 "비교문화" 시대에 문화혼합 시대가 이어진다. 다음을 참조. 『国境の越え方：比較文化論序説』(東京: 筑摩書房, 1992), pp. 94-115, 289-292.

21 John Dunn, "The Identity of the History of Ideas", *Philosophy* 43(164) (April, 1968): 85-104; 그리고 Quentin Skinner, "Meaning and Understanding in the History of Ideas", *History and Theory* 8 (1969): 3-53. 레오 스피처는 일찍이 매우 다른 목적을 위해 이 비평을 실었다. Leo Spitzer, "Geistesgeschichte vs. History of Ideas as Applied to Hitlerism", *Journal of the History of Ideas* 5 (1944): 191-203.

22 Pittau, *Political Thought in Early Meiji Japan*, pp. 1,16.

23 Ibid., pp. 136 -138, 145. 또한 다음을 참조. Mikiso Hane, "Sources of English Liberal Concepts in Early Meiji Japan", *Monumenta Nipponica* 24(3) (1969): 259-272.

24 탈콧 파슨스가 자신의 관점을 요약한 논의는 다음을 참조. Talcott Parsons, "A Revised Analytical Approach to the Theory of Social Stratification", in *Class, Status, and Power: A Reader in Social Stratification*, ed. Reinhard Bendix and Seymour Martin Lipset (Glencoe: Free Press, 1953), pp. 92 -128; 또한 다음을 참조. William Buxton, *Talcott Parsons and the Capitalist Nation-State: Political Sociology as a Strategic Vocation* (Toronto: University of Toronto Press, 1985).

25 John Whitney Hall, "Changing Conceptions of the Modernization of Japan", in *Changing Japanese Attitudes Toward Modernization*, pp. 26, 30.

26 W. W. Rostow, *The Stages of Economic Growth: A Non-Communist Manifesto* (Cambridge: Cambridge University Press, 1960), pp. 16,73,149; S. N. Eisenstadt, "Modernisation: Growth & Diversity", *India Quarterly* 20 (January-March, 1964): 17-42; Joseph J. Spengler, "Theory, Ideology, Non-Economic Value, and Politico-Economic Development", in *Tradition, Values, and Socio-Economic development*, ed. Ralph Braibanti and Joseph J. Spengler (Durham: Duke University Press; London: Cambridge University Press, 1961), pp. 3-56; 그리고 David E. Apter, *The Politics of Modernization* (Chicago: University of Chicago Press, 1965), pp. x-xiv, 9-10.

27 근대화 이론에서 기능주의 역할에 관해서는 다음을 참조. Apter, *Politics of Modernization*, pp. vii-x; 그리고 Dean Tipps, "Modernization Theory and the Comparative Study of Societies: A Critical Perspective", *Comparative Studies in Society and History* 15 (March 1973): 199-226.

28 Robert N. Bellah, *Tokugawa Religion: The Values of 'Pre-Industrial Japan* (1957; Boston: Beacon, 1970); 그리고 Robert A. Scalapino, "Ideology and Modernization - The Japanese Case", in *Ideology and Discontent*, ed. David E. Apter (New York: Free Press; London: Collier-Macmillan, 1964), pp. 93-127.

29 Scalapino, "Ideology and Modernization", p. 107.

30 *Ibid*., p. 109.

31 *Ibid*., p. 126; 또한 다음을 참조. pp. 93-94,125.

32 다음을 참조. Hall, "Changing Conceptions of the Modernization of Japan", p. 33; Pittau, *Political Thought in Early Meiji Japan*, pp. 31-33; 그리고 특히 Robert E. Ward, "Political Modernization and Political Culture in Japan", *World Politics* 15(4) (July 1963): 569-596. 해석의 또 다른 곤란한 지점은 물론 식민주의였다. 일본 역사가들이 유럽-미국의 침략 위협으로 촉발된 일본의 근대화를 관례적으로 언급하지만, 근대화 이론가들은 일본의 경제와 정치 발전에 있어서 일본의 식민주의의 역할에 대해 거의 연연하지 않는다. 일반적으로 (모든 형태의 자본주의 발전을 비판하는 것이 목적인) 마르크스주의자들과 경제사학자들만이 대만, 한국, 만주에 대한 일본의 정복과 발전의 이점에 주의를 기울인다. G, Beasley, *Japanese Imperialism, 1894-1945* (Oxford: Clarendon, 1987); John Halliday, *A Political History of Japanese Capitalism* (New York: Pantheon, 1975). 근대화에서 식민지의 이점에 관해서는 다음을 참조. Apter, *Politics of Modernization*, pp. 50-56, 그리고 Rostow, *Stages of Economic Growth*, pp. 6, 108-114.

33 Pittau, *Political Thought in Early Meiji Japan*, p. 70.

34 다음을 참조. Bailey, "Prince Saionji and the Popular Rights Movement"; Iyenaga Saburo [sic], "Problem of Accepting Foreign Ideas in the History of Japanese Thought", *Asian Cultural Studies*, no.5 (October 1966): 83-93; 그리고 그럼에도 불구하고, 그의 부인에 관해서는 다음을 참조. 石田雄, 『日本の政治と言葉 上』(東京: 東京大学出版会, 1989), pp. 13-14, 26-31, 39-40.

35 Graham Burchell, "Peculiar Interests: Civil Society and Governing the System of Natural Liberty", in *The Foucault Effect: Studies in Govemmentality*, ed. Graham Burchell, Colin Gordon, and Peter Miller (Chicago: University of Chicago Press, 1991), p. 140. 또한 다음을 참조. Michel Foucault, "Governmentality", in ibid., pp. 87-104, 그리고 "History of Systems of Thought, 1979", *Philosophy and Social Criticism* 8(3) (Fall 1981): 353-359.

36 Uday Singh Mehta, *Liberalism and Empire: A Study in Nineteenth-Century British Liberal Thought* (Chicago: University of Chicago Press, 1999); 또한 다음을 참조. Richard Koebner and Helmut Dan Schmidt, *Imperialism: The Story and Significance of a Political Word, 1840-1960* (Cambridge: Cambridge University Press, 1964), pp. 1-7, 24-25, 38-44.

37 다음을 참조. Mikiso Hane, "Nationalism and the Decline of Liberalism in Meiji Japan", *Studies on Asia*, no.4 (1963): 69-80, 그리고 "Early Meiji Liberalism: An Assesment", *Monumenta Nipponica* 24(4) (1969): 353-371.

38 Hane, "Early Meiji Liberalism", p. 367. 이반 홀(Ivan Hall)은 1998년 1월 21일 워싱턴 우드로 윌슨 국제 학술센터에서 열린 공개강연에서 메이지 자유주의의 일화를 반복했다.

39 Fukuzawa Yukichi, *The Autobiography of Fukuzawa Yukichi*, trans. Eiichi Kiyooka (Tokyo: Hokuseido, 1981), pp. 243-244.

40 다음을 참조. Joyce Lebra, "Yano Fumio: Meiji Intellectual, Party Leader, and Bureaucrat", *Monumenta Nipponica* 20(1-2) (1965):1-14; 그리고 Nagai Michio, "Mori Arinori: Pioneer of Modern Japan", in *Higher Education in Japan: Its Take-off and Crash*, trans. Jerry Dusenbury (Tokyo: University of Tokyo Press, 1971), pp. 166-196.

41 Hane, "Nationalism and the Decline of Liberalism." "Traditionalism is the analogous culprit in his "Fukuzawa Yukichi and Women's Rights", in *Japan in Transition: Thought and Action in the Meiji Era, 1868 — 1912*, ed. Hilary Conroy, Sandra T. W. Davis, and Wayne Patterson (Rutherford: Fairleigh Dickinson University Press, 1984), pp. 96-112.

42 저메인 호스톤(Germaine Hoston) 역시 메이로쿠샤 지식인들을 "서구 자유주의"를 문

제없이 흡수하고 국가 지도력에 대한 호소에 굴복한 "일본 자유주의의 메이지 시대 선구자들"로 취급하고 있다. 높이 살만한 지점은, 호스톤이 그녀의 사전에 결정된 일련의 자유주의적 관념 집합체에 맞추기 위해 사상가를 찾는 작업을 "경고하는 것이 반드시 승리해야만 한다"고 지적한다는 점이다. 나아가 궁극적으로 중요한 점은 "관념에 있어서 자유주의적 내용"이라는 점을 언급한다. 하지만, 천황에 대한 충성심과 같은 비자유주의적 사상과 자유주의를 대비하려는 그녀의 임무 속에서 자유주의에 대한 일본의 관념에 대한 일본적 내용을 파악하는 문제는 소거되어 버린다. 다음을 참조. Germaine Hoston, "The State, Modernity, and the Fate of Liberalism in Prewar Japan", *Journal of Asian Studies* 51(2) (May 1992): 287-316; pp. 291, 293, 295에서 인용.

43 "국회개설운동"이라는 명칭은 최근까지도 학계에서 드물게 사용되었다. 그것은 종종 1880년대 초 국회개설청원운동 맥락에서 나타난다. 다음을 참조. 坂野潤治, 『近代日本の国家構想 : 1871-1936』(東京: 岩波書店, 1996), pp. 55-56, 95; Ike, *Beginnings*, pp. 87-88, 105; 松尾章一, 『自由民権思想の研究 増補·改訂』(東京: 日本経済評論社, 1990), pp. 63-64, 107, 100; 落合弘樹, 「明治前期の陸軍下士と自由民権」, 『人文学報』 74 (1994.3): 37-65; 그리고 尾佐竹猛, 『日本憲政史大綱 下』(東京: 日本評論社, 1939), p. 511. 1879년 6월 천황을 기리는 기념식에서, 천황의 시강 가운데 한 명인 모토다 나가자네(元田永孚)는 당시 사건을 '국회와 민권'에 대한 선동이라고 언급했다. 다음을 참조. 議会政治社編輯部 編, 渡辺幾治郎 監修並解説, 『日本憲政基礎史料』(東京: 議会政治社, 1939), p. 262. 1939년에 와타나베 이쿠지로(渡辺幾治郎)는 1870년대 운동가들이 "자유와 민권", "국회개설"을 모두 옹호했고, 이 운동이 국제적인 특성을 갖기를 열망했기 때문에 시기적으로 전자가 운동에 더 전략적인 명칭이었다고 지적한 바 있다. 다음을 참조. 「立憲政治の由来」, 『日本憲政基礎史料』, pp. 11-17. 명명과 관련된 양면성은 조지 아키라(George Akira)와 산드라 데이비스Sandra Davis 모두 '자유민권운동'을 "의회정부를 위한 운동"(movement for parliamentary government)으로 번역한다는 사실에서 명백히 드러난다. 다음을 참조. Akita, *Foundations*, p. 208, n.1; 그리고 Sandra T. W. Davis, *Intellectual Change and Political Development in Early Modern Japan: Ono Azusa, a Case Study* (Rutherford: Fairleigh Dickinson University Press, 1980), p. 319. 또한 새롭게 공포된 메이지 헌법에 대한 후쿠자와 유기치의 1889년 논설을 보라. "The History of the Japanese Parliament", in W. W. McLaren, ed., *Japanese Government Documents* (1914; Tokyo: Asiatic Society of Japan, 1979), pp. 577-593.

44 따라서 이로카와 다이키치(色川大吉)와 로저 보웬(Roger Bowen)의 사례와는 달리 나는 민중 자치를 강조한 지방운동을 민주주의의 기원을 구성하는 것으로 특성화하지는 않을 것이다. 설령 도쿠가와 마을의 높은 수준의 자율성 혹은 자치권이 메이지 유신으로 고의적으로 훼손되었다는 점에 동의하더라도 말이다. 色川大吉·江井秀雄·新井勝紘, 『民衆憲法の創造 : 埋もれた多摩の人脈』(東京: 評論社, 1970), pp. 159-162을 인용하고 있는 Roger W. Bowen, *Rebellion and Democracy in*

Meiji Japan: A Study of Commoners in the Popular Rights Movement (Berkeley: University of California Press, 1980), pp. 201, 303-310을 보라. 또한 다음을 살펴보라. Hiroshi Tanaka, "The Development of Liberalism in Modern Japan: Continuity of an Idea —From Taguchi and Kuga to Hasegawa", *Hitotsubashi Journal of Social Studies* 21 (1989): 259-268; 그리고 근대 일본사 주제로 자율성의 맥락화를 통찰력 있게 다룬 다음 논의를 참조. Rikki Kersten, *Democracy in Postwar Japan: Maruyama Masao and the Search for Autonomy* (London: Routledge, 1996), 특히 pp. 109-136.

45 "Constitutional Government in Japan", *Japan Weekly Mail* (September 10, 1881), pp. 1046 -1048.

46 Dipesh Chakrabarty, "Afterword: Revisiting the Tradition/Modernity Binary", in *Mirror of Modernity: Invented Traditions of Modern Japan*, ed. Stephen Vlastos (Berkeley: University of California Press, 1998), p. 287.

47 Kido, *Diary*, 1:128-129.

48 William J. Bouwsma, "Intellectual History in the 1980s", *Journal of Interdisciplinary History* 12(2) (Autumn 1981): 279-291. 또한 다음을 참조. John E. Toews, "Intellectual History After the Linguistic Turn: The Autonomy of Meaning and the Irreducibility of Experience", *American Historical Review* 92(4) (October 1987): 879-907; 그리고 Donald R. Kelley, "Horizons of Intellectual History: Retrospect, Circumspect, Prospect", *Journal of the History of Ideas* 49(1) (1987):143-169.

49 예를 들어 다음을 참조. H. D. Harootunian, *Things Seen and Unseen: Discourse and Ideology in Tokugawa Nativism* (Chicago: University of Chicago Press, 1988); *Japanese Thought in the Tokugawa Period: Methods and Metaphors*, ed. Tetsuo Najita and Irwin Scheiner (Chicago: University of Chicago Press, 1978); Tetsuo Najita, *Visions of Virtues in Tokugawa Japan: The Kaitokudo Merchant Academy of Osaka* (Chicago: University of Chicago Press, 1987); Gluck, *Japan's Modem Myths*; 그리고 Stefan Tanaka, *Japan's Orient: Reordering Pasts into History* (Berkeley: University of California Press, 1993). 또한 다음을 참조. Samuel Hideo Yamashita, "Reading the New Tokugawa Intellectual Histories,' *Journal of Japanese Studies* 22(1) (Winter 1996):1-48.

50 다음을 참조. Helen Hardacre, "Introduction", in *New Directions in the Study of Meiji Japan*, ed. Helen Hardacre, with Adam L. Kern (Leiden: Brill, 1997), pp. xiii-xlii.

51 石田雄, 『近代日本の政治文化と言語象徵』(東京: 東京大学出版会, 1983), pp. 3-31, 49. 이시다 저작에 대한 맥락화에 관해서는 다음을 참조. 山室信一, 『近代日本の知と政

治：井上毅から大衆演芸まで』, pp. 191-205.

52 Quentin Skinner, *The Foundations of Modern Political Thought: Volume One: The Renaissance* (Cambridge: Cambridge University Press, 1978), p. xiii.

53 Toews, "Intellectual History After the Linguistic Turn", pp. 880, 906. 내가 "이론적으로" 라고 말한 까닭은 스키너가 "의도"를 추구한다고 비판받아왔기 때문이다. 다음을 참조. Lotte Mulligan, Judith Richards, and John Graham, "Intentions and Conventions: A Critique of Quentin Skinner's Method for the Study of the History of Ideas", *Political Studies* 27(1) (March 1979): 84-98. 또한 제임스 털리(James H. Tully)의 스키너 옹호는 다음을 참조. "Review Article: The Pen Is a Mighty Sword: Quentin Skinner's Analysis of Politics", *British Journal of Political Science* 13(4) (October 1983): 489-509. 그리고 스키너의 "A Reply to My Critics", in *Meaning and Contexts: Quentin Skinner and His Critics*, ed. James Tully (Princeton: Princeton University Press, 1988), pp. 260-281.

54 Richter, "Appreciating a Contemporary Classic", p. 13. 또한 그의 *History of Political and Social Concepts*, pp. 124-142, 그리고 그의 초기 진술을 담은 "Conceptual History (Begriffsgeschichte) and Political Theory", *Political Theory* 14(4) (November 1986): 604-637.

55 Koselleck, *Futures Past*, pp. 80, 84. 코젤렉의 해석가들 역시 단어와 개념을 구분한다. 다음을 참조. Hans Erich Bodeker, "Concept-Meaning-Discourse: Begriffsgeschichte Reconsidered", in *History of Concepts*, p. 53; Terence Ball, "Conceptual History and the History of Political Thought", p. 81; 그리고 Bernhard F. Scholz, "Conceptual History in Context", *ibid*, pp. 88 -89.

56 Koselleck, Bodeker, "Concept-Meaning-Discourse", p. 54에서 인용.

57 *Ibid*., pp. 57-59. 다음을 참조. Koselleck, *Futures Past*, p. 87.

58 Richter, *History of Political and Social Concepts*, p. 9. 스키너의 동료인 제임스 파르(James Farr)는 자신의 저작에서 이런 주장을 했다. 다음을 참조. James Farr, "Understanding Conceptual Change Politically", in *Political Innovation and Conceptual Change*, ed. Terence Ball, James Farr, and Russell L. Hanson (Cambridge; Cambridge University Press, 1989), p. 27n2.

59 Bodeker, "Concept-Meaning-Discourse", p. 54.

60 V. N. Voloshinov, *Marxism and the Philosophy of Language*, trans. Ladislav Matejka and I. R. Titunik (New York: Academic Press, 1973), pp. 99-106; Quentin Skinner, "'Social Meaning' and the Explanation of Social Actions", in *The Philosophy of History*, ed. Patrick Gardiner (Oxford: Oxford University Press, 1974), pp. 111-112, 그리고 "Language and Political Change", in *Political Innovation and Conceptual Change*, pp. 8 — 11 (printed as "Language and Social Change" in *Meaning and Context*). 또한 다음을 참조. Terence Ball and J.G.A. Pocock, eds., "Introduction", in *Conceptual Change and the Constitution* (Lawrence: University Press of Kansas, 1988), p. 8.

61 Koselleck, *Futures Past*, pp. 80-84.

62 Reinhart Koselleck, "Linguistic Change and the History of Events", *Journal of Modern History* 61(4) (December 1989): 648-666.

63 Koselleck, "Social History and Begriffsgeschichte", pp. 30-31.

64 *Ibid*., p. 31.

65 편집자의 다음 글을 보라. "Introduction" to *History of Concepts*, p. 2; and Richter, *History of Political and Social Concepts*, pp. 44-47. 의미장 연구에 관해서는 특히 다음을 참조. Suzanne Ohman, "Theories of the 'Linguistic Field,'" *Word* 9 (1953): 123-134, N.C.W. Spence, "Linguistic Fields, Conceptual Systems, and the Weltbild", *Transactions of the Philological Society* (1961):87-106; 그리고 Adrienne Lehrer, *Semantic Fields and Lexical Structures* (Amsterdam: North-Holland, 1974).

66 "Introduction" to *History of Concepts*, p. 7; Bodeker, "Concept-Meaning-Discourse", p. 55; 그리고 Hans-Jurgen Lusebrink, "Conceptual History and Conceptual Transfer", in *History of Concepts*, pp. 115-129.

67 코젤렉은 의미론에 대한 자신의 입장을 다음 글에서 설명한다. "Some Reflections on the Temporal Structure of Conceptual Change", in *Main Trends in Cultural History: Ten Essays*, ed. Willem Melching and Wyger Velema (Amsterdam: Rodopi, 1994). pp. 7-16; 또한 다음을 참조. Scholz, "Conceptual History in Context", p. 89. 의미 이론에 대한 두 가지 간명한 논의는 다음을 참조. Oswald Ducrot and Tzvetan Todorov, *Encyclopedic Dictionary of the Sciences of Language*, trans. Catherine Porter (Oxford: Blackwell, 1981), pp. 264-272; 그리고 William F. Hanks, *Language and Communicative Practices* (Boulder: Westview, 1996), pp. 66-86, 118-122, 214-223.

68 Iain Hampsher-Monk, "Speech Acts, Languages, or Conceptual History", in *History of Concepts*, pp. 44, 49.

69 J. G. A. Pocock, "Concepts and Discourses: A Difference in Culture?" in *Meaning of Historical Terms and Concepts*, pp. 51, 53. 코젤렉의 동료인 롤프 라이하르트(Rolf Reichardt)는 개념사 내부에서 수정주의적 접근을 취하는 것으로 보인다. 다음을 참조. Melvin Richter, "Begriffsgeschichte in *Theory and Practice in Main Trends in Cultural History*, pp. 126-129; 그리고 "Begriffsgeschichte and the History of

Ideas", *Journal of the History of Ideas* 48(2) (1987): 247-263.

70 Willem Frijhoff, "Conceptual History, Social History, and Cultural History", in *History of Concepts*, p. 113. 또한 다음을 참조. Farr, "Understanding Conceptual Change Politically", p. 34, 파르는 이러한 변화를 "변증법적"(dialectical)이라고 묘사한다.

71 Lusebrink, "Conceptual History and Conceptual Transfer", pp. 115-117.

72 Koselleck, "Linguistic Change and the History of Events", p. 659.

73 Richter, "Appreciating a Contemporary Classic", p. 10; Ball, "Conceptual History and the History and the History of Political Thought", pp. 83-86; 그리고 Gabriel Motzkin, "On Koselleck's Intuition of Time in History", in *Meaning of Historical Terms and Concepts*, p. 41.

74 Koselleck, "A Response to Comments on the Geschichtliche Grundbegriffe", in *Meaning of Historical Terms and Concepts*, p. 68. 또한 자유주의에 대한 국가사회주의 비판에서 개념사 배경에 대한 제임스 멜턴(James Van Horn Melton)의 설명을 참조. "Otto Brunner and the Ideological Origins of Begriffsgeschichh in *Meaning of Historical Terms and Concepts*, pp. 21-33.

Lesson 2. *Creatures and Beings.*

All created things are *creatures.* The stone, the leaf, the horse, the bird, the tree, and the star, are all creatures. Some creatures have life, and others have not. Those which have life, as the horse, the bird, and the tree, are called *beings.* Those which have not life, as the star and the stone, are only called *things,* not *beings.*

Lesson 3. *Human Beings.*

Mankind are called *human beings.* Human beings have both bodies and souls. Their bodies

제2장

계몽된 문명의 기획

第二課、受造之物及生物論

凡受創造之物、英話名爲 *creatures*、如石、葉、馬、雀、樹、星、皆然。受造之物、或有生、或無生。有生者、如馬、雀、樹之類、名曰生物、英話叫做 *beings*。無生者、如星、石之類、止名物、非生物、英話叫做 *things*、非叫 *beings*。

第三課、人類論。

人類英話叫做 *mankind*、有身體亦有靈魂。身體自小至大、童子大於嬰兒、成人大於童子。靈魂會聽、會想、會變。人類知別是非、所行之事、皆必受上帝審判。

서구 문명을 일본으로 이전시키기 위해 일본의 지도자들은 그들의 노력에 편리한 출발점을 발견했다. 서양 문명의 계몽 모델은 도쿠가와 위계질서의 도덕적 전제와 일치했다. 둘 다 사회적·지적 엘리트들이 교육과 행동 모델을 통해 문명을 전파할 것을 주장했다. 양쪽 모두에게 문명의 확산에 특히 문제가 된 것은 서구 문명이 기대하는 정치·사회 질서에 참여하기 위해 교육이 선행되어야 할 대중의 무지였다. 이 계도적 기능은 19세기 일본의 서양 기술과 제도 수입의 중심이었다.

그러나 서양에 대한 일본의 관심의 방향 전환은 변증법으로 가장 잘 표현되는 과정 속에서 두 가지 상반된 발전으로 이어졌다. 서구 제국주의에 맞서 학자들은 서구의 모델에 따라 일본의 부와 권력을 증강하여 국제 문제에 있어서 일본의 독립을 확보하는 일이 당면한 급무라고 입을 모았다. 따라서 거침없는 무리들은 서구 문명과의 교류가 일본이 중국과의 역사적, 특히 지적 관계를 끊어야 함을 의미한다고 여겼다.

비록 일본은 5세기부터 한자를 빌려 일본어를 썼고, 도쿠가와 시대에는 일본 학자들이 한문에 능통했지만, 19세기에는 많은 양학자들이 중국은 완전히 다르다고 주장하며 일본의 문예와 교육에서 한자, 한문 서식, 한학 일반을 없애야 한다고 거듭 주장했다.[1] 만약 그들이 인민을 더 빨리 교육시켜 일본의 문명 진보를 촉진하기 위해 일본어를 간소화하기를 원했다면, 그토록 급진적인 조치들의 제안은 속담에 나오는 판도라의 상자를 열었을 뿐 아니라, 극히 최소한의 조정만 이루어지도록 만들었다. 1880년대까지 번역의 지배적인 관습이 서양의 개념과 사물을 한자로 번역하는 것이었음은 확고한 사실이었다. 그 모든 차이의 주장에도 불구하고, 일본에서 한학을 제거하기는 불가능하다는 것이 입증되었다.

인민을 교육시키려는 노력은 이처럼 언어의 문제를 제기하고 중국 문화의 유산을 교육에의 통일된 노력의 장애물로 삼았다. 그와 동시에 지배 계급 상층부에서 변증법 제 2단계의 반정립적 발전이 일어났다. 이타가키 다이스케의 국회개설 요구로 특징지어지고 교육자와 지식인들에 의해 집단적 노력에 대한 배신으로 인식된 1874년 집권 번벌의 분열은 어떻게 하면 문명의 작업을 진행시키면서도 일정한 통합을 유지할 것인가에 대한 문제를 제기하였다. 후쿠자와 유키치는 메이로쿠샤의 동료들에게 정부 밖에서 일하라고 촉구했다. 이 장에서 보게 되듯, 그의 "직분"에 대한 공격은 사무라이 동료들이 서구 문명이 권고한 새로운 역할, 즉 국가 진보에 기여한다는 개인적 목표의 추구로 방향을 전환하는 데 도움이 될 핵심 개념을 사무라이 과거로부터 떼어내려는 시도였다. 후쿠자와의 권고는 이타가키 파벌의 동기가 무엇인지 묻도록 만들었다. 이는 사무라이 번벌 간의 질투로 야기된 순전히 이기적인 것이었을까. 아니면 문명을 발전시키려는 충동에 의해 야기된 공공의 명예에 관한 문제였을까.

어느 쪽이든 한 가지는 분명했다. 서구 문명이 인민의 정치적, 경제적 자율성을 강화하고자 한다면, 개인의 자율성의 발전은 인민이 책임을 지도록 장려하는 믿을 만한 형태의 윤리강령에 의해 규정되어야 했다. 권위 앞에서 인민을 비굴하게 만들도록 부추겼던 도쿠가와 권위주의와는 달리, 모종의 새로운 윤리강령 프로그램은 분열보다 단결을 조장하고 이기주의에 앞서 충성을 장려함으로써 인민들의 향후 정치적 참여를 준비해야 할 것이다. 따라서 이 초기 메이지 시대의 지도자들이 1880년대와 1890년대에 보수적 개종을 겪었고 이에 따라 서구화에 대한 젊은 열정을 수정했다고 주장해온 많은 역사가들과 달리, 이 장은 서구화 프로그램이 처음부터 이른바 보수적 제안을 포함하고 있었음을 보여준다.

앞으로 보게 되겠지만 중국은 서양과 일본 사이의 중재 지점이었기 때문에, 한학은 일본이 서구 문명을 새롭게 종합하는 데 중심이 되었다. 서구 문명을 위한 한문과 한학 비판은 궁극적으로 20세기 들어 일본의 문화 발전에 핵심적인 두 가지 목적이 된다. 하나는 양학의 기술적이고 정치적인 내용을 보완해 줄 "국민성" 향상을 위한 윤리 교육의 형성이었다. 다른 하나는 일본어의 음절, 한자, 그리고 서양 외래어를 수월하게 담아낼 수 있는 "국어"의 형성이었다.

문명개화: 계몽된 문명

용어 정리부터 시작하자. 이제까지 사용한 "시빌리제이션(civilization)" 또는 **문명개화**(文明開化)라는 표현은 "보편적 문명"과 보다 협의의 "서구화"를 모두 뜻하는 중의적 의미를 가지고 일본어 어휘목록에 편입되었다. 게다가 후쿠자와가 직분을 비판한 결과, 이 "시빌리제이션"은 서로 연관되지만 다른 두 개의 프로그램으로 쪼개어졌다. 하나는 유럽의 이론에 따른 보편적 문명이라는 목표였고, 두 번째는 정부 관리들이 실질적으로 수행한 발전이라는 목표였다. 이러한 의미 변화는 종전의 메이지 일본사에서 대체로 간과되었다.

문명개화는 이 말이 습관적으로 붙어있는 슬로건, 운동, 정책 또는 역사적 시기에 대한 표준적인 표현이 되었지만, 1870년대와 1880년대에 일본어에서 사용된 일련의 동의어 가운데 하나에 불과하다.[2] 여기에는 이 말을 구성하는 단어인 **문명**과 **개화**, 이를 뒤집은 **개화문명**과 한 쌍의 줄임말인 **개명**(開明)과 **문화**(文化)가 포함되었다. 이 모든 것들은 토마스 헨리 버클(Thomas Henry Buckle)과 프랑수아 피에르 기조(François-Pierre Guizot)의 문명사 같은 저작들을 통해 일본에 소개되었고, 메이로쿠샤 지식인 및 그들의 비판자들의 작업을 통해 대중화된 19세기 영어와 프랑스어 "시빌리제이션/시빌리자씨옹(civilisation)"의 번역어 역할을 했다.[3] 노르베르트 엘리아스가 『문명화 과정』에서 언급했듯이 이 19세기 "시빌리제이션/시빌리자씨옹"은 자신들의 정치적, 경제적, 종교적, 기술적, 도덕적, 사회적 제도의 우월함을 상찬하는 유럽 부르주아들의 자의식을 대변하는 표현이었다. 그들은 문명이란 지성의 지원을 받을 수 있는 사회 세력에 의해 형성된 인간 공동체의 질서 정연한 발전이라고 이해했다. 따라서 사회적 실존은 18세기 부르주아의 국가 장악에 의해 시작된 진보의 과정으로 이해되었고, 이는 부패한 귀족정과 그들의 무역, 개발에 대한 비효율적인 장벽을 불식시켰다.[4]

이러한 **문명개화**의 최초 용례와 그 변용은 메이지 유신 전야에 1권과 2권이 발간된 후쿠자와 유키치의 『서양사정(西洋事情)』에서 발견된다. 후쿠자와는 "문명의 정치(文明の政治)"에 대한 논의로 책을 시작하는데, 여기에는 서양 정부에 대한 그의 관찰이 요약되어 있다. 그들은 자유와 종교적 관용, 무역과 예술, 도로, 학교, 인재의 교육, 평화와 안보, 그리고 가난하고 병들고 궁핍한 자들을 위한 자선 기관을 증진시킨다. 후쿠자와는 또한 "세계의 문명개화(世の文明開化)"에 대한 부분을 포함시켰는데, 여기에서는 야만에서 절반의 문명화를 거쳐 완전히 문명화된 단계로 발달하는 상투적인 19세기 사회 진화론의 개요를 소개하였다.[5] 한자어들이 은유적으로 확장되기 용이함을 고려한다면, 후쿠자와가 시빌리제이션의 번역어를 모색하면서 내린 선택은 놀랍지 않다. 왜냐하면 일본 식자층에게 친숙한 중국 고전에서 **문명**과 **개화**는 중국 문명을 정의하는 자의식적인 양식을 언급했기 때문이다.[6]

간단히 말해서 **문명개화**라는 합성어는 후쿠자와 당대의 식자층에게 완전히 낯설지 않았으며, 중국이 익히 주장해 온 보편성을 활용한 것이었다. 처음부터 그것은 이중의 뜻으로 언급되었다. 한편으로는 오랜 중국 모델에 대한 의도적인 대안이자 마찬가지로 보편적이라고 자임하는 문명의 양식을 가리켰다. 다른 한편으로는 유럽 부르주아 정치 공동체가 생산한 부와 권력에 대한 서구 문명의 약속을 가리켰다. 후쿠자와 유키치는 보편적 문명으로서의 문명개화를 가장 열렬히 옹호한 사람이었다. 『서양사정 2권』(1867), 『학문의 권장』으로 묶어낸 일련의 소논문(1872~1876)과 『문명론의 개략(文明論之概略)』(1875) 등 초기작들에서 그는 문명을 보편적 발전으로 묘사했다. 후쿠자와에게 이 새로운 보편적 문명이 유럽에서 처음 달성된 것은 우연이었다. 예를 들어 그는 서양이 공공복지를 희생해서 이윤을 추구할 것을 고집한다면 그 우위를 반드시 유지하게 되지는 않으리라고 보았다. 후쿠자와는 일본의 발전을 장려하기 위한 목표가 될 문명의 핵심 결정요인을 추출해냈다고 확신했다. 이는 개인의 지능과 도덕성, 집단적 지식과 정신적 발전, 사회 질서와 진보였으며, 모두 문명의 결정적 측면인 독립 정신에 기여하는 것이었다. 이러한 목표들을 통해 어떤 나라든 문명의 성취를 추구할 수 있었다.

그러나 후쿠자와의 동시대인들 대부분은 비전이 부족했고, 원하는 기술과 제도에 더 주의를 기울였다. 따라서 보편적 문명에 대한 후쿠자와의 열광적인 지지는 서양 정치 사회와 그 기술적 혜택이라는 문명개화에 내포된 두 번째 참조점에 의해 대부분 사라지게 되었다. 이런 점에서 문명은 서양의 제도와 기술을 채택해서 일본을 보다 서양처럼 만드는 과정인 '서구화'의 뉘앙스를 담고 있다. 이러한 접근법은 유럽과 미국을 시찰하고 1873년 도쿄로 돌아온 이와쿠라 사절단의 여파로 1870년대에 장려되었다. 미국, 영국, 프랑스, 벨기에, 네덜란드, 독일, 러시아, 덴마크, 스웨덴, 이탈리아, 오스트리아 및 스위스를 방문하고 정부 입법부와 법원,

광산, 주조소, 공장, 인쇄소, 해군 공창, 학교, 무역 및 산업 기구들을 시찰할 기회를 가지면서, 사절단원들은 일본이 서구 문명을 채택하기 위해 달성해야 할 제도적 목표에 대한 포괄적인 지식을 습득했다. 마찬가지로 중요한 사실은 그들이 서양을 직접 경험하고 돌아왔다는 것이다. 이는 유럽과 미국에서 유학생으로 지냈던 메이로쿠샤 지식인들과 공유하는 친숙함이었다. 따라서 새로운 지도부와 지식인들이 작업에 착수했을 때, 그들은 무엇이 일본에 필요한지에 대한 공통의 이해를 가지고 있었다.[7]

1870년대 일본에서 그러한 서구화로서의 문명 발전에 대한 조망으로, 예컨대 와타나베 슈지로(渡辺修二郎)가 저술하여 1880년에 출판한 최초의 메이지 문명사인 『메이지 개화사(明治開化史)』를 들 수 있다. 와타나베는 정사(政事), 외교, 병제(兵制), 법률, 경제, 산업, 사물(事物), 문예, 종교, 풍속이라는 10개 분야의 주요 성취를 체계적으로 기술했다. 각 부분은 대개 최근의 사건들에 대한 이야기로서, 정부 정책과 새로운 제도를 강조한다. 예를 들어 "정사" 항목은 교토에서 도쿄로의 수도 이전, 번의 폐지와 국가 행정 구역인 현의 신설, 정한론을 둘러싼 정치적 파행, 이타가키 다이스케 휘하의 정치적 반대세력의 부상, 국회 설립에의 압력, 그리고 지방 의회의 신설을 다루고 있다. "문예" 항목은 도쿠가와 시대 난학숙(蘭学塾)에서 시작된 외교적 목적을 위한 어학 학교의 증가, 1871년 문부성 설치, 평민과 여성들을 위한 학교 설립, 교사 양성을 위한 사범학교, 고급 학문을 위한 대학, 박물관, 도서관, 신문, 활자의 주요 발전, 1875년 신문지조례의 문제적 영향, 대중 연설의 증가와 인기를 다루고 있다.[8]

물론 와타나베의 역사서는 도쿄의 공식적 견해에 특권을 부여한다.

1880년대까지 대개 주요 도시들에만 국한되었던 일상생활 수준의 새로운 문명은 거리에 떠돌던 몇몇 유행가에서 잘 드러난다. 서양 기술의 중요성을 아이들에게 강조하기 위한 동요가 그 하나의 예였다. 공놀이로 고안된 "문명 공 노래"는 아이들에게 공을 튕길 때마다 일본을 향상시킬 10가지 사물의 이름(가스등, 증기 기관차, 마차, 카메라, 전보, 피뢰침, 신문, 학교, 우편, 증기선)을 외우도록 하는 것이었다.[9] 만담 5행시 식으로 지어진 또 다른 유행가에서는 전신, 증기 기관, 우체국, 초등학교, 신문, 국립은행, 가스등, 징병, 도미오카 제사장(富岡製糸場), 원유(原油), 유학생, 정육점, 일요일, 순경, 사진, 박람회, 벽돌 건물, 인력거, 파산, 증기선, 비유통 금화, 마차, 그리고 전통적 목재가 아니라 돌로 지어진 "영구한" 다리가 부각되었다.[10]

이 두 번째 유행가가 보여주듯이, 새로운 발전으로 인해 삶이 영원히 변한 사람들은 때로는 반어법과 풍자로 반응하였다. 문명의 현저한 진보와 그것이 지역 중심지까지 확산되었다는 자랑스러운 보도와 함께, 그날의 신문들에는 문명이라는 원대한 개념과 그보다 하찮은 문명의 현상들 사이의 모순된 긴장에 대한 웃기는 이야기들이 많이 실려 있다. 오카노 긴페이라는 사람은 우에노 공원에 노점을 설치해서 쇠고기와 쇠가죽으로 만든 과자를 팔면서 "문명 선생이 선사한 위대한 보물"이라고 광고하였고, 자신의 제품에 "문명화된 과자"라는 상표를 붙였다. 또 다른 보도에서는 등유 램프를 갖추고 페인트칠이 된 최신식 화장실을 칭찬하고 있다. 가장 흔한 농담거리는 이른바 '잔기리(散切り)'라고 부르는 신식 짧은 머리였다. 어떤 속요는 그것을 다도(茶道)에 사용되는 대나무 솔에 비유하고, 다른 속요는 "싹둑 싹둑" 머리카락 자르는 것을 문명의 소리를

내기 위해 머리를 두드리는 것으로 조롱한다.[11] 변화하는 관습을 풍자하면서, 일본의 문명 비판론자들은 낡은 방식에 대한 독단적 비판과 새로운 방식에 대한 무분별한 지지에 저항했다. 가토 유이치(加藤祐一)는 최초로 등장한 공식 풍자물인 『문명개화』(1873)에서 문명화된 개들이 자신의 미개한 동네로 이사 온다고 걱정하는 어느 개의 이야기를 담아냈다. 새로 온 개들은 서양인들의 음식과 자유, 청결함을 모방한다. 그러나 가토의 요점은 삽화에 분명히 드러난다. 맨머리건 자랑스레 중절모를 쓰고 있건, 개의 삶에 불과하다는 것이다.[12]

이와 관련해서 역사학자 기무라 기(木村毅)는 이러한 사분오열적인 문명의 발현에 대해 방대한 양의 우스꽝스러운 일화들을 수집하였고, 1870년대를 돈키호테 풍의 혼란 시대라고 묘사했다. 즉, 일본인들은 유럽인들의 의복을 입은 것이 아니라 서양식 의복을 입었다. 그들은 서양식 머리모양을 한 것이 아니라 짧은 머리에 중절모를 썼다. 그들은 프랑스인과 독일인도 영어로 말한다고 가정하며 영어를 말했다. 메이지 천황이 처음으로 악수를 한 것은 1869년 에딘버러 공작의 공식 방문 때였다. 천황이 처음으로 키스를 받은 것은 1880년 이탈리아 왕의 방문 때였다. 악수 예절은 견뎌냈지만, 키스는 경악을 초래했고 다시는 반복되지 않았다.[13] 반어법과 풍자는 제쳐두고, 엘리아스가 유럽의 "문명화 과정"에서 묘사한 것과 마찬가지로, 일본에서 문명은 예절이 현저히 순화됨을 의미했고, 대중목욕, 매춘, 하층 계급의 특정 복장 등의 행동에 대한 변화된 관념을 의미했으며, 훈도시(褌)만 걸친 일꾼은 더 이상 받아들여지지 않게 되었다고 기무라는 지적하고 있다.[14]

문명개화가 지칭한 내용이 보편적 문명이든 서구화이든, 양자 모두 서양 문명을 메이지 일본으로 수입하는 문제를 둘러싸고 두 가지 지속적인 긴장을 일으킨다. 우선 많은 일본인들은 서구 특수주의를 보편적인 척 하는 것이 바로 약자에 대한 강자의 주장임을 알고 있었다. 메이지 번벌 정부의 초기 멤버였던 기도 다카요시는 1868년에 국제법은 군사력에 의존한다고 인식했다. 따라서 서양 국가들은 약소국을 상대하면서 자신들의 이익을 추구하기 위해 국제법이라는 망토를 사용한다.[15] 다른 어떤 문제보다도, 도쿠가와 막부 말기 일본이 서구 열강과 맺어야 했던 불평등 조약을 개정하는 문제는 "보편성"이 서구 이익의 영향을 받는다는 것을 향후 50년 동안 논쟁적으로 상기시켜 주었다. 둘째로, 서양 문명의 수입은 여러 면에서 논의되고 저항에 부딪혔다. 일본인들은 서양의 방식을 어느 정도 모방해야 하는가에 대해 협상했다. 어떤 이들은 서구가 모든 면에서 우월하다고 주장하는 데 분개했다. 후쿠자와 유키치와 같은 다른 이들은 서구적 특수성을 넘어 진정 보편적인 형태로 문명을 재편하고자 하였다. 메이로쿠샤의 회원들이 로마자 표기 도입, 외국인의 제한 없는 일본 내지 여행 허가, 남녀 평등한 권리의 상대적 장점을 주장했다면, 다른 이들은 이제까지 살펴보았듯 무분별한 서구식 모방을 풍자하였다. 20년 후인 1890년대가 되면 일본에서 문명에 대한 저항은 나폴레옹 전쟁 이후 독일이 프랑스에 저항했던 것을 상당 부분 차용한 방식으로 조직된다. 프랑스의 문명, 즉, "시빌리자씨옹"에 대한 19세기 독일의 비판은 '쿨투어(Kultur)'라는 독일어 개념으로 구체화되었다. 이것은 1890년대 일군의 일본 지식인들에 의해 **문화**로 받아들여지면서, "시빌리제이션"에서 "컬처(culture)"로 의미가 바뀌었다. 문명이 지나치게 물질적이고 기술적이었다면, '쿨투어'는 지적이고 예술적이며 종교적이었다. 시빌리제이션과 문명개화가 보편적이라고 알려진 곳에서, '쿨투어'와 문화는 민족적 의의를 지닌 집단적 산물을 표상하게 되었다.[16]

여담: "문명과 계몽"

그러나 메이지 초기 사람들이 문명개화와 그 변종들을 모두 "시빌리제이션"이라고 불렀다면, 전후 미국의 일본사 학자들은 왜 문명개화를 "시빌리제이션 앤드 인라이튼먼트(civilization and enlightenment)", 즉 문명과 계몽으로 번역했는지 궁금할 것이다. 현재의 습관은 오해의 소지가 있다. "인라이튼먼트(enlightenment)"라는 단어 자체가 1870년대의 일본어 텍스트에는 나타나지 않기 때문이다. 대신에 이 용어의 변형인 "인라이튼드(enlightened)"라는 말이 유럽과 미국을 순방한 이와쿠라 사절단(1871~1873) 관련 저술에 처음 등장한다. 이와쿠라 도모미(岩倉具視)는 1871년 자신의 일기에서, 일본으로 전파되는 지식은 "영어로는 '인라이튼드 시빌리제이션(enlightened civilization)'이라고 하며, 우리는 문명개화라고 번역했다"고 기록했다. 마찬가지로 1872년 이와쿠라와 그의 측근이 워싱턴 D.C.에 도착했을 때, 미국 주재 일본 대사인 모리 아리노리는 서양을 "시빌리제이션, 또는 인간 사회의 인라이튼드 스테이트(enlightened state)"를 특징으로 하는 "지구의 '인라이튼드 네이션즈

(enlightened nations)"라고 묘사했다. 분명히 초기 메이지 지식인들은 "인라이튼드"와 "시빌리제이션"의 조합을 알고 있었다. 그러나 이와쿠라와 모리 모두에게 있어서 "인라이튼드"는 한정하는 수식어로, 진짜 관심은 독립 명사 시빌리제이션에 놓여 있다.[17]

"인라이튼먼트"는 1880년대까지 나타나지 않으며 1880년대에도 "시빌리제이션"에 대한 수식어로 나타난다. 이노우에 데쓰지로(井上哲次郎)는 1884년 『철학자휘(哲学字彙)』 2판에 "인라이튼먼트"를 추가하여 **대각**(大覺)으로 번역했다. 이것은 "큰 깨달음"을 나타내는 "종교적"인 어휘로 불교 용어였다. 그는 또한 인라이튼먼트에 **문화**라는 주석을 달았다. 제임스 헵번(James Hepburn)은 1886년 그의 유명한 일영사전에서 **문명**의 부차적인 번역어로 "인라이튼먼트"를 포함시켰다. 대개 18세기 프랑스의 주요 사건인 계몽주의를 가리키는 대문자 "인라이튼먼트(the Enlightenment)"는 1870년대와 1880년대의 메이지 지식인들의 저술에서 찾아볼 수 없다. 예를 들어 후쿠자와 유키치는 『서양사정』의 프랑스사 부분에서 이를 언급하지 않는다.[18] 이노우에 데쓰지로의 1912년 『철학자휘』 3판은 인라이튼먼트의 독일어인 '아우프클래룽(Aufklärung)'을 포함하고 있었지만, 그것을 "미신의 제거"로 설명했다. 따라서 현재 "인라이튼먼트"의 번역어로 **계몽**(啓蒙)을 사용하는 것은 20세기 후반의 발명이며, 지금은 일반적인 "메이지 계몽사상"에 대한 언급은 1954년 사회·정치 평론지 『사상(思想)』에서 주최한 대담 때까지 널리 신임을 얻지 못한 것 같다.[19] 드물게 보이는 메이지 초기 **계몽**의 용법은 "어린 시절 지능의 계발"이라는 중국 전통적 의미와 일치하며, 따라서 아이들을 위한 교과

서류에서 나타난다. 그 중 한 저작인 『계몽지혜내환(啓蒙知恵乃環)』은 이 책의 3장에서 설명한다.

이것은 모든 일본인이 "인라이튼먼트"라는 말을 몰랐다는 말은 아니다. 왜냐하면 "시빌리제이션"과 "인라이튼먼트"는 그 당시 일본의 일부 영어권 사람들 사이에서는 동의어로 기능했기 때문이다. 요코하마 영자 신문 『재팬 위클리 메일』의 번역자와 편집자들은 1870년대에 **문명개화**를 "시빌리제이션 앤드 인라이튼먼트"로 번역하여 소개했다. 이들이 번역한 1870년대와 1880년대의 정부 포고령과 건백서, 시사평론들은 "시빌리제이션 앤드 인라이튼먼트", "인라이튼먼트 앤드 시빌리제이션" 또는 각 단어를 단독으로 사용하는 등 원래의 일본어들만큼이나 비체계적인 다양한 번역을 보여준다.[20]

그러나 흥미롭게도 다른 번역자들과 학계는 이러한 다양성을 더디게 보여주었다. 1890년부터 1950년 사이에 출판된 일본 역사와 문화에 관한 영어 저작을 전수는 아니지만 체계적으로 조사한 결과, "시빌리제이션 앤드 인라이튼먼트"의 용례는 하나도 발견되지 않았다. 학자들은 대개 **문명개화**와 그 변형들을 "시빌리제이션"으로 번역하며, 단 하나의 특이한 예외로 아네사키 마사하루(姉崎正治)의 『일본 종교사』(1930)에 나온 "인라이튼먼트 앤드 시빌리제이션"이 있다. 노부타카 이케(Nobutaka Ike)가 쓴 『일본에서 정치적 민주주의의 시초(*The Beginnings of Political Democracy in Japan*)』(1950)에서 "시빌리제이션 앤드 인라이튼먼트"라는 전후의 관습이 처음 시작된 것 같기는 하다. 그러나 프린스턴대학교 출판부에서 "일본 근대화 연구(Studies in the Modernization of

Japan)"(1965-1971) 시리즈가 나오면서 비로소 미국 학자들은 **문명개화**를 통상적으로 "시빌리제이션 앤드 인라이트먼트"으로 번역했는데, 그 이유는 "철저한" 번역에 대한 열망과 관련이 있다고 생각한다. 후쿠자와 유키치의 전기 『일본 계몽주의(The Japanese Enlightenment)』(1964)는 "시빌리제이션 앤드 인라이트먼트" 관련 참고도서 목록에 늘 인용되는 책이다. 이 책을 쓴 영국 학자 카르멘 블랙커는 일본의 일본사 연구자들이 용어 표준을 이해하는 방식을 다음과 같이 재연한다. 즉, "시빌리제이션"은 **문명개화**와 그 변형들에 대한 번역이고, "인라이트먼트"는 **계몽**의 번역어이다. 이는 메이지 일본 역사에서 유럽 계몽주의와 유사한 것을 찾아내어, 일본의 근대화에서 보편적인 발전 표준을 확인하고자 하는 희망으로 물든 시대착오적 선택이다.

이 여담에서 요점은 **문명개화**를 "시빌리제이션 앤드 인라이트먼트"로 번역하는 것이 중대한 오류는 아니지만 오해의 소지가 있다는 것이다. 왜냐하면 그것은 "시빌리제이션"을 일본에 가장 잘 도입하는 방법에 대한 메이지 지식인들 사이의 비판적인 논쟁을 가리기 때문이다. 이것이 다음 섹션에서 다룰 문제이다.

계몽된 문명과 학자의 직분

1873년 메이로쿠샤 지식인들이 토론의 장을 설립했을 때, 메이지 번벌 정부의 서구화 프로그램은 최초의 철도, 전국적인 전신 시스템과 조선소와 제품 공장의 개시, 군대 재편과 함께 착착 진행되고 있었다. 그러나 이와쿠라 사절단, 그리고 초기 유학생과 메이로쿠샤 창립 회원들이 관측한 바에 따르면, 기술을 복제하는 것만으로는 충분하지 않다는 점이 부각되었다. 일본이 국제 문제에서 독립 국가로 행동하려면 교육 시스템과 더 많은 서구 제도를 채택해야만 했다.

메이지 지도자들과 지식인들이 직면한 문제는 문명의 진보에 시동을 걸 방법이었다. 19세기 유럽인 문명론자들에게 발전은 대체로 무역과 제조업 확대의 자연스러운 결과였으며, 해외에서는 원자재 공급원과 완제품 판매 시장이 되어 줄 식민지가, 국내에서는 부르주아 "시민 사회"의 의지를 대표하는 입법 기관이 도움이 되었다. 진보는 나름의 역학을 가지고 있었고 분명히 그 자체로 목적이었다. 비록 일본 학자들은 18세기에 들어서야 서양의 팽창을 분석하기 시작했지만, 잘 알려지지 않은 난학자인 혼다 도시아키(本多利明)는 1798년에 이미 화약, 야금 및 총기 생산과 해운, 대외 무역 및 식민지화를 연결하는 개발 계획을 구상했으며, 메이지 유신의 초기 목표에서 핵심은 "부국강병"을 향한 욕구였다.[21]

메이지 번벌 정부의 서구화 계획을 시작하기에는 이러한 목표로도 충분했었다. 그러나 **문명개화**의 포괄적인 성격으로 인해 부와 권력은 전체 서구 제도와 더 정교하게 연결되어야만 했다. 서구를 향해 일본을 재편하는 급진적인 프로젝트를 재검토하면서 메이로쿠샤 학자들은 새로운 문명 수입을 위한 세 가지 목표를 강조했다. 첫째, 인도, 중국, 아프리카가 경험한 식민화를 피하기 위해 일본은 부와 권력을 바탕으로 한 독립 국가로 재건되어야 하며, 독립은 부와 권력을 수단으로 삼는 목표가 되었다. 둘째, 이러한 독립 국가로 진전함에 있어 주된 장애물인 도쿠가와 전제정의 전통을 없애기 위해 일본은 입헌 정치와 모종의 심의회를 도입해야 할 것이다. 셋째, 대다수가 후진적인 대중이 대표제 정치 제도에 참여할 수 있도록 준비시키기 위해서는 학교와 교육 프로그램이 필요했다.[22]

이 세 가지 목표의 핵심은 전체로 이어지는 일련의 인과관계에 있다. 교육과 개인의 생산성에서 집단 통치, 부와 권력에 이르는 연결고리를 추적하면서, 후쿠자와 유키치, 나카무라 게이우, 미쓰쿠리 린쇼(箕作麟祥)와 같은 메이로쿠샤 학자들은 문명의 부분과 전체 사이의 실용적인 연결고리를 파악하고자 했다. 나는 문명에 대한 이러한 이해가 진보의 계몽 모델로 가장 잘 표현된다고 생각한다. 왜냐하면 인류 문명의 기초가 교육을 통해 인간의 마음을 발전시키는 데 있기 때문이다. 사람들이 교육을 받고 스스로 생각하기 시작하면 점점 더 독립적인 생각과 행동을 할 수 있게 된다. 합리적 자율성을 확보한 이들 계몽된 개인은 개인의 이익을 추구하며 상업, 제조, 교육, 커뮤니케이션 및 예술 분야에서 개인의 재능을 개발하고, 이들의 노동이 누적된 결과는 국가 독립을 증진할 뿐만 아니라 인류 전체를 문명의 발전으로 한 단계 더 나아가도록 밀어붙인다. 이 이론의 근거는 인간의 이성이 인류에게 인간 진보가 직면하고 있는 양대 주요 장애물인 자연과 정치적 폭정을 통제할 힘을 준다는 원칙이다. 따라서 이 문명의 기획을 실현하는 것은 메이로쿠샤의 저작에서 명백히 보이는 계도의 원칙에 달려 있는데, 이것은 사회적 윗사람이라는 이전 사무라이 지도자들의 통념과도 지극히 양립 가능했다.

대중을 계몽하는 책임을 짊어지면서, 많은 이들이 이전 도쿠가와 정권 아래에서 양학자로 복무했던 메이로쿠샤 학자들은 서구 사회의 주요 구조를 암묵적으로 반영하는 교육학을 진행했다. 4장에서 살펴보겠지만, 서구 문명에 대한 그들의 번역과 저작은 국제 관계에서 국가, 권리, 주권의 역할을 확립하기 위한 국제법에서 시작되었다. 그들은 정치사회가 정부의 지원 또는 감독과 함께 자유 경제 활동을 중심으로 어떻게 형성되는지 설명하기 위해 헌법, 정치경제 및 민법으로 나아갔다. 그런 다음 그들은 시스템의 "모터", 즉 자신의 사회적 직분과 개인적 이익을 인식하는 자유로운 개인들의 주도권에 눈을 돌렸다.[23] 메이로쿠샤 학자들은 그러한 문명 기획이 정부로 하여금 하늘이 각 개인에게 부여한 개인의 자유와 권리를 인정할 것을 권고한다고 지적했다. 사상, 표현, 집회 및 재산의 자유에 대한 권리를 확보할 때에만 스스로를 지지할 수 있으며, 이해를 명확히 하고 형이상학적 진리를 확인하며 지식을 발전시키고 인류 문명의 발전을 촉진하는 토론에 참여할 수 있기 때문이다.[24] 5장과 6장에서 설명하듯이 국회개설운동은 인과적 순서의 근본적인 문제로 대두하게 된다. 번벌 정부와 메이로쿠샤가 주장하듯이 계몽된 정신 상태는 정치 참여의 전제가 되어야 하는가, 아니면 자유민권운동가들이 주장하는 것처럼 계몽된 이성이 참여와 함께 발전하는가.

따라서 일본의 문명을 촉진하는 데 있어서 가장 문제가 되었으며 메이지 초중반기의 정치 발전을 이끈 것은 인민과 정부의 관계였다. 유럽의 경우에는 새로운 사회 계급이자 때맞춰 새로운 지배 계급을 구성한 무역 및 제조업 분야의 기업가들에 의해 촉진되었다. 반면에 일본의 경우에는 서구 모델을 따라 산업화를 이룩하려는 모든 나라와 마찬가지로, 전제 정부가 일체의 제도를 도입하려고 하면서 시작되었다. 다시 말해 문명의 기획에는 발전을 담당한 정부와 정부 결정에 참여할 것을 예상한 인민 사이에 이익의 충돌이 있었다. 결국 1890년 메이지 헌법은 인민을 천황의 신민으로 규정하고 참여를 최소화했지만, 1873년 메이로쿠샤의 회원들에게는 정부와 인민 중 누가 주도권을 잡을 것인지가 문제였다. 특히 후쿠자와 유키치는 학자이자 교육자인 그들이 어느 쪽에 낄지 궁금해 하며 동료들에게 도전장을 내밀었다. 그런 점에서 메이로쿠샤 창립 직후에 관련 시험 사례로 불거진 주도권 문제와 국회 설립의 움직임 사이에는 직접적인 연관성이 있다.

학자의 의무에 대한 이 논쟁은 두 가지 이유로 중요하다. 한편으로 이것은 메이로쿠샤가 주관한 최초의 논쟁 중 하나이자 일본 최초의 공개 논쟁 중 하나였다. 따라서 후쿠자와에 대한 반박은 내용과 수사적 전략 모두에서 흥미롭다.[25] 다른 한편으로 이 논쟁은 **문명개화**를 문명을 증진시키기 위한 두 가지 접근법으로 분열시키는 중대한 결과를 가져왔다. **문명**과 **개화**는 모두 시빌리제이션을 의미했으며, 모든 사람들이 인민에 대한 계도의 원칙에 동의했다. 그럼에도 불구하고 **문명**은 학자와 기업가들이 사적으로 함양하고, 그 안에서 서양과 일본의 진보가 결국 일치하게 되는 보편적 문명을 가리키는, 후쿠자와가 선호하는 단어가 되었다. 이와는 대조적으로 **개화**는 정부 정책을 통해 문명을 공적으로 함양하는 것을 나타내는, 후쿠자와의 거의 모든 동료들이 사용하는 단어가 되었다. 따라서 메이로쿠샤의 수중에서 "개방(開)"과 "변형(化)"을 의미하는 글자들로 구성된 능동형 동사 **개화**는 "문명화"와 "발전 도상"이라는 함의를 강하게 가졌다. 다시 말해 **문명**은 일상적으로 명사로 사용되면서, 계속 진행 중이고 총체적인 인류의 진보를 암시했다. 반면에 **개화**는 능동형 동사로 사용되었으며, 명사로 사용될 때에는 기획된 목표를 향해 가는 문명화 과정을 암시했다.[26]

논쟁을 시작하면서 후쿠자와는 세계에서 일본의 독립이라는 집단 목표에 힘을 실으려면 정부와 인민 사이의 권력 균형이 이루어져야 한다고 주장했다. 후쿠자와는 국가를 외부 자극(열, 추위, 통증)을 내부적으로 관리하여 건강이 유지되는 인체에 비유했다. 이와 마찬가지로 국가는 정부의 내부 권력과 인민의 외부 권력을 균등하게 하여 정치 활동을 유지하려고 한다. 즉, 정부는 "생명력"과 같고 인민은 "외부 사물의 자극"을 제공한다. 그리고 둘 다 독립성을 유지하는 데 필요하다. 후쿠자와는 일본의 문명 진보가 지체되었다고 불평했다. 정부가 학문, 법, 상업의 세 가지 핵심 분야에서 인민을 지도하는 작업을 떠맡으려는 현재의 접근 방식이 일본의 오랜 권위주의적 정부 관습을 강화했기 때문이다. 문명을 더 빨리 발전시키기 위해 올바른 대안은 인민의 마음과 정신을 바꾸는 일이었다. 후쿠자와는 정부, 상인, 농민, 국학자, 한학자들이 그 과제에 부적절하다고 체계적으로 일축했다. 그러나 유일하게 가능한 집단인 양학자들은 정부에 기술을 제공하는 데 너무 바빠서 신뢰할 수 없다고 후쿠자와는 판단했다. 따라서 그는 동료 양학자들에게 관직에서 벗어나 학문, 법, 상업을 추구할 수 있는 사적인 위치를 취함으로써 개혁가와 인민의 모범이 되고, 일본의 독립을 위하여 정부와 인민의 권력을 균등하게

만드는 데 힘쓰라고 도전하였다.[27]

후쿠자와의 주장의 핵심은 전통적인 의무 개념인 **직분**(職分)에 대한 그의 공격이다. 그는 동료 학자들이 더 이상 도쿠가와 윤리의 가르침대로 영주나 주인, 또는 정부에 충성을 할 의무가 없다고 주장했다. 오히려 그들의 의무는 한때는 이기적이라고 여겨졌을 법한 방식으로 인민을 향해야 마땅했다. 후쿠자와는 인민과 국가를 위해 봉사하려면 그의 동료 학자들이 민간인으로서 행동하고 개인적 목표를 추구하는 것이 훨씬 더 중요하며, 이것은 문명의 발전에 점증적으로 기여할 것이라고 주장했다. 후쿠자와의 입장을 전통적인 "유학자"와 구별하게 만드는 것은 이 마지막 지점이다. 둘 다 인민에 대한 의무를 강조하지만, 후쿠자와는 학자 역시 인민 중 하나이므로 학자의 개인적인 목표는 인민의 이익과 일치한다는 사실을 강조했다.

후쿠자와의 동인들 가운데 가토 히로유키, 모리 아리노리, 쓰다 마미치, 니시 아마네의 네 명이 이에 응답했는데, 그들 모두는 자신의 관직을 정당화했고 정부에 대한 의무가 있다는 관습적인 이해 방식을 사실상 유지했다. 가토와 쓰다는 특히 후쿠자와의 "내부 생명력"과 "외부 자극"의 비유에 대해 문제를 제기했다. 가토는 대신 정부를 "내부 함양"으로, 인민을 "외부 자극"으로 표현했다. 그는 최근의 국회에 대한 요구를 감안해서 이 문제를 국가의 권리와 인민의 권리로 재구성하고, 현재에는 내부의 함양이 더 중요하다고 주장했다. 이에 비해 쓰다는 후쿠자와가 국가를 하나의 신체로 비유한 것을 거부하면서 인민이 외부와 내부 모두임을 상기시켰다. 그래서 그는 정부를 국가의 정신으로, 인민을 신체로 비유했다. 정신은 신체에게 명령하지 않는다. 대신에 신체는 양육에 따라 강해지거나 약해지기 때문에, 정신을 피곤하게 하거나 활력을 준다. 쓰다가 가토보다 정부와 인민에게 동등한 중요성을 부여하는 데 적극적이었지만, 두 사람 모두 자신과 같은 양학자들은 관직과 민간사업 중 어느 쪽 행로든 선택할 수 있다고 결론지었다.

이들에 비하면 모리 아리노리의 전술은 참신했다. 그는 후쿠자와가 정부와 인민 사이의 평등한 지위를 원하는 것에 대해 트집을 잡았다. 왜냐하면 "인민"에는 관리, 귀족, 평민 모두가 포함되었기 때문이다. 모리는 정부와 인민은 하나이며 동일하다고 주장하며, 학자가 사인으로서 행동하는 것과 관리로서 행동하는 것 사이에 큰 차이가 없도록 만들었다. 이로써 모리는 국가 독립을 위한 힘의 균형에서 벗어나 "공적 이익"으로 논점을 전환했으며, 이를 문명의 진보라고 설명했다. 모리는 관직과 사적 행동에 대해서 가토나 쓰다와 동일한 결론을 내렸다. 그러나 그의 주장은 정부와 인민의 이분법을 재고하고 둘을 융합시켜, 서구적 대의 정부 이념에 내포된 상호성과 협력에 훨씬 더 어울리게 만들려는 강력하고 놀라운 시도였다.[28] 그런 의견은 단순히 번벌 정부의 입장을 되풀이한 니시 아마네에게는 헛된 것이었다. 그는 후쿠자와가 현실에 무관심하다고 주장했다. 그들의 "외부 자극"이 잠재적 골칫거리인 무지한 인민을 권위주의적 정부가 계속 관리하는 것은 전적으로 적절했다. 양학자들의 지식이 초보적이라 할지라도 도쿠가와 시대의 세습 가신들보다는 크게 향상된 것이었으므로, 이들이 관직에 종사하는 것은 중요했다.[29]

동료들의 반박에 대해, 후쿠자와는 정부 밖의 민간인들이 정부와 유사한 의회를 가지고 정부의 권력에 대항할 것이라는 가토와 니시의 우려를 특히 언급했다. 그런 두려움은 편협한 사람의 이론이라고 그는 말했다. 모리 아리노리가 결론 내렸듯이 궁극적으로 민간인과 정부 관리는 모두 국가의 독립을 위해 협력하는 일본인이다. 곧이어 미쓰쿠리 린쇼 역시 사회적 세계와 공적 세계가 공통분모를 가진다는 취지에서 버클의 『영국 문명사』를 인용하면서, 시민 사회에 대한 이러한 지지에 공명했다. 즉, 정부와 그 지도자들은 사회의 산물이며, 여론은 개혁과 변화의 원동력이다.[30] 이 책의 6장에서 설명하듯이 정부와 인민 사이의 오랜 대립을 통일할 모종의 방법으로서의 사회에 대한 새로운 구상은 메이지 일본에서 더디게 발전했다.

문명과 언어

일본에서 문명을 육성하는 가장 적절한 방법은 대중 교육에 집중하는 것이라고 판단함에 따라 메이로쿠샤 지식인들은 "인민"이라는 문제에 천착했다. 니시 아마네와 니시무라 시게키와 같은 거침없는 멤버들은 인민을 품성 측면에서 "어리석거나", "타락했다"고 폄하했지만, 대다수는 무지의 문제에 집중했다. 다소 놀랍게도 몇몇 회원들은 언어를 인민 교육의 주요 장애물로 인식하고 문어(文語)를 간소화하는 개혁을 제안했다. 『메이로쿠잡지』의 첫 호는 니시 아마네의 유명한 건의서인 「서양 문자로 국어를 표기하자」 라는 글로 시작되며, 여기에서 그는 한 세기가 훨씬 넘도록 일본어 개혁가들이 겪게 될 일련의 문제를 열거했다. 실제로 메이로쿠샤의 건의서들은 십 년 후 『메이로쿠잡지』를 계승한 여러 잡지들에서 반복되었으며, 이 의견들 중 일부는 1990년대까지 계속 유통되었다. 그러므로 여기에서 나의 목적은 언어 개혁의 역사를 이야기하는 것이 아니라 문명과 언어 사이의 연관성을 1870년대와 1880년대에 일본 지식인들이 이해한 바대로 설명하는 것이다.[31]

니시 아마네에 따르면 1873년의 일본어는 학생들에게 엄청난 부담을 주었다. 니시는 한자와 두 종류의 일본어 문자 체계 가나(仮名)가 혼합된 일본어의 체계적이지 못한 상태를 개탄했다. 즉, 서양의 인쇄 관습과 유사한 "직각" 형태의 가타카나가 있고, 필기체와 유사한 "흘려 쓰는" 형태의 히라가나가 있다.[32] 그는 하나의 한자가 3개의 표준 발음을 가질 수 있고, 가나는 종종 표기된 대로 발음되지 않는 발음의 난해한 변화를 한탄했다. 예를 들어 "오모시로시(面白し)"는 "오모시로이(面白い)"로 발음된다(마지막 음절은 고문체의 영향이다). 일본어의 문어는 너무 많은 양식적 형태를 포함하고 있고, 일본에서는 쓰기와 말하기 사이의 연관성이 너무 적으며, 일본어의 구어(口語)는 지역적으로 다양하게 파편화되어 있었다. 이러한 어려운 장애물을 극복하지 않으면 인민 교육에 성공할 가망은 거의 없어 보였다.[33]

이러한 주장에는 이 예비 교육자들이 집단적으로 지닌 개인적 경험이 내포되어 있었다. 이전 사무라이 계급의 일원으로서 거의 모든 동인들이 어릴 때 도쿠가와 시대 사무라이 계급 교육의 근간이었던 "한학숙(漢学塾)"에서 한문 공부를 했다. 그들은 또한 편지와 상급자에게 보내는 공식 건의문에 특화된 스타일인 '소로분(候文)', 일본 시와 산문 등에서 사용되는 설명문 문체인 '와분(和文)', 그리고 중세 전쟁 설화 및 기타 설명문에서 사용되는 중국어와 일본어의 혼합 형태인 '와칸콘코분(和漢混淆文, 일한혼합문)'에 대한 능력을 습득했다.[34] 또한 1853년 미 해군의 내항 이후 서양에 대해 무엇인가를 배우려는 목적에서 그들 모두 난학에 착수하였는데, 이는 서양에 대한 일본어 저작들에 친숙해졌을 뿐만 아니라 대부분의 경우 네덜란드어, 영어, 프랑스어 또는 이 가운데 여러 언어에 유창해졌음을 의미했다. 이 집단은 매우 상이하고 외관상 더 단순한 형태의 언어와 용법에 노출된 경험을 공유하였다. 이에 따라 이들 중 일부는 글쓰기를 익히고 일본의 발전을 촉진하는 데 필요한 시간을 단축하기 위해, 인민을 교육하는 매개체가 될 일본어를 구축하려면 일본의 다양한 언어와 문자를 어느 정도 단순화시켜야 한다고 주장했다.

일본어 문어가 너무 많은 형식을 포괄하고 너무 어려워서 빨리 습득할 수 없다는 반복된 불평 외에도 또 다른 공통된 불평이 있었다. 즉, 서양 언어와 달리 일본어 쓰기는 일본어 말하기와 거의 연관성이 없었다. 문명화된 서양에서 쓰기와 말하기 사이에 존재한다고 알려진 연관성은, 일본 학자들이 16세기부터 네덜란드어와 다른 유럽 언어들을 경험해 본 결과 크게 나타났다. 일본인들은 유럽어 문법, 사전, 그리고 가끔 원어민들의 중재를 통해 유럽어들을 읽는 법을 배웠다. 그리고 그 과정에서 말하기 관행으로 언어를 규정하고 통일적으로 설명하는 유럽의 문법 개념을 알게 되었다.[35] 일본어 말하기와 쓰기를 통합하려는 이러한 바람은 1870년대와 1880년대에 언어 개혁을 위한 많은 건의문에 가득하다.

니시 아마네의 사례로 다른 곳에서 설명했듯이, 주장의 논리는 소리, 문자 표기, 의미로서의 언어에 대한 체계적인 분석에 의존한다. 니시는 소리와 의미를 동일시하는 일본 국학의 언어 이론을 문자 기호와 의미를 동일시하는 비교 문법(1860년대 네덜란드에서 접합)에 접목시켜 이러한 주장을 도출했다. 니시의 목표는 문자와 의미 사이의 유럽적 관계에 부합하는 일본어 쓰기 방법을 발견하는 것이었다.[36]

이 분석의 실질적인 결과는 일본 학자들이 일본어를 중국어와 서양어와 비교했을 때, 서구 문명을 수입하는 데 있어서 일본어의 효용을 위협하는 두 가지 근본적인 차이점에 주목했다는 점이다. 첫째로 일본어는 영어에서처럼 소리와 단어가 일치하지 않는다. 두 번째로 일본어 가나 음절 체계는 (중국 한자와 마찬가지로) 자음과 모음을 어색하게 결합하는 합성 형태였다. 니시는 영어에서는 자음과 모음으로 통일된 소리를 구성할 수 있고, 이것이 단어로 기능한다는 장점이 있다고 주장했다. 예를 들어 하나의 소리로 발음되며 하나의 단어인 "마치(march)"라는 영어 단어는 일본어에서는 세 개의 일본어 가나 "마(マ)-루(ル)-치(チ)"의 조합으로만 비슷하게 표현된다. 이 세 개로 분리된 소리는 첫째, 한 단어처럼 들리지 않았고, 둘째, 가나에서는 자음과 모음이 구별되지 않았기 때문에 실망스러웠다. (가나의 음절 "마[マ]"는 영어의 자음 "엠[m]"과 모음 "아[a]"가 결합된 것이다.)

니시무라 시게키나 후쿠자와 유키치 등 니시의 비판자들에게 그러했듯 이런 주장이 난해하거나 터무니없는 것처럼 보인다면, 이 주장은 하나의 언어에서 다른 언어로 차용된 외래어에 대한 고민에서 비롯되었음을 기억하라. "폭스바겐(Volkswagen)"이나 "도요타(Toyota)"가 오늘날

영어 단어가 된 것처럼 19세기의 일본어 사용자들도 사물과 관념에 대한 많은 단어를 차용하고 있었다. 예를 들어, 그들은 영어가 일찍이 프랑스어에서 빌려온 영어 외래어 "시빌리제이션"을 일본어로 변환하려고 했고(일부 일본인들은 프랑스어와 영어에서 단어는 같지만 발음이 다르다는 사실을 간과했다), "시빌리제이션"은 "시-비-리-제-쇼-온(シビリゼ"ション)"이 되었다. 이러한 가나 조합이 너무 어색한 나머지, 그들은 일본어가 문명을 차용하기 위한 외래어를 만드는 일에 부적합하다고 결론을 내렸다. 따라서 3장에서 설명하듯이 메이지 초기의 일본 번역자들은 **시비리제쇼온**과 같은 외래어에 덜 의존하고, **문명개화**처럼 한자를 사용한 번역어에 더 많이 의존했다. 이러한 우려는 과도해 보일 수 있지만, 니시 아마네, 시미즈 우사부로, 야타베 료키치(矢田部良吉), 도야마 마사카즈(外山正一) 등의 학자들은 서양 언어와 문명 사이에 본질적인 연관성이 있다고 믿었기 때문에 일본어를 분석해서 서구 규범과 차이가 너무 벌어지지 않도록 대비했다. 그들의 가장 중요한 관심사는 일본과 서양이 친숙한 언어적 기반을 공유하는 것이었다.[37]

1870년대와 1880년대에 제시되었던 일본어 단순화를 위한 두 가지 주요 전략은 일본과 서양 사이의 더 나은 연계를 약속했다. 두 가지 모두 말하기와 쓰기의 통일, 일본어 발음과 문법의 정규화, 교육 시간의 절약, 인민들 사이에 학문의 확산, 실용적인 학습과 문명 진보의 촉진에 도움이 될 것이라고 주장했다. 니시 아마네, 야타베 료키치, 도야마 마사카즈 등이 옹호한 첫 번째 전략은 일본어 쓰기를 서양 알파벳으로 대체하거나, 알려진 바와 같이 일본어를 로마자, 즉 "로마 활자"로 쓰는 것이었다.

로마자의 사용은 외래어에 대한 관심에 비추어 일본어를 서양어에 직접 연결하는 추가적인 이점을 약속했다. 왜냐하면 일본어를 서양 알파벳으로 쓸 경우, 서양 단어들을 영어나 프랑스어의 철자 그대로 일본어로 직접 차용할 수 있고, 따라서 일본이 서양 문명의 용어들을 직접 통합할 수 있기 때문이다.[38] 그에 대한 대안은 시미즈 우사부로와 도야마 마사카즈가 옹호하였고 1880년대에 더 널리 지지를 받았는데, 단순히 필기체인 히라가나로 일본어를 쓰는 것이었다. 그들이 생각하기에 유일한 곤란함은 일본어에 간혹 동음이의어가 많다는 것이었지만, 그들은 문맥이 모든 애매모호함을 명확히 해 주리라고 확신했다. 말하기와 듣기에서처럼, 쓰기에서도 '하시(はし)'와 같은 명사가 보일 경우 문맥은 그것이 "교량(橋)"과 "젓가락(箸)" 중 무엇을 의미하는지 분명히 결정해줄 것이다. 시미즈 우사부로는 일본어가 한자 없이도 모두 표기될 수 있고, 가나의 문자 체계로서의 단점이 무시할 만하다는 것을 보여주기 위해 히라가나만 사용하여 유럽의 화학 교과서를 일본어로 번역했다.[39]

그러나 대다수의 학자들은 이 두 가지 제안이 모두 타당하지 않다고 생각했다. 로마자로 일본어를 쓰는 것은 민족성과 역사를 간과하게 된다. 가나만으로 일본어를 쓰는 것은 고문체의 개정과 같은 다른 개혁이 이루어지지 않는 한 아무것도 단순화시키지 않았다. 두 제안 모두 엄청난 불편과 비효율을 약속했으며, 어느 경우에도 소리와 단어, 자음과 모음을 조화시키려는 고민과 무관했다. 후쿠자와 유키치, 시미즈 우사부로, 그리고 메이로쿠샤의 다른 회원들은 당분간 교육 지도자들 스스로가 난해한 한자 단어와 구조를 구어체 표현으로 대신하고 일본어 표기에 사용되는 한자의 수를 줄이는 데 동의한다고 간단히 제안했다. 니시무라 시게키는 언어개혁의 집단적 시도를 사실상 포기하는 쪽을 대표해서 말하면서, 상반되는 인과적 분석을 자신의 반대 의견의 근거로 삼았다. 그는 언어가 문제가 아니라 무지가 문제라고 주장했다. 그의 표현에 따르면, "니시 아마네는 문자를 개혁하면 인민의 무지를 박살내게 될 것이라고 말하지만, 나는 인민의 무지를 박살내면 문자를 개혁 할 수 있을 것이라고 말한다." 인민이 학문에 마음을 두도록 밀어붙여야 한다. 어느 학교에서든 기초가 쌓이면 결국 일본어 말하기와 글쓰기의 결점에 대해 마음의 문을 열게 되기 때문에, 인민은 국학이든, 한학이든, 양학이든, 학문에 마음을 쏟아야 한다. 그래야 개혁 문제를 집단적으로 해결하는 것이 적절해질 수 있다.[40]

급진적인 언어 개혁을 자제하기로 한 이 결정의 실질적인 결과는 메이로쿠샤 지식인들이 혼성 일본어 형태인 '와칸콘코분' 또는 '가나마지리분(仮名交じり文, 한자와 가나가 섞인 문장)'을 계속 쓰도록 장려하는 것이었다. 그것은 한문을 재정렬해서 유럽 텍스트를 일본어로 번역하던 도쿠가와 시기의 관행에 바탕을 두었다. 처음부터 메이로쿠샤 잡지의 표현 수단이 되었던 것이 바로 이 형태였고, 계속해서 교육 및 문명 텍스트에 사용되는 일본어의 주요 형태가 되었다(3장 참조). 출판, 언론, 교육, 정부 등의 중앙 기관, 그리고 특히 사설 학원이나 도쿄제국대학에 참여함으로써, 메이로쿠샤 지식인들은 메이지 시대 초기에 언어와 학문을 진행시킨 용어들을 기본적으로 정의했다. 많이 배운 언어란 바로 그들의 언어였고, 문명화된 학문은 바로 그들의 학문이었다. 왜냐하면 그들은 새롭게

형성되고 있던 사회 전반에 걸쳐 때맞춰 광범위하게 복제된 모델을 생산했고 표준을 확립했기 때문이다. 나카무라 게이우의 새뮤얼 스마일즈의 『자조론』 번역과 후쿠자와 유키치의 『학문의 권장』과 같은 특정 인기 텍스트는 학교에서 교과서로 사용되었으며, 학생들에게 교육을 통한 자기 계발이라는 새로운 이데올로기 뿐만 아니라 나카무라 게이우, 후쿠자와 유키치, 그리고 메이로쿠샤의 동인들이 사용하는 바로 그 문체도 장려했다.[41] 실제로 이 다소 단순화된 구어체 스타일은 1880년대 후반에 '보통문(普通文)', 즉 일반적인 문체로 사용되었고, 그 후 국어의 기초가 되었다.[42]

한학 논쟁

그러나 서양 문명을 수입하기 위해 일본과 서양의 언어 습관을 조정하는 것에 대한 우려는 계속해서 많은 학자들을 사로잡았고, 이러한 우려는 점차 언어에만 국한되지 않았다. 일본어를 개혁하려는 이 두 가지 계획에 내포되어 있는 것은 일본어에서 한자를 없애고자 하는 바람이었고, 일본에서 한학을 없애라는 요구가 갈수록 더 제기되었다. 일본을 서양처럼 만들기 위한 노력의 일환으로, 일부 일본 학자들은 중국과 한학이 일본의 문명 진보에 장애가 된다고 판단했다.

후쿠자와 유키치는 양학자들 가운데 거의 유일하게 1870년대에 중국과 한학을 공개적으로 비난했다. 후쿠자와는 한자를 완전히 없애는 것을 옹호하지는 않았지만, 1870년대 중반의 유명한 저작들에서 한학에 대해 강한 반대의 목소리를 냈다. 한학은 비실용적이고 과거 지향적이었기 때문에 상업과 평등이라는 새로운 문명과 무관했다. 설상가상으로 한학은 위계질서를 고취하고 자기기만, 불성실, 아첨, 남에 대한 비굴함, 탐욕을 가치 있게 생각하는 비뚤어진 도덕성을 장려했기 때문에 진보에 방해가 되었다. 한학은 지성을 축소시켰다. 중국이 외국인들의 손아귀에 떨어진 것이야말로 한학의 실패를 잘 보여주었다.[43] 이러한 논평과 1874년 대만 침략 사건으로 인한 국제 갈등 과정에서 중국에 대한 대중적 비난이 확산되자, 나카무라 게이우는 1875년 『메이로쿠잡지』에서 중국을 옹호하며 위대한 인물들의 역사와 유용한 발명품, 그리고 제조업에 대해 중국에 찬사를 보냈다. 그는 일본이 오랫동안 중국 제품을 수입해 왔다고 지적했는데, 그 중 가장 중요한 것은 중국의 언어였다. 작문에 기준이 있었고 편리하게 간결했기 때문에 한문은 사상을 표현하고 외국 텍스트를 번역하는 데 탁월한 매개체였다. 누가 중국인들이 대외 관계에서 좋은 판단력을 보여주지 않았고, 실제로 중국이 언젠가 서양을 능가하지 못할 것이라고 말할 것인가?[44]

후쿠자와 유키치와 나카무라 게이우 사이에서 있었던 1875년의 예비적 설전은 1880년대에 한자와 특히 한학에 반대하는 많은 사람들에 의해 반복되었다. 세 가지 사건이 중국에 대한 학자들의 새로운 공격의 빌미가 되었다. 1877년 도쿄대학이 설립되면서 중국학이 본격적으로 시작되었고, 1882년 일본과 중국의 한국에 대한 영향력 다툼이 시작되었으며, 1884년 베트남 지배권을 놓고 청불전쟁이 일어났다. 한자를 반대하는 주장의 수사학적 약점은 특이할 것이 없다는 점이었다. 그러한 주장은 주로 일본어의 로마자 표기 또는 순전한 가나 표기에 찬성하는 주장을 뒤집어 놓은 것이었다. 한자는 아동 교육에 필요한 시간을 크게 늘려서 인민들 사이에 학문의 확산을 제한한다고 했다. 또한 한자는 말하기와 쓰기 사이의 분열을 지속시킬 것이라고 했다. 그리고 한자는 단순히 글자 암기력이 나은 학생들을 선호하는 교육적 위계를 만들어냈기 때문에, 실제적인 학문과 문명의 진보를 억제했다. 한자는 표의 문자이며 사상을 재현한다는 이유로 폄하되었다. 한자도 서양어의 단위들처럼 단어는 재현했지만, 소리의 분석적 단위로 올바로 인지될 만한 언어의 음성적 요건에는 무관심했다.[45]

그럼에도 불구하고, 후쿠자와 유키치 등이 이미 인정했듯이, 한자를 배우는 것은 불편했지만 한자를 없애는 것은 더 불편했다. 더 큰 문제는 한학의 유해성이라는 주장이었고, 한학에 대한 공격은 아리가 나가오(有賀長雄), 이노우에 데쓰지로, 도야마 마사카즈 등 도쿄대학의 저명한 교수들에 의해 주도되었다. 그들의 주장은 두 가지 중요한 공통점을 지녔다. 첫째로 그들은 중국어와 한학의 내용, 그리고 중국이 만들어 내는 문명의 종류 사이에 본질적인 연관성이 있다고 보았다. 일본은 한때 이 복합적인 문화 전체를 중국에서 차용했지만 이것은 더 이상 일본에 유용한 목적이 되지 못했고, 일본이 서구 문명을 습득하려는 목표를 세웠기 때문에 한학과 문명은 더 이상 관련이 없었다. 둘째로는 인과적 설명으로서, 중국어와 한학은 근본적으로 일본의 필요와 서구 문명의 요구에 반하는 특정한 내재적 사고 패턴을 보여주었다. 중국의 문자 문화는 세

밀함과 정확성이 부족했고, 이론과 원리에서 법칙으로 옮겨갈 수 없었으며, 따라서 비과학적이었다.[46]

이노우에 데쓰지로는 특히 시와 역사에 특권을 부여한 한학의 내용을 표적으로 삼았다. 이노우에는 중국 시는 실사(實事)를 희생하여 상상력을 강조하였고, 실사를 표방하는 중국 역사는 고증을 강조하여 현재 상황에 대해 특유의 비실용적인 태도를 보였다고 주장했다. 이노우에에 따르면 한자의 간결함은 시와 역사 서술에 적합할지는 몰라도, 서양 학문에서 핵심적인 깊이와 세부 사항의 필요성을 경시했다. 깊이와 세부 사항을 파악하지 못하는 점, 그리고 주로 문학에 초점을 맞추는 한학의 관련 결점은 한학이 이론으로 만족하는 경향이 있고 법칙을 기술하는 논리적인 다음 단계로 나아가지 않았음을 의미했다. 그와 동시에 한학은 원리를 논할 수는 있지만 과학을 발전시킬 수는 없었다.[47]

아리가 나가오는 한학이 과학을 이해하는 데 실패했다는 주장을 더 깊이 분석했다. 그는 중국의 언어와 학문, 문명의 총체성을 오염시킨 한 쌍의 기준으로 "개별"과 "특수"를 들었고, 사물의 분류를 희생해 가면서 개별 사물의 구체적이고 독특한 표현을 강조하는 중국인의 습관을 비판했다. 아리가에게 있어서 중국인들의 개별과 특수에 대한 선호로 야기된 가장 명백한 문제는 중국의 정치 구조였다. 여기에는 고정된 시스템이나 규정이 결여되어 있었기 때문에 수세기에 걸친 군사 정복과 독재, 세습 통치에 의해 증명된 전제 정치가 지지되었다. 후쿠자와 유키치나 이노우에 데쓰지로 등이 이미 관찰한 바와 같이, 아리가 또한 유교가 서구처럼 자유와 같은 통일된 원칙이나 입헌주의와 같은 일반적인 시스템을 조장하기보다는 고대 왕들의 특유의 행동을 용맹스럽게 묘사한 점에 주목했다. 그러나 더욱 중요한 것은 그렇게 명백하지 않았다. 아리가는 이처럼 중국어에서 개별성이 왜곡된 기원을, 한자가 추상적인 것을 나타내기 위해 물리적 형태에 의존한다는 데에서 찾았다. 예를 들어, "평화로움"을 나타내기 위해 "집안의 여성"을 쓰거나, "효(孝)"를 나타내기 위해 "어른의 발치에 있는 아이"를 쓰는 것은 추상화를 하기 위해 개별적이고 특수한 물리적 형태를 사용하는 것이었다.[48] 즉, 다른 학자라면 중국어의 은유적 의미 확장 능력을 예찬할 수도 있는 곳에서, 아리가는 한자가 동기, 관계 등 무형의 것에 도달하기 위해 물리적 은유에 부적절하게 의존한다고 비난했다. 이러한 문자 체계의 결과로 한학은 일반화를 진술하거나 추상적인 관계를 묘사할 능력이 부족하여 과학을 발전시키거나 진보를 촉진할 수 없었다. 아리가의 표현에 따르자면 중국의 학자들은 금, 은, 구리, 철의 용해를 각각의 차이점 측면에서 잘 묘사할 수 있었지만, 금속의 용해에 대한 통일된 법칙을 일반화 할 수는 없었다. 그들이 유일하게 성공을 거둔 고대 천문학은 전형적으로 개별적이고 특수한 현상에 대한 과학이었다.[49]

이러한 한학 비판에서 반복되는 정서가 일본이 새로운 서구 문명과 갈수록 동질감을 느끼는 데 중국이 "구세계"의 걸림돌이 되고 있다는 것이었다면, 한학자들은 대체로 "상대방의 전략을 역이용하는" 식으로 반응했다. 나카무라 게이우, 가와다 다케시(川田剛), 시게노 야스쓰구(重野安繹)와 같은 저명한 한학 옹호자들의 반박에서는 두 가지 요점이 반복된다. 하나는 사고와 표현의 매개체로서 한자의 중대한 유용성이다. 다른 하나는 중국과 서양을 잇는 일련의 유사점들이다. 정부 관리와 양학자들이 항상 **문명개화**의 "실용성" 또는 이점을 강조했던 것처럼, 일본어 문자 체계가 이미 한자와 한문 형식을 채택하고 있는 마당에 한학 옹호자들이 한자와 한문의 유용성을 홍보할 때 상식을 언급하는 것은 꽤 간단한 문제였다. 1870년대 후반 중국어의 인기가 높아졌다는 보도에서 몇몇 신문 편집자와 광고가 지적했듯이, 모든 아이들은 신문을 읽고 편지를 쓸 줄 알기 위해 한문을 배울 필요가 있었다. 그것은 국가 행정에 필수적인 도구였고, 정부 내에서 직업을 추구하는 학생들에게 가장 유용했다.[50]

하지만 더 중요한 것은 한학 옹호자들이 지적한 바와 같이 한학은 젊은이들에게 더 많은 학문의 토대로서 도움이 되는 모델이나 규칙의 원리를 가르쳤다. 한문은 학생들이 언어의 의미 전달에 일반적으로 익숙해지도록 했다. 또는 시게노 야스쓰구가 언급했듯이 한문은 언어의 구조와 의미 분석을 단연 잘 보여주었다. 나카무라 게이우는 중국어의 구조가 영어와 비슷하다고 덧붙였으며, (실제로 둘 다 주어, 동사, 목적어 순서의 언어였다) 이전의 한문 연구가 영어와 기타 유럽어 연구에 도움이 될 것이라고 주장했다.[51] 시게노 야스쓰구는 중국어를 대단히 실용적으로 사용할 수 있는 최선의 사례를 상정했다. 만약 일본이 한학과 옛 나가사키 번역가(도쿠가와 시대에 네덜란드 상인들을 통역하기 위해 네덜란드어를 배운 일본인들)의 작업을 결합시켜서 전문적인 번역가 집단을 만든다면, 1874년 대만 사건 때와 같은 중국과의 관계에서 일본은 그들로부터 큰 도움을 받을 수 있을 것이다.[52]

중국어와 유럽어 사이의 유사성 외에도 한학을 옹호하는 사람들은 윤리와 종교, 정치와 법, 역사, 문학, 예술 등 서구의 전문화된 학문이 중국에 선례를 가지고 있다는 점에 더 주목했다.[53] 가와다 다케시는 양학이 중국에서 유래했다(고대 중국에서 사라진 것이 중국과 로마의 접촉을 통해 서구 학문으로 발전했다)는 별로 신빙성이 없는 의견을 냈지만, 시게노 야스쓰구와 나카무라 게이우는 한학이 지닌 비교 가능성과 토대로서의 가능성을 강조하는 데 만족했다.[54] 한학에 대한 결정적인 변론으로, 1887년 나카무라 게이우는 일본에서 한학의 가치에 관해 설득력 있는 개념적 기반을 확립했다. 나카무라 게이우는 "상상"과 "실제" 범주의 상대성을 지적함으로써 이노우에 데쓰지로의 한학 비판을 반박했던 자신의 이전 주장을 이용하여, "진리"와 "망상"의 대립으로 분석을 확장했다. 그는 과학과 양학은 진리와 동일시되어 온 한편, 종교와 한학은 망상과 동일시되었다고 주장했다. 나카무라는 과학과 종교가 각각 일정한 진리와 망상을 담고 있듯이, 한학과 양학도 마찬가지라고 역설했다. 과학자에게 진리는 결국 불변의 확신일 뿐이며, 이는 종교 신자의 신앙에도 해당되는 설명이다. 나카무라의 목표는 그 둘 사이의 대립, 즉 과학과 종교가 적이고, 한학과 양학은 양립할 수 없다는 뻔한 소리를 뒤집는 것이었다. 진리와 망상이 서로 뒤섞이는 것과 마찬가지로 중국과 서양의 과학적 관찰과 종교적 정서는 내용이 서로 섞여 다르지 않고 같게 나타난다.[55]

한 사람의 과학적 진리가 다른 사람에게는 종교적 진리라면, 문명화된 진리와 야만적인 망상을 구별하는 데 도움이 될 기준은 "인간의 마음과 도덕"이다. 나카무라에게 있어, 문명인들은 진실과 거짓을 구별하는 데 있어서 마음과 도덕의 도움이 가장 절실하게 필요하다고 표현하며,

이것을 가장 중요시한다. 중국인들이 추상적인 사고를 하지 않고 물리적인 형태만 중시했다는 아리가의 주장에 반대하여, 나카무라는 종교와 윤리의 궁극적인 요구는 정확하게 형태가 없고 중국, 서구, 심지어 일본에서도 동일하다고 지적했다. 영어와 중국어를 구사하는 나카무라는 신, 하늘, 영혼, 섭리, 욕망, 양심 등 서양과 중국의 종교적, 윤리적 감성을 하나로 묶는 유사한 용어들에 주목했다. 중국과 서양 철학자들 모두 인류에게 하늘을 존중하고, 동료 인간을 사랑하며, 자신의 의무를 다하기 위해 양심을 사용하고, 자신의 사람과 나라를 사랑하라고 촉구했다. 나카무라에 따르면 궁극적으로 과학적, 종교적 진리는 도덕 안에서 통합되었기 때문에 한학과 양학은 세 가지 근본적인 충동을 공유한다. 하늘과 땅, 만물의 기원에 대한 지식을 추구하는 "하늘의 도", 인간 사회와 정부에 대한 도덕 지식을 추구하는 "인간 본성의 고유 원리", 자연 원리에 대한 완벽한 지식을 추구하는 자연과학 또는 "사물의 탐구"가 그것이다. 그러나 나카무라의 혼합주의적 감성은 공통된 주장을 옹호하는 것에서 그치지 않았다. 그는 한학의 전통적인 분야인 치국술, 정치경제, 도덕적 가치에만 매몰된 편협한 유학자들을 비난했다. 그리고 새로운 문명의 시대에 한학은 자유와 권리와 의무, 입헌 정체의 공동 지배, 그리고 공화주의 정치 행정에 관한 문제에 관여해야 한다고 주장했다. 다시 말해 나카무라는 한학과 양학의 융합이 새로운 일본에 가장 유익할 것이라고 상상했다.[56]

문명과 도덕성

나카무라 게이우가 메이로쿠샤 학자들 사이에서 한학을 유일하게 옹호했다고 해서, 그의 동료들이 무관심했던 것은 아니다. 실제로 그들 중 많은 사람들은 도쿠가와 막부 통치 기간 동안 유교가 사회 질서와 안정에 기여한 공로를 잘 알고 있었다. 그들은 유교가 인민들 사이에 개탄스러운 굴종을 조장했다는 후쿠자와의 의견에 동의하면서도 동시에 상호성, 성실, 정직, 충성의 미덕도 증진시켰음을 인정했다. 1873년 말 정한론을 둘러싼 지배 번벌의 갈등은 일련의 국지적인 사무라이 반란과 1874년 국회개설운동으로 표출되었다. 나카무라 게이우의 일부 동료들은 일본 인민 계층 간에 나쁜 행동이 증가하고 있는 것은 새로운 문명이 기술과 물질적인 것에 집중하는 것 이상을 해야 한다는 신호라고 확신하게 되었다. 그리고 그 문제는 반대자들에만 국한된 것이 아니었다. 번벌과 관료들은 메이지 유신이 근절하려고 했던 오만과 횡포를 자주 부렸기 때문이다. 좀 더 분별이 있어야 할 전직 사무라이들이 이렇게 이기적으로 나라를 어지럽혔다는 점에서, 모든 이들의 좋은 행동을 장려하기 위한 조치가 취해져야 했다. 1875년 니시무라 시게키가 탄식한 바와 같이 유교는 쇠퇴의 길을 걷고 있었지만, 서양에서 들여온 것 중 이를 대체할 만한 것은 아무것도 없었다.[57] 메이로쿠샤 학자들에게 서구 문명이 윤리 체계를 아우르고 있다는 것은 매우 분명했다. 서양에는 그리스도교 외에도 민족과 국가의 우수성을 보존하고, 그들의 부, 권력, 독립을 유지하는 다른 많은 철학적, 종교적 가르침들이 있었다.

따라서 도쿄제국대학에 한학 학과가 설립되었다는 작은 계기와 다수의 사설 학원들을 주축으로 하는 것 이외에, 나카무라와 그의 동료 옹호자들은 바로 윤리 교육에 대한 유용성이라는 지점에서 한학을 구해냈다. 일반적으로 메이지 지식인들은 도덕 교육 문제에 대해 윤리 교육과 국민성이라는 두 가지 접근법을 추구했다. 메이지 일본에서 윤리의 조건을 궁극적으로 규정하게 될 첫 번째 접근법은 주로 니시무라 시게키와 사카타니 시로시(阪谷素)의 작품이었다. 이들 두 사람은 모두 1872년부터 1874년까지 이어진 정교분리와 종교의 자유라는 두 가지 중요한 논쟁에 대응하고 있었다(4장 참조). 메이로쿠샤의 대다수는 종교의 자유를 지키기 위해 종교와 국가의 분리를 지지했지만, 니시무라와 사카타니 모두 국가가 윤리적 행동을 장려할 수 있는 장을 보존하려고 했다. 두 사람 모두 한학이 일반적으로 공격을 받던 시기에 유교를 옹호하는 위험을 깨달았고, 따라서 그들의 전략은 중국, 일본, 서양에 공통되는 기본적인 윤리 원칙을 정의하는 나카무라 게이우의 전략과 동일했다. 니시무라와 사카타니는 하나의 전통과 다른 전통 사이의 중요한 차이를 최소화함으로써 모든 파벌에게 윤리 교육의 필요성을 강력하게 호소했다.[58]

니시무라 시게키는 나카무라 게이우와 마찬가지로 한 나라의 관습과 사람들의 행동이 그 나라가 문명화되었는지 아닌지를 결정하는 기준이라는 입장을 취했다. 따라서 그는 관습의 개선이 국가적 관심사라고 주장했다. 양학과 한학은 모두 인간을 "동물적 본능"(또는 욕망)과 "합리적 본능"(하늘의 이성)으로 구성된 존재로 이해했다. 후자는 개인의 행동을 지배하는 양심에 영향을 미쳤다. 중국이나 일본처럼 서양인들 역시 개인의 행동을 함양하는 것이 좋은 나라의 근본이라고 여겼다. 좋은 개인은 가정을 잘 관리하고, 나라를 제대로 관리하며, 인민들 사이에 평화가 깃들어 있음을 의미했기 때문이다. 이런 이유로 니시무라는 윤리와 국가 행정이 연합해서 합리적 행동을 촉진하는 일을 한다고 결론 내렸다.[59]

사카타니 시로시 역시 도덕적 원칙에 의한 인간의 자제력이라는 관점에서 논의를 구성했지만, 그는 특히 선악의 관점에서 행동을 논의하는 데 관심이 있었다. 악은 야만으로 이어지고, 선은 국가의 근본이며, 선의 근본은 결국 깊은 신뢰성이다. 사카타니는 윤리와 종교 사이의 연관성을 증명하기 위해 "약속을 지키며 사는", 따라서 진실성 또는 신뢰성이라는 뜻의 신(信) 개념을 발전시켰다. 사카타니는 니시 아마네가 '신'을 종교적 맥락에서의 믿음 또는 신앙으로 논의한 것에 놀라움을 금치 못했는데, 니시는 '신'을 완전히 개인적이고 직관적이어서 인간의 이해와 하늘의 이성을 넘어선 것으로 정의했다. 그러나 동시에 니시는 믿음을 "인간의 미덕의 원천이자 행동의 근본"이라고 선언했는데, 자비롭고 충실하기 위해서는 믿음이 있어야 한다는 뜻이었다. 사카타니에게 이러한 논의는 '신'이나 다른 유교적 덕목들을 이성으로부터 완전히 분리시키는 것처럼 보였고, 그래서 그는 "정직하지 않으면, 사람이 바르게 될 수 없다"는 공자의 말을 상기시켰다. 신뢰성이 없으면 정념이 창궐하고 양심은 시들며, 인간 공동체는 무질서, 즉 공화국의 부조화와 의회에서의 의견 불일치를 경험한다. 그는 좋은 사회의 도덕적 기초를 종교적 가르침에만 맡기기보다는, 좋은 행위와 인격, 풍속을 함양하기 위한 윤리교육을 옹호했다. 대다수 동료들의 의견에 동의하면서, 그는 서구의 계몽된 나라들이 정부가 신민에게 이런저런 종교적 믿음을 강요할 때 발생하는 해악을 피하기 위해 정부와 종교 교리를 분리했다는 것을 인정했다. 또한 사카타니는 일본의 부패한 지도자들이 스스로의 관습과 행동을 무시하는 것, 즉 문명을 구현해야 할 당사자들이 자유를 면허로 오인하여 아테네와 로마가 경험했던 국가적 쇠망으로 일본을 위태롭게 하는 것을 관찰하였다. 따라서 사카타니 시로시는 그의 동료들과 지도자들에게 종교적 가르침이 아니라, 좋은 품행과 인격을 함양하기 위한 폭넓은 윤리 교육 프로그램을 지지해 달라고 호소하였다. 궁극적으로 사카타니 시로시와 니시무라 시게키 두 사람은 아래에 있는 인민의 우러름을 받아 관습과 행위의 기준을 정하는 것은 사회의 지도자와 상류층이라는 데 의견을 같이 했다. 그들의 윤리 교육 비전은 문명의 계몽 모델과 상당히 양립 가능한, 전통적으로 유교적 계도에 준하는 것에 의존했다.[60]

메이로쿠샤 학자들이 도덕적 가르침의 필요성을 논한 두 번째 방법은 "인민성" 또는 "국민성"의 측면이었다. 나카무라 게이우는 왕정복고와 같은 단순한 정권교체가 일본 인민의 품성을 개혁하고, 그들의 굴종성, 무지, 의존성, 일반적인 미덕의 결여를 바로잡을 것이라고 예상되는지 의문을 제기했다. 그는 문명이 예술과 기술의 물질주의에만 국한된다면 타락한 풍습을 개선할 수 없다고 판단했다. 니시 아마네는 전제 정부에 대한 비판에서 이러한 회의론을 되풀이했으며, 전제 정부가 인민의 비굴함을 낳았고, 충성심을 잔인함으로, 솔직함을 교활함으로 타락시켰다고 주장했다. 나카무라 게이우와 니시 아마네 모두 지식을 전달하고 인격을 발전시키는 교육 프로그램을 추천했다. 나카무라는 예술과 과학 분야의 서양 학문 외에도 모종의 도덕적 또는 종교적 가르침이 필요하다고 주장했다. 니시의 경우 법학 연구를 통해 정치적, 도덕적 품성에 토대를 두면서 헌정의 기반이 되는 개인의 자율성을 만들어냄으로써, 국민성을 향상시킬 수 있다고 상상했다.[61]

나카무라 게이우의 윤리 교육에 대한 관심은 인민의 풍속 개선이라는 일반적 목표에 국한된 것 같다. 그러나 니시 아마네, 니시무라 시게키, 사카타니 시로시가 계획한 길은 국가 이익에 기여할 덕목들을 촉진시킴으로써 국가에 유용한 국민성을 창출하는 도덕 교육 프로그램을 상상했기 때문에 장기적으로 더욱 설득력이 있었다. 나카무라의 한학 옹호가 윤리 교육 논의를 위한 공통 기반을 닦았다면, 사카타니는 메이로쿠샤에서 1889년의 메이지 헌법과 그 다음 해 교육칙령에 영향에 미치게 될 새로운 가치관의 형성에 기여했다. 사카타니는 「인간 정신 함양에 관한 의견(養精神一說)」과 「하늘에서 내려오기(天降説)」라는 두 차례 공개 연설에서 **문명개화** 시빌리제이션의 보편성을 지지하는 동시에, 여기에 도전하는 내셔널리즘 이론의 토대를 마련했다. 「하늘에서 내려오기」는 세상을 바라보는 다양한 관점과 사물을 구별하는 합리적 사고방식에 주목했다. 하늘의 이성의 입장을 취하고 보편적인 관점에서 사물을 합리적으로 보려고 하는 사람들은 정의를 중시하는 도덕성을 실천하려고 하지만, 예를 들어 자신의 아버지와 다른 사람의 아버지 사이에 차별을 두지 않는 대가를 치른다. 선불교나 도교도처럼 그들은 선과 악의 차이를 부정하게 되고, 최악의 경우 그들의 행동은 허랑방탕해져 가족과 국가가 망해도 상관하지 않을 것이다. 이와는 대조적으로 이 세상을 완전히 인간적인 시각으로 바라보는 사람들은 이성의 광대함을 놓치고 자기중심주의에 빠질 위험을 무릅쓰고 아버지와 영주들에게 명예롭게 그들의 의무를 다할 수도 있다. 사카타니가 제안하는 중간지점은 새로운 근대적 경험공간에 대한 라인하르트 코젤렉의 논의를 상기시킨다. 그것은 사람이 태어나 부모, 가족, 친구, 통치자를 우리에게 주고, 다른 사람의 통치자보다 자신의 통치자를 더 존중하고 다른 사람의 아버지보다 자신의 아버지를 더 존중한다는 인간 삶의 중요한 구별을 만들어내는 이성적인 위치를 약속하는 '나라'이다. 보편적 관점은 세계의 작동 원리를 이해할 수 있게 해주지만, "하늘에서 내려와" 자기 나라에 있게 된 후에는 세계 속에서 자국의 독립을 유지하는 데 필요한 행동 경로를 파악하게 된다.[62]

확실히 사카타니는 후쿠자와 유키치가 『문명론의 개략』에서 이미 개진했던, 문명개화에 의해 도입된 개혁이 국가 독립이라는 목표를 향해 총체적으로 행해진 것이라는 주장 이상을 제안하고 있다. 후쿠자와처럼 사카타니도 문명의 진보는 전쟁 및 다른 형태의 투쟁에 의해 촉진되고, 학식과 부에 의해 공고해진다고 보았다.[63] 그러나 후쿠자와는 도쿠가와 전제주의 때문에 사무라이 가신들이 서구적 투쟁과 진보에 있어 핵심적인 개성(個性)을 발전시키지 못하는 지점에서 일본의 발전을 비난했다. 반면에 사카타니는 인간 정신을 육성하는 역동적인 원인이라고 그가 이해한 인간 능력의 발현을 억제한다고 전제주의를 비판했다. 사카타니에게 모든 것은 기술의 창조("도구 및 기계")에 달려 있다. 기술 교육은 사고와 기술을 발전시키고, 그것은 도덕의 근간을 이루는 기술 생산을 장려한다. 사람들이 가용 기술에 기초한 노동 분업을 한 후에야 비로소 도덕이 발달할 수 있는 문명의 수준에 도달하게 되기 때문에, 일본의 도덕 교육은 양학을 통한 기술의 발전과 병행하여 진행되리라 기대할 수 있다. 그러나 사카타니는 정신의 확장과 도구 개발을 넘어, 개인과 국가를 외부의 상해로부터 보호할 무술 훈련을 포함하는 데까지 인간 능력의 발현을 넓혔다. 그는 자신이 문명의 목표와 상반된 생각을 하며 야만성을 옹호한다는 비판을 받을 수도 있다는 점을 인식하면서도, 동료들에게 자신은 단순히 이전 계급의 비무장화를 한탄하는 또 다른 사무라이가 아니라고 확신시켰고, 오히려 군사적 전문화가 이제 새로운 육군과 해군의 특권이라는 사실에 박수를 보냈다. 그러나 체육이 독일 보통 교육의 중심이었던 것처럼 일본 학생들도 체육과 무술을 병행해야 했다. 무술은 그들의 정신을 기르는 데 도움을 주고, 용기와 애국심을 북돋워 전쟁터에서 국민에게 잘 봉사하도록 하며, 일본이 동아시아의 위대한 문명 강국으로 부상할 수 있는 기반을 조성할 것이다.[64]

사카타니 시로시와 니시무라 시게키는 1876년 도쿄수신학회(東京修身学会)를 창립하면서 일본의 윤리 교육 진흥을 위해 협력했다. 비록 사카타니는 1881년 사망했지만 니시무라는 이후에도 그의 경력을 윤리 교육에 집중시켰다. 그는 1887년 도쿄수신학회를 일본홍도회(日本弘道会)로 개편하고 1902년 사망할 때까지 회장을 역임했다.[65] 니시무라는 그의 도덕 교육 교과서와 일본홍도회와의 작업을 통해 좋은 인민과 국가를 만들기 위한 노력의 일환으로 양학을 보완할 윤리적 원칙을 서술했다. 교육부가 공립학교에서 사용하기 위해 공식 채택한 그의 『소학수신훈(小学修身訓)』(1880)은 중국·서양·일본의 교과서에서 발췌한 학문, 생활, 성공의지, 덕의 함양, 지혜의 함양, 일의 관리, 가정윤리, 사회적 상호작용 등 일련의 수칙을 종합하였다. 예를 들어 덕의 함양 부분에는 논어나 맹자와 같은 중국 고전, 솔로몬의 지혜와 새뮤얼 스마일즈의 『자조론』 같은 서양 문헌, 그리고 『여대학(女大学)』이나 『야마토속훈(大和俗訓)』과 같은 도쿠가와 시대의 일본 윤리 문헌이 포함되어 있었다.[66]

1880년대 도덕 교육은 메이지 시대에 진행 중이었던 일본의 복합적인 전통과 광범위한 서구화를 중재함으로써 한학이 존경심을 되찾은 장소가 되었다. 이 장의 요점을 달리 말하면 다음과 같다. 한편으로는 많은 도쿠가와 제도와 전통 기술이 서구적 대안들로 대체되었다. 다른 한편으로는 제도와 기술의 변화로 인해 의문시되는 정치적, 사회적 전제들이 있었다. 이러한 두 가지 심각한 불안정에 직면하여 한어와 한학은 일본과 서양 사이를 매개했다. 돌이켜 보면 메이로쿠샤 학자들이 왜 공직을 없애는 방식으로 학자의 직분을 재정의하려는 후쿠자와의 시도에 그토록 경악했는지 매우 분명해진다. 문명의 계몽 모델과 유교적 행동 모델론의 관점에서 볼 때 지적, 도덕적, 사회적으로 우월한 사회 상류층이 대중 교육을 맡는 것은 전적으로 적절했다. 메이로쿠샤 동인들이 일반적으로 지지했듯이, 만약 **문명개화** 시빌리제이션이 궁극적으로 인민들 사이에서 개인의 자율성을 장려한다면, 특히 이전 사무라이의 일부가 이미 문제를 일으키고 나쁜 본보기가 되고 있었기 때문에, 인민이 가능한 한 철저하게 교육을 받는 것이 더욱 중요해졌다. 그러므로 정부가 인민의 인격을 쌓고 인민들을 정치 참여에 대비시키기 위한 노력을 기울이는 것은 이치에 맞았다. 왜냐하면 정부가 인민들 사이에서 가장 영향력 있는 지위를 차지하고 있었기 때문이다. 다음 장들에서 보게 될 것처럼 이러한 계도를 진행하면서 사용한 '자유', '권리', '사회'와 같은 용어는 이 새로운 개념들의 의미와 그들이 나타내는 행동에 대한 논쟁의 장이 되었다. 너무 많은 것이 걸려 있었기 때문에, 주어진 임무를 완수하는 데 있어 상관에 대한 충성이라는 종전의 직분 관념은 폐기될 수 없었다. 개인의 사리 추구가 공익을 규정하게 되는 후쿠자와 유키치의 비전이 실현되기에 앞서, 정치적 상황과 문명의 경로는 인민들 사이의 안정을 요구했다.

주석

1 19세기 국학자들은 또한 수세기 동안의 중국의 영향으로부터 순수한 일본 언어와 문화를 되찾기 위해 노력했다. H. D. Harootunian, "The Functions of China in Tokugawa Thought", in *The Chinese and the Japanese: Essays in Political and Cultural Interactions*, ed. Akira Iriye (Princeton: Princeton University Press, 1980), pp. 9-36; Harootunian, *Things Seen and Unseen*, pp. 23-75; Naoki Sakai, *Voices of the Past: The Statues of Language in Eighteenth-Century Japanese Discourse* (Ithaca: Cornell University Press, 1991), pp. 211-239 and 255-277; David Pollack, *The Fracture of Meaning: Japan's Synthesis of China from the Eighth Trough the Eighteenth Centuries* (Princeton: Princeton University Press, 1986), pp. 15-54 참조.

2 내가 아는 바로는 니시무라 시게키가 문명개화를 이전 존왕양이 시기 이후의 역사적 시기로 처음 언급했다. 西村茂樹, 「転換説」, 『明六雑誌』 43 (1875.11):1b 참조. 문명개화에 대한 가장 좋은 일반적 논의는 飛鳥井雅道, 『文明開化』(東京: 岩波書店, 1985), pp. 1-27, 109-163; 前田愛, 『幕末·維新期の文学』(東京: 法政大学出版局, 1972), pp. 290-324; 西川長夫, 『国境の越え方』, pp. 172-181; 大久保利謙, 『明治の思想と文化』, pp. 107-146; 鈴木修次, 『文明のことば』(広島: 文化評論, 1981), pp. 5-68.

3 버클(Thomas Henry Buckle)의 『영국 문명사(*The History of Civilization in England*)』(1857-1861)는 오시마 사다마스(大島貞益)에 의해 일본어로 『英国開化史総論』(1875)으로 번역되었고, 기조(François-Pierre Guizot)의 『유럽문명사(*A History of Civilization in Europe*)』의 1873년 영역본을 나가미네 히데키(永峰秀樹)가 일본어로 『欧羅巴文明史』(1874)로 번역하였다. 이 두 작품의 발췌본 및 대역구절과 해설은 『日本近代思想大系 15』; 加藤周一, 丸山真男 校注, 『翻訳の思想』(東京: 岩波書店, 1991), pp. 91-157, 416-427. 메이지 사상과 버클과 기조의 관계에 대해서는 Matsuzawa Hiroaki, "Varieties of Bunmei Ron(Theories of Civilization)", in *Japan in Thought and Action in the Meiji Era, 1868-1912*, ed. Hilary Conroy, Sandra T. W. Davis, and Wayne Patterson (Rutherford: Fairleigh Dickinson University Press, 1984), pp. 209-223; 그리고 Stefan Tanaka, *Japan's Orient*, pp. 36-40 참조.

4 Elias, *Civilizing Process*, pp. 3-5, 29-33. 또한 Emile Benveniste, "Civilization: A Contribution to the History of the Word", in *Problems in General Linguistics*, trans. Mary Elizabeth Meek (Coral Gables: University of Miami Press, 1971), pp. 289-296; Raymond Williams, *Keywords: A Vocabulary of Culture Society* (New York: Oxford

University Press, 1976), pp. 48-50 참조.

5 福澤諭吉, 『西洋事情』(1866-1870), 『福沢諭吉全集 1』(東京: 岩波書店, 1958), pp. 290-291, 395-397. 모리 아리노리 또한 「開化第一話」, 『明六雑誌』 3 (1874.4):1에서 진보에 대한 초기 윤곽을 보여주었다.

6 D. R. Howland, *Borders of Chinese Civilization: Geography and History at Empire's End* (Durham: Duke University Press, 1996), pp. 13-14, 211-213, 294, n. 34. 문명개화, 즉, 일본어 발음상 '분메이가이카(文明開化)'를 구성하고 있는 단어들은 일본사에서 일찍이 황제의 칭호로 사용되었다. 제9대 가이카(開化) 천황(재위 158-198)이 있었고, 고쓰치미카도(재위 1465-1500) 천황, 고카쿠(재위 1780-1817) 천황의 치세 중 일부가 각각 '분메이(文明)'(1469-1486), '분카(文化)'(1804-1817)로 칭해졌다.

7 이와쿠라 사절단에 대해서는 다음을 참조. 구메 구니타케의 공식일기 『特命全権大使: 米欧回覧実記』(1878; 東京: 宗高書房, 1975); Marlene J. Mayo, "The lwakura Mission to the United States and Europe, 1871-1873", in *Researches in the Socidl Sciences on Japan: Volume Two*, ed. Stanleigh H. Jones Jr. and John E. Lane (New York: Columbia University, East Asian Institute, 1959), pp. 28-47; Marlene J. Mayo, "The Western Education of Kume Kunitake, 1871-76", *Monumenta Nipponica* 28(1) (1973):3-67; Eugene Soviak, "On the Nature of Western Progress: The Journal of the Iwakura Embassy", in *Tradition and Modernization in Japanese Culture*, ed. Donald H. Shively (Princeton: Princeton University Press, 1971), pp. 7-34; 山室信一, 『法制官僚の時代 : 国家の設計と知の歴程』(東京: 木鐸社, 1984), pp. 5-22, 41-62.

8 渡辺修二郎, 『明治開化史』(東京: 松井順時, 1880), pp. 189-207.

9 Neil Pedlar, *The Imported Pioneers: Westerners Who Helped Build Modern Japan* (New York: St. Martin's Press, 1990), p. 23.

10 「戯歌開化新代」, 『朝野新聞』(1875.11.30), 中山泰昌 編, 『新聞集成明治編年史 2』(1934-1936; 東京: 本邦書籍, 1982), p. 440. 일본 최초의 정부 지원 실크 공장인 도미오카 제사 공장은 수력이 공급되었던 도쿄 북쪽의 군마현에 세워졌다. 또 다른 곳, 문명의 "열두 기둥"에 대해서는 『新聞集成明治編年史 1』, p. 263 참조.

11 『新聞集成明治編年史 1』, p. 431; 『新聞集成明治編年史 2』, p. 51; 『新聞集成明治編年史 3』, pp. 229, 293. 또한 加藤祐一, 『文明開化』(1873), 『明治文化全集 24: 文明開化篇』(東京: 日本評論社, 1967), p. 5를 볼 것. 스테이크 하우스, 이발, 전신기, 우체국, 마차 등 서양적인 것에 관한 재미있는 메이지 초기 시에 대해서는 木下周南, 『明治詩話』(東京: 文中堂, 1943), pp. 190-233 곳곳을 참조.

12 加藤祐一, 『文明開化』, pp. 33-35. 이 문헌에 대한 논의는 服部之総, 「文明開化」, p. 419 참조.

13 木村毅,『文明開化』(東京: 至文堂, 1954), pp. 1-2, 10-11, 15-18, 25-33. 그의 매혹적인 연구에서 기무라는 이 시대의 가장 큰 변화는 무역과 구정권의 종말에서 비롯되었다고 주장한다. 대부분의 사람들에게 기술과 사회적 관습, 특히 증기 기관, 학교, 태양력, 철도로 인해 가장 현저하게 바뀐 것은 사물들과 관습들이었다. 기무라는 대다수의 일본인들에게 문명개화란 네 가지 일, 즉, 쇠고기를 먹고, 상투를 단발로 자르고, 인력거를 타고, 벽돌건물을 건설하는 것을 의미했다고 결론짓는다. 서민들의 "문명"에 대한 장기적인 관점에 대해서는 牧原憲夫,「文明開化論」,『岩波講座-日本通史 16: 近代1』(東京: 岩波書店, 1994), pp. 251-290; and Susan B. Hanley, *Everyday Things in Premodern Japan: The Hidden Legacy of Material Culture* (Berkeley: University of California Press, 1997), pp. 155-175 참조.

14 木村毅,『文明開化』, pp. 18-24. 당대의 여행자 이사벨라 버드 비숍(Isabella Bird)은 대중목욕탕을 통제하고 아이누족의 문신을 금지하려는 일본 정부의 노력에 대해 언급했다. *Unbeaten Tracks in Japan* (1880; Boston: Beacon, 1987), pp. 210, 265 참조.

15 Kido, *Diary*, 1:148. 산조 사네토미는 1871년에 그 점을 되풀이했다. Mayo, "Iwakura Mission", p. 30 참조.

16 Elias, *Civilizing Process*, pp. 4-10 and 22-25. 문화는 "시빌리제이션"의 번역어 뿐 아니라 문화주택에서처럼 "문명화된"이나 "서양식의"라는 수식어로도 쓰일 수 있다. 문명개화에 대비되는 문화의 상승에 대해서는 鈴木修次,『文明のことば』, pp. 53-56, 그리고 西川長夫,『国境の越え方』, pp. 195-205 참조. 스즈키는 1898-1911년을 문화가 영향력을 발휘하게 된 시기로 구분한다. 니시가와 나가오(西川長夫)는 구가 가쓰난의 1888년 무렵 '국민문화'론에 대한 중요한 논의를 통해 1891년 미야케 세쓰레이가 처음으로 '문화'를 "컬쳐/쿨투어"의 뜻으로 사용했다는 통설에 도전한다. 그러나 다카기 히로시의 최근 연구 결과, 일본 토착문명을 복원하기 위해 고대 야마토 유적지의 보전이 시작되면서 1880년대에 나라 현에 있는 "문화재"를 가리키기 위해 '문화'가 사용되었다는 사실이 밝혀지고 있다. 高木博志,「近代天皇制の文化史的研究 : 天皇就任儀礼·年中行事·文化財」(東京: 校倉書房, 1997), pp. 17-18, pp. 264-283 참조. 조약개정 문제를 포함해서 메이지 시대 문명에 대한 일본의 반응을 논한 최고의 영어 저작은 여전히 Kenneth B. Pyle, *The New Generation in Meiji Japan: Problems of Cultural Identity, 1885-1895* (Stanford: Stanford University Press, 1969), pp. 76-117.

17 이와쿠라 도모미, 木村毅,『文明開化』, p. 6에서 인용 ("enlightened civilization"은 원본에 명확히 영어로 쓰여 있다); Mori Arinori, *Religious Freedom in Japan: A Memorial and Draft of Charter* ([Washington, D.C.]: privately printed, [1872]), pp. 3, 10.

18 니시 아마네조차 1871년 양학에 대한 그의 체계적인 해설에서 '인라이튼먼트(Enlightenment)'를 언급하지 않고, 이노우에 데쓰지로와 동일하게 불교의 맥락에서 "인라이튼드(enlightened)"라고 한다.「百学連環/Encyclopedia」, 大久保利謙 編,『西周全集』(東京: 宗高書房, 1981), 4:123 참조.

19 「계몽운동의 역사와 교훈(啓蒙運動の歴史と教訓)」이라는 제목의 4회 연속 논문이 『思想』, 363-366호(1954. 9-12)에 실렸다. 일본 지성사에서 계몽의 효용성에 관해 가장 시사하는 바가 많은 논의는 宮川透, 「日本の啓蒙思想」, 金子武蔵, 大塚久雄 編, 『講座: 近代思想史 9: 日本における西洋近代思想の受容』(東京: 弘文堂, 1959), pp. 115-119.

20 이 번역들 중 다수가 W. W. McLaren, ed., *Japanese Government Documents* (1914; Tokyo: Asiatic Society of Japan, 1979)에 재수록되어 있다. 예를 들어 pp. 428, 436-437, 449, 457, 459, 474-476, 586-587 참조. 동시대의 요코하마 무역상 프란시스 홀은 그의 일기에서 마찬가지로 시빌리제이션과 인라이튼먼트의 상호 교환 가능성을 보여준다. *Japan Through American Eyes: The Journal of Francis Hall, Kanagawa and Yokohama, 1859-1866*, ed. F. G. Notehelfer (Princeton: Princeton University Press, 1992), p. 401.

21 혼다 도시아키에 대해서는 Keene, *Japanese Discovery of Europe*, pp. 91-122, pp. 175-226, 그리고 佐藤昌介, 『洋学史の研究』(東京: 中央公論社, 1980), pp. 130-137 참조.

22 西村茂樹, 「陳言一則」, 『明六雑誌』 3 (1874.4): 1b-2.

23 도쿠가와 시대부터 메이지 시대에 이르는 제도의 인적 연속성에 대해서는 大久保利謙, 『明治の思想と文化』, pp. 14-27, 75-82. 메이지 초기 지식인의 역할에 대한 고전적인 서술은 丸山真男, 「明治の思想」(1953), 『戦中と戦後の間』(東京: みすず書房, 1976), pp. 567-576 참조.

24 문명의 이 계몽 모델은 여러 저작에 암시되어 있다. Fukuzawa Yukichi, *An Encouragement of Learning*, trans. David A. Dilworth and Umeyo Hirano (Tokyo: Sophia University, 1969), pp. 1-7 and 15-20; *An Outline of a Theory of Civilization*, trans. David A. Dilworth and G. Cameron Hurst (Tokyo: Sophia University, 1973), pp. 35-45 and 125-134. 또한 새뮤얼 스마일즈의 『자조론』을 번역한 나카무라 게이우의 『서국입지편(西国立志編)』 처음 3권은 『日本教科書大系 近代編 1: 修身(1)』(東京: 講談社, 1961)에 재수록되어 있다.

25 이 논쟁에 대한 매우 다른 해석을 가지고 논쟁 참여자들의 인생작을 독해하는 글로는 本山幸彦, 「文明開化期における新知識人の思想-明六社の人々を中心として」, 『人文学報』 4 (1954): 45-84를 볼 것; 축약된 번역은 Motoyama Yukihiko, *Proliferating Talent: Essays on Politics, Thought, and Education in the Meiji Era*, ed. J. S. A. Elisonas and Richard Rubinger (Honolulu: University of Hawai'i Press, 1997), pp. 238-273에 실려 있음. 논쟁의 요약은 鳥海靖, 『明六雑誌と近代日本』(東京: 日本放送出版協会, 1994-1995), 1: 77-120.

26 Howland, *Borders of Chinese Civilization*, p. 212. 하야시야 다쓰사부로도 비슷한 결론을 표명했다. 「文明開化の歴史的 全体」, 林屋辰三郎 編, 『文明開化の研究』(東京: 岩波書店, 1979), pp. 3-4; 아스카이 마사미치는 도쿠가와 인민의 경직된 지위가 더 악

화되기 시작했기 때문에, 막말의 개국 요구에 개화가 은연중 내포되어 있지 않았을까 생각한다. 飛鳥井雅道, 『文明開化』, pp. 18-20. 또한 森有礼, 「開化第一話」, 『明六雜誌』 3 (1874. 4):1 참조; 스즈키 슈지의 모리에 대한 언급은 鈴木修次, 『文明のことば』, p. 154. 후쿠자와 자신은 「문명론의 개략」에서 '개화'를 '발전'이라는 뜻으로 사용했다. 富田正文 編集, 『福沢諭吉選集』(東京: 岩波書店, 1980-1981), 4:242; *Outline of a Theory of Civilization*, p. 189 참조.

27 후쿠자와의 연설은 『학문의 권장』 4장으로 출판되었다. 『福沢諭吉選集』, 3:76-83. 딜워스와 히라노의 영어 번역은 이러한 요점들을 다수 생략하고 있다. *Encouragement of Learning*, pp. 21-28 참조.

28 마쓰다 고이치로는 후쿠자와의 공과 사에 대한 이해를 분석하면서 비슷한 결론을 내린다. 松田宏一郎, 「福沢諭吉と公私文の再発見」, 『立教法学』 43 (1996):76-140 참조.

29 이들 반박문은 『明六雜誌』 2 (1874.4)에 실렸다. 그러나 메이로쿠잡지의 영어 번역은 내가 제기하는 많은 논점들을 끄집어내지 못한다. *Meiroku Zasshi: Journal of the Japanese Enlightenment*, trans. William R. Braisted (Cambridge: Harvard University Press, 1976), pp. 21-29 참조.

30 福沢諭吉, 『学問のすすめ』, pp. 83-85; 箕作麟祥, 「バックル氏の英国開化史より抄譯」, 『明六雜誌』 7 (1874.5):4a-6a. 사카타니 시로시는 후에 미쓰쿠리 린쇼를 비판하고 미개한 인민에 대한 정부의 계도를 옹호하였다. 阪谷素, 「質疑一則」, 『明六雜誌』 11 (1874.6):7-9 참조.

31 일본의 언어 개혁에 대한 포괄적인 서술은 Nanette Twine, *Language and the Modern State: The Reform of Written Japanese* (London: Routledge, 1991); 그리고 Nanette Gottlieb, *Kanji Politics: Language Policy and Japanese Script* (London: Kegan Paul International, 1995) 참조.

32 가타카나가 당시 공적 글쓰기의 표준 활자체였다. 그러다 1888년에 이르러서 히라가나가 신문, 잡지, 책의 활자체로써 일반적으로 받아들여지게 되었다. 3장 참조.

33 西周, 「洋字を以て国語を書するの論」, 『明六雜誌』 1 (1874.3):1-10a; 또한 같은 호의 니시무라 시게키의 반박은 pp. 10b-12 참조. 일본어 쓰기와 말하기 사이의 불일치에 대한 내용 요약은 鳥海靖, 『明六雜誌と近代日本』, 1:35-76.

34 Yaeko Sato Habein, *The History of the Japanese Written Language* (Tokyo: University of Tokyo Press, 1984)에 의거하였음.

35 杉本つとむ, 『国語学と蘭語学』(東京: 武蔵野書院, 1991), pp. 8-55, 315-331 참조.

36 Douglas Howland, "Nishi Amane's Efforts to Translate Western Knowledge: Sound, Marks, and Meaning", *Semiotica* 83(3-4) (1991):283-310; Takao Suzuki, "Writing Is Not Language, or Is It?", *Journal of Pragmatics* 1(4) (1977):407-420;

J. Marshall Unger, "The Very Idea: The Notion of Ideogram in China and Japan", *Monumenta Nipponica* 45(4) (1990):391-411 참조.

37 西周,「洋字を以て国語を書するの論」, pp. 16-2; 矢田部良吉,「羅馬字ヲ以テ日本語ヲ綴ルノ説」,『東洋学芸雑誌』7 (1882.4): 127-130 그리고『東洋学芸雑誌』8 (1882. 5):151-152; 岡部啓五郎,「文明開化評林」(1875),『明治文化全集 24: 文明開化篇』(東京: 日本評論社, 1967), pp. 239-240.

38 西周,「洋字を以て国語を書するの論」, pp. 4b-5; 矢田部良吉,「羅馬字ヲ以テ日本語ヲ綴ルノ説」, p. 129; 外山正一,「漢字を廢じ英語を熾に興すハ今日の急務なり」,『東洋学芸雑誌』33 (1884.6.25):72;「羅馬字を主張する者に告ぐ」,『東洋学芸雑誌』34 (1884.7.25):104-106. 기도 다카요시와 모리 아리노리도 비공식적으로 이 생각을 밝혔다. Kido, *Diary*, 2:295; 그리고 Hall, *Mori Arinori*, pp. 189-195 참조.

39 清水卯三郎,「平仮名の説」,『明六雑誌』7 (1874. 5):8-10; 外山正一,「漢字を廢すべし」,『東洋学芸雑誌』30 (1884.3.25):307-312 그리고『東洋学芸雑誌』31 (1884. 4. 25):7-12. 마에지마 히소카(前島密)는 1867년 이 계획을 처음 제안하여 1919년 사망할 때까지 시미즈 우사부로, 도야마 마스카즈 등과 협력하였다.「漢字お廢止の議」, 前島密,『自叙伝』(前島密伝記刊行会, 1956), pp. 153-159; Janet Hunter, "Language Reform in Meiji Japan: The Views of Maejima Hisoka", in *Themes and Theories in Modern Japanese History: Essays in Memory of Richard Storry*, ed. Sue Henny and Jean-Pierre Lehmann (London: Athlone, 1988), pp. 101-120 참조.

40 西村茂樹,「開化の度に因て改文字を発すべきの論」,『明六雑誌』1 (1874. 4):10b. 10년 후, 세키와 마사미치(関輪正路)는 한자를 고려함에 있어서 "사회의 실제적 이용(社会の實用)"을 기준으로 삼았다.「開化と開化の戰爭」,『朝野新聞』(1884.9.28), 芝原拓自 外編,『日本近代思想大系 12: 對外觀』(東京: 岩波書店, 1988), pp. 304-307.

41 Earl H. Kinmonth, *The Self-Made Man in Meiji Japanese Thought: From Samurai to Salary Man* (Berkeley: University of California Press, 1981), pp. 9-80; 真田信治,『標準語はいかに成立したか』(東京: 創拓社, 1991), pp. 75-85 참조.

42 나카무라 게이우의『西国立志編』논의 참조. 岡本勲,『明治諸作家の文体 : 明治文語の研究』(東京: 笠間書院, 1980), pp. 447-511.

43 Fukuzawa, *Encouragement of Learning*, pp. 2, 4, 9, 24, 37, 71, 98; 그리고 *Outline of a Theory of Civilization*, pp. 6, 22, 39, 56, 60, 87, 111, 179. 후쿠자와의 논평은 중국이 더 이상 중심의, 문명화된 왕국인 '중화(中華)'가 아니라 쇠퇴의 사례에 불과한 '지나(支那)'라는 도쿠가와 후기의 비판과 일치했다. Harootunian, "Functions of China in Tokugawa Thought", pp. 29-36 참조. 간다 다카히라는 중국인을 야만적인 식인종이라고 특히 악의적으로 묘사했다. 神田孝平,「支那人人肉を食うの説」,『東京学士会院雑誌』3(8)(1881):1-9 참조.

44 中村敬宇, 「支那不可侮論」, 『明六雑誌』, 35 (1875.4) : 1-3a. 1874년, 일본은 대만 해역에서 조업을 하던 류큐 섬 주민을 공격한 대만 어부들을 벌하기 위해 대만을 침략했다. 대만인들은 분명히 중국의 관할 하에 있었지만, 중국과 일본 모두 류큐인들에 대한 권리를 주장하였다.

45 岡部啓五郎, 「文明開化評林」, pp. 239-240; 外山正一, 「羅馬字会を起すの趣意」, 『東洋学芸雑誌』, 39 (1884.12.25) : 229-230. 흥미로운 비교 사례로서 국학자이자 고고학자의 한문에 대한 옹호는 黒川真頼, 「文字伝来考」, 『東京学士会院雑誌』 6(2) (1884.1) : 53-65. 구로가와는 현재의 서양어와 마찬가지로 중국어도 일본의 과거 부족함을 채워 주었다고 지적했다.

46 有賀長雄, 「支那の開明と西洋の開明との差別」, 『学芸志林』 12 (1883.4) : 356-378; 井上哲次郎, 「奇中村敬宇先生書」, 『東洋学芸雑誌』 18 (1883.3) : 484-486; 岡部啓五郎, 「文明開化評林」, pp. 239-240; 関輪正路, 「開化と開化の戰爭」, pp. 304-307; 外山正一, 「漢字を廢じ英語を熾に興すハ今日の急務なり」, p. 71.

47 井上哲次郎, 「奇中村敬宇先生書」, pp. 484-485. 중국어와 과학 사상의 문제적 관계에 관한 최근의 논쟁에 대해서는 Alfred H. Bloom, *The Linguistic Shaping of Thought: A Study in the Impact of Language on Thinking in China and the West* (Hillsdale, N.J.: Lawrence Erlbaum, 1981), 특히 pp. 54-60 참조.

48 아리가 나가오는 한자를 구성 요소에 따라 축자적으로 읽는 기이한 습관을 들이고 있다. 이러한 한자 해석에 대한 추가 예를 보려면 Leon Wieger, *Chinese Characters: Their Origin, Etymology, History, Classification, and Signification. A Thorough Study from Chinese Documents*, trans. L. Davrout, 2nd ed. (New York: Dover, 1965) 참조.

49 有賀長雄, 「支那の開明と西洋の開明との差別」, pp. 357-364, 368-375.

50 「漢学ー漢文学校」, 『中外新聞』 (1869.4.26), 『新聞集成明治編年史 1』, p. 268; 「漢文ハ經国の用」, 『朝野新聞』 (1877.10.10), 『新聞集成明治編年史 3』, p. 321; 「漢学再興の機運」, 『讀賣新聞』 (1878.2.4), 『新聞集成明治編年史 3』, p. 375; 中村敬宇, 「四書素読の論」, 『東京学士会院雑誌』 3(2) (1880-1881) : 12.

51 「漢文ハ經国の用」, p. 321; 中村敬宇, 「漢学不可廢論」, 『東京学士会院雑誌』 9(4) (1887.5) : 65-66; 重野安繹, 「漢学宜く正則一科を設け少年秀才を選み清国に留学せしむべき論説」, 『東京学士会院雑誌』 4 (1880) : 77-93. 또한 B. F. Chamberlain, 「支那語讀法ノ改良ヲ望ム」, 『東洋学芸雑誌』 61 (1886.10) : 19-21 참조.

52 重野安繹, 「漢学宜く正則一科を設け少年秀才を選み清国に留学せしむべき論説」, pp. 87-88; Demin Tao, "Shigeno Yasutsugu as an Advocate of 'Practical Sinology' in Meiji Japan", in *New Directions in the Study of Meiji Japan, ed. Helen Hardacre with Adam L. Kern* (Leiden: Brill, 1997), pp. 373-386. 나는 *Borders of Chinese*

Civilization, pp. 173-177 and 288, n. 45에서 실용적 학문과 과학적 학문 사이의 문제적 관계에 대해 논의했다.

53 川田剛,「論漢学宜分経籍為修身·政事·刑律·工芸諸科専攻其業」,『東京学士会院雑誌』2(5) (1880):4-5, 시게노 야스쓰구의 제목 없는 반박문은 pp. 9-10; 中村敬宇,「漢学不可廢論」, pp. 52-53, 63-68.

54 川田剛,「論漢学宜分経籍為修身·政事·刑律·工芸諸科専攻其業」, p. 5; Howland, *Borders of Chinese Civilization*, pp. 202-209 참조. 마크 E. 린시컴은 1880년대의 교육 개혁가들이 고대 중국에서 발달 교육의 선례를 발견했다고 지적하고 왕양명을 허버트 스펜서와 호레이스 만에 비유한다. Mark E. Lincicom, *Principle, Praxis, and the Politics of Educational Reform in Meiji Japan* (Honolulu: University of Hawai'i Press, 1995), pp. 144-145 참조.

55 中村敬宇,「漢学不可廢論」, pp. 33-39, 나카무라의 이노우에에 대한 1883년 반박문은「復井上巽軒君書」,『東洋学芸雑誌』19 (1883.4):512-514.

56 中村敬宇,「漢学不可廢論」, pp. 36-39, 41-49, 51-55.

57 西村茂樹,「修身治国非二途論」,『明六雑誌』31 (1875.6):4a. 이 작품의 흥미로운 동시대 번역본이 있지만, 니시무라 시게키는 저자로 인정되지 않는다. "Morals and Politics Not Different Things", *Japan Weekly Mail*, April 10, 1875, pp. 308-309 참고.

58 마쓰모토 산노스케는 일본 정치이론의 도덕주의는 도쿠가와 시대부터 메이지 시대에 걸쳐 사무라이 도덕과 가족 구조가 메이지 민법으로 제도화된 장기적 발전의 산물이라고 주장했다. 松本三之介,『近代日本の知的状況』, pp. 14-18, 그리고『明治精神の構造』(東京: 日本放送出版協会, 1981), pp. 29-32 참조.

59 西村茂樹,「修身治国非二途論」, pp. 3b-6. 개인적 함양에서 보편적 평화로의 진보에 대한 니시무라의 이해는 유교 4서 중 하나인『대학』을 상기시킨다. 니시무라에 대한 유용한 논의로는 家永三郎,『日本近代思想史研究』, (東京: 東京大学出版会, 1980), pp. 133-168 참조.

60 阪谷素,「政教の疑一」,『明六雑誌』22 (1874. 12):4-5, 그리고『明六雑誌』25 (1874. 12):3b-6; 西周,『教門論』(1)과 (7),『明六雑誌』4 (1874. 4):5b-8b 그리고『明六雑誌』12 (1874. 6):1-3a. 西村茂樹,「陳言一則」,『明六雑誌』3 (1874.4): 1b-2a도 참조. 사카타니의 성리학 및 양학과의 관계에 대해서는 松本三之介,「新しい学問の形成と知識人」, 松本三之介, 山室信一 校注,『日本近代思想大系 10: 学問と知識人』(東京: 岩波書店, 1988), pp. 424-464; 大月明,『近世日本の儒学と洋学』(京都: 思文閣出版, 1988), pp. 277-347.

61 中村敬宇,「人民の性質を改造する説」,『明六雑誌』30 (1875.2):7-8; 西周,「国民気風論」,『明六雑誌』32 (1875. 3):1-3. 쓰다 마미치는 인간의 재능은 국민이 성품을 발달

시키는 만큼 드러난다고 주장했다. 津田真道, 「人材論」, 『明六雑誌』 30 (1875.2) : 4-5b 참조. 나카무라는 국민성에 대한 논의를 특히 여성에게까지 확대하여, 타고난 애정 어린 성향을 좋은 어머니가 되는 자질로 발전시키기 위해 여성 교육을 옹호했다. 中村敬宇, 「善良なる母を造る説」, 『明六雑誌』 33 (1875. 3) : 1-3.

62 阪谷素, 「天降説」, 『明六雑誌』 35 (1875.4) : 3-5와 『明六雑誌』 36 (1875.5) : 1-6a.

63 『明六雑誌』 36 (1875.5) : 1b-3; Fukuzawa, *Outline of a Theory of Civilization*, pp. 126-134, 153-157.

64 阪谷素, 「養精神一説」 『明六雑誌』 40 (1875.8) : 6과 『明六雑誌』 41 (1875.8) : 6-8.

65 일본홍도회(日本弘道会)는 처음에 일본강도회(日本講道会)였으나, '확장'을 의미하며 (일본어로는 발음이 모두 '고우(こう)'가 되는: 옮긴이) 동음이의어 '홍(弘)'으로 빠르게 이름이 바뀌었다. 高橋昌郎, 『西村茂樹』 (東京: 吉川弘文館, 1987), pp. 143-161; 니시무라 시게키의 1887년 선언서 「日本弘道論」은 『明治啓蒙思想集』, pp. 369-402 참조.

66 西村茂樹, 「小学修身訓」(1880), 海後宗臣 等編, 『日本教科書大系 近代編 2: 修身(2)』 (東京: 講談社, 1962), pp. 6-37.

제3장

번역 기술과 언어의 변화

서양 문명을 수입하려는 프로젝트는 언어의 차이를 다루어야 할 필요성을 만들었다. 서구화는 다른 언어적 관행 속에 나타나는 이질적인 것과 관념을 가지고 일본어와 마주해야 했기 때문이다. 우리가 2장에서 살펴본 것처럼 메이지 유신이 서구 문명을 공식적인 목표로 삼은 이후, 계몽주의적 문명 모델은 일본 대중을 위한 서구화의 보급 과정에서 다음과 같은 일련의 문제들을 곧바로 드러냈다. 첫째, 지적 참여에 대비하기 위한 인민 교육 문제, 둘째 어떻게 서구지식을 일본어로 가장 잘 옮길 것인가에 대한 질문, 마지막으로 서구의 전문용어를 일본의 관용어로 옮길 때 나타나는 불확실한 일본어의 기능과 같은 문제가 그것이다. 이 장은 이러한 문제 중 두 번째와 세 번째 문제에 내포되어 있는 실제 사례, 즉 어떻게 서구 지식이 실제로 일본어로 번역되었는지를 살펴본다. 이는 또 다른 질문과 연관된다. 1860년대와 1870년대에 일본학자와 교육자들이 서구화에 대한 문건들을 저술하고 번역하면서 일본어는 어떻게 변화했는가.

두 가지 중요한 과정이 1870년대에 야심 찬 서구화론자 사이에서 진행되었다. 첫째, 많은 학자들이 서양 텍스트와 관념을 일본어로 번역하는 데 관여했는데, 이들의 작업은 새로운 용어의 창조와 확산에 필연적으로 관계된다. 이러한 번역 작업은 1858년 미국, 네덜란드, 그리고 다른 서양 열강과 조약에 서명한 뒤 도쿠가와 막부의 국제법에 대한 정보의 필요성에 의해 긴급한 공무가 되었다. 1865년에 수입된 이래 십여 년간 여러 번 일본어로 번역되었던 헨리 휘튼의 『국제법의 요소들』의 중국어 번역에 더해 막부는 국제법, 자연법, 헌법에 대한 작업을 독려하였고, 이러한 작업은 공식 외국어 교육기관인 반쇼시라베쇼(蕃書調所)에 의해 이루어졌다. 번역자들은 서양의 부와 힘의 근원에 대한 정보를 수집하기 위해서 서양, 특히 영국과 미국의 정치경제와 정치행정에 초점을 맞췄다. 후쿠자와 유키치의 서양에 대한 체험적 묘사와 윌리엄 체임버스(William Chambers)와 로버트 체임버스(Robert Chambers)의 『정치경제론(*Political Economy*)』의 상당 부분에 대한 번역을 둘 다 포함하는 『서양사정』은 1866년부터 광범위하게 읽혔고 중간(重刊)되었다. 나카무라 게이우는 1870년 기념비적인 새뮤얼 스마일즈의 『자조론』의 번역에 이어 1871년 존 스튜어트 밀의 『자유론』을 번역했다. 이 장에서 설명하겠지만, 번역기술은 1880년대에 번역이 통상적 관행으로 자리 잡기 이전인 1870년대에 급격하게 발달했다.

둘째, 어떤 학자들은 서양의 단어와 관념을 좀 더 효율적으로 통합하고 일본 인민을 쉽게 계몽시키기 위해서 일본어를 변형시켜야 한다고 생각했다. 니시 아마네는 가나(仮名)를 라틴 알파벳으로 대체할 것을 옹호하였는데, 이렇게 함으로써 유럽의 개념들을 일본어에 직접 접목시킬 수 있다고 보았기 때문이다. 시미즈 우사부로와 같은 사람들은 필기체 히라가나만을 전용함으로써 문어체 일본어의 복잡성을 줄일 수 있다고 생각했다. 다른 사람들은 구어와 일치하는 글쓰기를 위해 문어체 일본어를 수정할 것을 요구했다. 변형에 대한 이러한 관심은 야마모토 마사히데(山本正秀)와 나네트 트윈(Nanette Twine)이 상세하게 기록한 것처럼 1880년대와 1890년대 언문일치(言文一致) 운동으로 끝이 났는데, 이 운동은 신문 저널리스트들과 서양 스타일 소설의 전문가들 사이에서 가장 성공적이었다.[1] 비록 여기에서 검토할 초기 번역자 및 교육자 중 후쿠자와 유키치를 제외하고 대부분은 "자국어 글쓰기"에 참여하지 않았으나 그들의 번역 습관은 1870년대 일본어 문어를 변형시키기 시작했다.

이것이 우리가 일본어가 현재의 문어 형태를 갖게 되기까지의 핵심적인 결정들을 이해하기 위한 두 과정, 즉 번역과 변형의 맥락이다. 첫째, 번역어의 대부분은 한자로 만들어졌는데 1880년대 초까지는 대체로 학자들이 도쿄제국대학의 이노우에 데쓰지로와 기쿠치 다이로쿠(菊池大麓)의 노력에 힘입어 서양 개념에 대한 번역어를 한자어로 표준화하기 시작했다. 둘째, 문명화과 관련된 작업에 사용된 인쇄물이 기본적으로 한자와 가타카나가 섞인 형태였음에도 불구하고 1880년대에는 일본인들은 1870년대의 기준이었던 네모진 가타카나가 아닌 필기체 히라가나로 이러한 작업을 인쇄하기 시작했다. 그리고 셋째, 오쓰키 후미히코(大槻文彦)는 1884년에 외래어의 범주를 소개했는데, 가타카나는 이러한 일본어가 아닌 용어를 표기하는 데에 사용되었다. 점차 일본인 번역가들은 한자 번역어보다 음역된 외래어를 선호하게 되었다. 어떤 측면에서 볼 때 서구화와 관련된 통일된 언어와 표준화된 인쇄의 발달은 메이지 정부에 의해 이루어진 중앙집권화의 여러 효과 중 하나로 해석될 수 있다.

잠시 멈춰서 서양 지식을 일본어로 번역하는 문제에 대해 재고해 보자. 번역은 한 언어의 단어, 구(句), 진술문이 다른 언어의 상응물을 지시하는 참조작용으로 규정될 때 가장 잘 이해된다. 단순히 말하면, 번역은 둘 혹은 그 이상의 언어 간에 상호 일치되는 적절한 세트를 만들어내는 노력이다.[2] 나는 "적절한"이라는 표현에 강조점을 두고 싶은데, 언어는 모르스 부호처럼 점과 선의 주어진 배열이 요소 대 요소, 일련의 알파벳 글자들에 일치하도록 주어진 배열로서 등가 목록과 같은 단순 부호가 아니기 때문이다. 언어적 투명성에 대한 비판에서 내가 일찍이 주장한 것처럼 의미는 단어에 대해 완전히 고정되지 않는다. 오히려 단어들의 의미는 변화하며 경합한다.[3] 그러므로 일본인이 서양의 개념을 번역하고자 했을 때 그들은 하나 또는 여러 유럽의 언어에서 가능한 의미들을 판단한 뒤 일본어로 그 의미를 전달할 방법을 찾아야 했다. 2장의 사례를 떠올려보자. 만약 후쿠자와 유키치가 처음으로 "시빌리제이션"을 **문명**으로, 그리고 이후에 **문명개화**라고 번역한 반면 다른 사람들은 **개명**, **개화** 또는 **문화**라고 번역했는데, 이 단어들이 모두 "시빌리제이션"과 동일시되는 과정은 우연적인 것이다. 오직 반복적인 사용을 통해서만 단어의 용법은 그 단어의 일반적 의미가 될 수 있다.

이 사실을 언어학의 전문 용어로 말한다면 다음과 같다. 『서양사정』

의 1권에서 후쿠자와의 "**문명**" 사용처럼, 기호 항목에 해당되는 이러한 용어의 개별적 용법이나 예시는 "중국 문명"을 의미하는 당시의 **문명**의 일반적인 용법인 기호 유형과 다른 언어의 사용이다. 기호는 지시하는 기능을 하기 때문에, 후쿠자와는 **문명**을 사용할 수 있었는데, 중국어의 의미적 다양성으로 인해 용어 속에 "보편적 문명"이라는 의미가 있었기 때문이다. 한편 기호는 해석하는 기능을 한다. 기호항목인 **문명**에 대한 그의 구체적인 용법은 기호 유형인 **문명**의 해석 능력을 이용해서 그 의미를 "보편적 중국문명"에서 "보편적 서양문명"으로 바꾸어 놓기 시작했다. 이는 유형와 항목이 의미에서 은유적 전이와 변화를 받아들이도록 함으로써 기호의 역량을 배가시키는 것이다. 그래서 기호 유형의 반복적인 사용은 기호 유형의 의미 변화의 원인이 된다. 일본인들이 후쿠자와 유키치의 **문명**을 반복적으로 사용함에 따라 이는 서양 문명이라는 새로운 일반 의미를 가리키게 되었다.[4]

번역의 대상이 되는 개념에 대한 기존의 언어적 등가물들이 없었기 때문에, 일본의 번역가들은 자주 일본어와 유럽 개념 간에 나타나는 심각한 양립 불가능성에 직면하곤 했다. 페리의 원정과 그 이후 미국의 일본과의 조약체결의 이유가 된 어떤 개념을 확장된 예로 들어보자. "국제법"은 『만국공법(万国公法)』, 즉 "모든 국가 간의 공법"으로 중국에서 처음 번역되고 이후 일본에서 번역되었는데, 이때 **법**(法)은 행동의 일반 표준의 감각에서의 "로(law)", 즉 유럽의 "실정법"에 어느 정도 일치하는 절대 군주의 권력과 권위를 통해 건립되고 유지되는 규제, 질서, 그리고 형법적 보복을 포함하는 것을 의미했다. 많은 일본인들에게 국제 행위는 "법"

의 지위을 보장해줄 정도로 일관되거나 주권에 종속된 것이 아니었다. 비록 공법(公法)이 자의적인 힘에 간단히 의존하는 것을 막기 위한 원칙을 참조하려는 시도라는 것을 일본인들이 이해했더라도 규범적 기대로부터 일탈된 국가들의 행위는 "법"의 위상에 의문을 제기하게 만들었다.

이렇게 일본어 법 개념과 양립불가능한 유럽의 "법" 개념을 이해하기 위해서 번역자들은 처음에는 특정한 유교적 사유방식을 이용했다. 일본어로 번역된 최초의 학자들인 헨리 휘튼, 사이먼 비셰링은 위고 그로티우스(Hugo Grotius)를 따라 자연법 위에 국제법을 기초했다. 국제법은 실정법의 본체가 아니라 국가들 간의 자연적 공동체 간에 나타나는 자연법의 작동이다. 자연법의 한 지류로서 그 질서정연함은 신의 창조물("자연 질서")이기 때문에 인류는 신이 부여한 인간 이성("자연 이성")의 힘을 통해 이를 이해할 수 있다. 휘튼과 비셰링의 번역자였던 마틴(W.A.P. Martin)과 니시 아마네는 신의 작용을 각각 "천연(天然)"과 "자연(自然)"이라는 유교적 관용어로 번역했다. 그러나 중국와 일본에서 공통적인 법의 지배적 개념—규제, 명령, 그리고 처벌—은, 실정법의 주권적 지배 아래 들어가기 위해서 반드시 떠나야 하는 자연의 가정적이고 선행적 상태로부터 추론되는 인간행위의 패턴으로서 "자연법"의 재현과 모순된다. 고대 중국철학자들은 인간의 도덕성을 인간본성에 토대를 두었고 인간본성(性)을 함양한다는 점에서 문명화된 행동의 보편적 습관들을 묘사하는 것만으로도 만족했다. 이러한 관념은 중국과 일본의 유교철학에 여전히 중심적이었다. 따라서 휘튼과 비셰링의 "자연법"에 대한 번역인 성법(性法)은 독특한 모순어법이었다. 마틴과 니시는 자연법과 일치하는 규칙성을 설명하기 위해 "자연의 원리"라는 신유교의 개념에 관심을 돌렸다. 사실 "법"은 "리(理)"로 해석될 수 있었는데, "리"는 계절의 규칙성과 인간 사회의 이상적인 행위를 알려주는 것이었기 때문이다.[5]

그럼에도 불구하고 어떤 일본인들은 수많은 근거를 들어 국제법을 **공법**, 즉 공공적이거나 공식적인 법으로 표현하는 것에 대해서 즉각적으로 반대했다. 첫째, 그러한 명칭은 국가들의 공동체가 공적 단체를 구성했다는 것을 의미했다. 도쿠가와 시대에 정치수사의 한 가닥이 도쿠가와 쇼군의 지배에 대한 대중들의 관심을 확립하고자 시도되었다는 사실 때문에, 마틴과 그의 일본인 통역들은 국제법이 "정의"의 공적 권위 위에 기초해 있다고 주장해야 했다. 마틴은 이를 **공의**(公義), —"공적 기준에서 볼 때 훌륭한"이라는 중국어 의미를 갖는 만족스러운 용어—로 번역했으나, 일본어로 **공의**는 도쿠가와 막부의 개인적 지배의 집합적 본질을 정당화하려는 시도를 함축하고 있었다. 심지어 국학자와 반쇼군파벌도 막부의 불법성에 항의하고 천황 지배로의 회귀를 요구하는 가운데, 야만인들과 그리고 야만인들 사이에서의 일련의 동맹이 새로운 공식적 정치 질서를 세울 수 있다는 제안은 그야말로 불쾌한 것이었다.[6] 둘째, 1850년대와 1860년대 미국인들과 유럽인들을 겪어본 뒤 많은 일본 정치가들은 서양의 국제법은 실무와 관계가 거의 없는 제안에 불과하다고 결론지었다. 그들은 행동에 대한 서구적 원리의 특징을 "법"—행동의 모범—이라고 하는 것에 반대했는데, 서양의 법적 관행은 "힘"에 가치를 두는 것처럼 보였기 때문이다.[7] 셋째, 오쿠니 다카마사(大国隆正)와 같은 국학자는 국제법의 서양적 기원에 대해 반대했다. 『신진공법론(新真公法論)』이라는 제목의 휘튼 책에 대한 일종의 답변에서 그는 이 새로운 서양 국제법이 몇 세기 전 일본에 강제되었던 중국제국의 조치들보다도 유효하지 않다고 주장했다. 일본을 지배하려는 중국과 서양의 시도는 실패할 수밖에 없는데, 이 야만인들이 지구상 다른 민족들 가운데 일본이 차지하고 있는 우월한 위치를 고려하지 못했기 때문이다. 중국 유교의 허세도 서양 그리스도교의 자만심도 세계 국가를 평가할 수 있는 진정한 도덕원칙을 제공하지 못한다. 오직 일본이 신성하게 창조되었다는 것과 그래서 일본 신도(神道)에서만 도출될 수 있는 원리가 인류를 위한 정의로운 질서를 약속한다.[8] '로(Law)'와 '법' 사이의 유비는 맞지 않다. 그러한 법의 공적 체계를 강요할 수 있는 어떤 지배 권력이나 권위도 존재하지 않으며, **공법** 서적들에서 주장하는 원리를 법이라고 설명하는 것은 어떤 권위가 모든 국가들이 똑같이 이러한 "법들"을 지킬 수 있게 보장해줄 수 있는가라는 의문을 배태한다. 일본이 국가들의 일원으로 편입되도록 강압하는 서양 제국주의는 어떤 일본인들에게 국제법이 단순히 서양 세력의 실체를 가리는 변덕스러운 속임수에 불과하다는 확신을 주었다.

그런데 일본인들만이 국제법의 추정상의 권위에 반대하는 것은 아니었다. 유럽의 학자들 또한 그런 서로 합치하지 않는 행위를 "국가 간의 법"이라고 부르는 것의 타당성에 대해서 의심의 소리를 냈는데, 유럽 학자들의 반대는 일본이 그들이 관찰한 국제 행위의 규칙을 경험적으로 서술하는 국제법의 새로운 과학과 조우하면서 잊혀졌다. J. M. 제라드 드레이네발(Gerard de Rayneval), 제레미 벤담(Jeremy Bentham), 존 오스틴(John Austin)은 법을 만들고 강제할 수 있는 주권의 부재 시 "국가 간의 최신 여론"에 법이라는 이름을 붙이는 것은 충분하지 않다고 인정했다. 레이나발에게 국가 간의 법은 단순히 "행위의 규칙"이었다. 오스틴은 국제법을 "국제적 도덕성"이라고 부르는 것이 더 적절하다고 주장했다. 벤담은 국가 간의 법을 없애고 대신에 관찰된 국제행동의 규칙을 경험적으로 설명하는 "국제법"이라고 불릴만한 새로운 과학을 만들자고 제안했다. 헨리 휘튼의 경우 이들의 주장을 모두 받아들였다. 그는 국제적 관행을 "국제법의 요소"로 이해한 학문적 관찰을 체계화하면서 벤담의 제안을, 그리고 그로티우스에 의해 정립된 전쟁과 평화의 법을 논하는 이전 전통을 버리고 전쟁과 평화에 대한 그의 관찰을 "국가의 권리"라는 측면에서 체계화하는 과정에서 레이네발과 오스틴의 지도를 받아들였다.[9] 만약 의문스러운 선례에 기초한 원리의 권위 위에서 권력을 주장하려는 시도가 아니라면, 국제관계에 있어서 무엇이 "옳은가".

소위 국제법의 권위와 위상을 둘러싼 모호성을 지적한 것은, 달리 말하자면 일본인들이 처음은 아니다. 이는 유럽에서도 논쟁적인 개념이었고, 따라서 일본어 번역 작업은 필연적으로 이러한 의미의 논쟁에 얽히게 된 것이다. 니시 아마네는 『백일신론(百一新論)』을 출판한 1874년 이전에는 법을 최초의 함축으로부터 자유롭게 만듦으로써 전례와 도덕에 의한 지배라는 유교적 개념을 법에 의한 통치라는 서구적 개념과 구분했다.[10]

충실성과 접근성

그래서 일본인들은 번역에 착수했을 때 단어의 의미가 유동적이거나 양립불가능하다는 난관에 직면했고, 따라서 텍스트에서 이러한 문제들을 다뤄야 했다. 내가 이해하기로 번역자들의 해결책은 분석적 구성의 짝—충실성과 접근성—에 의거하는데, 이는 번역행위의 세 가지 요소와 관련이 있다. 첫째는 번역자이다. 번역자는 기점(起点) 언어와 그의 목표 텍스트의 언어를 어느 정도 장악한다. 둘째는 두 텍스트이다. 원본 혹은 "기점" 텍스트라고 부르는 번역 대상 텍스트와 "목표"에 해당되는 새로운 텍스트이다. 번역된 텍스트는 원본의 새로운 버전이다. 세 번째는 새로운 목표 텍스트의 독자층— 번역자가 목표 텍스트를 생산해낼 때 고려하는 예상 독자들이다. 원본의 독자층도 있지만 이 독자층은 번역행위와 거의 무관하다.

충실성과 접근성은 번역작업에서 번역자가 강조하는 측면이 무엇인지를 평가하는 중첩된 기준이다. 기점 텍스트, 목표 텍스트, 혹은 목표 독자층 중 우선시 되는 것은 무엇인가. 충실성은 번역자가 독자를 위해 원본에 완전히 일치하는 텍스트를 성공적으로 재생산하는 것을 문제로 삼고 접근했다는 사실에 주목한다. 어떤 사람은 기점 텍스트에 가치를 두고 정확한 텍스트, 혹은 이상적으로 그에 상응하는 텍스트를 만들어서 독자들이 기점 텍스트에 접근할 수 있도록 하고자 노력할 것이다. 이런 경우 목표 텍스트의 충실성은 기점 텍스트의 명성과 기점 텍스트에 대한 목표 텍스트의 자각적 충실도에서 비롯된다. 예를 들어 어떤 중세 유럽 번역자들은 원본의 문법적 글자 순서까지 재현하고자 시도하기도 했다. 제롬(Jerome)의 불가타 성경의 라틴 번역은 그리스 70인역(七十人譯)의 글자 순서의 특정한 효과까지 따라 한 것이다.[11] 이와 대조적으로 어떤 사람은 목표 독자층에 강조점을 두고 변형된 혹은 "해석된" 텍스트를 생산할 수 있는데, 그러한 텍스트는 목표 독자들에게 더 잘 맞고 목표 독자의 원본에 대한 접근성을 가능하게 만들지만 원본에 충실하지 않을 위험이 있다. 이 경우 목표 독자층은 텍스트와 그들의 세계 사이를 일치시킴으로써 목표 텍스트를 더 접근 가능한 것으로 받아들인다.

접근성은, 비교하자면 번역자가 목표 독자들이 읽을 수 있도록 새로운 목표 텍스트 만들기 라는 문제에 어떻게 접근하는가를 지칭하는 것이다. 충실성이 기점, 목표 텍스트, 그리고 그들의 상상된 세계를 비교하는 것이라면, 접근성은 기점 텍스트와 목표 독자층과의 관계 속에서 목표 텍스트를 평가하는 것이다. 기점 텍스트 혹은 목표 독자층 중 어떤 것이 접근의 주안점인가. 번역자는 원본에 충실한 새로운 버전을 제공함으로써 기점 텍스트를 접근가능하게 만들고자 노력할 수 있다. 어떤 사람은 독자층을 우선하고 원본 충실도를 그에 따라 조정할 수 있다. 번역은 그들이 대안들을 결합하는 것에 따라 어떤 한 접근만을 시도하지 않을 수 있다. 그러나 목표 독자층을 우선하는 해석적 번역은 원본을 단순화하거나 해석해서 좀 더 친근한 혹은 "독자친화적"인 언어로 표현한다. 번역의 행위에서 충실성과 접근성은 번역자가 텍스트와 예상된 독자층 사이에서 어떤 절충을 하는지를 보여주는 다양한 조합의 형태로 나타난다.[12]

한 구체적인 사례가 이러한 해석적 기준들의 중요성을 설명하는

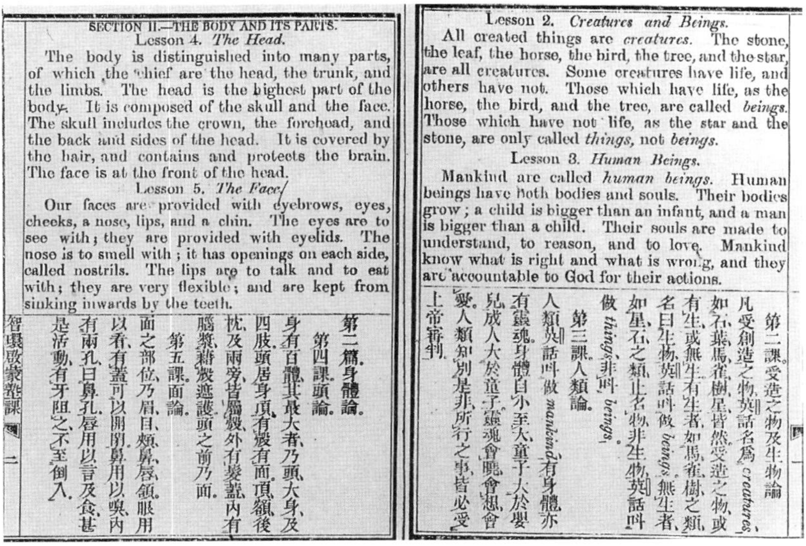

SECTION II.—THE BODY AND ITS PARTS.

Lesson 4. *The Head.*

The body is distinguished into many parts, of which the chief are the head, the trunk, and the limbs. The head is the highest part of the body. It is composed of the skull and the face. The skull includes the crown, the forehead, and the back and sides of the head. It is covered by the hair, and contains and protects the brain. The face is at the front of the head.

Lesson 5. *The Face.*

Our faces are provided with eyebrows, eyes, cheeks, a nose, lips, and a chin. The eyes are to see with; they are provided with eyelids. The nose is to smell with; it has openings on each side, called nostrils. The lips are to talk and to eat with; they are very flexible; and are kept from sinking inwards by the teeth.

第二篇。身體論。

第四課。頭論。

身有百體、其最大者、乃頭、大身、及四肢。頭居身頂、有殼有面。頂、額、後枕、及兩旁、皆屬殼、外有髮蓋、內有腦漿、藉殼遮護。頭之前乃面。

第五課。面論。

面之部位、乃眉、目、頰、鼻、唇、頷。眼用以看、有蓋可以開閉。鼻用以嗅、內有兩孔、曰鼻孔。唇用以言及食、甚是活動、有牙阻之、不至倒入。

智環啓蒙塾課 二

Lesson 2. *Creatures and Beings.*

All created things are *creatures*. The stone, the leaf, the horse, the bird, the tree, and the star, are all creatures. Some creatures have life, and others have not. Those which have life, as the horse, the bird, and the tree, are called *beings*. Those which have not life, as the star and the stone, are only called *things*, not *beings*.

Lesson 3. *Human Beings.*

Mankind are called *human beings*. Human beings have both bodies and souls. Their bodies grow; a child is bigger than an infant, and a man is bigger than a child. Their souls are made to understand, to reason, and to love. Mankind know what is right and what is wrong, and they are accountable to God for their actions.

第二課。受造之物及生物論

凡受創造之物、英話名爲 *creatures*、如石、葉、馬、雀、樹、星、皆然。受造之物、或有生、或無生。有生者、如馬、雀、樹之類、名曰生物、英話叫做 *beings*。無生者、如星、石之類、止名物、非生物、英話叫做 *things*、非叫 *beings*。

第三課。人類論。

人類英話叫做 *mankind*。有身體、亦有靈魂。身體自小至大、童子大於嬰兒、成人大於童子。靈魂會曉、會想、會愛。人類知別是非、所行之事、皆必受上帝審判。

四

그림 1. 제임스 레그, 『지환계몽숙과』 4단원 「머리」.

데 도움이 될 것이다. 『지환계몽숙과(智環啓蒙塾課, *Graduated Reading; Comprising a Circle of Knowledge in 200 Lessons*)』라고 하는 영국의 초급독본에 기초한 번역 시리즈가 있다. 1856년과 1864년에 런던선교회에서 출판한 이 초급독본은 대체로 제임스 레그(James Legge)의 작업이었다. 그는 명사 형태에서 드러나는 단순한 사실로부터 문장 형태에서의 정보로, 그리고 궁극적으로는 사유 능력의 사용으로 이어지는 것처럼 점진적 단계에 따라 중국 청년들에게 영어와 영국의 교과를 가르치기를 희망했다.[13] 『지환계몽숙과』는 이중어로 구성되어 있는데, 페이지의 윗부분은 영어로, 아랫부분은 한문으로 되어 있다. 이 구성은 언어 변환의 실제를 강조하는데, 두 언어의 존재가 둘이 양립가능한 구조들이라는 사실을 돋

보이게 해주기 때문이다(그림 1 참조). 영국에서 공리주의와 복음주의 운동의 결합으로 거슬러 올라갈 수 있는 빅토리아 시대의 선교 이념을 반영한 두 번째 교육학적 목표는 유용한 지식의 보급이 개인뿐 아니라 사회 전체에도 이익이 된다는 것을 이해하는 것이다. 초급독본은 신에 대한 인간의 의존적 관계, 인간에게 있어서 신의 창조물의 유용성, 그리고 각 개인이 사회에 유용하도록 자신을 향상시켜야 할 의무를 강조한다. 대영제국은 준거로, 그리고 계몽되고 우월한 사회의 예시로서 계속 역할을 했다.[14]

서양 문명에 대한 많은 중국 책 중 하나로서 19세기 중반 일본에 수입된 레그의 초급독본은 계몽된 문명을 개괄하고 서양 지식과 국가에 있어서 개인의 유용성에 대한 강조했다는 점에서 특히 매력적이었다. 1866년 이 책의 재판(再版)이 도쿄에서 출판되었고, 이후 10여 년 동안 이 텍스트의 여덟 종이 다양한 판본으로 만들어졌다. 그 중 어떤 판본은 여러 번 중간(重刊)되었는데, 한 학자는 1866년과 1878년 사이에 총 15쇄까지 찍었다는 것을 확인했다. 1871년 지방정부가 재구성되고 1872년 발표된 문부성 '학제(学制)'가 교육물의 발전을 장려했기 때문에 이러한 텍스트 대다수가 1872년과 1876년 사이에 출판된다.[15]

이러한 판본 중 가장 자주, 그리고 넓은 지역에서 재판(再版)을 찍은 것은 우류 도라(瓜生寅)가 조 산슈(長三洲)와 함께 만든, 필자 본인 소장 판본의 제목으로는 『계몽지혜내환(啓蒙知恵乃環)』이라는 제목의 책이다.[16] 레그의 초급독본 판본을 출판했을 당시 우류 도라와 조 산슈는 교육성의 관료였고, 이 텍스트는 당시 새로운 수도였던 도쿄에서 해당 부

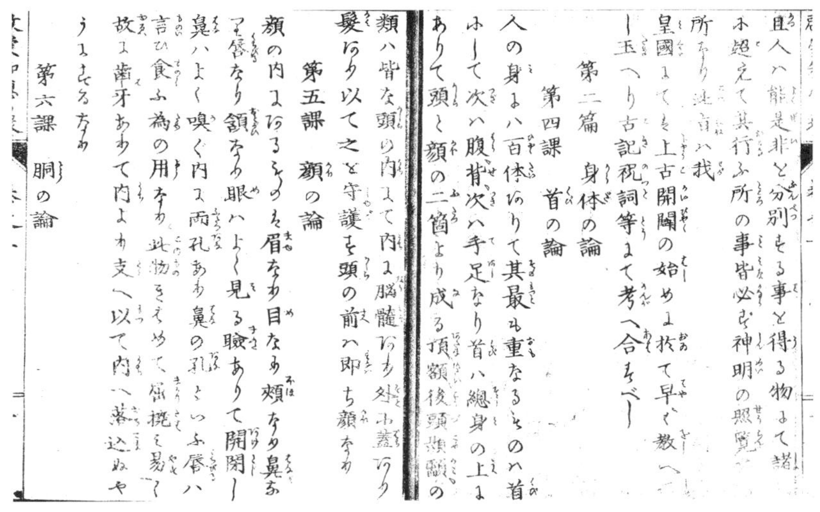
且人ハ能是非を分別する事を得る物にて諸
不絶えて其行ふ所の事皆必ず神明の照覧
所なり盖古ハ我
皇國にても上古開闢の始めに於て早く數へ
し玉へり古記祝詞等にて考へ合すべし
第二篇　身体の論
第四課　首の論
人の身ハ百体より成りて其最も重なるものハ首
にして次ハ腹背次ハ手足なり首ハ總身の上に
ありて頭と顔の二箇より成る頂額後頭顳顬の
類ハ皆な頭の内にて内に脳髄あり外に蓋あり
髪あり以て之を守護す頭の前ハ即ち顔なり
第五課　顔の論
顔の内にあるものハ眉なり目なり頬なり鼻なり
耳なり頷なり眼ハよく見る瞼ありて開閉し
鼻ハよく嗅ぐ内に兩孔あり鼻の孔といふ唇ハ
言ひ食ふ為の用なり此物をそめて齒搬を易て
故に歯牙ありて内より支へ以て内へ落込ぬや
うにせるなり
第六課　胴の論

그림 2. 우류 도라, 『계몽지혜내환』 4단원 「머리」.

처를 통해서, 그리고 그들의 지위와 관계된 연줄 때문에 다른 판본보다 훨씬 광범위하게 유통되었다. 그들의 초급독본은 눈에 띄게 참조점을 일본과 일본의 상태로 이동시켰고, 이는 이 텍스트의 민족주의적 관점을 강화시켰다. 이에 상응하여 이 판본은 '와칸콘코분(和漢混交文)'이라고 불리던, 중국어보다는 일본어의 측면을 강조하는 히라가나 필기체로 인쇄되었다(그림 2 참조).

이와 대조적으로 수량도 훨씬 적고 더 특정한 지역에 한정적으로 유통되는 레그의 초급독본 판본이 있는데, 이는 이시카와현(石川縣)의 초등학교의 재가로 가나자와(金澤)의 두 명의 교사 히로세 와타루(広瀬渡)와 나가타 도모요시(長田知儀)가 마련한 것이다. 레그의 중국 텍스트를 일본어 구문으로 순서를 재배열했음(한문이 일반적으로 진술되는 관행)을 의

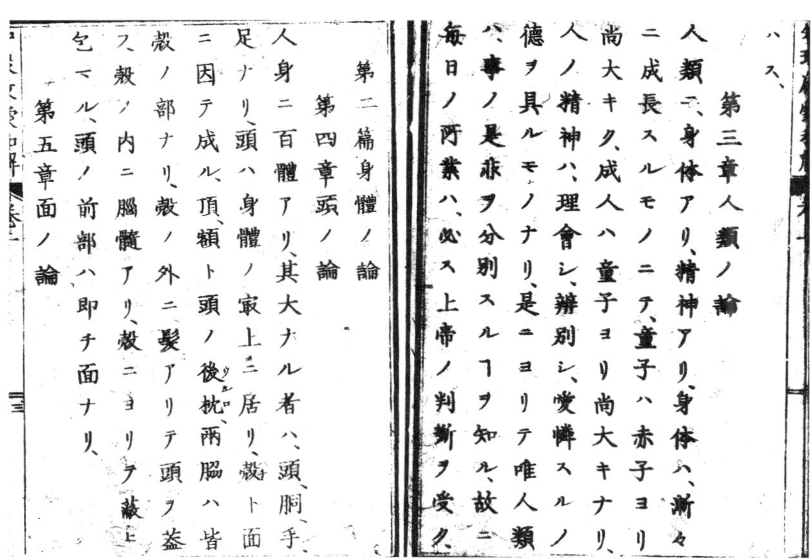
ハス、

第三章人類ノ論

人類ニハ、身体アリ、精神アリ、身体ハ、漸々ニ成長スルモノニテ、童子ハ赤子ヨリ尚大キク、成人ハ童子ヨリ尚大キナリ、人ノ精神ハ、理會シ、辨別シ、愛憐スルノ德ヲ具ルモノナリ、是ニヨリテ唯人類ハ、事ノ是非ヲ分別スルコヲ知ル、故ニ毎日ノ所業ハ、必ス上帝ノ判斷ヲ受ク、

第二篇身體ノ論

第四章頭ノ論

人身ニ百體アリ、其大ナル者ハ、頭、胴、手、足ナリ、頭ハ身體ノ最上ニ居リ、頸ト面トニ因テ成ル、頂、額ト頭ノ後枕、兩腦ハ皆殼ノ部ナリ、殼ノ外ニ髪アリテ頭ヲ蓋フ、殼ノ内ニ腦髓アリ、殼ニヨリテ蔽ヒ包マル、頭ノ前部ハ、即チ面ナリ、

第五章面ノ論

그림 3. 히로세 와타루·나가타 도모요시, 『지환계몽화해』 4단원 「머리」.

미하는 『지환계몽화해(智環啓蒙和解)』라는 제목의 히로세와 나가타의 텍스트는 말 그대로 레그 초급독본의 번역이다. 그들은 가타카나로 인쇄된 동사 어미와 접속사를 함께 배치하는 전형적인 방식으로 레그 중국본의 실제 언어를 다시 만들었다. 이러한 방식의 인쇄본은 '가나마지리분(仮名交じり文)'으로 알려져 있으며, 이러한 스타일이 초기 메이지 시대에 서구화와 관련된 텍스트에서 전형적이었다.[17] (그림 3 참조) 그러한 가나마지리분 텍스트들은 어색한 형식을 띠는데, 이러한 텍스트가 문어체 일본어의 한자 부분과 그에 해당하는 사물과 관념의 외국적 준거를 강조했기 때문이다. 외국 참고문헌이 갖고 있는 잠재적 어려움을 날카롭게 깨닫게 된 히로세는 서문에서 그러한 이유로 그와 나가타가 웹스터 사전이나

그 밖의 여러 문헌에서 그림을 가져와 레그의 원본을 보충하였다고 설명했다. 아마도 동일한 이유 때문에 우류 역시 다르기는 하지만 독자들에게 그림을 제공하였던 것 같은데, 이 점은 다시 논의할 것이다.[18]

『지환계몽숙과』의 두 일본 판본을 자세히 검토함으로써 알 수 있는 것은 각 판본이 충실성과 접근성을 서로 다르게 이해했다는 것이다. 히로세와 나가타의 『지환계몽화해』는 충실한 판본을 만들기 위해 레그의 원본을 중시한 반면 우류의 『계몽지혜내환』는 독자들에게 접근성이 좋은 "일본어" 텍스트를 만들기 위해 목표 독자층을 우선시하였다. 레그의 최초의 목적을 예로 들어보자. 그는 명사 속에 풍부하게 포함되어 있는 "단순한 사실"을 보여주고자 했고, 신체의 부위나 동물 등 사물의 명칭들의 목록을 제공할 때 조심스럽게 영어와 중국어 텍스트를 병렬했다. 신체에 대한 그의 개념 전체는 다음과 같이 중국어로 매우 유사하게 번역되었다. "신체는 많은 부분으로 분류되는데, 주요 부분은 머리, 몸, 그리고 팔다리이다." 우리는 레그의 용어 선택을 주목해야 하는데, 그는 "머리"는 '두(頭)', "몸"은 '대신(大身)', 그리고 "팔다리"는 '사지(四肢)'로 번역했다.(그림 1-3 참조) 히로세와 나가타는 "머리"에 해당하는 중국어를 그대로 사용하였으나, '대신'의 경우 고대 중국어에서 "몸통"만을 의미하는 글자인 '도우(胴)'로, '사지' 대신 일본의 은유적 표현인 '데아시(手足)'로 대체했다. 우류는 여기에서 더 나아가 '도우'를 다른 일본어 용례로 대체하고 일본어 발음으로 읽히도록 '구비(首)'라고 표현한다. 이어서 '하라(腹)'와 '세(背)'로 '대신'을 대체하고, 히로세가 사용한 은유적 표현인 '데아시'를 동일하게 '사지' 대신 사용하였다. 히로세와 나가타가 독자들이 한자식 발음을 사용하도록 놔두었으나, 우류는 한자 옆에 작은 가나로 발음을 표시하는 후리가나를 붙임으로써 독자들이 이러한 한자를 일본어 발음으로 읽을 수 있게 하였다.

달리 말하면 히로세와 나가타는 레그의 중국식 한자를 그대로 번역하고자 했다. 그들은 어떤 경우 용어를 일본어 용례로 대체하기는 했지만 일본인들에게 낯설더라도 일반적으로 레그의 한자를 유지하였고 후리가나로 그 의미를 옆쪽에 표시하였다. 예를 들어 레그의 은유적 표현인 "후침(後枕, 뒷머리)"은 문자적으로는 "등 베개"라는 의미인데, 일본어에서는 뜻이 통하지 않는다. 히로세와 나가타는 이를 그대로 사용하는 대신 뒤를 의미하는 '우시로(後)'으로 읽어야 한다고 표시하였다. 우류는 반대로 레그의 한자를 일본어 표현으로 대체하며 자유롭게 항목을 더하거나 뺐는데, 이러한 변화는 그가 초급독본에 일본어적 배경을 의도적으로 집어 넣고자 했다는 것을 보여주는 것이다. 예를 들어 그는 레그와 히로세의 "몸의 부분들"의 목록—어깨, 가슴, 늑골, 배, 등—에 '고시(腰)', 즉 둔부를 더했는데, 이 단어가 일본어에서 자주 은유적으로 중요하게 사용되는 해부학적 부위였기 때문이다. 또 그의 "생선" 목록은 레그나 히로세의 두 배에 가까운데, 바다로부터 엄청나게 다양한 식재료를 거두어드리는 독자들을 위해서 레그의 목록을 현실적으로 확장한 것이다.[19] 달리 말하면 명사의 "단순한 사실들"의 수준에서 히로세와 나가타는 일관되게 레그의 언어를 반복했던 반면 우류는 일본적 준거를 삽입하고 일본의 맥락을 만들기 위해서 이를 변형시켰다. 히로세와 나가타에게 있어서 충실성은 레그의 원본을 접근가능하게 만들어주는 것과 같다. 우류에게 있어서 충실성은 목표 독자층과 독자들이 접근가능한 "일본어" 텍스트를 만드는 것과 직결되어 있었다.

그림들은 두 일본어 텍스트에서 유사한 목적을 수행하고 있다.(그림 4, 5 참조) 두 텍스트 각각에서 2단원의 "창조물"을 그린 것과 10단원의 "골격"을 그린 두 그림들을 비교해보라. 히로세의 도해에서 그는 이미지에 이름을 붙임으로써 텍스트 안의 구체적인 단어에 묶어두고자 한다. 우류의 그림은 반대로 교육학적 도해라기보다는 예술적 그림에 가깝다. 텍스트와 관계된 이 이미지들은 독자에 의해서만 의미가 주어진다. 더 나아가 그의 새는 중국의 화조도를 연상시키며, 그의 해골과 뼈는 도쿠가와의 요괴담에 나오는 그림들을 환기시키는데, 그의 이미지는 일본 텍스트들에서 나는 친숙한 이미지들을 떠오르게 한다.[20]

놀랍게도 특정한 종류의 정보와 사유(레그의 두 번째와 세 번째 목표)가 결합될 때에는 이러한 패턴의 거의 정반대가 구문의 수준에서 일어났다는 것이다. 우류가 레그의 유용성을 반복해서 사용하는 반면 히로세와 나가타는 최소화하고 있기 때문에 여기에서 나는 논의를 유용성이라는 반복되는 주제에 제한하고자 한다. 동물, 식물, 광물이 인류에게 유용하다는 것을 강조하는 43단원부터 109단원까지 우류는 특히 유용성이 표현되는 방식에서 레그의 구문과 단어 선택에 훨씬 더 충실하게 설명한다. 레그가 영어로 "동물 X의 특정 부분은 우리에게 사물 Y를 공급한다"라거나 "동물 X는 우리에게 사물 Y를 제공한다" 혹은 "동물 X의 사물 Y는 상품 Z가 된다"와 같이 서술한 부분에서 레그의 중국어와 우류의 일본어는 한자 '용(用)'을 반복해서 사용하는데, '용'은 "무엇을 위해서 어떤

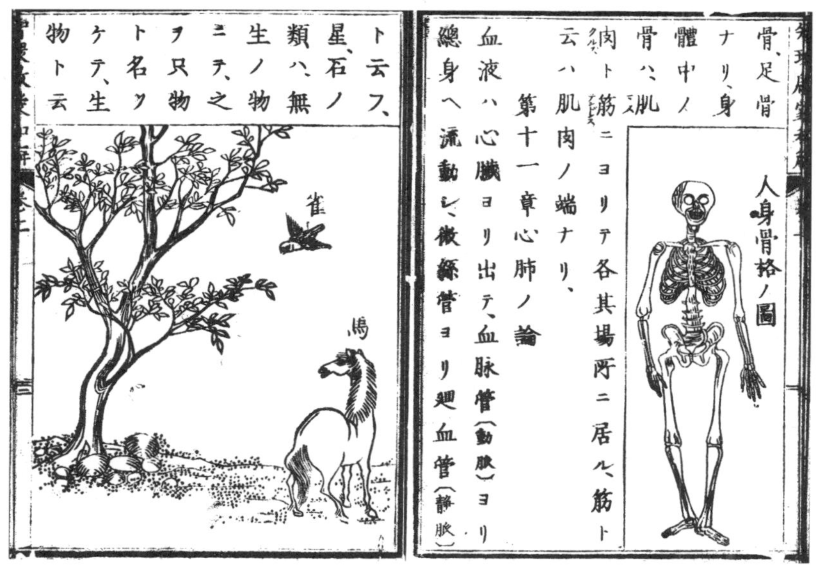
骨、足骨ナリ、身體中ノ骨ハ、肌肉ト筋ニヨリテ各其場所ニ居ル、筋ト云ハ肌肉ノ端ナリ、

第十一章心肺ノ論

血液ハ心臓ヨリ出テ、血脈管（動脈）ヨリ總身ヘ流動シ、微絲管ヨリ廻血管（静脈）

ト云フ、星、石ノ類ハ、無生ノ物ニテ、之ヲ只物ト名ツケテ、生物ト云

그림 4. 『지환계몽화해』 2단원 "창조물"; 10단원 "골격".

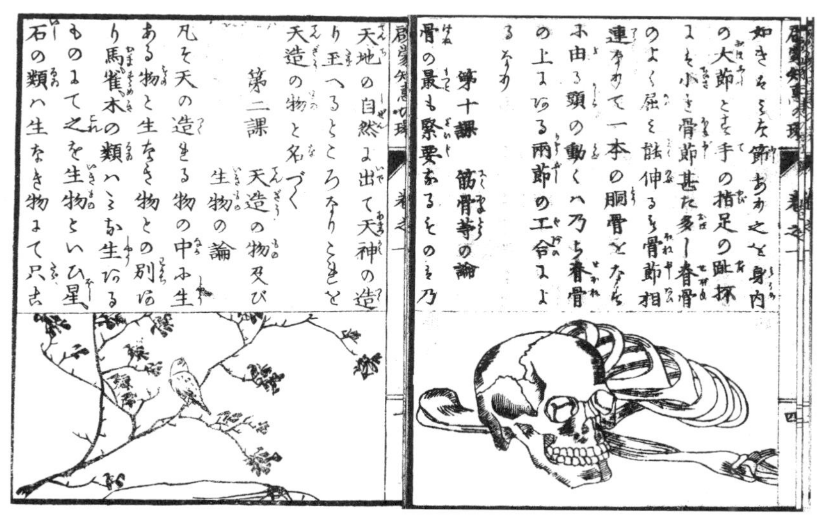
如きもの有節あり之を身内の大節とす手の指足の趾拇ともに小さき骨節甚だ多し脊骨のよく屈を詘伸るは骨節相連りて一本の胴骨となら不由る頭の動くハ乃ち脊骨の上にある両節の工合によるなり

第十課 筋骨等の論

骨の最も緊要なるをのべ乃

天地の自然に出て天神の造り玉へるところなりしきを天造の物と名づく

第二課 天造の物及び生物の論

凡そ天の造せる物の中に生ある物と生なき物との別ありて馬雀木の類ハみな生ある物にて之を生物といひ星、石の類ハ生なき物にて只古

그림 5. 『계몽지혜내환』 2단원 "창조물"; 10단원 "골격".

것을 사용한다", "무엇으로 사용된다"와 같은 동사 표현이나 "무엇을 위한 이용이다" 또는 "누구에게 유용하다"와 같은 핵심적인 명사 혹은 형용사적 표현이다. 반대로 히로세와 나가타는 "사용"을 의미하는 이 한자를 눈에 띄게 회피한다. 그들은 유용성을 거의 대부분 "~가 된다"로 표현했는데, 이는 우리가 "~로 간주되다"와 "어떤 행위를 해서 어떠한 결과를 가져오다"라는 의미 사이에 해당하는 "되다"나 '~을 하다'로 번역할 수 있다. 달리 말하면 동물 X나 동물 X의 부분인 Y는 Z라는 사물이 "되거나", "변화 하"거나 "변화 된다".[21]

레그의 초급독본 번역에서 사용된 이러한 테크닉들은 두 번역에서 충실성과 접근성의 관계를 조정한다. 히로세와 나가타가 레그의 유용성—인류에 이익이 되도록 세계에 대한 적극적 이용—이라는 주제에 특별히 강조점을 두지 않았던 반면, 이 문제는 철도와 선박산업에서 중요한 인물이 되기 위해서 정부의 여러 부서들에서 일하고 있었던 우류의 관심을 크게 끌었다. 이것이 메이지 시대의 학생들에게 적합한 목표라는 우류의 지적은 150단원과 "자산"의 서술에서 나온다.* 레그는 "저축할 돈을 가진 개인은 자주 유용하거나 자선을 위한 사업을 돕기 위해서 그 일부를 사용한다"라고 썼다. 우류는 이 문장을 특별한 강조점을 두어 재기술한다. "오늘날 저축할 돈을 가진 사람들은 그들의 자원의 일부를 가지고 국가에 이익이 되는 기업에 투자할 것이다."[22] (레그와 우류는 둘 다 문장의 뒤에 '병원과 철도'를 덧붙였다.) 우류의 레그 텍스트에 대한 번역은

* 레그의 책에서 자산은 150단원에 나오지만 우류의 책에서는 151단원에 해당된다(옮긴이).

단순히 레그식 공리주의뿐 아니라 인간과 국가 사이의 통사적 연결성을 강조하는 어떤 것을 고취시킬 수 있는 기회였다. 그는 의도적으로 독자들이 양자 사이의 실질적 관계를 추론하게 만들었다. 그의 텍스트는 정말로 민족주의적인데, 이 점은 그가 레그 텍스트를 변경한 것을 보면 분명해진다. 그는 "일본에 대하여"라는 144단원을 추가하고 레그의 영국 사회에 대한 묘사를 그에 상응하는 일본에 대한 묘사로 대체한다. 그는 더 나아가 레그의 우주관의 토대가 나오는 14절(section) "신(神)의 특성" 전체를 생략했다. 우류의 초급독본에서는 자연이 인간을 창조했으며 인간은 죽어서 자연으로 돌아감으로써 순환을 완성한다. 살아 있는 동안 인간은 일본국가에 이익이 되기 위해 분투해야 한다.

히로세와 나가타는 반대로 창조물과 사물을 동일시하는 것을 논리적으로 선호했다. 명사의 "단순한 사실"을 가지고 그들은 자연과 문화, 혹은 영어, 중국어와 일본어와 같은 부호 간의 엄격한 조응을 만드는 것에 관심이 있었다. 이들의 번역은 레그 텍스트의 언어를 가장 잘 복제한 일본 텍스트를 만드는 노력이었다. 이러한 관점에서 히로세와 나가타의 초급독본은 일본 학생들에게 특별한 활동을 요구하지 않았고, 잘해야 레그의 목표 중 지식을 전달하는 것과 사유하기의 특정방식을 장려하는 것, 두 가지를 긍정하였다. 우류와 다르게 히로세와 나가타는 레그에게 고유한 빅토리아 시대의 이념의 상당 부분을 다음과 같이 단순하게 복제했다. 신은 절대적인 지혜로 인류가 이용할 세계를 창조하였다. 히로세와 나가타는 독자가 세계를 이러한 관점에서 이해하기를 유도했다.

레그 초급독본의 두 일본 버전들은 어떻게 충실성과 접근성이 번역자의 작업에 영향을 미치는지를 보여준다. 히로세와 나가타는 그들의 독자들이 기점 텍스트에 접근할 수 있도록 원본을 거의 그대로 모방한 목표 텍스트를 만들었다. 이 경우 목표 텍스트의 충실성은 기점 텍스트의 가치와 기점 텍스트에 대한 목표 텍스트의 외견상의 정확도를 의미한다. 번역의 전략으로서 원본을 복제하려는 까다로운 노력은, 특히 독자에게 기점 텍스트와 출발언어에 대해 번역자가 갖고 있는 친숙함을 공유할 것을 요구한다. 간단히 말하자면 다음과 같다. 히로세와 나가타의 텍스트는 레그 원본 정도의 한문을 이해할 수 있는 능력을 요구한다. 이러한 지식이 없는 독자들은 무지로 인해 이해에 어려움으로 겪을 것이다. 우류는 반대로 원본을 해석하는 형태로 목표 텍스트를 만들었다. 그의 버전은 목표 독자들을 우선시했고 원본을 그들에게 더 접근 가능하도록 만들었다. 하지만 그는 히로세와 나가타와 달리 고의적으로 원본의 언어를 바꿨다. 우류의 경우 충실성은 원본을 수용하는 데 있어서 목표 텍스트를 예상 가능한 익숙한 것으로 만드는 것이었다. 이는 '와칸콘코분'과 더 "자연스러운" 전문용어를 보면서 일본어를 "느끼는" 것을 의미한다. 번역의 전략으로서 원본을 해석하는 것이 독자의 이익에 부합한다고 보는 이 버전은 텍스트가 그 주변의 세계를 반영하는 것 같은 상상 속의 현실에서 번역자와 독자를 통합하려는 것이다. 이러한 번역 형태의 외견상 자연스러움은 이런 교과서의 경우 더 매력적이고 더 효과적으로 보인다.

나는 이 절을 이 책의 다음 장들에서 중요한 몇 가지 사례로 끝내고자 한다. 나카무라 게이우가 스마일스의 『자조론』을 번역한 『서국입지편(西国立志編)』과 후쿠자와 유키치의 『서양사정』에 들어 있는 체임버스 형제의 『정치경제』 번역은, 목표 독자층에 맞게 원본을 친숙한 언어로 접근가능하게 만든다는 측면에서 충실성을 정의하는 일종의 해석적 번역이다. 반대로 나카무라의 존 스튜어트 밀의 『자유론』 번역은 원본 텍스트에 대한 정확한 버전을 만들어낸, 놀랄 만큼 까다로운 번역이었고, 따라서 독자들에게는 매우 부담스러울 수밖에 없었다. 영어음역은 영어를 읽을 수 있는 지식을 요구한다는 이유 때문에 앞의 번역들이 영어 단어의 음역을 거의 소개하지 않는데 반해, 『자유론』은 많은 음역과 이 책에서 동류어라고 부르는 복잡한 기호들을 포함한다. 비록 세 텍스트 모두 광범위하게 읽혔고 영향력이 컸음에도 불구하고 일본인 독자들은 접근성이 좋은 번역, 즉 그 충실성이 원본에 대한 정확도보다는 친숙한 세계의 공유된 비전에 의해 정의되는 번역에 더 많은 관심을 두었다. 후쿠자와의 『서양사정』은 메이지 초기에 가장 빈번하게 복제된 책이었고, 나카무라의 『자조론』 번역은 1930년대까지도 계속 출판되었다.

동류어와 그 해결방식

텍스트에 대한 고찰에서 번역에 있어서 단어에 대한 검토로 관심을 돌리면 우리는 충실성과 접근성에 대한 유사한 관심을 확인할 수 있다. 나는 이 장에서 동류어, 번역어, 외래어라는 세 가지 주요 형태에 대해서 설명할 것인데, 이 중 번역의 가장 정확한 형태는 동류어이다. 동류어는 합성형태의 단어(혹은 기호)의 병렬인데, 서양 텍스트의 원래 단어를 정확하게 번역하려는 시도이다. 동류어는 외국 글자나 음역에서 음가를 보존하는 방식으로 서양어 단어를 일본 단어로 병렬시킨 형태로 나타나며 대부분 한자로 되어 있다. 그런데 만약 동류어가 정확할수록 상대적인 접근성은 떨어지게 된다. 동류어는 동류어에 포함되어 있는 서양 단어들에 친숙한 독자들에게만 그 의미를 전달할 수 있기 때문이다. 일본인 번역자들은 접근성이 기점 언어보다 목표 독자층의 관점에서 더 잘 정의된다는 것을 빨리 이해했다. 새로운 단어를 만들어서 그것을 지속적으로 쓰는 것이 기점 언어의 단어를 정확하게 유지하려는 시도를 하는 것보다 훨씬 이해하기 쉽다는 것을 알았기 때문이다.

이러한 유효한 사례 중 하나가 니시 아마네의 경우로, 그는 일본어를 서양 알파벳으로 쓰자고 제안했던 것으로 알려져 있다. 초기 작업인 『백학연환(百学連環, *Encyclopedia*)』에서 서양 학문의 번역자로서 그는 조정이 가능한 형태의 동류어로 번역을 수행했고, 안정적이고 예측 가능한 번역습관에 필수적인 의미의 확정을 신중하게 피했다. 니시의 『백학연환』은 특이하면서도 중요한데, 다른 번역자들의 텍스트에서 중요하게 다루지 않는 번역 테크닉의 스펙트럼에 주어진 페이지를 할애하고 있기 때문이다. 니시의 『백학연환』을 보면 독자는 인쇄된 페이지 전체에 흩어져 있는 글자의 다양성 때문에 눈을 크게 뜨게 된다. 니시는 한자, 일본어 히라가나와 가타카나, 영어, 불어, 희랍어, 라틴어를 함께 썼다.[23] 일반적으로 이 텍스트는 한자와 히라가나, 즉 일반적인 필기체 스타일로 작성되었다. 가타카나는 예외적으로 특히 한자 또는 발음, 한자의 오른쪽 옆에 작은 글자로 부기하는 전통적인 발음표기인 후리가나나 외국어의

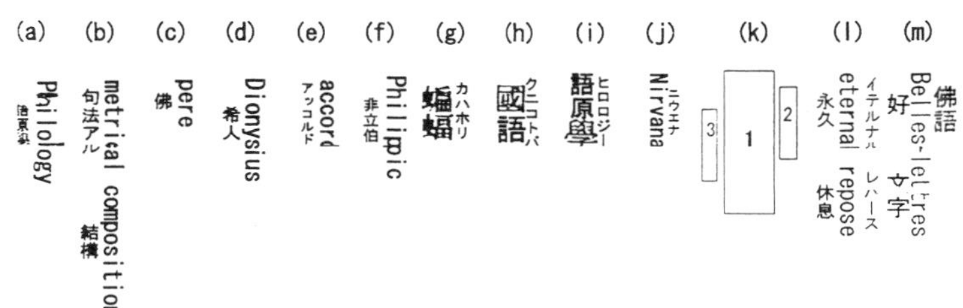

그림 6. 니시 아마네의 동류어

발음표기 사이의 통사적 연결을 지시하는 데 사용되었다. 유럽어를 소개하는 데 있어서 니시는 내가 합성기호 혹은 동류어라고 부르는 것을 확장해서 사용했다.(그림 6 참조)

니시의 『백학연환』에서 사용된 전체 유럽어 중 3분의 2가량이 그림 6(a)에서 예시로 든 형태로 되어 있다. 유럽어는 세로로 된 텍스트에서 비스듬하게 배치되었고, 한자 번역은 글자 왼쪽 옆에 병치되었다. 그림 6(a)는 "필로로지"과 '어원학(語原学)'의 사이의 등식으로 이해되어야 한다. (간단히 말해 나는 자주 일본어 기호를 "영어" 음역으로 대체하곤 한다.) 그럼에도 불구하고 동류어 형태에서 단어의 최초의 형태, 그리고 그 이후의 형태 사이에는 상관관계가 없다. 이 유럽어는 니시의 텍스트에서 혹은 동류어의 형태에서 단독으로 또 무작위적으로 나타난다. 그것은 니시가 유럽어를 일관되게 동류어 형태로 소개하거나 모든 단어들을 이런 식으로 "번역하지도", 유럽어에 대한 이러한 한 가지 형태의 "번역"에 자기 자신을 한정하지도 않았다는 것을 말해준다.

수많은 변이들이 존재한다. 글자는 한자 목록 간의 통사적 연결을

제공하는 가타카나를 포함할 수 있다. 그림 6(b)와 같이 가타카나로 쓰여진 '아루(アル, 있는)'가 한자 '구법(句法, 운율)'과 '결구(結構)'를 연결해서 "구법-있는-결구"라는 어구를 만들어낸 것처럼 말이다. 이러한 방식은 영어나 라틴어 구 및 절을 니시가 축자적으로 만든 것 중 가장 일반적이다. 글자는 또한 그 단어가 속한 언어를 지시한다. 6(c)에서 '불(佛, 프랑스어)'은 '페레(père)'가 프랑스어라는 것을 지시한다. 또 그 단어의 종류에 대한 정보를 제공하기도 한다. 6(d)에서 '희인(希人, 그리스 사람)'은 우리에게 "디오니소스"는 그리스 사람의 적합한 이름이라는 것을 알려준다. 또는 넷째, "어코드"를 '앗코루도(アッコルド)'로 표기하는 6(e)나 "필리픽"에 해당하는 '비립백(非立伯)'으로 표기하는 6(f)처럼 글자는 음역이든 음차든지 간에 가타카나로 된 발음정보를 제공할 수 있다. 일본어로 '아테지(当て字, 취음자)'라고 불리는 후자의 현상은 비록 니시의 『백학연환』에서 드물게 나타나지만, 나카무라 게이우의 『서국입지편』 에서처럼 니시 당대의 작업에서는 국가와 사람의 적절한 이름들을 표기하기 위해 일반적으로 사용되었다.

니시 텍스트에서 동류어의 두 번째 일반적 형태는 그림 6(g)에서 보인다. 이것은 한자 독음이 애매하거나 일반적이지 않을 때 오른쪽에 후리가나 위첨자로 독음을 제공하는 오랜 관습의 연장이다. 사실 이것은 한자를 다시 쓴 것이다. 그래서 예를 들면 6(g)의 야행성 동물인 "박쥐"에 대한 한자는 훈독(訓讀)으로는 '헨푸쿠(へんぷく)'라고 읽어야 하는데, 후리가나 위첨자에 따르면 이 글자를 일본어로 '가와호리(カハホリ, 지금은 고우모리(こうもり)라고 읽음)'라고 읽어야 한다. 일반적으로 '고쿠고(こ

く ご)'라고 읽는, 국어라는 의미인 그림 6(h)의 글자는 여기에서는 모국어나 방언을 의미하는 '구니코토바(クニコトバ)'로 읽는다. 이러한 전통적 용례들의 변이 중 빈번하게 나타나는 형태가 그림 6(i)인데, 여기에서 후리가나 위첨자는 영어 단어의 "필로로지"의 가타카나 음역이다. '히로로지(ヒロロジ)'라고 읽는 것은 '고겐가쿠(ごげんがく, 語原学)'라고도 읽을 수 있다. 전혀 일반적이지 않은 이런 형태의 변형은 그림 6(j)에서 "니르바나"를 '니웨나(ニウエナ)'로 읽어야 하듯이 유럽어로 표기된 글자에 대한 가타카나 음역을 덧붙이는 것이다.

앞서 말한 예들을 합해보면 6(k)에서처럼 동류어의 일반적인 형태가 도출된다. (1)은 인쇄된 세로 단에서 단어 혹은 "주(主) 기호"이다. (2)는 전통적인 후리가나나 외국어 단어에 대한 음차인 가타카나로 된 위첨자 기호 배열이다. (3)은 한자나 가타카나로 된 아래첨자 기호 배열로 번역어, 주석 또는 음차이다. 위첨자와 아래첨자 모두를 포함하는 동류어를 이 형태에서 발견할 수 있는데, 그림 6(l)에서 전형적으로 보이듯이 "이터널 리포즈(eternal repose)"는 이테루나루 레파스(イテルナル レパース)라고 읽고 '영구휴식(永久休息)'으로 이해하라고 되어 있다. 이러한 일반적인 형태에 예외도 있다. 그림 6(m)을 예로 들면 위첨자는 "벨르 레트레(Belles lettres)"는 프랑스어라고 지시하고 아래첨자는 "호문자(好文字, 아름다운 문자)"라는 두 용어의 축자적 번역을 제공한다.[24] 그림 6에서 분명한 것은 니시의 『백학연환』의 동류어는 번역과 음차라는 두 가지 기본적인 기능을 갖지만, 원래 동류어는 이 두 가지 기능에 제한되지 않는다. 동류어는 수많은 변환을 가능하게 하는 형태이고, 그 유용성은 단지 후리가

나의 인정된 관습을 니시가 상상력으로 확장해서 사용한 것에 의해서만 제한될 뿐이다. 위첨자와 아래첨자는 부가적인 세트의 기호들이며, 병기된 글자들은 독립된 부분들의 개별적 의미를 한정하거나 강화시키면서 서로를 나타낸다. 그렇기 때문에 나는 두 개 혹은 그 이상의 세트로 되어 있는 기호들의 필수적 병기를 강조하기 위해서 이러한 합성기호를 동류어라고 간주한다.[25]

그러나 번역의 목적을 위한 동류어 사용에서 니시는 당대의 유행에 따라 기호들을 병기했다. 예를 들어 '문장'은 이 텍스트의 여러 곳에서 "문학", "벨르 레트레", 그리고 "레토릭"과 짝을 이룬다. "산스크리트"는 "고대 인도의 문법", "고대 인도의 언어" 그리고 "브라만의 성스러운 텍스트"과 짝을 이룬다. 이러한 동류어는 그 자체로는 언어의 독립적 단위나 기호 유형으로서의 기호도 아니며 "그들이 의미하는 바"가 번역행위의 결과라고 단정적으로 말할 수도 없다. 오히려 이 시기에 일시적으로 나타난 병기의 진실은 독자들이 이해방식의 두 과정 중 하나를 통해서 동류어를 이해할 것을 요구했다는 것이다. 한 과정은 누적적 해결로서 위첨자나 아래 첨자의 기호의 기표가 주 텍스트의 기호의 기표로 이해되었을 때 나타난다. 사실 첫 번째 기호는 두 번째 기호를 '지시한다'. 그림 6(e)의 아래첨자인 '앗코루도(アッコルド)'를 예로 들어보자. 이 기표(음성기호의 묶음)는 소리의 요소로, "어코드"라는 영어의 음성적 측면을 나타낸다. 집합적으로 보면 아래첨자의 기호는 주 기호의 의미를 나타낸다. 결국 실제 단어인 "어코드"라는 주 기호의 기표는 "어코드"의 의미를 나타낸다. 명백히 어떠한 새로운 의미도 이 지시에서는 만들어지지 않

는다. 아래첨자는 주 기호를 직접적으로 지시함으로써 보충한다. 우리는 이러한 타입의 동류어에서 의미는 간접적이지 않다고 말할 수 있으며, 따라서 나는 이를 "누적적 해결방식"이라고 명명한다. 이런 종류의 해결방식은 내가 "주석"의 경우로 인용한 사례에서도 마찬가지로 나타난다. 그림 6(c)에서 '불(佛)'은 주 기호인 '뻬르(père)'를 보충한다. 이는 주 기호인 뻬르가 불어 단어라는 사실을 명시함으로써 "불어 단어"를 표시한다. 사실 이러한 누적적 해결방법에서 작동하는 하나의 법칙은 후리가나의 전통적 용례에 기초한 것으로, 위첨자나 아래첨자가 주 텍스트에서 기호라는 것이다.

그리고 음차의 경우 또 다른 기술적 용어를 소개하기 위해서 이러한 누적적 해결방식은 일반적으로 외래어라 명명하는, 외국어 단어의 음성적 형태를 직접적으로 일본어에 빌려오는 형태를 만들어냈다. 유럽어에서 외래어는 한 언어에서 다른 언어로 직접 단어를 빌려오는 것인데, 독일 자동차 제조업자의 이름인 폭스바겐이 지금은 그 회사가 만든 자동차를 언급하는 영어 단어가 된 것과 같은 것을 의미한다. 그런데 유럽어와 일본어 사이의 차이 때문에 두 언어 사이의 외래어는 다른 음성표기 체계를 필요로 한다. 예를 들어 오늘날 영어에는 스시, 다다미, 도요타와 같은 외래어가 포함되는데, 우리는 이를 일본어의 음절체계가 아닌 알파벳으로 적는다. 뒤에서 보겠지만 초기 메이지 시기 동안 일본어는 많은 경우 "라이트(right)"를 **라이토**(ライト), "리버티(liberty)"를 **리베루치**(リベルチ) 등과 같은 방식으로 외래어들을 소개했다.[26]

내가 치환적이라고 명명하는 해결방법의 두 번째 과정은 기표들 사이의 등가성이 병기의 관습에 의해 제시되나 두 기표 중 어떤 것도 다른 기표를 지시하지 않는 경우에 발생한다. 예를 들어 그림 6(a)는 주 기호인 "필로로지"와 아래첨자로 표시된 '어원학(語原学)'으로 이루어져 있다. 이 기표들 중 어느 쪽도 일본어의 음성적 항목을 나타내지 않는다. 양자 모두 추정컨대 어떤 의미 있는 내용을 나타낸다. "필로로지"라는 기표는 이것이 의미하는 바, 즉 영어 독자에게 단어들에 대한 연구를 의미하는 것이 무엇인지를 나타낸다. 반대로 '어원학'이라는 기표는 한자를 읽는 독자에게 단어 혹은 언어의 기원에 대한 연구임을 나타낸다. 이러한 지시는 효과적으로 내용과 기호의 표현 간의 차이와 유사성을 효과적으로 이용한 것이지만 따로 떼어놓고 보면 누적적 해결방법처럼 다른 기호가 아닌 그 기호를 선택하는 데 있어서 규칙이 없다. 기호가 다른 기호를 직접적으로 보충해주지도 않는다. 두 기호가 서로를 지시하기 때문에 이런 형태의 동류어에서 의미는 다방향적이라고 말해야 할지도 모른다. 여기에서 동류어는 기표를 분리해서 두 기호 중 오직 하나만을 사용함으로써 해결되는데, 그럴 경우 그 기호는 다른 기호에 의해 "오염된" 채로 남는다. 두 기호는 실제로 상호 치환되며 전형적으로 한 기호의 기표는 단순히 다른 기호의 기의(記意)를 대체할 뿐이다. 한 기호는 다른 기호를 의미하기 위해서 존재하는 것이다. 그림 6(a)로부터 우리는 "어원학"과 "필로로지"가 상호 치환되거나 등가적 기호라는 것을 이해했다. 이는 바로 일반적으로 번역어를 만들고 번역 행위에 영향을 미치는 언어 간의 일종의 교환이다.

전형적으로 니시는 아래첨자 혹은 그 일부가 텍스트 본문의 내용을 대체하도록 동류어를 소개함으로써 외국어 단어를 "번역"했다. 다시 말하면 동류어가 서구 단어를 소개하고 나면 서구 단어는 버려지는 반면 일본어 아래첨자 그 자체가 서구단어의 아래에서 미끄러져 나와 텍스트 안에서 존재감을 갖게 된다. 앞의 사례에서 니시는 "필로로지/어원학"의 동류어를 소개한 뒤에 독자들이 어원학을 "필로로지"로 이해할 것을 가정하고 그 이후에는 '어원학'을 사용했다. 복잡한 예로써 그림 6(m)을 보도록 하자. 위첨자 '불어'는 본 기호인 "벨르 레트레"를 지시한다. 이는 누적적 해결방법의 한 경우이다. 아래첨자인 '호문자'는 반대로 "아름다운 글자"와 유사한 무엇을 지시한다. 니시 텍스트에서 이러한 동류어의 출현 이후 우리는 '호문자'가 단독으로 사용되면서 그 동류어와 주 기호를 대체하는 것을 볼 수 있다. 치환의 해결방식으로 니시는 "벨르 레트레"를 '호문자'로 일시적으로 번역했다. 그러나 그가 다른 곳에서 "벨르 레트레"를 '문장(文章)'으로 임의적으로 번역했다는 것을 상기하라.

동류어를 해결하는 두 과정은 1870년까지 오랜 시간 정립되어온 교수법이다. 한자에 병기된 후리가나는 한자를 읽기 위한 도구로 오랫동안 사용되었고, 도쿠가와 시대에 대중문학과 함께 언어유희, 일종의 말놀이의 풍부한 원천이 되었다.[27] 외국어 기호와 가타카나 음역 (또는 한자와 가타카나 음역) 병기하는 관행은 도쿠가와 시대에 네덜란드어를 배우기 위해 정립된 방법이었고 메이지 시대에도 계속 이어졌다. 이러한 동류어를 적절하게 해결하거나 또는 이해하는 것은 몇 세기 동안 일본에서 교육의 목표이자 방법이었다. "학습" 그 자체는 "읽는 것을 학습"하는 문제로서 관리되었고 이는 니시 아마네의 설명에서도, 그리고 현재 일본 교육

과정에서 역시 동일하다. 예를 들어 일본에서 영어 학습은 구어에 대한 이해보다 문법과 문어에 초점을 맞추는 단점이 있다.

그럼에도 불구하고 누적적인, 그리고 치환적인 해결방법의 두 과정은 메이지 초기 번역 활동에서, 또한 의미를 특정하기 위한 모든 노력에 있어서 표준적인 작업이었다. 로만 제이콥슨(Roman Jakobson)이 올바로 관찰한 것처럼 "언어적 기호의 의미는 그보다 좀 더 나간, 더 완전히 발달된 대체 기호로의 번역이다."[28] (독자들은 앞의 단락에서 나 또한 의미를 이해하기 위해서 기호들의 번역을 제공했던 것을 알 것이다.) 우리는 기호, 특히 외국어의 기호를 좀 더 친숙한 기호로 번역함으로써 이해한다. 이 과정의 가장 단순한 형태인 음차는 그림 6(e)의 '앗코루도'와 같은 외래어나 그림 6(i)의 '히로로지'와 같은 외래어를 만들며, 이러한 외래어는 원천 언어 기호에 대한 익숙함에 의존한다. 더 복잡한 형태인 번역어는 한자를 통해 가능한 새로운 의미를 상상하거나 만드는 것에 의존하는데, 이는 음성 음절의 단순한 소리보다 더 많은 의미를 제공한다.

번역어와 외래어

동류어는 외국의 용어를 소개하고 이를 일본 텍스트 안에서 번역어와 외래어로 대체하는 일반적인 기술로 남았는데, 1870년대에 가장 일반적인 동류어의 형태는 그림 6(i)에서처럼 한자 번역어(어원학)를 위첨자를 외래어와 함께 결합하는 것이었다. 인정하건대 이는 읽고 이해하는

데 부담이 큰 형태였고, 쓰기와 인쇄를 복잡하게 만들었다. 이 장의 초반부에 소개된 언어를 사용하면, 니시는 독자에 의해 규정되는 접근성보다는 원본 텍스트에 의해 규정된 충실성을 선호하는 방식으로 원천 언어를 동류어로 번역했다. 그리고 내가 지적했듯이 독자는 접근성 있는 번역을 더 선호했다. 더 나아가 니시의 일련의 대체물들은 고정되지 않는 의미라는 미덕을 만들었음에도 불구하고, 일반적으로 반복과 지속성을 기대하는 독자에게는 명료함을 해치는 경향이 있었다. 그래서 오늘날 출판에도 이러한 놀랄만한 사례가 나타나기는 하지만 이러한 동류어의 사용은 19세기 마지막 20여 년 동안 감소한다.[29]

그러나 이렇게 그들의 원래 단어로부터 번역을 분리하는 것은 번역어, 특히 신조어의 의미가 애매하거나 모호하다는 것을 의미한다. 새로운 방식으로 새로운 표현이나 어떤 단어가 새로운 방식으로 사용되는 것과 맞닥뜨릴 때 독자는 어떻게 해야 하는가. 니시 아마네는 그의 첫 번째 번역작업이었던 조셉 헤이븐(Joseph Haven)의 『정신철학(*Mental Philosophy*)』 서문에서 이와 같은 우려를 표명했다.*

> 우리나라에서 "인간본성의 근본원리"나 "심리학"에 대한 유럽 책들의 번역은 지금까지 극도로 드물었다. 그래서 나는 번역 문자의 문제에서 무엇

* 니시 아마네의 「범례」는 1879년 문부성에서 출판한 조셉 헤븐(Joseph Haven)의 『심리학』 상권에서 확인할 수 있다. 約瑟·奚般(ジョセーフ·ヘーヴン)著, 西周譯, 『心理学』上 (東京: 文部省, 1879) 참조(옮긴이).

을 따르는 것이 적절한지 모르겠다. 비록 내가 용어를 한학자나 유학자들이 자세히 설명하는 것에 일치시키려고 노력한다 해도 문제는 그들의 "마음의 본성"에 대한 구분이 극도로 섬세하다고 말하는 것처럼 단순한 것이 아니라, 그들의 용어에 의해 지시되는 명칭들은 자연스럽게 다른 의미를 갖기 때문에 내가 어쩔 수 없이 대안적 글자를 선택하고 단어를 새로 만들어야 한다는 것이다. 따라서 비록 "인식", "기억", "의식", 그리고 "상상력"과 같은 용어들은 이전에 존재했던 용어들과 일치한다고 하더라도, 다른 항목들은 주로 새로운 구조물들이며, 독자는 예를 들어 "이성", "감성", "감각", "이해"와 같은 이 용어의 의미를 이해하느라 힘든 시간을 보내게 될 것이다. ……

그럼에도 불구하고 이러한 중요한 글자와 더불어 절의 처음 항목에 해당되는 핵심 글자들은 하나의 정해진 글자를 사용한다. 만약 문맥에서 그 절이 필연적인 의미를 결여하고 있다면 독자는 임의적으로 한 단어를 다른 단어로 바꾸어 의도된 의미를 가정하는 식으로 마음대로 번역해서는 안된다. 독자는 반드시 문맥 속에서 추측하고 열심히 숙고함으로써 문제가 되는 절을 앞서거나 뒤따라가면서 이해하고자 노력해야 한다.[30]

동류어의 사용과 별개로 니시는 자신이 번역을 원본과 분리시키고 독자의 오해라는 잠재적 문제에 새롭게 번역된 텍스트를 노출시켰다는 것을 분명히 알고 있었다. 일반적으로 사용되는 "유교" 용어들은 여러 가지 의미를 갖고 있었다. 비록 니시가 반복적이고 분명한 문자의 형태로 이해에 열쇠를 제공했다 하더라도 독자가 용어들을 마음대로 바꾸고 추측하는 것에 기댈 수밖에 없을 때 서구지식과 계몽은 위태로울 수 있었다. 니시는 달리 말하면 번역 프로젝트의 핵심 문제를 빠르게 인정했다. 어떻게 두 언어 사이에 적절한 대응의 조합을 만들 것인가. 서구로부터 온 새로운 계몽지식을 번역하고 그에 대해 쓰면서 그와 그의 동료들은 구체성을 늘리고 모호성을 감소시키려는 공동의 노력을 통해 사실상 번역의 명료성에 해당되는 타당성을 추구했다. 세 가지 주된 과정들이 1870년대와 1880년대의 일본어 전략을 설명해준다. 첫째는 번역기술을 크게 두 가지 형태, 즉 외래어와 번역어로 단순화하는 것, 둘째는 유럽어로부터 빌려온 새로운 외래어를 표시하기 위한 인쇄기술의 발달, 그리고 셋째로 1880년대에 시작된 용어의 표준화의 점진적 진행이 그것이다.

내가 앞에서 언급한 것처럼 일본인 작가들과 교육자들은 번역어와 외래어라는, 1880년대에 표준이 된 한 쌍의 번역기술을 빠르게 받아들였다. 번역어, 즉 외국 어휘를 번역하는 데 사용되는 한자 합성어는 기존의 단어에 새로운 의미를 덧붙이는 형태(문명이 "서구 문명"이 되는 것과 같이)이거나 신조어("프리덤"을 자유로 번역하거나 "라이트"를 권리라고 번역한 것와 같이 새롭게 만들어진 단어들)로부터 나온 것이다. 외래어는 외국 단어의 음차('후리도무'가 "프리덤"의, '라이토'가 "라이트"의 번역어인 것처럼)이다.[31] 번역어의 각각의 형태는 니시 아마네가 언급했듯이 각각의 어려움이 있다. 한쪽에서 번역자는 중국문명에서 서양의 "보편 문명"으로 의미전환이 이루어진 문명처럼 기존의 단어에 새로운 의미를 부여해서 재활용할 수 있다. 이런 형태의 번역어는 은유적 확장과 독자가 새로운 맥락과 새로운 목적 속에서 단어를 이해할 것이라는 기대에 의존한다. 우리가 2장에서 본 것처럼 문명이 "(서구)문명"에 대한 번역어가 되는 것은 쉬운 경로를 거쳐온 것으로 보인다. 그러나 4장에서 보게 될 **자유**는 그 반대의 경우를 설명해준다. "리버티"에 대한 번역어로서 **자유**는 "네 마음대로" 혹은 "제멋대로"라는 기존의 의미를 완전히 벗어나지 못했다.

다른 한편 번역자는 완전히 새로운 단어를 만들 수 있다. 그러한 신조어는 니시를 힘들게 했던 의미의 비약, 즉 독자들이 한자들의 새로운 조합으로부터 새로운 감각을 만들 능력에 의존한다. 그러나 이 비약의 길이는 신조어의 준거의 추상도에 따라 매우 다양했다. 구체적인 사물은 인식되기만 하면 명백하게 명명된다. "포토그래프(photograph)"에 해당하는 **사진**(写真)이나 "레일로드(railroad)"에 해당하는 **철도**(鉄道)와 같은 신조어는 그렇게 이름 붙여진 대상을 인지할 수 있기 때문에 의미가 분명하다. "내셔널 어셈블리(national assembly)"에 해당하는 **국회**(国会)나 "프레지던트(president)"에 해당하는 **대통령**(大統領) 등 정치제도와 같은 세계의 다른 새로운 "것들"은 정부에 대한 논의 안에서 분명하게 명명되고 인식될 수 있다. 의미의 비약을 요구하는 경우는 니시가 인용한 것과 같은 추상적인 용어, 즉 "이성"이나 "감성"과 같은 단어들이다. 5장에서 나는 "라이트(right)", "파워(power)", "오소리티(authority)", "소버린티(sovereignty)", "프리빌리지(privilege)" 등 한자어 **권**(権)과 결합된 번역어들에 대해 논할 것이다. 이런 용어들의 의미는 많은 정치적 논쟁을 수반한 과정을 거치면서 서서히 번역어로 고정되었다. 그에 반해 새로운 추상어인 "소사이어티(society)"의 번역어로서 **사회**라는 신조어는 의미의 비약을 덜 필요로 했던 것 같은데, 이 단어가 단순히 정치적으로 논쟁적이지 않아서만

이 아니라 새로운 인식에 대한 필요성을 충족시켜주었기 때문이다. 내가 6장에서 연관시킨 것과 같이 "사회"라는 단어는 정부 관료와 사무라이부터 일반 사람들까지 모든 사람들을 새로운 전체인 "일본 사회"로서 포괄적으로 인식하는 것을 가능하게 했다.[32]

그래서 서양의 새로운 사물과 관념에 대한 한자어로 된 번역어를 만들 때 일본의 번역가들은 일본인들이 한문과 한문 글쓰기에 익숙하다는 점으로부터 도움을 받았다. 뛰어한 언어학자인 히다 요시후미(飛田良文)는 메이지 시대에 이루어진 한자 번역어의 보급이 도쿠가와 시대의 한학전통과 한문의 광범위한 사용 때문이었다고 본다. 그는 메이지 시대 언어학자인 오쓰키 후미히코의 표현을 인용하여 많은 젊은 관료들과 교사들이 그들의 지적 전통과 한문 구사 능력을 자랑스러워하는 과거 사무라이들이었다는 것을 지적한다.[33] 메이지 시대 한자 번역어 보급의 또 다른 확실한 요인은 19세기 동안 서양에 대한 중국책 및 서양책의 중국어 번역 수입의 확대이다. "라이트" 등과 같은 법학 전문용어의 번역은 특히 중국서적에 의해 알려졌다. 그림 6(f)처럼 주요 지명과 인명에 한자 음역을 사용하는 수많은 아테지로 된 용어 역시 중국어 원천으로부터 빌려온 것이다.[34]

달리 말하면 19세기 일본에서 한문과 한학의 유용성은 번역자들이 그들의 목표 독자들의 일부가 한자에 대한 친숙성을 갖고 있을 것이라고 가정했고 이를 번역할 때 염두에 두었다는 것을 의미한다. 그러나 번역자들의 번역어 선택은 텍스트의 수준에서 번역에 영향을 미치는 충실성과 근접성의 다양한 관계에 의해 결정된다. 예를 들어 후쿠자와 유키치의 『서양사정』은 기점 텍스트에 대한 정확성보다는 목표 독자의 접근성의 관점에서 충실성을 정의한 알기 쉽게 풀어쓴 번역이다. 후쿠자와는 동류어를 거의 사용하지 않았고, 새로운 번역어를 소개하기보다는 친숙하고 보편적인 말을 사용했으며, 드물지만 "리버티"를 **자유**로, "라이트"를 **통의**(通義)로 새롭게 번역하는 경우 새로운 관념에 대한 부연설명을 제공했다. 후쿠자와의 작업은 접근성이 좋고 메이지 초기에 널리 읽혔는데, 그는 원본에 대해 더 정확한 번역어를 만들기보다는 친숙한 기존의 단어들을 선택했다. 그래서 그의 번역 중 어떤 것도 거의 일반적 용례로 살아남지 못했으며 이는 오랜 작업의 끝에 그가 후회하며 기록한 사실이기도 하다. 몇 십 년 전에 마자키 마사토(間崎万里)가 지적했듯이 후쿠자와가 서양사정에서 소개한 많은 새로운 서양의 사물과 관념 중에서 오직 "시빌리제이션"의 번역어인 **문명**과 "리버티"의 번역어인 **자유**만이 일본어 어휘에서 지속적으로 사용되었다. 우리는 최초의 어려움이 무엇이든 간에 어느 정도 기술적 구분은 필요하다는 니시 아마네에게 동의할 수밖에 없다.[35]

반대로 나카무라 게이우의 『자조론』의 풀어쓴 번역과 『자유론』의 까다로운 번역은 진보, 독립, 자유, 의지, 개인, 자기를 포함한 서구 문명 요소에 해당되는 많은 동류어와 구체적인 번역어를 포함하는데, 이 중 많은 번역어가 1870년대를 거치면서 표준 번역어로 정착한다.[36] 나카무라의 『자조론』은 오랜 기간 인기가 있었던 것을 보면, 구체적하고 정확한 번역어 때문에 생긴 어려움은 접근가능하게 번역된 텍스트가 존재함에도 불구하고 희미해졌던 것 같다. 독자들이 숙고하고 해석할 수 있어야 한다고 했던 니시 아마네의 바램은 확실히 기반이 마련되었다. 사실 만약 나카무라의 『자조론』과 『자유론』을 "리버티"에 대한 번역어의 관점에서 비교하면, 『자조론』에서 사용하는 동류어와 번역어의 범위가 더 넓다. 『자유론』에서는 자유만을 지속적으로 사용하는데 반해 『자조론』에서는 **자주**, **자유**, **자립** 등을 사용한다.[37] 4장과 5장에서 보겠지만 많은 초기 메이지 시대의 번역은 독자들의 한자에 대한 친숙성에 의존했고, 『백학연환』에서 니시 아마네의 동류어 사용처럼 처음에 한 용어를 고정적 의미로 사용하기보다는 고정된 의미의 범주를 줄여나가는 방식으로 번역을 구축하면서 다양한 방식으로 외국어를 번역했다.

사실 이 책에서 제시하는 근거는 번역어의 광범위한 범주가 번역 텍스트에 의해 최초로 성립되었고 더 나아가 이 범주는 하나 혹은 두 가지의 표준적인 용례로 환원되는 양립가능한 용어들로 분류된다는 것을 보여준다. 달리 말하면 한자에 대한 독자의 친숙함으로부터 시작한 것이 번역의 충실성을 가능하게도 하고 제한하기도 했다는 것이다. 권력, 특권, 권리, 주권과 같은 **권**(權)이 들어간 번역어들을 예로 들어보자. 낯선 개념과 친숙한 단어 사이의 단순 등가는 독자들을 설득할 수 없다. 대중들이 (의무나 직분이 아닌) "인민의 권리"에 대해 논쟁하기 시작하자, '**권**'을 "의무(義)"라고 한 니시 아마네의 정의나 "라이트"를 "직분(分)"이라고 한 후쿠자와 유키치의 정의는 더 이상 받아들여질 수 없었다.[38] 다른 한편 권력, 특권, 권위, 권리, 그리고 주권을 번역할 수 있는 '**권**'의 가능성은 파생화의 더딘 과정을 필요로 했다. 동류어 형태를 가진 유럽어 음차는 번역어를 원본에 연결시킬 수 있도록 했고, 이러한 지시는 **권리**(權利)가

'라이트', **권세**(權勢) 혹은 **권력**(權力)이 '파워', '리갈(legal) 파워' 혹은 '레지티메이트(legitimate) 파워'를, **주권**(主權)이 '소버린티'를 의미한다고 주장하였다. 그러나 '**권**'은 여전히 번역자가 의도한 의미를 어떤 것과도 연결시킬 수 있었다. 5장에서 보듯이 1882년부터 1883년에 있었던 주권에 대한 신문지상에서의 논쟁은 주권을 생각하는 방식 사이에 굉장히 많은 항목들과 구분들이 있다는 것을 보여준다. 그러나 결국 이 항목들과 구분들은 주권 번역과는 무관한데, "소버린티"의 번역어인 **주권**은 정확한 병렬적 구조로 정확하게 번역되었기 때문이다. 영어 "소버린"과 "소버린티"의 관계는 **주**(主)와 **주권**의 관계와 같다.

번역어를 만드는데 있어서 명료성의 넓은 범주와 비교해보면 두 번째 주요 번역 기술인 외래어는 훨씬 더 구체적이었다. 그러나 외래어를 이해하는 독자가 되기 위해서는 외래어에 의해 의미가 표시되는 준거에 완전히 익숙해야 했다. 내가 앞에서 사용한 언어로 말한다면 누적적 해결은 원본의 준거에 의존한다. 외래어는 언제나 신조어이다. 그리고 한자와 달리 이는 처음부터 의미 있는 내용을 전달하지 않고, 유럽어의 소리만을 전달하기 때문에 외래어는 구체성을 갖는다. 용례에서 외래어는 우리가 그림 6(e), 6(j), 6(l)에서 본 것과 같은 니시 아마네의 동류어 구성에서 보았듯이 다양한 방식으로 사용된다. 니시는 단어의 광범위한 다양성을 표시하기 위해 음차를 사용했다. 그의 동시대인들 역시 사물의 명칭과 추상적 관념에 대한 새로운 준거를 지시하기 위해 동류어 형태로 음차를 사용했다. 그러나 초기 메이지 작가들은 텍스트의 문장에서 이름(지명과 인명)과 구체적 사물의 명칭을 적절하게 지칭하기 위해 자신만

의 가타카나 음차로 외래어를 사용하는 것을 선호했다. 1870년대 신문의 몇몇 글자의 예는 '톤네루(터널)', '세멘토(시멘트)', '비스켓토(비스킷)', '항카치(행커치프)'와 같이 새로운 건설공사와 관련된 새로운 소비품과 물품을 포함했다.[39] 분명히 1870년대 뉴스에 나오던 가장 일반적인 외래어 인명은 1879년 일본을 방문한 전 미국 대통령이었던 율리시스 S. 그랜트를 지칭하는 '구란토'로, 이렇게 인명을 표기한 것은 획기적인 미디어 사건이었다.[40] 이는 외래어가 적합한 명사를 번역하는 데 선호되게 된 이유를 만들었는데, 각각의 외래어는 동일한 국가나 인명을 표기하는 통일 없이 사용되는 다양한 아테지를 대체할 수 있었기 때문이다. 이렇게 한자로 명사를 쓰는 방법은 이러한 표기의 중국과 일본의 원천이 다양했기 때문에 발생한 결과였는데, 많은 경우 작가 혹은 번역자의 개인적 창작에서 나온 것이다. 추상적 관념은 반대로 외래어로 잘 번역되지 않았는데, 5장에 나오는 가토 히로유키가 '스베레니테토의 권(スベレニテトの権, 주권의 권리)'라고 쓴 것 정도가 하나의 사례 정도이고, 대체로 번역어가 선호되었다.

일본의 언어학자들은 1886년까지 작지만 중요한 외래어의 성장에 대해 지적한다. 나는 1879년과 1887년의 신문기사 제목을 비교 조사했는데, 이 기간 중 외래어의 사용 비율이 거의 3배로 증가한다. 그러나 히다 요시후미에 따르면 일본어 어휘의 근대적 구성에 대한 조사에서 1886년에 기록된 외래어의 증가는 신문에서 사용되는 전체 일본어 단어의 10분의 1에서 10분의 2 정도로 바뀐 것에 불과한 것이다.[41] 1880년대 일본어 어휘에서 외래어의 증가추세를 강조하려면 외래어가 1880년대의 단어의 범주로서 구체화되어야 한다. 외래어는 도쿠가와 시대 난학의 최고 명문가 중 하나의 후손이자 일본어 문법과 오늘날에도 여전히 출판되고 있는 사전『언해(言海)』로 유명한 일본의 첫 번째 "근대" 학자인 오쓰키 후미히코의 발명이었다. 1884년 오쓰키는 432개의 외래어 목록을, 미래의 독자들이 그 어원을 알기 원한다는 바램을 설명한 서론과 함께 출판했다. 오쓰키의 동기는 부분적으로 순수했다. 그는 중세 시기부터 중국인, 한국인, 류큐인(오키나와인), 그리고 에조인(아이누인)이 함께 일본인들과 함께 살고 통혼하면서 인종과 언어가 섞였다는 것을 지적했다. 따라서 외국어 단어는 일상적인 언어사용에 흔히 섞여 들어왔고, 결과적으로 일본인들은 고유한 언어를 상실하게 되었다. 오쓰키는 일본인의 정체성을 "한 종류"의 언어로 유지하기를 원했다. 그래서 그의 목록은 에조(蝦夷), 류큐(琉球), 포르투갈, 스페인, 네덜란드, 영국, 프랑스와 그 밖의 국가로부터 차용한 단어들을 구체적으로 명시했는데, 흥미롭게도 중국에서 온 단어들은 제외시켰다. 중국의 단어들이 예외적인 것은 그 음가가 일본식으로 읽혔고 한자가 일본어의 요소들로 다뤄졌기 때문이다. 그래서 오쓰키의 외래어의 범주는 한자로 된 번역어들을 정식화하고 일본어의 일부로 만든 다음 외국어 단어를 비일본어로 표시함으로써 이루어졌다.[42]

메이지기에 서구로부터 온 새로운 단어와 관념을 소개하기 위한 외래어의 사용은 계속 증가하였다. 일본화된 한자 번역어는 가타카나로 표기된 외국 단어의 엄격한 표기로서의 외래어에 밀려났다.[43] 히다 요시후미는 번역어의 유행이 다이쇼 시대(1912-1926)에 등장한 두 가지의 발달 때문에 누그러지게 되었다고 추측한다. 하나는 학교 시스템을 통한 문해력의 절대적인 증가인데, 학교시스템은 지역어와 한문 교육을 근대 도쿄어로 대체할 것을 장려하였다. 다른 하나는 1890년대 문해력이 증가하면서 함께 확대된 언문일치운동으로, 이 운동은 신문에서 한자 번역어를 구어체 일본어와 외래어로 대체할 것을 주장하였다.[44]

그러나 외래어 표기는 이미 도쿠가와 시대에서 메이지로 전환되던 시기에 시작되었다. 문명계몽의 텍스트들이 한자와 가타카나, 통사, 외래어로 구성된 '가나마지리분'으로 인쇄되었다는 사실을 떠올리면 새로운 언어자료, 특히 유럽의 이름과 단어에 대한 음차를 한자로 된 새롭게 만들어진 형태의 번역어를 포함하여 익숙한 것들로부터 구분하는 테크닉이 발달한 것이 이해가 된다. 독자들은 음차를 "일반적인" 언어자료와 구별해주는 인쇄기술로부터 이득을 얻을 수 있다. 이 기술은 밑줄 긋기 혹은 "방선(傍線)"으로 알려져 있는 중국어와 일본어 산문의 세로로 된 레이아웃을 사용하는 것이다. 이러한 방선의 새로운 실천은 도쿠가와 시대의 난학 연구소에서 출판된 1860년대 텍스트에서 나타난다. 레그의 1866년도판 『지환계몽숙과』와 1868년에 출판된 많은 법학 텍스트가 관습적인 의미로 사용되는 한자로부터 적합한 이름을 지시하는 아테지를 구분하기 위해 방선을 사용한다. 방선을 가타카나로 된 외래어로 확장한 것은 모든 가타카나 명칭과 외래어의 왼쪽에 줄이 그어져 있는 후쿠자와 유키치의 『서양사정』에서 시작된 것 같다. 1870년 혹은 1871년이 되면 방선은 확실히 체계적으로 사용된다. 1870년에 출판된 나카무라 게이우의 『자조론』 번역을 예로 들자면 아테지와 함께 발음을 후리가나 위첨자, 아래첨자로 표시하지만 방선은 나오지 않는다. 그런데 1871년에 출판된 그의 『자유론』의 번역인 『자유지리(自由之理)』에서는 1870년대의 가장 "문명"적인 책들과 저널에서 반복적으로 보여지는 이 패턴이 나타난다. 비록 수많은 변형이 인쇄에서 글자의 오른쪽과 옆쪽 방선에 존재했지만 두 줄로 된 방선은 지명을 표기하는 데에, 한 줄로 된 방선은 인명과 일반적 외래어에 사용되었다. 아테지의 경우 공간적 제약 때문에 대체로 옆줄을 친 그 반대쪽에 음가의 지표로 위치했다. 한자의 오른쪽에 위치한 위첨자 자리에 후리가나로 발음을 표기하는 전통으로 인해 방선은 왼쪽에 위치했다. 단순하게 보면 외래어의 이와 같은 표기는 인쇄된 페이지에서 음차를 전달하는 언어자료를 볼 수 있게 하고 언어적 기호의 의미 사용으로부터 구분할 수 있게 해주었다.

일관성의 창조: 표준화와 형식화

인쇄할 때 외래어를 표기하는 방선의 발명처럼 번역어와 외래어의 복합적 사용과 함께 서양을 명확하게 번역하려는 세 번째 노력은 번역을 조정하고 체계화하고 인가하는 작업이었다. 한마디로 일본어와 유럽어 사이의 적합한 조응을 만들어내기 위해서는 표준화가 필요로 했는데, 외국책과 그 번역에 대한 중앙통제의 부재로 인해 학자들이 서양 용어를 자기만의 방식으로 번역했기 때문이다. 1880년대까지 수많은 교육자들은 첫째, 번역어를 표준화하고, 둘째, 문어체 일본어를 서구화에 대한 관심에 맞게 변형시킴으로써 의미를 안정화하는 것에 관심을 갖고 있었다. 이러한 판단들은 대중지와 학술지, 사학의 교육자와 그 기관, 그리고 도쿄제국대학과 문부성의 교육 관료간의 지속적인 상호작용 속에서 자라났다. 도쿄제국대학 교수들은 여기에서 특별히 중심적 역할을 했다. 1877년부터 1897년 사이에 유일한 국립대학으로서 도쿄제국대학과 교수들은 정부, 교육정책, 그리고 학문적 활동의 연결고리로 기여했기 때문이다.[45]

표준 번역어를 만들고자 했던 첫 번째의 작은 노력은 정부 규제와 법이었다. 어떤 특정한 단어들에는 사실상 공적이고 법적 이해관계가 걸려 있었다. 1872년 1월 교육성은 국가 이름에 대한 표준 용어를 결정하는 출판조례를 발표한다. 그 14조에 따르면 모든 출판물은 이후로 잉글랜드는 **영국**(英国), 프랑스는 **불국**(佛国), 프러시아는 **패국**(孛国), 러시아는 **노국**(魯国) 그리고 더 유나이티드 스테이츠는 **미국**(米国)를 사용해야 하며, "외국의 나라들"은 일반적으로 **외국**(外国)이라는 선호되던 번역어로 사용한다.[46] 유사하게 어떤 법은 유럽과 미국 사회에서 일반적인 법 아래 권리와 의무를 구체적으로 명시하기 위해 용어에 대한 정의를 제공했다. 예를 들어 1875년 출판조례 2조는 저작 혹은 번역물을 출판된 형태로 팔 수 있는 독점적 라이센스라고 판권을 정의하였다. 동일하게 1887년 출판규제는 "출판"에 대한 법적 정의를 법을 위반할 시 처벌에 대한 법적 책임을 져야 하는 저자, 출판업자, 인쇄업자라는, 행위의 세 당사자들에 대한 정의와 함께 설명한다.[47] 이상적으로 이러한 법적 정의는 효과적인 법의 집행을 알려주는 표준을 만들어낸다.

반대로 번역어의 표준화에 대한 학술적 노력은 연구 집단과 학문의 발전을 위한 공유된 어휘의 발전을 고무시키는 것과 관련이 있다. 만약 모든 사람이 동일한 용어로 작업한다면, 지적 교류는 매끄럽게 진행될 것이다. 도쿄제국대학에서 처음으로 이러한 노력을 시도한 사람은 1881년 인문과학의 어휘를 위해 영어와 일본어로 된 『철학사전』를 편집한 철학과 졸업자였던 이노우에 데쓰지로이다. 그가 이 사전의 이후 판본에서 지적했듯이 그의 동기는 영어단어와 정확히 등가를 이루는 일본어를 정립하는 것이었다(그리고 그 이후의 판본들은 해당 단어와 등가를 이루는 프랑스어와 독일어가 포함되었다). 독자와 번역자는 동일한 번역어와 통일된 이해로부터 수혜를 받을 수 있다. 따라서 그의 사전은 편리하게 볼 수 있는 영어 단어에 대한 일본어 번역어 목록을 제공했다.[48] 그는 나중에 『동양학예잡지(東洋学芸雑誌)』의 창립자 중 한 명으로서 수학교수였던 기쿠치 다이로쿠가 자연과학과 응용과학의 표준 용어를 만들도록 격려했다. 1883년과 1885년 3월 사이에 수학, 물리학, 기계공학, 화학, 광학, 그리고 대수학의 표준 번역어 사용을 권장하는 일련의 목록이 『동양학예잡지』에 출판된다. 이 목록들은 일본어에서 사용하는 한자 번역어와, 영어, 불어, 독일어 용어를 포함한다.[49]

1882년 5월 기쿠치는 이 프로젝트에 착수했던 이유에 대해서 설명했다. 그는 번역어를 표준화할 것을 제안했는데, 왜냐하면 모든 응용과학은 화학, 수학, 그리고 물리학의 어휘에 의존하기 때문이다. 기쿠치는 과학의 본성은 불완전하며 영속적으로 발전하는데 과학의 여러 분과에서 서로 다르게 사용하는 번역어가 모호성을 만든다고 보고 각각의 "사물"에 하나의 명칭을 붙이는 것이 더 낫다고 생각했다. 기쿠치는 발음하기 이상하고 기억하기 어렵다는 이유로 외국 글자나 가나 음차를 기각하고 이러한 형태의 단어를 일본어에 포함시키기보다는 일본이 중세 시대부터 해왔던 것처럼 한자 번역어를 계속해서 사용하는 것이 낫다고 주장했다. 전공자와 전문기관은 해당 전공 관련 핵심 용어를 표준화하고 공식화하는 위치에 있었는데, 이들 사이에 의견대립이 있을 경우 문부성이 중재하거나 특정 전문기관에 의뢰하였다. 그리고 실제로 이노우에와 기쿠치가 의뢰한 목록들은 해당 전문 학회의 번역 위원회에 의해 만들어졌다.[50]

번역어를 표준화하려는 예비적 시도들에 더해 문어체 일본어의 인쇄는 1880년대에 서구화를 더 잘 수용할 수 있는 방향으로 변화하기 시작했다. 결과적으로 발전한 것은 오늘날 우리가 볼 수 있는 문어체 일본어 형태이다. '가키쿠다시분(書下し文)'이라고 불리는데, 이 문어체 일본어는 한자와 히라가나를 혼합하고 콤마, 마침표, 그리고 기타 표기로 구두점을 표시하는 것이다. 현대 일본어에서도 비일본어를 표시하기 위해 가타카나를 사용해서 외래어를 표시한다. 발전의 느린 과정은 일본에서 유럽 어학 연구가 착수되기 시작된 1880년대에 시작되었다. 이미 지적했듯이 대부분의 서구화에 대한 서적들은 '가나마지리분'으로 인쇄되었다. 그러나 잡지 출판은 일본어 글쓰기의 다양한 스타일을 위해 다양한 인쇄기법을 결합시켰는데, 그렇게 인쇄된 것으로는 '가나마지리분'으로 된 서구화에 대한 글, 한문으로 된 문학 에세이와 비정기적으로 출판되는 서구와에 대한 글, 한문으로 된 중국풍의 시와 히라가나로 된 일본풍의 시, 그리고 히라가나로 된 일본 서예작품이 있다.

두 가지 점이 강조될 수 있다. 첫째, 『메이로쿠잡지』는 거의 '가나마지리분'만 사용한다는 점에서 오히려 잡지 중에서 예외적이었는데, 이 기호는 서구화와 관련된 학자들은 이 문어체 형태에 충실하다는 의미로 볼 수 있다. 둘째, '가키쿠다시분'은 1870년대에는 거의 사용되지 않았다. 서구화와 관련된 잡지 중에서 내가 본 사례는 1877년과 1879에 각각 출판하기 시작한 나카무라 게이우의 『동인사문학잡지(同仁社文学雑誌)』에 인쇄된 문학 에세이와 다구치 우키치(田口卯吉)의 『도쿄경제잡지(東京経済雑誌)』에서 출판된 경제 리포트 정도이다. 시장 가격에 대한 다구치의 리포트는 혁신적이었는데, 때때로 가타카나로 된 외래어를 들어가 있었기 때문이다. 이러한 스타일은 1882년 『동양학예잡지』의 「잡록(雑録)」과 「잡보(雑報)」에서 지속적으로 나타난다. 서구화에 대한 글을 위한 이러한 인쇄 패턴이 처음으로 적용된 것은 『동양학예잡지』 1883년도 판에 출판된 교육자 도야마 마사카즈의 작업이었다. 3년 뒤에 가토 히로유키는 『도쿄학사회원잡지(東京学士会院雑誌)』에서 이러한 패턴을 반복적으로 사용했고 1888년에 '가키쿠다시분'의 형태로 포맷을 변경했다.[51]

이러한 트렌드는 가타카나로 된 외래어 인쇄에서 방선을 없애고 구두점 인쇄를 위한 선을 줄을 남겨두는 것이었는데, 어떤 잡지에서는 1880년대에 이미 빠르게 이런 방식을 소개하기 시작했다. 구두점 찍기에 대한 추동력은 외국어를 독학하던 중 구두점의 단서를 발견한 식물학자 이토 게이스케(伊藤圭介)의 1881년 논문이었다. 그에 따르면 구두점은 문법의 구조를 명료하게 해주며, 일본 학자들이 외국어를 일본어로 번역할 수 있도록 도와줌으로써 문명의 진보에 도움이 된다. 반대로 만약 문어체 일본어에 구두점을 찍으면, 외국인들은 일본어를 그들의 언어로 더 쉽게 번역할 수 있을 것이고 일본 학생들은 더 쉽게 읽을 수 있다.[52]

인쇄기술에서의 이와 같은 변화로부터 알 수 있는 점은 유럽 어학 연구에서 설명되듯이 일본 학자들과 교육자들이 일본어를 유럽 언어의 형태로 모방하고자 끊임없이 분투했다는 것이다. 1880년대에는 일본어에 대한 언어학적 관심이 급증한다는 점이 목격된다. 오쓰키 후미히코는 현대 일본어를 위한 문법을 만들기 시작한다. 후쿠바 요시즈(福羽美静)는 고전 일본어를 위해 동일한 작업을 한다. 호리 히데나리(堀秀成), 와타나베 마카지(渡邊真楫), 모리 산케이(森三溪), 그리고 그 밖의 다른 학자들이 구어체 일본어의 진화를 공부하고 구어의 표준화를 위해 방언 형태로부터 올바른 형태를 구분하기 시작한다.[53] 더 나아가 학자들은 1880년대 내내 문어체 일본어의 형태에 대해서 다음과 같은 논쟁을 벌였다. 일본어에 한자를 계속 써야 하는가. 세계의 모든 사람들이 언어를 통일하기 위해 영어를 배워야 하는가. 라틴어 알파벳으로 중국문자와 일본문자를 대체하고 일본어는 로마자로 표기할 수 있는가.[54]

야마모토 마사히데나 나네트 트윈, 그리고 다른 사람들이 이미 작업한 이와 같은 질문을 다루는 것은 나의 의도가 아니다. 나는 그러나 일본이 서양과 관계 맺는 방식과 일본학자들의 측면에서 서양 학문을 번역하는 데 들인 많은 노력이 서양에 대한 이미지 속에서 일본어를 느리게 재구성하는 과정을 유도했다는 점을 강조하고 싶다. 어휘와 어휘의 문어적 재현은 19세기 후반기의 변형에 속한다. 반복하자면 이는 느리게 이루어진 변화과정이었다. 예를 들어 이노우에와 기쿠치가 번역어를 표준화하려는 기획은 제한적으로 성공했다. 이노우에의 『철학사전』의 경우 그의 등가적 번역어 중 몇몇은 살아남았고 다른 것들은 그렇지 못했다.[55] 내가 앞에서 지적했듯이 사전은 단어의 기호항목을 제공한다. 그러므로 이노우에의 노력은 언어 간의 적절한 조응을 제공하려는 노력이라는 점에서 적어도 번역의 다른 작업과 같다. 그러나 잘 봐주어도 이것은 양학을 배우는 학생들이 실제에 적용할 때 사용하는 하나의 참고자료 정도이다. 번역사에 대한 대안적 접근으로서 이 책의 이어지는 장들은 단어의 사용과 표준화의 역사를 이해하기 위해 "리버티", "라이트", 그리고 "소사이어티"라는 몇몇 구체적인 단어들을 검토할 것이다.

이 장에서 인용한 학자들이 그들이 시작한 과정과 상상했던 결말에 미친 영향과 관련된 남아 있는 사실을 언급해야 할 것 같다. 이노우에 데쓰지로, 기쿠치 다이로쿠, 도야마 마사카즈, 가토 히로유키, 그리고 이토 게이스케처럼 그들 중 다수가 자신의 분야에서 우월한 지위까지 올라갔고 또 그들 중 다수가 도쿄제국대학의 총장으로 임기를 마쳤다. 교육에 있어서 이들의 선두적인 위상은 1880년대 언어적 사용과 인쇄를 표준화하고 정상화하려 했던 노력보다 더 큰 영향력을 가졌을 것이라고 나는 생각한다. 교수와 관료로서의 위치에서 그들이 국립학교 시스템을 위한 교과서와 결정적인 커리큘럼을 썼고, 동료들에게 자신들이 사용하는 용어나 언어 습관을 수용하도록 강력하게 권고할 수 있었다. 그래서 그들이 옹호하고 시작했던 이 변화는 그 다음 세대의 학생에 대한 교육에 의존하게 되었다.[56]

주석

1 Twine, *Language and the Modern State*, 그리고 山本正秀, 『近代文体發生の史的研究』(東京: 岩波書店, 1965) ; 山本正秀, 『言文一致の歴史論考』(東京: 桜楓社, 1971/1981)와 山本正秀 編, 『近代文体形成史料集成』(東京: 桜楓社, 1978-1979)를 참조.

2 번역에 대해서는 Susan Bassnett-McGuire, *Translation Studies* (London: Methuen, 1980), MAry Snell-Hornby, *Translation Studies: An Integrated Approach* (Amsterdam: John Benjamin, 1988), Reuben A. Brower, ed. *On Translation* (Cambridge, Ass.: Harvard University Press, 1959) 그리고 George Steiner, *After Babel: Aspects of Language and Translation* (London: Oxford University Press, 1975)를 참조하라. 신뢰할만한 초기 메이지의 번역 작업에 대한 조사는 加藤周一, 丸山真男 編, 『日本近代思想大系 15: 翻訳の思想』(東京: 岩波書店, 1991)의 亀井俊介, 「日本の近代と飜譯」과 加藤周一, 「明治初期の翻訳」, pp. 342-380을 참조하라. 번역에 대한 두 가지 서로 다른 접근 방식에 대해서는 杉本つとむ, 『国語学と蘭語学』, pp. 376-390을 참조하라. 스기모토 쓰토무는 "의미(설명적인) 번역"을 "직역(글자 대 글자 번역)", 그리고 "음역"과 구분하였다. 柳父章는 『翻訳とはなにか: 日本語と翻訳文化』(東京: 法政大学出版局, 1985)에서 "카세트 효과"라는 개념을 사용하여 단어들이 새로운 의미를 재녹음하는 테이프와 같다고 주장했다.

3 Volosninov, *Marxism and the Philosophy of Language*와 P. N. Medvedev, *The Formal Method in Literary Scholarship: A Critical Introduction to Sociological Poetics*, trans. Albert J. Wehrle (Baltimore: Johns Hopkins University Press, 1978)를 참조.

4 Tzvetan Todorov, "Sign," in Ducrot and Todorov, *Encyclopedic Dictionary of the Sciences of Language*, pp. 99-105; Benveniste, *Problems in General Linguistics*, pp. 17-27과 43-48, 그리고 C.S. Peirce, *Philosophical Writings of Preice*, ed. Justus Buchler (New York: Dover, 1955), pp. 98-119를 참조.

5 [Henry Wheaton], 『万国公法』 [trans. W.A.P. Martin] (北京: 미상, 1864). 万国公法(江戸: 開成所, 1865), 1:1-3, 西周助, 『畢洒林(Vissering)著 万国公法』(江戸: 미상, 1868), 1:1-7. 요시노 사쿠조는 휘튼에게 있어서 공법은 "わがくに近代史に於ける政治意識の発生"(1927)이라고 논했다(『吉野作造博士: 民主主義論集』(東京: 新紀元社, 1948), pp. 57-72).

6 [Wheaton], 『万国公法』, 1:1a. 공의(公義)는 고대 중국 철학자(순자, 한비자, 묵자)

에게서 이기심에 대한 교정이라는 의미로 사용된다. 도쿠가와 시대에 이는 정부와 거의 동등한 의미를 갖고 있던 쇼군에 대한 존경심을 표시하는 용어로 사용되었다. 와타나베 히로시의 "역사적 일본어 용어에 대하여 (trans. Luke S. Roberts, *Sino-Japanese Studies* 10(1) (April 1998), pp. 32-42)"를 참조. 도쿠가와 정치에서의 공의에 대해서는 다음의 논쟁을 참조. Mary Elizabeth Berry, "Public Peace and Private Attachment: The Goals and Conduct of Power in Early Modern Japan," *Journal of Japanese Studies* 12(2) (1986), pp. 237-271; James W. White, "State Growth and Popular Protest in Tokugawa Japan," *Journal of Japanese Studies* 14(1) (1988), pp. 1-25; Mark Ravina, "State Building and Political Economy in Early-modern Japan," *Journal of Asian Studies* 54(4) (November 1995), pp. 997-1022. 메이지 유신의 출현에 대해 쓰여진 한 경고에서 도쿠가와 시대의 "공의"와 국제 관계의 "공법(public law)을 연관시키는 주목시킬 만한 글이 있다. 이에 대해서는 德天茂承·黒田長知, 「對外和親·国威宣揚の布告」, 芝原拓自 編, 『日本近代史想大系 12: 對外觀』(東京: 岩波書店, 1988), p. 3을 참조.

7 木戸孝允, 『木戸孝允日記』 1:148. John Peter Stern, *The Japanese Interpretation of the "Law of Nations" 1854-1874* (Princeton: Princeton University Press, 1979), pp. 80-92. 이 부분에는 오토 폰 비스마르크(Otto von Bismark가 이와쿠라 사절단에 대해 한 폭로성 발언(1873년 3월 15일)이 포함되어 있다. 비스마르크는 국제적 행위는 공포, 물리적 힘, 그리고 이익에 의해 인도되며, 국가의 힘만이 평등을 보장한다고 주장했다(pp. 88-89).

8 大国隆正, 『新真公法論』(1867), 田原嗣郎, 関晃, 佐伯有清, 芳賀昇 校注, 『日本思想史大界 50: 平田篤胤, 伴信友, 大国隆正』(東京: 岩波書店, 1973), pp. 495, 500, 503-505. 국제법적 맥락 속에서 오쿠니의 텍스트를 논한 연구는 Stern, *Japan's Interpretation*, pp. 74-75를 참조. 보호주의적인 맥락에 대해서는 Harootunian, "Functions of China in Tokugawa Thought", pp. 26-29를 참조.

9 Henry Wheaton, *Elements of International Law*, 6th ed. (Boston: Little, Brown, 1855), pp. 16-20, 2nd ann. ed., by William Beach Lawrence (Boston: Little, Brown, 1863), pp. 16-20. John Austin, *The Province of Jurisprudence Determined* (1832), ed. W. E. Rumble (Cambridge: Cambridge University Press, 1995), pp. 123-124과 171-175도 참조.

10 西周, 『百一新論』, 大久保利謙 編, 『西周全集 1』(東京: 宗高書房, 1981), pp. 248-251. 258-261, 265-274. Richard H. Minear, "Nishi Amane and the Reception of Western Law in Japan," *Monumenta Nipponica* 28(2) (1973): 151-175와 渡辺和靖, 『明治思想史: 儒教的伝統と近代認識論 増補版』(東京: ぺりかん社, 1985), pp. 70-92도 참조.

11 이 관찰에 대해서 나는 카렌 스캇에게 감사를 표한다. Rita Copeland, "The Fortunes of 'Non Verbum Pro Verbo': or, Why Jerome Is Not a Ciceronian," in The Medieval Translator: The Theory and Practice of Translation in the Middle Ages, ed. Roger

Ellis (Wolfeboro, N.H.: Brewer, 1989), pp. 15-35를 참조.

12 충실성과 접근성에 대한 나의 관점은 피터 뉴마크의 의미 번역하기(semantic translating) 대 의사전달 번역하기(communicative translating)에 대한 이론과 놀라울 정도로 유사하다. 의미 번역이 원본 텍스트의 내용에 중요성을 부여한다면, 의사전달 번역은 목표 독자의 이해와 반응을 중요하게 본다. 그러나 뉴마크는 이 차이를 번역자에게 조언을 하기 위해서 접근성의 관점에서만 논한다. 그의 언어의 정신주의 이론(mentalist theory of language)는 나의 접근과 달리 텍스트는 번역자가 이상적으로 그리고 정확하게 재생산할 수 있는 영향력과 의도를 갖고 있다고 가정한다. Approaches to Translation (Oxford: Pergamon Press, 1981), pp. 20, 38-56, 67을 참조. 두 번째의, 그러나 내 연구와 더 유사한 관점은 기데온 투어리의 적합성과 접근성에 대한 이론이다. Gedeon Toury, *In Search of a Theory of Translation* (Tel Aviv: Tel Aviv University, Porter Institute for Poetics and Semiotics, 1980), pp. 11-13, 75-76과 Palma Zlateva, "Translation: Text and Pre-Test: 'Adequacy' and 'Acceptability' in Crosscultural Communication," in *Translation, History, and Culture*, ed. Susan Bassnett and André Lefevere (London: Pinter, 1990), pp. 29-37을 참조.

13 [James Legge], *Graduated Reading: Comprising a Circle of Knowledge in 200 Lessons* (Hong Kong: London Missionary Society, 1864; repr. 江戶: 開物社, 1866), [p. ii]. 레그는 이 책의 초판본 서문에서 영어 텍스트는 베이커씨의 중서서원(中西書院)에서의 수업을 개작한 것이라고 언급했다. 레그 그 자신은 중국어 번역을 했고, 1864년 중간본에서 영어와 중국 버전을 모두 수정했다. 여담으로 그는 중국고전을 번역했고, 1876년 옥스퍼드 대학 최초의 중국학 학장이 되었다.

14 선교와 공리주의 간의 연관성, 특히 재화실용지식전파회(在華實用知識傳播会)에 대해서는 Kenneth Schott Latourette, *A History of Christian Missions in China* (London: Society for Promoting Christian Knowledge in China, 1929), pp. 220-226, 337-405를 참조.

15 小澤三郎, 「智環啟蒙と耶蘇教」『幕末明治耶蘇教史研究』(東京: 日本基督教団出版局, 1973), pp. 123-139을 참조. 또 增田涉의 『西学東漸と中国事情』(東京:岩波書店, 1979), pp. 16-22도 참조. 후루타 도우사쿠(古田東朔)는 「『智環啓蒙』と『啓蒙智恵の環』」, 近代語学会 編 『近代語研究』 2 (東京: 武蔵野書院, 1968), pp. 529-278에서 용어와 관계 대명사의 사용이라는 측면에서 레그의 원본과 우류 도라의 번역을 비교하였다. 사토 도오루(佐藤亨)는 『幕末·明治初期語彙の研究』(東京: 桜楓社), pp. 26-68에서 레그 원본의 어휘를 W. 롭스키드(Lobschied)의 English and Chinese Dictionary와 비교하였다.

16 마쓰다가 소장한 복사본은 『계몽지혜즉환(啓蒙知恵即環)』이라는 제목으로 되어 있다. 『西学東漸と中国事情』, p. 20을 참조. 우류는 오토시게루(於菟子)라는 필명으로 번역을 출판했다. 더 복잡한 점은 그는 우류 미도라로도 알려져 있으며 초산슈의 성은 때때로 오사라고 읽히기도 한다는 것이다.

17 연구는 서양 번역물들과 텍스트에서 사용되는 막말과 메이지 시기 산문을 분류하는

문제에 대해 양분되어 있다. 결과적으로 '와칸콘코분'과 '가나마지리분' 사이의 구분은 아무리 보아도 그다지 분명하지 않다. 양쪽 모두 "중국어와 일본어"의 혼합 형태를 의미하는 것이며, 그 시작은 헤이안과 가마쿠라 시대로 거슬러 올라가기 때문이다. 정의에서 계속 반복되는 주장은 사용된 가나의 형태에 대한 것이다. 와칸콘코분은 『헤이케 모노가타리(平家物語)』와 같은 중세 군담소설에서 문체가 정의된 것과 같이 한자와 히라가나를 혼용한 것이고, '가나마지리분'은 『곤자키 모노가타리(今昔物語)』와 같은 중세 소설과 전설에서 문체가 정의된 것과 같이 한자와 가타카나의 혼합이기 때문이다. 군담소설이 두 문체 모두를 취하고 있다는 사실은 이와 같은 정의를 혼란시키는데, 복사나 인쇄에 있어서의 변형이 텍스트의 표기법을 바꿀 수도 있기 때문이다. 나네트 트윈은 서구화에 대한 메이지 초기 글쓰기는 문형적으로 와칸콘코분이었다고 말한다. "The Genbunitchi Movement: Its Origin, Development, and Coclusion," *Monumenta Nipponica* 33(3) (Autumn 1978): 334-337을 참조. 비슷하게, 하야시 오키(林大)는 이러한 문체을 "계몽문체" 또는 "개화문체"라고 구체화하고 이를 '와칸콘고분'의 결과라고 칭한다. 林大, 「近代の文体」, 任藤喜代治 編, 『講座国語史 6: 文体史·言語生活史』(東京: 大修館書店, 1972), pp. 178-183을 참조. 그러나 다른 학자들은 와칸콘코분을 가나와 한자를 섞은 중세 문체라는 것에 대해 유보적 입장이다. 대신 그들은 양자 모두 메이지 초기 유럽어와 『메이로쿠잡지』와 같은 초기 잡지의 산문에서 등장하는 가나마지리분처럼 부자연스러운 번역이라고 설명한다. 또한 메이지 학자의 문체에 대한 몇몇 의식적인 코멘트를 본 바에 의하면 그들 자신의 글쓰기를 가나마지리분이라고 설명하기 때문에 나는 이 해석을 따른다. Habein, *History of the Japanese Written Language*, pp. 39-42, 48-50; 小中村清矩, 「国文ノ性質並沿革」, 『学芸志林』 4(1879. 5.): 289-298; 中村敬宇, 「四書素読の論」, p. 7; 外山正一, 「漢字を廃す可し」, pp. 308-309를 참조. 두 번째 관점의 한 변형으로는 한자와 가나를 혼용하는 모든 일본어의 형태를 '간지가나마지리분(漢字仮名交じり文)'이라고 설명하는 크리스토퍼 실리(Christopher Seeley)의 *A History of Writing in Japan* (Leiden: Brill, 1991), p. 90을 참조.

18 広瀬渡, 長田知儀, 『智環啓蒙和解』(미상 : 石川縣学校蔵版, 1873), 1:[1]. 참고로 원본에는 출판사로 金沢学校가 언급되어 있다(옮긴이).

19 於菟子[瓜生寅]. 『啓蒙知恵乃環』(東京: 미상, [1872]), 1:7b.

20 橋爪貫一, 『知恵啓蒙圖解』(東京: 宝集堂, [1872])도 참조. 이 책은 인체를 가르치기 위한 자세한 해부학 그림을 제공하는 레그 텍스트의 요약 선본이다.

21 広瀬渡, 長田知儀, 『智環啓蒙和解』, 1:32b-33a.

22 [Legge], *Graduated Reading*, p. 38b; [瓜生寅], 『啓蒙知恵乃環』, 3:4b-5a.

23 인쇄 시 발생하는 무수한 어려움 때문에 『백학연환』은 저술된 이후 110여년 간, 즉 1981년까지 출판되지 않은 상태였다. 『百学連環/Encyclopedia』, 『西周全集 4』를 참조.

24 동류어는 해석이 상당히 다양한, 후리가나에 대한 전후 연구의 기준을 넘어서는 복잡성의 정도를 잘 보여준다. 내 입장은 위첨자 가나와 아래첨자 가나를 모두 후리가나로 다루는 신도 사키코, 히다 요시후미의 고전적인 주장을 따른다. 유사하게 치에코 아리가는 이 모두를 루비(ルビ, 한자 옆에 다는 후리가나용 7호 활자-옮긴이)로 다루는데, 이를 후리가나의 기능과 위치에 대한 서로 다른 많은 용어 중 하나라고 주장한다. 최근 고바야시 마사히로는 메이지 텍스트에서 음차를 표시하는 아래첨자를 히다리 루비(왼쪽 루비)로, 의미를 번역하는 위첨자를 후리가나로 정확하게 불러야 한다고 구분하였다. 내 연구는 그의 구분이 보편적으로 적용되지 않는다고 논박한다. 進藤咲子, 「明治初期のふりかな」, 近代語学会 編, 『近代語研究』 2 (東京: 武蔵野書院, 1968), pp. 489-504; Chieko Ariga, "The Playful Gloss: Rubi in Japanese Literature," *Monumenta Nipponica* 44(3) (Autumn 1989): 309-335, 小林雅宏, 「『西国立志編』における左ルビの字音語」, 近代語研究会 『日本近代語研究』 1 (春日部市: ひつじ書房, 1991), pp. 93-116를 참조. 엄선된 메이지 텍스트에서 후리가나 사용에 대한 광범위하고 유용한 분석은 飛田良文, 『東京語成立史の研究』 (東京: 東京堂出版, 1992), pp. 782-864를 참조.

25 확장된 논쟁은 Howland, "Nishi Amane's Efforts to Translate Western Knowledge"를 참조.

26 외래어에 대해서는 Theodora Bynon, *Historical Linguistics* (Cambridge: Cambridge University Press, 1977), pp. 217-232를 참조.

27 Ariga, "Playful Gloss"를 참조.

28 Roman Jakobson, "On Linguistic Aspects of Translation," in *On Translation*, ed Reuben Brower (Cambridge, Mass.: Harvard University Press, 1959), pp. 232-23.

29 1880년대 한 사례는 有賀長雄, 「支那の開明と西洋の開明との差別」, pp. 358-359, 371을 참조. 여기에서 동류어는 "일반적"과 "추상적"처럼 "개인적인"과 "특수한"을 교환한다. 최근의 사례로는 西川長夫, 『国境の越え方』, p. 83을 참조. 여기에서 동류어는 서양과 '오쿠시덴토(occident)', 동양(東洋)과 오리엔토(orient)를 병치시킨다.

30 西周, 「心理学翻訳凡例」(1878), 山本正秀, 『言文一致の歴史論考』, p. 84.

31 중국연구에 관심있는 독자들은 일본인들이 외래어와 번역어를 구분하는 데 반해 중국어법에서는 이 둘을 각각 역음(譯音)과 의역(義譯)이라고 하는 외래사(外來詞) 또는 차사(借詞)의 두 가지 형태로 다룬다. 영어로 제리 노만은 한자에서의 이러한 음역(일본에서는 아테지(あてじ)라고 부름)을 "외래어"라고 부르고 한자로 구성된 번역어를 "어의외래어(calques)" 혹은 차용번역라고 언급한다. Jerry Norman, *Chinese* (Cambridge: Cambridge University Press, 1988), pp. 20-21을 보라. 최근 핑첸은 더 복잡한 전문용어를 소개했는데, 외래어는 발음표기(phonetic transcription)로, 형태소 대 형태소 또는 "호스파워(horsepower"를 마력(馬力)과 같이 번역하는 직역은 차용번역

으로, 그리고 의미를 잡아내기 위한 신조어를 의미번역(semantic translation)으로 제시하였다. Ping Chen, *Modern Chinese: History and Sociolinguistics* (Cambridge: Cambridge University Press, 1999), pp. 101-105를 참조.

32 나 역시 그가 사전을 의지하기에 한계가 있었다는 점을 발견하기는 했으나, 초기 메이지 번역어에 대한 권위 있는 연구는 모리오카 겐지에 의해 이루어졌다. 森岡健二 編,『改訂近代語の成立 - 語彙編 - 』(東京: 明治書院, 1991)과「開化期翻訳書の語彙」, 佐藤喜代治 編,『近代の語彙』(東京: 明治書院, 1983)을 참조. 한자로 이루어진 단어 신조어에 대한 일반적인 논의는 鈴木修次,『漢字 — その特質と漢字文明の將來』(東京: 講談社, 1978), pp. 167-200을 참조. 히나타 도시히코는『메이로쿠잡지』의 번역어를 검토했다. 日向敏彦,「近代漢字の位相 -『明六雑誌』を中心として」,『日本語学』12(8)(1993.7): 66-74를 참조.

33 飛田良文,『東京語成立史の研究』, pp. 443-444. 한자 번역어의 유행에 대해서는 石綿敏雄,「現代の語彙」,『講座国語史 3: 語彙史』(東京: 大修館書店, 1971), pp. 358-368을 참조.

34 메이지 초기 아테지 연구를 위한 중요한 도구는 宛字外来語辞典編集委員会編,『宛字外来語辞典』(東京: 柏書房, 1979)이다.

35 間崎万里,「福澤諭吉の『西洋事情』」,『史学』(慶応義塾大学) 24(2-3)(1950):89-105. 佐藤亨,『幕末·明治初期語彙の研究』, pp. 394-436도 참조. 후쿠자와는 "연설", 즉 엔제츠를 위한 번역어를 만든 것으로 또한 인정받는다. 그는 자서전과 전집의 서문에서 번역에 대한 그의 접근과 번역이 지나치게 "진부한" 것이 되었다는 후회를 토로했다. The Autobiography of Fukuzawa Yukichi, with *Preface to Collected Works of Fukuzawa*, trans. Eiichi Kiyooka (Tokyo: Hokuseido, 1981), pp. 80-84와 pp. 3-13, pp. 33-36 참조.

36 森岡健二 編,『改訂近代語の成立 - 語彙編 - 』, pp. 96-106.

37 中村敬宇 譯,『西国立志編』(東京: 銀花堂, 1888), pp. 38, 93, 114-145. 195-196. 228. 257. 나카무라의 번역 습관의 측면에 대한 소개로는 西尾光雄,「『西国立志編』のふりがなについて」,『近代語研究』2:473-488, 일본어 표준문(후츠분, 普通文)에 대한 나카무라의 번역의 기여에 대해서는 岡本勲,『明治諸作家の文体-明治文語の研究-』, pp. 447-468을 참조. 가와니시 스스무(川西進)는「『セルフ·ヘルプ』と『西国立志編』」,『近代日本の翻譯文化』, pp. 79-96에서 나카무라의『자조론』번역, 특히 "개인"에 대한 번역을 비판한다.

38 西周,『百一新論』, pp. 272-273; 福澤諭吉,『通俗民権論』(1878), 富田正文 編,『福沢諭吉選集 5』, p.90.

39 中山泰昌 編,『新聞集成明治編年史 4』, pp. 95, 123, 136.

40 中山泰昌 編,『新聞集成明治編年史 4』, pp,58, 61, 68, 72-128 등을 참조.

41 飛田良文,「近代語彙の概説」,『近代の語彙』, p. 25. 또한 飛田良文,『東京語成立史の研究』, pp. 516-158도 참조. 나의 서베이는『新聞集成明治編年史 4』(1879)와『新聞集成明治編年史 6』(1887)에 기초한다. 정확한 수치는 1879년에 21번, 1887년에 58번 나타나며, 여기에는 국가명(2에서 10으로 증가), 인명(10에서 23으로증가), 그리고 일반 명사(9에서 25으로 증가)가 포함된다. 메이지 시기 외래어의 성장에 대한 정보는 찾기 어려우며 히다의 정보가 내가 본 유일한 데이터이다. 모든 전문가들은 외래어의 사용이 전후 시기에 극적으로 증가한다는 것에 대해 동의한다. 비교해 보자면, 1956년의 한 서베이는 외래어가 일반 일본어 어휘의 10 퍼센트를 차지한다고 결론내렸고, 1966년의 한 서베이에서는 외래어가 주요 신문에서 사용되는 일본어 어휘의 12퍼센트를 차지한다고 나온다. 石綿敏雄,『日本語の中の外來語』(東京: 岩波書店, 1985), p. 17를 참조. 일반 일본어 어휘 중 외래어에 대해서는 이시와타와 함께 Leo J. Loveday, *Language Contact in Japan: A Socio-linguistic History* (Oxford: Clarendon Press, 1996), pp. 47-76; Roy Andrew Miller, *The Japanese Language* (Chicago: University of Chicago Press, 1967), pp. 235-267; 飛田良文 編,『英米外來語の世界』(東京: 南雲堂, 1981)를 참조. 중세 및 도쿠가와 시기의 배경에 대해서는 杉本つとむ,『杉本つとむ日本語講座』(東京: 桜楓社, 1980); 矢口茂雄,「明治以前に於ける外來語の音尋」,『外來語研究』4(2)(1938.1): 49-72를 참조.

42 大槻文彦,「外來語原稿」,『学芸志林』17(1884.2):122-139, (1884.4):370-384, 그리고 (1884.6): 572-590. 오쓰키는 영어에 있어서는 대체로 무시를 당했다. 그의 전기는「大槻文彦博士年譜」,『国語と国語文学』5(7)(1928.7): 22-82; 古田東朔,「大槻文彦傳」,『月刊文法』1-17 (1969.5-1971.3). 그의 에세이 전집은『復軒雜纂』(東京: 慶文堂書店, 1902)로 출판되었다.

43 石綿敏雄,『日本語の中の外來語』, pp. 138-145 참조. 도쿠가와 시대 동안 난학자들은 가타카나로 외래어를 표기했다. 야에코 사토 하베인에 따르면 외래어를 위한 가타카나 사용법은 전후 시기 법에 의해 규정되었다. *History of the Japanese Written Language*, p. 103을 참조.

44 飛田良文,『東京語成立史の研究』, pp. 443-444.

45 제프리 하네스(Jeffery E. Hanes)는 최근 연구에서 많은 역사학자들은 메이지 국가의 효과로 보아온 중앙집권화는 표준화를 통해 된 것이며, 따라서 표준화가 훨씬 더 중요한 과정이라고 주장한다. "Contesting Centralization? Space, Time, and Hegemony in Meji Japan," in *New Directions in the Study of Meiji Japan*, ed. Helen Hardacre with Adam L. Kern (Leiden: Brill, 1997), pp. 485-495.

46 "Mombushō Book and Press Regulations" in W. W. McLaren, ed., *Japanese Government Documents* (1914; Tokyo: Asiatic Society of Japan, 1979), p. 533. "佛国"을 프러시아라고 표기한 맥라렌(McLaren)의 오류를 수정했다.

47 1875년 출판법은 『新聞集成明治編年史 2』, p. 391에 재인쇄되었다. 이는 1872년 출판법을 수정한 것이다. 이는 W. W. McLaren, ed., *Japanese Government Documents*, pp. 532-533에 포함되어 있다. 1887년 출판규제는 W. W. McLaren, ed., *Japanese Government Documents*, p. 551에 나와 있다.

48 永嶋大典, 『蘭和·英和辞書発達史』, pp. 94-115; 한자 번역어의 귀중한 인덱스를 붙인 이 사전의 재판에 대한 히다 요시후미의 해설도 참조하기 바란다. [井上哲次郎], 飛田良文 編, 『哲学字彙訳語総索引』(東京: 笠間書院, 1979), pp. 223-239.

49 [菊池大麓]. 「套言譯語」, 『東洋学芸雑誌』 22-30 (1883.7-1884.3), 『東洋学芸雑誌』 32 (1884.5), 『東洋学芸雑誌』 38 (1884.11) 그리고 『東洋学芸雑誌』 40-42 (1885.1-1885.3). 『東洋学芸雑誌』에 대해서는 下出隼吉, 『明治社会思想研究』(東京: 浅野書店, 1932), pp. 270-291을 참조.

50 菊池大麓, 「学術上ノ譯語ヲ一定スル論」, 『東洋学芸雑誌』 8 (1882.5.25.) 154-155.

51 [미상], 「教訓の譯文」, 『同仁社文学雑誌』 11 (1877.2.27): 1a-fb; 「東京諸相場」, 『東京経済雑誌』 1 (1879.1. 29): 22-35; 「雑録」 그리고 「雑報」, 『東洋学芸雑誌』 9 (1882.6.25): 1-2; 外山正一, 「人権新説の著者に質し併せて新聞記者の無学を賀す」, 『東洋学芸雑誌』 16 (1883.1.25): [pp. 불명]; 그리고 加藤弘之, 「男尊女卑の是非得失」, 『東京学士会院雑誌』 9(4) (1886.12.12): 1-32.

52 伊藤圭介, 「日本人ノ雅俗文章ニ於ケル. 句讀段落ヲ標示スルヲ以テ必要トセサルハ. 一缺事タルヲ辨ス」, 『東京学士会院雑誌』 2(10) [1881 후반]: 13-18. 일본어에서 구두점의 발달에 대해서는 飛田良文, 『東京語成立史の研究』, pp. 865-887, 그리고 Twine, *Language and the Modern State*, pp. 250-256 참조. 트와인은 구두점이 찍힌 텍스트의 초기 사례들을 인용했으나, 당황스럽게도 구두점의 후기 옹호자인 이토의 에세이를 무시했다.

53 福羽美静, 「用言辯誤」, 『東京学士会院雑誌』 4 (1882.11): 199-221; 堀秀成, 「言語の變遷」, 『学芸志林』 9(48) (1881.7): 1-9; 渡邊真楫, 「言語の變遷」, 『学芸志林』 9(48) (1881.7): 9-17, 그리고 『学芸志林』 9(49) (1881.8): 103-116; 堀秀成, 「言語正訛辨」, 『学芸志林』 13(73) (1883.8): 1-16; 森三溪, 「言語變遷並ニ正訛辨」, 『学芸志林』 13(73) (1883.8): 113-142; 渡邊真楫, 「言語正訛辨」, 『学芸志林』 13(73) (1883.8): 143-154.

54 神田孝平, 「万国言語一説」, 『東京学士会院雑誌』 4(1) (1882): 211-216; 川田剛, 「日本普通文字ハ將來如何ニナリ行クカ」, 『東京学士会院雑誌』 9(1) (1886.11): 1-32. 로마자의 채택에 대한 동요에 대해서는 Twine, *Language and the Modern State*, pp. 214와 240-244; 山本正秀의 『近代文体發生の史的研究』, pp. 299-330을 참조. 문어체 일본어의 메이지 시대의 변형에 대한 개괄은 Habein, *History of the Japanese Written Language*, pp. 97-103; 林大, 「近代の文体」와 Seeley, *History of Writing in Japan*, pp. 128-151을 참조.

55 森岡健二編著,『改訂近代語の成立 - 語彙編 - 』, pp. 418-422 참조.

56 근대 일본어의 구어체와 문어체를 만들어내는 데 있어서 교육 시스템의 역할에 대한 많은 연구가 존재한다. 연구의 시작으로 유용한 연구로는 Lincicome, Principle, *Praxis, and Politics*, pp. 204-229와 平沢啓,「明治二十年代作文教科書の模範文」,『日本近代語研究』1:139-157. 일본 국립국어연구소는 학교 교과서의 어휘 및 일반 언어와의 관계에 대한 방대한 연구를 마쳤다. 国立国語研究所 編,『国定読本用語総覧 1: 第一期 (a-n)』(東京: 国立国語研究所, 1985). 대체로 도쿄방언에 기초한 '표준어'의 발달에 대해서는 飛田良文,『東京語成立史の研究』; 亀井孝·大藤時彦·山田俊雄 編,『日本語の歴史 6: 新しい国語への歩み』(東京: 平凡社, 1976); 그리고 真田信治,『標準語はいかに成立したか — 近代日本語の発展の歴史』를 참조.

제4장

자유의 구축

자유는 반드시 19세기 정치이론의 핵심적 요소인 것만은 아니다. 가토 히로유키가 1861년 집필한 『도나리구사(隣草)』의 정치체제 유형에 대한 설명이 보여주듯이, 독재, 군주제, 공화제, 민주제적 정부형태는 자유에 대한 언급 없이도 얼마든지 설명 가능했다. 일본의 정치이론은 도쿠가와의 난학으로부터 시작해서 1853년 이후 영미와 프랑스 이론을 받아들였는데, 이는 그 카운터파트가 되는 유럽과 마찬가지로 독재와 인민의 변증법에 기초하고 있었다. 하지만 군주제의 제한과 입헌주의의 토대를 설명하기 위해서는 두 번째 변증법, 즉 자의적 권력과 법의 변증법이 필요하다. 법은 주권자의 특권을 제한하면서 이를 국민의 권리로 바꾸어놓으며, 이로써 정체의 무게 중심은 주권자에서 인민으로 옮겨가며 입헌군주제가 시행된다. 토마스 홉스(Thomas Hobbes)나 벤자민 콩스탕(Benjamin Constant)과 같은 정치이론가의 글에서 설명되듯이, 법은 새로운 주권자가 되어 군주의 자의적 권력을 대체해서 국민의 권리를 보호한다. 그 결과 모든 사람은 법의 신민이 된다.

따라서 19세기 일본에서 자유에 관한 유럽적 개념의 수용을 살펴보기 위해서는 두 가지 점에서 이론적으로 조심해야 한다. 첫째 "소극적 자유", 즉 개인과 그의 정치적 권리를 둘러싼 비간섭의 영역에 대한 우리의 현대적 선호로부터 물러나야 한다. 그 대신 콩스탕이 "고대인의 자유"라고 불렀고 17세기 영국 공화주의자들이 "시민적 자유"라고 불렀던 "적극적 자유", 즉 법의 집단적 제정을 통해 추구되는 적극적 자기통치를 통한 인간의 정치교육에 관심을 기울어야 한다.[1] 프랑스혁명에서 발견되는 이러한 적극적 자유의 과도함 때문에 영미 자유주의 전통은 존 스튜어트 밀의 『자유론』 출판 이후 한 세기 반 동안 소극적 자유를 선호했다.[2] 그 결과 중 하나는 밀, 허버트 스펜서(Herbert Spencer)와 소극적 자유를 옹호했던 다른 자유주의자들이 정치참여라는 적극적 자유를 권리가 아니라 후견인 자격을 지닌 지배계급이 자격을 갖춘 동료 시민에게 신중히 부여하는 특권으로 철저히 방어하게 되었던 점이다.[3]

두 번째로 이론적으로 조심해야 될 사안은 시민적 자유와 소극적 자유에 영향을 받은 시민적 권리 전통 간의 차이이다. 블랜다인 크리켈(Blandine Kiregel)이 초기 유럽의 왕실 법학에 대한 도발적 연구에서 지적했듯이, 19세기 이후 시민적 권리에 관한 자유주의적 논변이 우세해지면서 시민적 또는 "인간적" 자유라는 더 오래된 전통이 간과된 경향이 있어왔다. 홉스, 장 보댕과 기타 영국과 프랑스의 동시대인들이 옹호했던 인간으로서의 자유는 법치를 통해 주권 국가가 보호하는 개인의 안전, 개인의 자유 그리고 개인의 재산을 포함한다. 봉건적 힘에 의한 폭정과 달리 주권 국가는 정의, 특별히 평화와 개인의 안전이란 목적을 달성하기 위해 권력의 분립을 필요로 한다.[4] 그런데 이처럼 인민을 독재적 영주로부터 보호하기 위해 법치를 강조했던 이 초기 전통은 이제 "보수적"으로 인식되고, 다수의 폭정으로부터 인민을 보호하기 위해 시민적 권리를 강조한 후기의 전통은 "자유주의적" 입장이 되어버렸다. 하지만 양자는 모두 유럽의 군주제적 독재에 대한 반발이었고, 그런 이유에서 19세기 일본에서 입헌정부를 정당화하기 위한 논리로 수용되었을 때 그 양자는 모두 일본 지식인에게 매력적이었다.

가토 히로유키의 선례를 고려하면 '리버티(liberty)'는 19세기 일본에 수입된 서구 정치담론 중 문제적 요소로 이해되어야만 한다. "소사이어티(society)"와 같은 여타의 정치적 어휘와 비교해보면 "리버티"란 용어와 그 동의어인 "프리덤(freedom)"은 이른 시기에 안정적인 번역 형태를 갖추었다. 즉 1875년이 되면 **자유**(自由)가 일본 독자와 저자들 사이에서 일반적으로 받아들여졌는데, 이는 주로 두 권의 널리 읽힌 책 덕분이었다. 그 하나는 후쿠자와 유키치의 『서양사정』으로 1866년에서 1870년 사이 세 권으로 출판되었으며, 다른 하나는 1871년 출판된 나카무라 게이우의 『자유지리』로서 존 스튜어트 밀의 『자유론』의 세밀한 번역서였다.* 그러나 "자기 결정"이라는 '리버티'의 정치적 가치가 '리버티'의 소극적 의미, 즉 "리버타인(libertine)"이란 표현에서 잘 드러나듯이 "이기심"으로 이해되는 것에 의해 끊임없이 위협을 받는 상황에서 **자유**와 '리버

* 나카무라 게이우의 『자유지리』는 1871년 번역되었고, 이듬해 1872년 간행되었다(옮긴이).

티'는 단순히 동일시될 수 없었다. 후쿠자와와 나카무라는 '리버티'가 협력, 상호 존중 그리고 재능에 대한 보상과 관계있음을 강조해서 양자 간 긴장을 억제하고자 했다. 하지만 그들의 시도는 성공적이지 못했던 것으로 여겨지기도 한다. 그래서 현재에도 일부 문헌학자는 이 강력한 긴장이 여전히 자유에 남아있으며, 이런 점에서 현대 일본어에서 자유는 "리버티"의 등가물이 아니라고 주장한다.[5]

그러나 이러한 주장은 물론 과도한 것이다. 왜냐하면 일본에서 "리버티"의 발전은 영어권에서 "리버티"와 여기에 연관된 "리버럴(liberal)"의 발달과도 상당한 수준 일치하고 있기 때문이다. 영어권에서 이 용어의 최초 사용은 자유인과 아량 있는 사람의 상징인 "리버럴 아츠(liberal arts)"였지만, '리버티'는 곧 허용 또는 특권이란 맥락 속에서 쓰이게 되었다. "신민의 리버티즈"가 대표적인데, 이는 특수한 주권에 의심할 여지 없이 복속된 상황 하에서 부여된 권리를 지칭했다. 이러한 형식적 권리를 지칭하는 또 다른 단어는 "라이센스(license)"이며, 이의 부정적 형태인 "라이센츄어스(licentious)"와 보조를 맞추어, 무절제함이라는 '리버티'의 부정적 의미가 16세기에서부터 발전했다. 이는 셰익스피어의 『헛소동(Much Ado About Nothing)』의 "무절제한(liberall) 악당과 같은"이나, 존 녹스의 『첫 번째 나팔(The First Blast of the Trumpet Against the Monstruous Regiment of Women)』에서 "그의 혀의 무절제함(libertie)으로 인해 참수 당했다"는 표현에서 확인할 수 있다. 다른 한편 '리버티'가 '프리덤(freedom)'으로서 정치적 의미를 강하게 띠기 시작한 것은 15세기로 거슬러 올라간다. 중세 이탈리아 자유시에서 라틴어 '리버타스(libertas)'의 발전과 마찬가지로 '리버티'는 봉건적 제약으로부터의 '프리덤'을 의미했으며 자치를 찬양했다. 18세기 영국에서 '리버티'는 개방적이며 개혁적이라는 "리버럴"의 정치적 지위와 결부되었다. 하지만 "부적절한" 또는 "비정통적인"이라는 '리버럴'의 부정적 의미는 지속되었고 그 덕분에 현상유지의 옹호자들은 그들의 대적을 "리버럴"로 비난할 수 있었는데, 이는 상대방의 신념을 "이질적인" 또는 "비정통적인" 것으로 의문시 삼는 것이다. 이처럼 '리버럴'과 '리버티' 그리고 '프리'와 '프리덤'은 공히 15세기부터 긍정적 의미와 부정적 의미 사이에서 오락가락했다.[6]

메이지 초기 '리버티'의 일본어 번역에서 특징적인 부분은 **자유**와 '리버티' 간 넘을 수 없는 간격이 아니었다. 오히려 일본 지식인들은 1855년에서 1875년의 20년 사이에 서양에서 수세기 동안의 역사를 지닌 영어 개념에 직면해야 했다는 사실이다. 일반적으로 대다수의 일본인 지도자들은 존 스튜어트 밀이나 알바니 드 폰블랑(Albany de Fonblanque)과 같은 영국 이론가들이 찬양했던 유익한 힘으로서 **자유** 또는 "리버티"라는 주장을 받아들이지 않았다. 그들은 '리버티'의 역동성을 알아챘지만 그것이 국민에게 더욱 요구되는 덕성들과 지역과 국가 내부의 질서 유지를 저해한다고 의심했다. 즉, 타인에 대한 의무와 높은 지위에 있는 사람, 특별히 대중의 소요를 억눌러서 공공의 평화를 정당하게 보호하는 정부에 대한 충성이 더 중요했던 것이다. 앞으로 살펴보겠지만 일본에서 자유의 구축은 두 가지 문제를 안고 있었다. 하나는 가치들 간의 긴장, 즉 개인의 절대적 권리로서 자유와 더 나은 선을 위한 수단으로서 자유 사이의 긴장이다. 다른 하나는 자유가 입헌정부와 문명을 창출한 것인지, 아니면 자유는 입헌정부와 문명의 효과인 것인지와 같은 인과관계와 관련된 문제였다. 근본적으로는 초기 메이지 지식인들은 개인의 근본 권리로서가 아니라 문명을 위한 수단으로서 자유에 관심을 가졌다. 1874년에서 1875년은 자유가 출판의 자유에 관한 신문지상의 토론을 통해 공공영역에 진입했던 시점인데, 바로 그 때 일련의 놀랄만한 반전을 거치면서 메이지 지식인들은 개인의 자유에 대한 자유주의적 해석을 철회하고 1860년대 수용되었던 시민적(인간적) 자유라는 초기 전통으로 선회했다. 법치 아래에 국민의 안녕을 보호한다는 국가의 주장이 국가의 개입으로부터 개인의 자유를 보장하는 자유주의적 주장을 압도한 것이다.

자율성과 개인의 재량

일본 문헌학자들이 동의하고 있는 바는, 1870년대 일본의 사전 편찬자들이 영어 "리버티"와 그와 유사한 단어들 즉, 프랑스의 '리베르테(liberté)', 네덜란드의 '프레이헤이트(vrijheid)', 독일의 '프라이하이트(Freiheit)' 그리고 영어의 '프리덤'을 주로 네 개의 표현으로 번역하고 있었다는 것이다. 이 네 개의 표현들은 모두 당대 식자층의 중국인 또는 일본인들이 알고 있던 한자 표현이었는데, 첫째는 **자주**(自主)(자기-지배 또는 자신의 권위로 행동함), 둘째는 **자유**(自由)(제한을 받지 않고 자신의 의도를 따름), 셋째는 **자재**(自在)(제한을 받지 않고 자신의 의도를 따른다는 의미이지만, '유(由)'가 목적의식을 담고 있다면 '재(在)'는 상태를 뜻하며 이런 점에서 목적의식이 다소 약하다는 뉘앙스를 가짐), 넷째는 **불기**(不羈)("고삐가 없는" 말의 이미지에 근거한 은유로서 제한받지 않아 자유롭다는 의미)이다. 이에 덧붙여 이 용어들은 **자주자유**(自主自由)(스스로 결정하며 자유로움)와 **자유자재**(自由自在)(완전히 자신이 좋아하는 것은 무엇이든지 자유롭게 할 수 있음) 식으로 두 개씩 결합해서 강조하는 의미로 사용되었다. 하지만 1860년대의 주요한 법률과 정치 문서에는 —물론 문헌학자들의 연구가 바탕으로 삼고 있는 사전은 그렇지 않지만 —훗날 표준 번역어가 되는 **불기**나 **자유**는 거의 발견되지 않는다. 그 대신 **자주**와 **자재**가 공히 발견되며, 그 중에서 특히 후자가 "리버티"의 번역어로 확실하게 사용되었다고 할 수 있다.[7]

1860년대에 집필된 이 주요 문서들은 모두 네덜란드 자료에 기반하고 있으며, 메이지 정부에 적절한 시기에 가담했던 난학자들이 집필한 것이다. 가토 히로유키의 『도나리구사』(1861)와 『입헌정체략(立憲政体略)』(1868)은 난학숙에서 소장하던 문서를 바탕으로 한 것인데, 이는 유럽 "정치체"의 주된 유형 즉, 군주제와 공화국을 기술하고 있다. 쓰다 마미치의 『태서국법론(泰西国法論)』(1868)과 니시 아마네의 『비셰링의 만국공법(畢酒林 著 万国公法)』(1868)은 네덜란드의 정치경제학자 사이먼 비셰링의 강의를 바탕으로 하고 있는데, 그들은 1863년에서 1865년까지 라이덴에서 그의 강의에 참석했다. 쓰다는 국가 권력의 분립, 민법과 형법, 시민의 권리와 의무 등을 검토했고, 니시는 국가의 교전과 강화의 권리를 검토했으며 또한 외교 의례에 관한 자세한 장을 포함시켰다. 나아가 니시의 『백학연환』(1870~1871)은 서양 학문을 폭 넓게 개괄했고, 또 그의 비셰링의 자연법에 관한 강의 요약은 그들의 동료인 간다 다카히라의

『성법략(性法略)』(1871)의 토대가 되기도 했는데, 이것은 개인의 자연권론을 설명한 책이다.[8]

이 글들은 당시 유럽의 정치이론에서 다루고 유럽과 북아메리카에서 도입되었던 정치체제들을 조사했다. 이 장과 다음 장의 목적에서 볼 때 이 글들은 매우 중요한데 이는 '리버티'와 '라이트'라는 주요 개념들이 소개되고 있기 때문이다. 이들은 전체적으로 보자면 정치에 관한 세 개의 주요한 토론을 제공한다. 첫째 가토, 니시와 쓰다는 공통적으로 정치체제를 독재, 절대 군주제, 입헌 또는 제한 군주제, 귀족 공화제, 민주 공화제의 다섯 가지로 구별한다. 둘째로 가토와 니시는 입헌체제의 중심에 있는 삼권분립, 즉 정부의 입법, 행정, 사법 기관을 기술한다. 셋째로 간다와 가토와 쓰다는 시민들이 공유하는 권리를 논함에 있어 간다의 경우는 자연법의 맥락에서, 가토와 쓰다는 입헌정부의 두 가지 유형, 즉 입헌군주제와 민주공화국에서 이를 다루고 있다. 그런데 공통의 권리를 다루는 이 세 번째 논의에서 바로 '리버티'가 자재로서 등장한다.[9]

예를 들면 가토가 '리버티'를 논하는 것은 『입헌정체략』의 마지막 부분인데, 여기에선 입헌정체에서 인민이 가지는 8개의 사권(私權)이 열거되고 있다. 그 권리란 1) 생명에 대한 권리, 2) 육체의 자율성에 대한 권리, 3) 행동의 자유에 대한 권리, 4) 집회와 결사의 권리, 5) 사상, 언론과 저술의 자유에 대한 권리, 6) 신앙의 자유에 대한 권리이다. 그리고 일곱 번째는 "인민의 동등성에 대한 권리"인데, 이에 관해 가토는 모든 인민의 권리를 보호하는 법들의 동등성으로 인해 누구든 가족이나 공직과 무관하게 절대적 불편부당하게 대우받을 수 있는 권리를 가지고 있다고 설명

한다. 마지막 여덟 번째는 "자유롭게 재산을 소유할 수 있는 개인의 권리" 이다.[10]

3, 4, 5번과 6번의 권리들은 근본적 시민적 자유에 해당되는 내용을 해석한 것이다. 따라서 가토와 쓰다가 사용한 자재라는 표현은 "리버티"의 번역어가 분명하다. 하지만 가토의 권리에 대한 명단과 쓰다의 것을 비교해보면, 그들의 '리버티'에 대한 번역에는 두 개의 명확한 긴장이 존재한다. 첫째, 신앙의 자유란 용어를 대신해서 다른 표현을 쓰고 있는 쓰다의 경우가 명확히 드러내주듯이, '리버티'는 "자유권"이라고 하는 추상적 언어로 표현될 필요가 없었다. 가토는 신앙의 자유에 대한 권리를 명기하고, 신앙에 관한 문제에 있어서는 자신의 재량이 우선되어야 한다고 설명한다. 이와 달리 쓰다는 요점에 좀 더 직접 들어간다. 즉, 사람은 "종파적 교리를 믿거나 종파의 예식에 참여하는데 자신의 재량대로 할 권리"를 갖고 있다고 설명한다.[11] 이 경우 '리버티'는 믿음에 대해 개인이 재량을 행사한다는 것에 내재되어 있다. 가토와 쓰다의 이런 차이는 '리버티'를 구체적 권리로 추상화하는 것과 행동의 일반적 유형, 즉 자신의 재량에 따르는 것으로 기술하는 것 사이의 긴장이다. 두 가지의 해석 모두 존재하며, 가토와 쓰다는 명백하게 각각 한 쪽을 선호하고 있다. '리버티'에 대한 두 사람의 접근의 차이는 재량이란 개념을 생각할 때 그 속에서 작동하고 있는 내재된 도덕적 주체에 달려있다. '리버티'에 대한 추상적 권리가 주관적 조건을 두지 않는 반면, 재량에 담겨있는 개별적 행동은 주체의 도덕적 책임감에 의존한다.

이 차이는 그들이 열거하는 권리에 담긴 두 번째 긴장에서 더욱 확연히 드러나는데, 이는 가토와 쓰다의 육체의 자율성에 관한 권리("누구든 자의적으로 감옥에 갇혀서는 안 된다")에서 다루어지고 있는 **자주**(자기-지배 또는 자율성)라는 표현에서 제기되고 있다. 가토와 쓰다는 비록 영어에서 흔히 "개인의 자유권"이라고 불리는 것을 언급하고 있고, 어떤 문서들 특히 사전의 경우는 **자주**를 '리버티'의 번역어로 쓰기도 했지만, **자주**는 여기에서 '리버티'의 의미로 완전히 사용된 것은 아니다. 쓰다가 "자치 인민"과 "비-자치 인민"에 관해 역사적으로 논하는 와중에 **자주**를 광범위하게 사용한 점을 고려하면 오히려 "자치"는 외부의 정치적 힘으로부터 독립적인 사람의 상태 즉, 자율적인 것을 지칭했다. 또는 간다가 그 용어를 사용했던 것처럼, 계약을 맺는 우리의 권리는 모두 우리의 "자기-결정에 대한 권리"에 기반하고 있는 것이다.[12]

정리하자면 이 문서들은 리버티에 대한 두 개의 서로 연관된 해석을 제안한다. 하나는 **자주**, 즉 자아의 자율성이고, 다른 하나는 **자재**, 즉 구체적 활동에서 자신의 마음을 따르는 것이다. 이 차이는 영미 전통에서 자유의 두 개의 형태, 곧 적극적 자유(자기-지배를 통해 정치적으로 실행되는 자기-실현)와 소극적 자유(외부의 간섭으로부터의 자유)라고 부르는 관점에서는 아직 구체화되지 않은 것이다.[13] 오히려 쟁점은 모든 공화주의적 또는 민주적 사회에서 예나 지금이나 더욱 단순하면서도 근본적인 문제인데, 이는 공동체에서 타자가 수용할 수 있는 개인의 자유의 정도인 것이다. **자주**와 **자재**가 자아성찰성을 의미하는 글자인 '자(自)'가 공통으로 들어가 있다는 사실은 일본인들이 유럽의 입헌사상에서 강조되는 자아 또는 개인의 역할에 대해 염려하고 있었음을 드러낸다. 자율적 자아는 다른 자율적 자아가 그러하듯이, 자신의 재량을 마찬가지로 자유롭게 사용할 수 있다. 확실히 일본인들이 여기에서 사용한 '자'는 '리버티'란 단어에 담긴 라틴어인 '리버(liber)', 즉 노예와 달리 다른 자유인들과 함께 스스로 통치하는 자유인에 조응하지 않는다. 오히려 가토와 쓰다는 은연중 정체 안에서 개인의 자율성에 의문을 제시한다. 한 사람이 입헌국가에서 자신의 이해관계를 추구할 때, 그는 어느 정도 "자신의 재량을 맡겨 놓아야" 마땅하다고 할 수 있을까.

가토는 "최고법에 의한 제한"이 개인의 활동에 대한 합당한 제한이라고 결론 내린다. 사상과 언론 그리고 집필의 자유에 관한 논평에서 그는 자의적 행동은 관용될 수 없다면서 다음과 같이 말한다.

> 사상의 자유는 "고대의 악명 높은 폭정"에서도 금지될 순 없다. 하지만 자신이 생각한 것을 자유롭게 집필하고, 출판하고 또는 말하는 것을 금지하는 것이 독재 또는 군주제에서는 일반적이다. 오직 두 개의 입헌정체의 형태[민주공화국과 입헌군주제]만이 그러한 자유를 허용한다. …… 그러나 이 자유에 대한 권리는 자의적 저술을 허락하지 않는다. 저술이 양심을 지대하게 더럽히거나 또는 평화로운 규칙을 훼손한다면, 저술가가 그에 합당한 처벌을 받는 것은 적절하다. 따라서 법은 정당화에 대한 책임을 저술가에게 맡긴다.[14*]

* 하울랜드는 가토의 원문을 영어권 독자가 이해하기 쉽게 의역하고 있다. 원문의 직역은 다음과 같다. "사고(思考)의 자재(自在)는 설령 걸(傑) 임금이나 주(紂) 임금일지라도 감히 금지할

이런 주장은 『통치론』에서 "법이 없는 곳에 프리덤도 없다"라고 했던 로크의 발언에 나타난 정신과 다르지 않다.[15] '프리덤'은 한 사람이 원하는 것을 할 수 있는 자유가 아니라 자신의 인신과 행동 그리고 재산을 법의 한계 속에서 명령할 수 있는 자유인 것이다. 사권과 자유를 정식화하면서 가토는 폭정과 군주제가 더 이상 개인의 자율성에 대한 외적 제한을 제공하지 못할 때 법이 그 대역을 맡아야 한다고 했다. 주지하듯이 공공의 평화와 도덕성은 자유에 대한 법적 제한을 정당화한다. "자의적"과 "책임"이란 단어에 내재된 도덕적 주체성의 언어는 자유와 대조를 이루는데, 이는 쓰다 마미치가 말했듯이 "심지어는 평민들 사이의 일상적인 교류에서도 법은 제한과 기준을 요구한다. 예컨대 두 사람은 대화를 하면서 자신들이 좋아하는 것은 무엇이든 말할 수 있지만 제 삼자를 해하는 것과 같은 것에 대한 금지는 분명히 존재한다."[16]

이에 비교될 수 있는 표현은 다른 문서에도 발견된다. 이에 반해 일반적 언어사용에서 발견되지 않는 것은 추상적 용어로서 "리버티"에 조응하는 번역어, 곧 행동의 동기 또는 정치조직의 원리로서 독자적으로 존재하는 표현이다.[17] 이러한 의미에서 '리버티'에 대한 번역어의 등장은

수 없는 것이지만, 그 사고하는 바를 자재(自在)로 말하거나 혹은 글로 기록하여 공공연히 퍼뜨리는 일을 금지하는 것은 군주천제, 군주전치에서는 흔한 일로, 그 자재(自在)를 허가하는 것은 입헌의 두 정체를 채택한 나라들뿐이다. 모름지기 이것이야말로 각 나라가 점점 개화문명으로 향하는 연유인 것이다. 다만 이 권리 자재하지만 함부로 글로 기록하는 일을 허가하지는 않는다. 그 기록한 바가 매우 인심을 미혹하거나 치안을 어지럽히는 등의 일이 있으면 기록한 이는 반드시 그 죄를 받는 것 또한 마땅하다. 그러므로 글을 쓰는 자가 거기에 대해 분별하고 해명할 책임을 지는 법도가 있다"(옮긴이).

후쿠자와 유키치와 나카무라 게이우로부터 시작하는데, 그들은 '리버티'의 일반적 개념의 토대를 개인에게 두고 있는 영미 자유주의에 눈을 돌렸던 인물들이다.

독립과 이기심

후쿠자와의 『서양사정』과 나카무라의 『자유지리』는 세 가지 점에서 네덜란드 기반의 문서를 넘어서 자유에 대한 일본의 시각을 진전시켰다. 우선 정치혁명과 변화의 역사적 내러티브를 자유란 관점에서 묘사하면서 입헌정체의 창출과 자유 간의 관계를 확립시켰다. 둘째로는 개인과 집단 사이에서 발생하는 이러한 갈등을 역사적인 용어와 추상적인 용어 둘 다 사용하여 구체적으로 제기하는 것을 통해, 가토와 그의 동료들이 열거했던 구체적인 행동원칙인 "리버티즈(liberties)"로부터 일반적이고 추상적인 원칙인 "리버티"로의 이행을 가능하게 했다. 세 번째로는 사람들의 자유에 대한 오해를 극복하고자 노력하면서 일본의 자유에 대한 시각 속에 존재하는 근본적 갈등인 독립적 행동과 이기심 사이의 갈등을 영속화시키는데 일조했다. 이 세 번째 쟁점을 다루기 위해 후쿠자와와 나카무라는 모두 개인들이 불쾌한 이기적 행위에 빠지지 못하도록 하기 위해 궁극적으로 자유에 도덕적 제한을 가했다.[18]

『서양사정』 1권에서 후쿠자와는 유럽의 "모든 문명국"은 입헌군주국이라고 말하면서, 이 문명화된 행정의 일차적 특징은 '**자주임의**(자기-

결정과 개인적 재량)'라고 했는데, 이는 '리버티'나 자유와 동일한 것이었다. 나카무라 게이우는 훗날 밀의 글을 번역하면서 후쿠자와의 이 논의를 '리버티'의 번역어로서 자유가 사용된 최초의 선례로 들었다. 그의 글 전문은 다음과 같다.

> 나라의 전통이 느슨하고 인민이 더 이상 제약을 받지 않을 때 각 사람은 자신이 즐거워하는 것을 한다. 공적 생활을 즐거워하는 자는 관리가 되고, 농사일을 즐기는 자는 농부가 된다. 관리, 농민, 직공 그리고 상인 네 부류 간에 차별은 전혀 없다. 물론 가문을 논하는 일도 없고, 조정에서 지위에 따라 사람을 경시하는 것도 없다. 상하귀천이 타인의 "자유"를 간섭하는 것 없이 자신의 몫을 획득하니, 이것이 하늘이 내려준 재능을 펼치는 목적이다. 그렇지만 귀천의 차이는 공무의 영역에선 적절하니 조정에서의 지위는 존경받는다. 이를 제외하곤 네 부류 간에 차이는 없다. 글을 알고, 이성적으로 토론할 수 있고, 야망을 가지고 노력하는 사람은 우월한 사람이 될 수 있고 존경을 받게 된다. 글을 모르면 소인(小人)이 되어 육체노동을 하게 된다. (할주) 이 글에서 자주임의와 자유는 이기심, 방탕 또는 나라의 전통에 대한 경시를 뜻하지 않는다. 대개 나라의 국민은 자신이 좋다고 여기는 대로 자기 능력을 펼치기 위해 염려 없이 형식도 따지지 않고 서로 교류한다. 영국에선 이를 '후리도무(freedom)' 또는 '리베루치(liberty)'라고 한다. 여전히 적절한 번역어가 없다.[19*]

* 원문은 다음과 같다. "국법이 관대해 사람을 속박하지 않고 사람들이 스스로 좋아하는 바를

따라서 후쿠자와는 도쿠가와 막부가 제정한 신분 차별에 대한 명확한 대안으로 자유를 제시한다. 물론 그는 황실이 예외적으로 고귀하다는 것과 혁명을 옹호했던 동시대인들에게 소중했던 것, 즉 서양의 체제가 재능을 소중히 여기고 능력에 보상한다는 사실도 적절히 언급한다. 후쿠자와는 이런 생각을 진기하게도 우월한 사람과 소견이 좁은 노동자라는 고전적 유학의 언어로 제시하는데, 여기에서 그가 말하고자 하는 바는 명확하다. 사회적 관계의 새로운 모델은 서양에서 얻을 수 있으며, 이 모델은 능력을 육성한다는 대의에 부합한다.

후쿠자와와 나카무라는 자유의 가능성을 전달하는 것과 함께, 새로운 개념인 "리버티"를 대중의 오해로부터 지켜야 할 필요를 느꼈다. 조금 덜 직접적이기는 하지만, 1860년대 개념적 혼란의 한 근원은 한문에서 이 단어가 사용된 실용적 역사에 있었다. 가토나 쓰다가 **자재**를 선호했던 것과 마찬가지로 **자유**는 다양한 의미를 가지면서 한자 어휘에서 오랫동안 사용된 표현으로 일본인들이 빌려 쓰기도 했는데, 이는 "자신의 기

하니, 사(士)를 좋아하는 자는 사(士)가 되고 농(農)을 좋아하는 자는 농(農)이 된다. 사농공상(士農工商) 간에 조금도 구별을 두지 않으니, 본디 문벌을 논하는 일 없고 조정(朝廷)의 지위를 가지고 사람을 경멸하지도 않는다. 상하귀천(上下貴賤)이 각각 그 소임을 얻어 조금도 타인의 자유를 방해하지 않으면서 타고난 재능을 펼치게 하는 것을 그 취지로 한다. 귀천의 구별은 단지 공무(公務)에 한해 조정의 지위를 존중하는 것일 뿐이다. 그 외에는 사농공상의 구별이 없으니, 문자를 알아 이치를 논하고 마음을 닦는 자를 군자로 삼아 이를 존중하고, 문자를 알지 못해 육체노동을 하는 자를 소인(小人)으로 여길 뿐이다. (할주) 본문의 자주임의와 자유(自由)라는 글자는 버릇없이 방탕해 국법도 두려워하지 않는다는 의미가 아니다. 그 나라에 사는 모든 사람들과 교제할 때, 신경 쓰거나 걱정하지 않고 자기 능력만큼 충분히 할 수 있다는 취지이다. 영어에서 이를 프리덤(freedom) 혹은 리버티(liberty)라고 한다. 아직 적당한 번역어가 없다"(옮긴이).

호를 좇는 것" 또는 "제 뜻대로 하는 것"과 같이 공동체를 희생시키면서 개인을 강조하는 활동에 초점이 맞추어진 것이었다.[20]

두 번째 좀 더 직접적인 오해의 근원은 일본에서 **자유**가 번역어로 사용된 역사에 있다. 1500년대 중반부터 이 용어는 '리버티'와 같은 표현을 번역하는데 사용되었다. 일차적으로는 포르투갈 그리스도교 문서에서 라틴어 '리베르타스(libertas)'의 번역어로 쓰였고, 다음에는 에도 시대 난학 문서에서 네덜란드어 '프레이헤이트(vrijheid)'의 번역어로 사용되었다. 그 후로는 1850년대 중국으로부터 수입된 영미권의 선교 역사서나 지리서에서 영어 "프리덤"과 "리버티"의 한자 번역어로서 사용되었다. 그런데 19세기 초 **자유**란 용어는 나가사키에 있는 쇼군의 공식 통역관이 '프레이헤이트'를 이상하게 번역하면서 '이기적인(わがまま)', '마음대로(勝手)'라는 의미를 연상시키는 기묘한 전환을 겪게 되었다. 경험 미숙으로 인한 실수인지 아니면 가치 판단에 따른 의도인지는 확실치 않지만, 이름이 알려지지 않은 나가사키의 통역사는 "세계 정황이 매년 이기심이 크게 늘어나는 방향으로 나아가고 있다"는 인상적인 "네덜란드인"의 발언을 만들어낸 것으로 알려져 있는데, 이 문장에서 원 용어인 '프레이헤이트'는 '이기심(わがまま)'으로 번역되었다. '이기심'과 '마음대로'를 **자유**와 연관시키는 것은 네덜란드-일본어 사전에서 지속되었고, 이는 공식 영어 사용에도 영향을 미쳤다. 매튜 페리 제독이 1854년 서명한 미일화친조약은 난파한 선원들과 미국 시민들이 "그들이 원하는 곳이라면 어디든지 자유롭게(free) 갈 수 있다"라는 내용을 포함하고 있는데, 조약의 일본어판은 이 부분을 '느슨함(緩優)'과 '마음대로(勝手に)'라고 번역

하고 있다.* 1858년 미일수호통상조약은 같은 내용을 다룬 부분에서 사용된 "프리"를 **자유**로 번역하고 있는데, 이는 '프레이헤이트'에 대한 일본의 이해에서 일찍부터 나타났던 **자유**와 '이기적'이란 표현을 영어 단어의 "프리"와 동일시하는 경향을 재생산했다.[21]

이러한 잠재적 혼란에 직면해서 후쿠자와와 나카무라는 정치개혁과 혁명의 역사를 통해 자유를 긍정적 관점에서 볼 수 있도록 하기 위해 노력했다. 두 사람 모두 **불기독립**(구속받지 않고 독립적인) 또는 거꾸로 **독립불기**를 강조했다. 예를 들면 『자유지리』의 초반에 자유권을 주인의 특권에 가해진 제한으로 설명한다. 밀의 주장을 좇아서, 나카무라는 그리스, 로마 그리고 영국사에서 발견되는 인민의 투쟁사를 강조하는데, 이는 항상 폭정으로 전락할 위험성이 있는 통치자의 "자유와 독립(불기독립)"의 권력과 특권에 맞선 역사였다. 그들은 자신들을 보호하기 위해 "자유"를 들먹였고, 법의 시행을 통해 통치자의 권력에 제한을 가했다. 그런데 나카무라의 자유에 대한 묘사에서 주목할 만한 것은 **자유**와 **자주**가 동일시된다는 것이다. 달리 말하면 폭정으로부터의 자유란 인민들이 폭군을 몰아내면서 **불기독립**으로 영광스럽게 된 상태, 즉 자기-지배의 자율성과 다르지 않았다.[22]

후쿠자와의 미국 독립 혁명에 대한 언급에서 이런 변환은 좀 더 미묘하면서도 또한 더욱 철저했다. 그에 따르면 자유는 미국인의 목표로서

* 하울랜드가 여기에서 인용하고 있는 조항은 미일화친조약의 5조이다. '緩優'는 4조에서, '勝手に'는 5조에서 사용되었다(옮긴이).

합중국(合衆国)의 창출은 **불기독립**과 같은 것이었다. 그의 「미국독립선언서」 번역은 원문을 종합적이지만 의도적으로 구어체로 번역한 것인데, 이 글에서 후쿠자와는 모든 사람을 지칭하는 **중민**(衆民)에서 **합중독립**(合衆独立)이라는 발상, 그리고 **합중국의 독립**이라는 표현을 써가면서 **중**(衆)이라는 글자를 반복한다.[23] **중민**이 결합해서 **합중국**이 될 때 새로운 집단적 "하나"가 됨으로써 모든 사람이 한 명의 왕을 대체한다는 사실은 **독립**이라는 용어에서 드러난다. 후쿠자와는 이 언어를 통해 새로운 집단적 단위가 기존의 통치자가 갖고 있던 하나됨과 독립을 구현하고 있음을 상징화했다.[24]

따라서 여기에서 소개된 영미 전통의 자유는 독립된 입헌체제의 확립을 위한 수단으로서 주목을 끌었다. 더욱이 나카무라가 분명히 하듯이, 각자 자신의 이해관계를 추구하는 개인들이 이 정체에 활기를 불어넣기 때문에 자유의 보장은 더 큰 집단적 효용을 가져다주는 것이었다. 밀의 논의를 좇아서, 나카무라는 판단, 취향과 직업, 결사, 사상과 연설 또는 토론, 출판, 종교, 행동에 관한 개인의 자유를 소개한다. 이 자유들은 탐구적 토론을 진보의 길로 나아가게 하고, 진실의 발견, 지식의 적용과 인류의 발전을 고무하기 때문에 모두 좋고 유용한 것이다. 물론 밀과 나카무라는 입헌주의의 공통된 결과, 즉 선과 악에 대한 공통의 이해가 없으면 국민은 크고 작은 파벌로 갈라진다는 것에 무지하지 않았다. 다만 나카무라는 인민은 물론 국가의 목적을 위해 정부에 의지하지만 동시에 그들은 정부의 부당한 간섭으로부터 자신을 보호하고자 한다고 설명한다. 밀과 나카무라는 독자들에게 자유가 공공의 복리에 미치는 해악

보다 편익이 훨씬 크다는 점을 지적함으로써 이처럼 도덕에 관한 만장 일치가 없는 상황에선 모든 사람이 일반적 "자유의 원리"를 인정하는 것이 그렇지 않은 것보다 나음을 설득하고자 한다. 가토와 쓰다가 자유를 입헌주의의 구조적 명제로 본다면, 나카무라와 후쿠자와는 집단적 전체의 진보를 약속해주는 개개인의 능력에 활기를 불어넣는 사회적 역동성의 새로운 형태로서 제시하고 있다.[25]

이처럼 자유에 대한 자유주의적 해석을 도입하면서 두 가지의 변화가 생겨난다. 첫째는, 다양한 상황에서 자유의 유용성을 보여주면서 자유는 일반적 개념으로 구체화 되었다. 예를 들면 토론의 자유는 인류를 진보시키는 방향으로 작동하며, 직업의 자유는 각 사람에게 적절한 일거리에서 복리를 누리게 해주고, 집회의 자유는 곤궁한 시기에 도움을 받을 수 있도록 도와준다는 등이었다. 나카무라는 영리하게도 밀의 책 제목을 『자유지리』로 번역했는데, 이는 밀의 주요 주장이 자유라는 추상적 개념의 일반적 적용과 효용을 다루고 있기 때문이었다.[26] 둘째로 자유는 가토나 쓰다의 "재량"의 원칙에 비해 개인에 토대를 두면서 내재화된 준거점을 가지고 있다. 예컨대 그들은 사상의 자유를 말하기와 쓰기와 같이 "사고"의 물화된 행동의 관점에서 다루었는데 반해 나카무라는 자유를 개인 속에 위치시켰다. 그는 자유가 있어야 하는 가장 첫 번째의 적절한 영역은 양심이라는 내면의 영역이며 따라서 사상의 자유가 필요하다는 밀의 주장을 충실히 따르고 있다.[27] 가토와 쓰다는 한 사람의 자유로운 행동을 특정 영역의 법, 국민 또는 재량의 집단적 이해와 병치시키고 있는 반면 나카무라는 개인을 다른 개별적 자아와 나란히 놓으면서 항상 경계해야 되는 다수의 폭정으로 결합될 수 있는 사람들의 성향에 맞서도록 하고 있다.

자유에 대한 이러한 해석이 잠재적으로 염려스러운 점은, 타인의 간섭으로부터 자유롭다고 하는 전형적인 자유의 소극적 해석이 법에 토대를 둔 자유 정체의 본원적 창출로 논리적으로 되돌아오지 않는다는 데에 있다. 블랜다인 크리겔(Blandine Kriegel)이 주장했듯이 자유주의적 버전의 자유는 일차적으로 입헌정체 건설의 이유가 되는 인간으로서의 자유에 대한 국가의 보호를 포기한다는데 있다.[28] 생명, 가정 그리고 인신의 안전에 대한 권리, 이는 모두 가토와 쓰다가 권리를 열거하면서 포함시킨 것인데 이들은 더 이상 그 자체로 중요하지 않다. 그 대신 자치가 아니라 외부 간섭의 배제에 의해 정의되는 자율성을 가진, 자기 이익을 추구하는 인민들이 상상된다. 나카무라가 사회의 자기보호에 관한 밀의 주장을 번역하면서 지적했듯이, 정부가 인민들을 간섭할 수 있는 유일하고 정당한 이유는 타인이 저지를 수 있는 해악으로부터 그들을 보호하기 위해서이다. 나카무라는 다수, 즉 정부라고 불리는 개인을 억압할 수 있는 권력을 가진 모호한 외부의 "사회"를 개인과 대립시킨다는 점에서 밀의 입장을 따르고 있지만, 정부와 인민 간 대립이라는 메이지 시기의 문제를 풀지는 못한다. 다만 이 점에 관해서는 훗날 "민권"운동에 나타나는 필수불가결한 갈등, 곧 자유와 독재적 권위로서의 국가에 대한 묘사 간의 밀접한 수사학적 연관성을 간단히 소개할 뿐이다.

이 난제는 후쿠자와가 『서양사정』 3권의 프랑스 역사를 다루는 부분에서 프랑스혁명에 당혹해하는 부분에서 잘 나타난다. 프랑스는 영국과 미합중국의 선례를 따른다. 즉, 자유의 바람이 폭정에 맞서 전 나라에 불어오고 국민의회는 독립을 선언한다. 그 후 공화국이 설립되었지만 저속함과 폭력이 성장하면서 "명목상 자유는 있지만 실재는 없는"[29] 놀랄만한 결과에 도달한다. 나폴레옹과 샤를10세의 통치가 초래한 혼란은 후쿠자와로 하여금 내러티브의 초점을 자유에서 재차 권리의 문제 즉, 법을 통해 참여정부의 권리를 확립하는 것으로 되돌리게 한다. "진정한" 자유가 이기적이고 제멋대로인 행동에 의해 훼손될 수 있는 위기에 빠졌다는 것은 후쿠자와로 하여금 3권 서문의 자유에 관한 논의에서 개념을 재차 명료화하도록 강요한다. 이에 따르면, 자유는 숙제를 끝낸 아이가 나가서 놀 수 있는 허가를 얻는 것보다 훨씬 심각한 것을 의미한다. 즉, 이는 공손한 요청 또는 싫고 좋음과는 관계가 없는 것이다. 오히려 "나에게 자유 아니면 죽음을 달라"는 미국인의 선언을 인용하면서, 자유는 국민을 곤궁으로부터 구제하고, 나라 거주민의 권리에 간섭하지 못하도록 하는 일에 헌신하는 원리라고 결론을 내린다. 즉, 자유란 "단순히 말하자면, 몸과 마음의 일을 활성화시키고, 간섭 없이 함께 일하고, 각 사람의 번영을 추구하는 것"이다.[30]

후쿠자와와 나카무라는 이러한 교착상태를 빠져나가기 위해 가토와 쓰다가 택한 길을 택한다. 즉, 자유에 외재적 제한을 가하는 것이다. 후쿠자와는 '직(職)'이라는 사무라이적 발상을 해결책으로 제시한다. 그는 자유란 몸과 함께 오는 것이며, 양자는 공히 하늘이 부여해준 것이기 때문에 다른 사람이나 나라에 의해 박탈될 수 없다. 이런 점에서 그는 자연 상태, 즉 야만의 상태에서 가장 자유롭다고 인정하지만 이러한 "자유"

는 굶어 죽을 자유이고, 힘에 의해 파괴되는 자유로서 진정한 자유가 아니라고 주장한다. 이런 이유에서 인민은 가족의 일원이고 나라에 속한다는 것을 기억해야만 한다. 즉, 이 결사체들이 자유에 후쿠자와 자신이 "직분"이라고 부르기도 했던 "자연적" 제한을 가하는 것이다. 이는 자연적으로 시작된다. 우선 각 사람이 자신의 인신을 보존하고자 노력하는 것, 이른바 가장 근본적 자유권이 자신의 가족에게 확장된다. 그리고 이로부터 타인의 곤란을 예방하고 법을 지키는 일반적 의무가 뒤따른다. 의무는 인간의 교제에서 다른 사람을 고려하도록 강제하기 때문에 자유로운 개인은 완전히 이기적 행동을 할 수 없게 된다.[31] 바로 의무야말로 인간 공동체를 뭉치게 하는 것이다. 따라서 후쿠자와는 다음과 같이 말한다.

> 인간 교제의 큰 근본은 자유롭고 독립적인 인민이 모여 힘과 마음을 써서 목표를 달성하고 보상을 받아서 질서를 유지하고 모든 사람의 이익을 도모하는 데에 있다. … 인간 교제에 관한 우리의 소망은 도덕적 행위를 계발하고 법을 지키는데 있어야만 한다. … 관습을 해치거나, 나태하거나, 다른 사람의 성취를 훔치는 자는 벌을 받는 것이 마땅하다. 대중의 비판이든 법적 판단이든, 그런 판단을 옹호하는 것이 우리의 의무이다.[32*]

* 원문의 직역은 다음과 같다. "인간 교제의 대본(大本)을 말하자면, 자유불기(自由不羈)의 인민이 서로 모여서, 힘을 쏟고 마음을 쓰며, 각각 그 공에 따라 보상을 얻고, 세상 일반을 위해 세운 제도를 지키는 것이다. … 각자가 자신의 덕행을 닦고 법령을 지키지 않으면 안 된다. … 만약 그렇지 않고서 세상의 풍속을 해치는 자는, 그의 죄가 몸을 나태하게 해 타인의 공을 빼앗는 자와 같은 까닭에, 그를 벌해 후일의 곤란을 방지하지 않을 수 없다. 그 법은 여러 사람의 평의를 쫓아서 그를 벌하는 경우도 있고, 재판소를 세워서 죄를 판결하는 경우도 있다"(옮긴이).

이에 반해 나카무라는 밀의 에세이에 첨언하면서 자유에 그리스도교적 시각을 담아 넣었다. 밀은 종교의 자유를 옹호하면서도 영국 중산층이 믿던 그리스도교에 대해서는 현저히 양가적 태도를 취했다. 이에 반해 나카무라는 인간이 이기심의 편에 서서 잘못을 저지를 수 있는 성향의 교정책으로 그리스도교를 강력하게 권장한다. 그에게 있어 중요한 문제는 마치 후쿠자와가 프랑스 역사에서 그러했듯이 "진정한" 자유와 "거짓된" 자유의 차이이다. 나카무라의 친구이자 조언자이기도 했던 에드워드 워렌 클락(Edward Warren Clark)은 『자유지리』의 서문에서 "사람은 비록 자유의 경계를 존중하려는 경향이 약하고 오히려 자유를 원하지만 최상의 의미에서의 자유란 제한을 가져야만 한다. 그런데 민법이나 개인의 양심 어느 것의 제한도 견디지 못하는 쉼 없는 영혼들이 있으며, 이는 정당한 통치로부터 독립한 만큼 자유로운 척한다." 하지만 이 거짓된 자유는 "불쌍한 구속의 형태"이고 "완전한 독립"에 대한 방종한 망상으로, 이는 인류의 "진정한 해방자" 즉, "세속의 독재가 아닌 영적인 독재로부터 포로를 해방하기"위해 온 메시아의 본보기에 주의를 기울일 때 비로소 교정될 수 있는 것이다.[33] 이 진정한 자유의 열쇠는 사랑의 능력에 있다. 밀의 글은 정부의 제한에 관심을 가지는데 반해, 나카무라는 거기에 인류의 문제로서 인간을 향한 신의 끝없는 사랑을 본받는 것을 덧붙인다. 나카무라는 인간을 향한 신의 끝없는 사랑과 인류의 제한된 제도의 차이를 언급하면서 인간이 타인을 통제하는 것에 제한을 두는 일이 정당하다는 것을 강조한다. 왜냐하면 자유는 궁극적으로 그리스도교적 약속과 책임 즉, 신의 영광으로의 자기 발전을 지칭하고 있기 때문이다.[34] 달리 말하면 후쿠자와와 나카무라는 모두 개인에 기반을 두고 있는 자유가 공동체에 진보적 역동성을 부여한다는 것을 알고 있지만, 의무와 사랑을 통해서 개인을 가정과 타인과 연결시키면서 개인의 독립성을 구획된 자율성으로 재구성하고 있는 것이다. 둘 중 어느 사람도 무제한의, 거짓된 자유의 방종한 망상을 용납하지 않는다.[35]

종교의 자유: 개인의 신앙과 공중 예배

후쿠자와와 나카무라가 소개한 '프리덤'의 자유주의적 해석은 '프리덤'과 '리버티'의 번역어로 **자유**를 표준화하는 계기를 제공했지만 이에 더해 그들의 해석은 또 다른 이유로도 중요했다. 즉, 양심의 자유가 정부 당국의 손이 닿지 않는 개인에 내재하는 권리로 규정되었고, 그러한 권리로서 양심의 자유는 즉시 개인의 신앙의 자유로 규정된 종교의 자유의 준거점이 되었다. 특히 나카무라는 이 내적인 양심의 자유를 종교의 자유와 연결시킨 것으로 유명하다. 밀의 글에 대한 나카무라의 주석은 자유와 문명에 대한 그리스도교적 신념의 가치를 강조하지만, 밀 자신은 종교와 (그가 보기에는 억압적인) 중산계층의 윤리 간 밀접한 관계 때문에 종교적 신념을 사회적 폭정이 발생되는 현저한 장소로 간주했다. 그 결과 밀은 위대한 종교지도자들이 양심의 자유를 옹호했던 것을 칭송했다. 종교의 자유를 억누르는 것은 어떤 다른 자유를 억압하는 것과 마찬가지로 인간의 발전을 저해한다. 그리고 밀의 세계에서 종교는 사회적 삶의 무수히 많은 다른 영역과 마찬가지로 사상과 토론의 자유로부터 혜택을 얻는데, 이는 그리스도인들의 경우 자신의 신앙을 검증하고 그로서 살아있는 신앙을 형성하도록 해주는 것이다.[36]

하지만 내가 아는 한 메이지 초기 일본인 중에 시민이 주도권을 쥐고서 적극적으로 탐색하고 그 대신 최소국가는 방관자적 입장에서 관찰해야 한다는 밀의 시나리오를 기꺼이 받아들일 사람은 없었다. 또한 어느 누구도 개인의 자유를 침해할 수 있는 지위를 가진 조직화된 종교를 상상하지 않았다. 오히려 1870년대의 저술가들은 대체로 종교를 감독하는 국가의 역할을 타당한 것으로 받아들였다. 1638년 실패로 돌아간 '시마바라(島原)의 난'에서 그리스도교의 존재와 도쿠가와 시절 대중적 형태의 불교와 연관되어 폭동을 일으킨 여러 종교집단을 고려할 때 사회적으로 불쾌한 형태의 종교를 억압하는 쇼군의 법적 금지령의 사용은 규범적으로 선례가 되었다.[37] 따라서 메이지 초기 종교의 자유에 관한 토론은 가토 히로유키가 요한 블룬칠리(Johann Caspar Bluntschli)의 『일반국법(*Allgemeines Staatsrecht*)』의 번역에서 처음 제안했던 입장에 따라 발전되었는데, 그의 번역의 첫 번째 부분은 1872년에 나왔다. 한편으로 각 개인은 신앙에 대한 개인적 권리를 가지지만, 다른 한편 집단은 자신들이 선택한 종교를 숭배할 권리를 가졌다. 이 두 개의 권리는 공중 예배의 공간에서 중첩되었기 때문에 국가 역시 공적 질서를 보호하기 위해서라면 종교 문제에 관여할 권리를 가졌다.[38] 다만 다수의 학자들이 반대했던 것은 국가가 특정한 종교를 다른 종교에 비해 일본인에게 적합한 종교로 지시하는 것이었다.

메이지 일본에서 종교의 자유에 관한 논쟁은 메이지 신정부의 종교에 관한 두 공식 정책이 촉발시켰다. 첫째는, 1868년 4월 발령된 "제정일치(祭政一致)" 정책은 1872년 4월 '3조 교칙(三条の教則)'이 포고되면서 강화되었는데, 이는 새롭게 구축된 신도(神道)를 일본의 국교로 삼고 불교의 종파를 신도의 조직 하에 두고자 했다. 둘째로는 1868년 4월 도쿠가와 정권의 그리스도교 공식 금지령이 재천명되면서 1867년에서 1870년 사이 남부 일본에서 그리스도인이 지속적으로 체포, 추방된 것이 논쟁을 불러일으켰다. 비록 이 두 종류의 일련의 사건들은 서로 별개로 발전된 것이긴 하지만, 이는 종교의 자유 원칙을 잠정적으로 긍정하는 결과를 낳는 공통의 주장을 촉발시켰다.

첫 번째의 사건을 이해하기 위해선 메이지 초기 "릴리전(religion)"에 이름을 붙이는 문제를 살펴볼 필요가 있다. 종교와 정치를 결합시키는 정책은 **제정일도**(祭政一途) 또는 **정교일치**(政教一致) 등 여러 방식으로 묘사되었는데, 이 정책에서 결합의 반쪽은 정치 행정이 담당했지만, 결합의 다른 반쪽은 종교의식의 표현인지 종교적 가르침의 내용인지를 두고 오락가락했다. 이는 메이지 초기 15년 동안 "릴리전(religion)"이 불교의 종파를 지칭하는 한자어의 여러 조합, 즉 예배나 의식, 신념과 신앙, 종교나 철학적 교리와 학파, 종교나 철학적 원리나 법칙 등에 해당되는 용어로 번역되었기 때문이다. 비록 이 용어들이 불교의 종파와 중국 철학의 학파들로부터 그리스도교와 신도에 이르기까지 다양한 신앙과 교육의 계획을 포함했지만, 이들은 모두 행동규칙에 영향을 미치는 일련의 믿음과 가르침의 관념을 공유했다. 제임스 케텔라(James Ketelaar)가 말했

듯이 '교(教)'라는 주요 용어는 독트린에서 종교라는 의미로 메이지 초기 점진적으로 변화되었다.[39] 공식 정책으로서 정교일치란 신도 사제와 일본 국학론의 주창자들이 메이지 천황과 번벌 정부에 권고했던 "정교가 하나로서 같았던 시절", **마츠리고토**(まつりごと)라고 표현되는 고대 진무(神武) 천황이 세운 제정(帝政) 모델로 돌아가는 것을 의미했다.[40] 이는 구체적으로 진무의 고대 행정을 모델로 해서 메이지 정부 안에 (1872년 교부성[教部省]으로 대체되는) 신기성(神祇省)을 설치하고, 국민에게 새로운 신도의 가르침을 주입하는 것을 의미했다. 이 가르침의 공식적 목적은 이 땅의 **신**(神)을 경외하고, 인간의 도덕성을 밝히고, 사람들의 마음을 교정하며, 그리고 의무를 완수하게 하는 것인데, 이들은 모두 황실에 대한 봉사를 하도록 하는 것이었다.[41] 4년 후 '3조 교칙'은 동일한 목표를 재차 강조했다. 즉, "정교일치"는 도덕에 관한 논의, 신도의 숭배 그리고 황제에 대한 충성을 모두 통합함으로써 새로운 시민을 동원하고자 하는 신정부의 프로젝트였다. 한 때 **마츠리고토**로서 하나로 부를 수 있었던 것이 재차 결합되어야만 하는 이원적인 종교와 정치가 되었고, 양자를 결합시키려는 관료적 조치가 자유에 대한 논의를 촉발시켰던 것이다.[42]

종교의 자유에 대한 요구를 촉발시킨 두 번째 일련의 사건은 그리스도교에 대한 금지령이다. 1858년 조약항(條約港) 체제가 수립된 이래 일본 항구에 외국인들이 들어오면서 미국, 영국 그리고 프랑스의 종교인들이 요코하마, 나가사키와 다른 항만에서 자신들의 동포에 봉사했다. 비록 전역을 여행하며 일본인을 개종시키는 것은 금지되었지만, 프랑스 가톨릭 사제들은 나가사키 지역에서 일본법을 무시하고서 지역의 "가쿠

레 기리시탄(隠れキリシタン, 숨은 그리스도인)" 집단을 만나면서 (1614년 쇼군의 금지령 이후) 2세기 반 동안 중단되었던 신앙생활을 공공연하게 고무했다. 나가사키의 쇼군의 대리자는 1867년 7월 60여명의 촌민들을 체포했다. 하지만 그 이후 몇 년 동안 4천여 명으로 그 숫자가 늘어나는 가운데 메이지 신정부는 이 문제를 이어받았다. 메이지 번벌은 그리스도교와 서양의 침략에 반대하는 남부의 영주를 달래는 한편 국가건설 작업을 시작하면서 서양 열강의 지원을 확보하고자 했기 때문에 이 문제는 곧 국제적 외교 쟁점이 되었다. 물론 서양 열강은 그리스도교를 금지하는 모든 법의 개정으로는 만족할 수 없었다.[43] 그러나 당시 동시에 진행 중이던 정교일치와 마찬가지로 그리스도교에 대한 금지 역시, 물론 부패를 자아내는 외국의 영향력을 예방한다는 이유도 있었지만, 이 땅의 신(神)을 존경하고, 천황과 신민 간 도덕적 관계를 밝히며, 나라를 보호하며 이를 위해 충성과 애정을 지킨다는 이유에서 공식적으로 정당화되었다.[44]

달리 말하면 두 종류의 종교 정책은 모두 신도 숭배와 전통적 도덕 양식의 도움을 얻어서 신정부가 천황과 정부에 대한 복종을 강화하고자 했음을 나타낸다. 이 종교 정책에 대한 반대는 따라서 두 방향에서 1872년부터 나왔다. 한편에서는 일본 불교도들이 그들의 종교의식에 대한 정부의 간섭과 공인된 신도에 비해 불교가 이류의 지위로 전락해버린 것에 반대했다. 다른 한편에선 메이로쿠샤와 연관된 지식인들이 원칙의 문제로서 정부의 종교 정책에 반대했다. 그 논쟁은 세 가지 주요한 주장으로 정리되는데, 첫째는 정치와 종교는 행동의 두 가지 다른 영역으로 교리나 종교적 신념의 선택은 개인이 결정해야 하는 문제이며, 셋째로는 종교의 자유는 문명 진보의 한 요소로서 일본 지도자들 역시 수용해야만 한다는 것이었다. 이 세 가지 주장에는 문명사회에서 종교의 경계에 관한 일련의 절충들이 내재되어 있었다. 종교적 신념의 적절한 단위는 무엇인가. 개인인가, 공동체인가, 아니면 국가인가. 그리고 종교적 신념의 적절한 영역은 무엇인가. 사적 영역인가 아니면 공적 영역인가.

교리와 정치의 결합에 반대했던 정토진종(浄土真宗)의 카리스마적 지도자였던 시마지 모쿠라이(島地黙雷)는 '3조 교칙'에 반대하는 그의 상소에서 처음으로 '정(政)'과 '교(教)'에 대한 구분을 자세히 제시했다. 전자, 즉 정치 행정은 나라, 지역 그리고 구역을 구획화하는 것과 같이 인간사의 형태에 질서를 부여하는 것과 관련되어 있다. 이에 반해 후자인 교리(또는 종교)는 마음의 내부에 질서를 부여하고 모든 영역을 연결시켜 사람들로 하여금 선을 추구하도록 하는 보편적인 노력과 같은 신성한 일과 관계되어 있다.[45] 니시 아마네는 메이로쿠샤에서 한 연설에서 정치와 종교는 행동의 두 가지 다른 영역을 구성함을 재차 강조했다. 하지만 마치 번벌 정부를 다시 안심시키고자 하는 것처럼, 일본의 정체는 세속법의 영역으로 그에 대한 복종은 적절하며 종교는 일본의 정체에 간섭할 수 없다고 덧붙였다. 이런 이유에서 니시는 메이지 정부에 구체적인 제안도 했다. 곧 교부성은 소동을 예방하는 것 이외에는 종교에 대한 통제를 하지 않아야만 하고, 통치자는 신이 아니기 때문에 사람의 마음에 있는 것에 관심을 가져서는 안 된다. 또한 통치자는 사람들이 종교를 선택하는 일이나 성직의 서열에 간섭하지 말아야만 한다.[46] 메이로쿠샤에 대한 비슷한 반응으로 가토 히로유키 역시 유럽에서 종교개혁과 같은 역사적 사례가 정교일치는 나쁜 정책이라는 것을 입증하고 있다고 경고했다. 즉, 그것은 인간의 지식을 억압하고 세계에 무질서를 초래한다. 종교상 예배와 양심의 자유는 자신의 마음에 있는 것을 믿는 개인에게 관련된 것인데 반해, 정부가 적절하게 행동할 수 있는 영역은 외부로서 도덕과 의무를 지키고자 법률을 사용하고 공공의 이익과 집단의 편리를 돌보는 것이다. 이런 점에서 가토는 정부가 공공질서를 저해하는 종교의식, 예를 들면 몰몬교의 일부다처제, 인도 미망인들의 자살과 같은 것을 금지할 권리가 있다고 지적한다. 다만 종교의 자유에 간섭하는 법을 금지하는 것으로 널리 알려진 미국 헌법과 각 주의 헌법 사례를 본받아야 한다고도 했다.[47]

모리 아리노리와 나카무라 게이우는 둘 다 유학 도중 그리스도교에 호의적 인상을 갖게 된 인물인데(나카무라는 결국 1874년 크리스마스에 세례를 받았다), 그들은 정치와 종교의 구분을 재차 강조했을 뿐만 아니라 이에 더 나아가 공리주의적 근거에서 종교를 정당화하고자 했다.[48] 모리는 『일본의 종교의 자유(*Religious Freedom in Japan*)』의 첫 부분을 불교와 신도를 결합하고자 했던 시도가 실패했다는 대담한 논평으로 시작한다. 나아가 그는 종교란 합리적 존재로서 사람의 의무이며 이런 이유에서 각 개인이 자기를 위해 종교의 가치를 판단하도록 정부는 내버려두어야 한다고 했다. 종교가 사회적 불화를 촉진한다는 것은 거짓이며 오히려 이는 진보를 가져온다. 따라서 그리스도교를 금지하는 것이 소란을 막기 위한 조치라고 하는 사람은 오류를 범하고 있다. 모리가 보기에 현재의 정책은 사실상 그 대신에 진보를 가능하게 하는 종교를 무시하고 있었다.[49] 천황에게 그리스도교로 개종하라고 촉구했던 유명한 상소에서 나카무라는 그리스도교란 실은 유럽의 부와 권력의 근간이며 따라서 금지령의 해제 이상을 받을만한 가치가 있다고 선언했다. 일본이 아시아에서 가장 부유하고 강력한 나라, 아시아의 유럽이 되고자 하기 때문에 천황은 구 도쿠가와 정권이 (이미 모든 사람이 알고 있듯이 인간 지성의 계몽에 공헌하지 못했던) 쇄국정책에서 범했던 실수를 반복하지 않는 것이 좋다. 오히려 유럽의 부와 권력이 그리스도교 신앙에 자기 행동의 근간을 둔 유럽인들의 대담한 행동에서 나온 것임을 깨달아야 한다고 주장했다. 일본인들이 서양문명에서 철도, 전신, 증기선, 대포, 단발, 소고기 그리고 양고기 등을 시도해보고 그것이 좋다는 것을 알게 된 것과 똑같은 방식으로, 일본인은 역시 그리스도교를 단순히 악으로 간단히 일축할 것이 아니라 그것의 혜택을 시도해 보아야만 한다.[50] 그리스도교가 진보와 계몽에 유익한 종교인 것 같다는 생각에 공공연히 동의했던 사람은 쓰다 마미치가 거의 유일했지만, 메이로쿠샤에서 문명화된 또는 "과학적" 종교에 관해 토론이 반복적으로 일어났다는 사실은 많은 회원들이 비록 그리스도교는 아닐지라도 그리스도교와 같은 일신교를 서양의 진보적 문명과 동일시했음을 말해준다.[51]

달리 말하면 종교는 직·간접적으로 진보와 문명에 기여해온 개인적이고 내재화된 행동 영역을 지닌다. 따라서 종교의 자유는 개인의 선택이자 내적 차원의 실천으로 수용될 수 있고 또한 필요한 것이다. 하지만 만약 정부가 국가 종교를 창설하고자 한다면 어떠한가. 원칙의 차원에서 그것은 금지되어야만 하는가. 한편에서 이들 지식인은 종교의 자유가 근본적 자유라는데 동의했다. 이 주장에 대한 일반적 설명은 종교의 자유가 문명화된 정부의 표증이라는 의례적인 정당화를 제외하면, 인간은 본성적으로 어떤 사람은 선하지만 어떤 사람은 악하기 때문에 믿음을 강요한다고 해도 모든 사람들에게 동일한 결과를 얻을 수 없다는 데 있다. 한 사람에게 선하고 진실한 것이 다른 사람에게 필연적으로 그렇게 보이는 것은 아니라는 것이다.[52] 그리고 동일한 논리가 국가의 선호에도 적용될 수 있다. "종교법"에 대한 조사를 맡은 태정관 번역국의 편집자가 내린 결론과 같이, 나라들 역시 종교와 신에 대한 개인의 의무에 대한 가르침에 관해 각자의 선호가 있으며 이는 나라마다 모두 다르다. 따라서 최선의 정책은 미국의 것으로, 이는 종교에서 올바른 개인적 행동을 만들어내고자 시도하지 않는 것이다.[53]

다른 한편 개인의 종교의 자유를 인정하는 것이 정부가 국교를 설립하는 것을 배제하지는 않았다. 1874년의 논쟁은 기껏해야 무승부로 끝났는데, 두 진영은 종교의 자유에 대한 논쟁을 공공의 평화와 도덕을 보호해야 하는 정부의 의무의 문제로 옮겨놓았다. 나카무라는 자유지상주의적 방식으로 종교에 대한 어떤 형태의 정부의 간섭도 반대했는데, 심지어는 그의 동료가 제안했듯이 이는 공중도덕을 고양시키기 위한 것이었다. 그리스도교와 일본의 주권 간 이해 충돌에 대한 염려를 누그러뜨리고자 하는 목적에서 쓰인 논설에서, 나카무라는 영국인이 매일 자신들의 영주와 아버지를 위해 기도하고 여왕의 행복을 위해 건배한다고 했다. 국민이 국가 행정의 책임을 나누어 가지기 때문에 주권자와 인민의 공동 권리는 통치자로 하여금 국민을 소중히 여기게 하고 국민의 입장에선 법률을 인정하도록 한다. 국민이 어리석으며 그래서 위로부터 명령을 받아야만 한다고 가정하는 것은 국민들로 하여금 반란을 생각하도록 부추기는 것이다. 오히려 종교는 정신의 양식이므로 그래서 인민의 재량에 남겨두어야 한다고 나카무라는 경고했다.[54]

모리 아리노리는 에메릭 바텔(Emeric Vattel)과 로버트 필리모어(Robert Phillimore)의 국제법을 이용해서 국가종교의 문제와 종교의 자유 문제를 직접적으로 연결시켰는데, 이는 비판자의 역할을 일부러 자처하는 형태로 쓰였다. 모리의 주장의 요체는 두 개의 근본적 종교형태를 구분하는데 달려있다. 즉, 하나는 개인의 마음에 있는 종교이며 다른 하나는 공적으로 설립된 형태로 외재적으로 표현된 종교이다. 바텔에 따르면 개인의 종교의 자유권은 특정한 종교를 숭배하라는 공식적 명령에 저항하는 것에만 관계된다. 즉, 누구도 각자가 승인하지 않은 것을 믿도록 강요할 수 없다. 하지만 동시에 누구도 공공장소에서 자신이 좋아하는 대로 행함으로써 사회관계에 해를 끼칠 권리는 없다. 따라서 모든 사람이 하나의 신을 섬기거나 또는 하나의 종교를 공경할 때 정부는 정당하게 그러한 국교를 지지할 수 있다. 그러한 만장일치가 없는 상황이라도, 그럼에도 불구하고 통치자는 국민의 복지를 계획할 의무가 있고 자신이 가장 참되고 선하다고 개인적으로 생각하는 바에 따라 국교를 선택할 권리가 있다. 그러나 그는 국민에게 명령하거나 억압할 권리는 없다. 바꿔 말하면 바텔의 논의에 비추어보면 모리 판 "국교"는 국민적 행동에 대한 처방이라기보다는 기껏해야 다수 관습의 표현에 불과하다.[55]

종교와 정부의 적절한 영역에 대한 이런 논의로부터 도출되는 하나의 결론은 메이지 지식인들이 정부의 적절한 활동과 개인과 정부 각각의 적절한 의무를 결정하기 시작하면서 사적이고 내적 장소로서 개인의 자유 영역을 법과 질서가 통용되는 공적 영역과 구분했다는 것이다. 즉, 그들은 개인의 신앙에 대한 권리를 절대화했지만, 공중 예배에 대한 집단적 권리의 제한을 정당화하는 수단으로 공공질서를 유지해야 할 정부의 의무를 사용했다. 이미 살펴보았듯이 후쿠자와와 나카무라의 자유에 대한 초기 해석이라고 할 수 있는 자유주의적 해석은 정부를 최소화하면서 타인에 대한 의무를 통해 개인을 제한했다. 하지만 궁극적으론 법에 관한 네덜란드어 문헌들에 의해 대표되는 시민적 자유의 초기 전통이 일본인들이 자유를 검토하는 과정에서 가장 설득력 있는 것으로 드러났다. 개인의 재량이 탈선하고 개인의 행동이 공중의 복리를 위협할 때 법은 개인을 제한하는 적절한 수단이었다.

두 가지 점이 강조될 필요가 있다. 첫째로 도쿠가와의 정치담론으로부터 물려받은 정치문제, 즉 인민과 정부 간 대립에 관해 메이로쿠샤 동인들 중 일부가 새로운 접근방법을 발견했다는 것이다. 후쿠자와와 나카무라가 도입한 자유에 대한 자유주의적 해석의 결과로 국민은 개인들의 집합이 되었다. 둘째로 종교의 자유에 대한 일반적 합의는 언론의 자유에 대한 논의를 이끌어내는 선례가 되는 데 실패했다는 것이다. 양심과 신앙의 자유에 대한 절대적 권리를 내적 차원에서 부여하는 대신 그 신앙의 외적 표현에 제한된 종교의 자유권만을 부여해서 양자를 분리시키는 것은 의견의 공개 발표에 관한 논쟁과는 무관했는데, 이는 공개적 의견 발표는 필연적으로 공적 행동이어서 사상과 양심의 내적 영역에 국한된다면 이는 대개 무의미한 것이기 때문이다. 종교를 둘러싼 논쟁에서 메이지 지도자들과 지식인들을 하나로 묶어두었던 것은 비록 그 강도에선 차이가 있었다고 할지라도 양자가 모두 입헌정부라는 목표와 정부의 평화 유지 의무를 옹호했다는 것이다. 개인의 자유에 대한 자유주의적 평가는 자유에 관한 이론에서 쉽게 빠질 수 있는 측면임이 드러났다. 국민으로 하여금 믿음을 강요해서 종교의 문제에서 국민을 억압하는 일을 하지 않는 것과 국민의 의견 표출을 제한해서 공적 토론에서 그들을 억압하는 것은 종이 한 장 차이에 불과했다.

출판의 자유: 자연적 진보와 일시적 공황

출판의 자유는 이전에는 상상도 할 수 없는 통치 예절의 위반이었던 대장성(大藏省), 문부성, 사법성 장관이 예산을 두고 다투던 것이 신문에 공표되었던 1873년부터 메이지 번벌 정부의 구성원들을 괴롭히기 시작했다. 공통의 사무라이 배경과 이해관계를 지니고 있었던 번벌과 언론은 새 정권의 초반에는 서로 협력했지만, 1874년과 1875년의 사건들은 정부의 이해관계를 언론의 특정 구성인자들의 것과 구별되게 만들었다.[56] 예를 들면 일본의 개혁을 국민들에게 전달하고자 하는 의도에서 1871년 『신문잡지(新聞雜誌)』를 창간했던 권세가 기도 다카요시는 1873년부터 지방 관리와 병사들의 예의의 끔직한 쇠퇴와 중앙정부의 업무를 부당하게 방해하는 온갖 종류의 불평불만분자들에 대해 사적으로 한탄하기 시작했다. 그가 보기에 새로운 국가의 안전을 위해 필요한 위계, 법과 규율이 무너지고 있었고 그래서 그는 정부를 파괴하려는 자들로부터 정부를 보호하는데 힘을 보태야 한다고 결론 내렸다.[57] 기도의 우려는 고위 관직에 포진해 있던 사람들이 느끼던 것이었지만, 이는 1873년 말에서 1875년 사이 기사에서 묘사되던 위기상황 즉, 밀이 "일시적 공황"이라 불렀던 것을 반영한다. 일본은 번벌 정부 내부에서 조선에 대한 징벌적 침략을 단행할지 말지를 두고, 대만 사건과 관련된 청과의 전쟁 위협, 번벌 정부에 반대하는 첫 번째 사무라이 반란 그리고 선출된 국회에 대한 요구의 증대를 둘러싸고 파괴적 싸움으로 시달리고 있었다.

이 일련의 사건들 중 이타가키 다이스케의 1874년 1월 상소가 촉발시킨 마지막 사건에서 언론은 가장 두드러지게 공적 포럼의 역할을 맡았다. 토론은 필연적으로 번벌 정부와 정치적 현상유지를 비판했기 때문에 이는 정부의 노여움을 사면서 1875년 엄격한 '신문지법'을 정당화했다. 이 법은 미디어의 광범위한 정치 토픽을 검열했고 신문사 소유자, 편집자 그리고 저널리스트의 입을 막기 위해 무거운 징벌적 조치를 부과했다.[58] 대중의 반응은 토론이라기보다는 대중항의였는데, 이는 정부가 1875년 법을 단순히 공표하고 맹렬히 집행하기만 했기 때문이다. 반복적으로 도쿄의 주요 신문사를 대표하는 일군의 저널리스트들은 내무성에 정치적 내용의 새로운 규제에 대해 명료한 설명을 요구했다. 정부는 단지 침묵으로 대응하면서 언론이 자기검열을 하도록 협박하고자 보복의 위협만을 시도했다.[59]

출판의 자유 관념은 1860년대에 수용되었다. 가토와 쓰다는 여러 권리를 나열하면서 "저술의 자유"를 포함시켰다. 하지만 그들이 선호했던 표현은 "출판할 자유"로 이는 번역어 자유와 출판에 해당되는 다양한 표현들을 결합시켜서 만들었는데, 후자의 표현들은 모두 동아시아의 전통적 목판 인쇄의 관례를 지칭하는 것이었다. 출판자유(出版自由)의 자유주의적 근거는 후쿠자와의 『서양사정』과 나카무라의 밀에 대한 번역뿐만 아니라 두 권의 유럽 저술가의 번역서에서도 발전되었는데, 이는 당시에는 유명했지만 지금은 잊힌 알바니 드 폰브랑(Albany de Fonblanque)의 영국정부에 대한 교재 『우리는 어떻게 통치되는가(*How we are governed*)』와 알렉시스 드 토크빌의 『미국의 민주주의』에서 "미국에서의 출판의 자유"의 장이다.[60] 나아가 쓰다와 나카무라도 1874년 메이로쿠샤에서 이 문제에 대해 연설했다. 출판의 자유에 대한 메이지 초기의 이러한 정당화 논리는 자유에 대한 자유주의적 해석의 초기 논의로부터 논리적으로 도출된다. 책과 신문은 생각의 교환과 법, 관습 그리고 정부 결정에 대한 공적 토론을 권장하기 때문에 입헌정체에서 중심적 역할을 한다. 일반적으로 그들은 지적 진보를 증진시키는데, 특히 공적 업무를 견제하거나 지지하는 공적 권력의 주요한 정치적 자원이 된다.[61]

그러나 출판의 자유의 가치에 관한 이러한 외견상 만장일치는 출판을 규제할 수 있는 정부의 권리를 광범위하게 수용하는 것에 의해 위협을 받는다. 이러한 묵인에는 두 가지 근거가 있다. 첫째로는 정부의 종교에 대한 통제의 경우와 마찬가지로 도쿠가와의 출판에 대한 검열은 오래된 선례로 존재했고 막부에서 메이지 정부는 상당한 정도 연속성이 있었다.[62] 최초의 메이지 출판법은 도쿠가와의 법령을 재천명했고, 일부 지식인들은 출판물에서 일부 내용을 검열하는 것에 대해 전통적인 정당화 논리를 되풀이했다. 도쿠가와 시대 전통 소설의 인기에서 명확히 드러나듯이 무지한 인민들 사이에 여전히 존재했던 외설적이고 천박한 풍습은 인민으로 하여금 단지 추문과 같은 시시한 이야기만을 읽도록 했고, 이는 검열을 타당한 것으로 만들었다.[63] 둘째로는 서양 국가들의 사례도 애매모호했다. 영국과 미국은 거침없이 말하는 출판물을 관용했지만 프랑스와 프러시아는 규제하고 있었다. 2차 연구문헌들이 추정하고 최근에 입수된 태정관 번역국 문서들이 내비치듯이, 프랑스의 나폴레옹 3세가 반포한 1852년 출판법이 일본의 1875년 신문지법의 모델이 되었다.[64] 프랑스는 신문을 허가했으며, 내용에 대해 사전 공식 승인을 받을 것을 요구했고, 비방이나 폭동의 선동을 금지했으며, 발행을 중단 또는 금지하거나 무법적인 저자와 편집자에 벌금을 가하거나 징역에 처하기 위해 제재를 명시했다. 니시무라 시게키가 훗날 정부의 입장을 옹호하면서 주장했듯이, 심지어는 문명화된 국가도 출판물을 제한했다. 궁극적으로 종교의 통제와 마찬가지로 출판물의 검열 역시 공공의 평화와 질서를 보존한다는 근거 하에서 정당화되었다.[65]

이에 반하는 주장은 사실상 거의 없었다. 밀과 후쿠자와만이 명확하게 공적 토론과 출판에 대한 어떤 제한도 정당화될 수 없다고 밝혔다. 물론 후쿠자와는 나카무라와 마찬가지로 이미 언급했듯이 자유를 의무와 짝 지워서 제한하고자 했다. 밀은 단지 일시적 공황하에서 "장관이나 법관은 자신의 예의에서 벗어날 수 있다"고 주장했다. 기도의 일기에서 관찰되는 것과 같은 반란과 공공의 무질서에 대한 공포는 어쩔 수 없이 관리로 하여금 잠들어있던 법령을 되살리고 출판의 자유를 제한하게 한다.[66] 하지만 그러한 대응에 담긴 위험성은 냉철한 쓰다와 번역된 토크빌의 글에서 지적하고 있듯이 몇 가지가 있었다. 이는 한 나라에 독재라는 평판을 준다는 것을 차치하더라도, 검열 법에 의지하는 것은 아이러니하지만 불쾌한 내용을 다시 한 번 읽게 만들거나 또는 더 많은 독자를 양산할 수 있다는 것이다. 더욱이 쓰다가 프랑스 역사에 대한 검토에서 결론내리고 있듯이, 공적 토론과 출판을 제한하는 것은 공공의 평화라는 목적을 필연적으로 달성하는 것도 아니었다. 나폴레옹 3세는 정부의 출판에 대한 검열에도 불구하고 아니 오히려 그것 때문에 전복되었다. 그리고 모든 개개인이 출판하고자 하는 모든 단어를 사전에 읽고서 검열하고자 하는 것은 무용하지는 않더라도 실행 불가능한 것은 아니었을까.[67]

하지만 1875년 6월 신문지법이 공포되었을 때 출판의 자유를 옹호하는 항의는 후쿠자와와 나카무라 그리고 그의 동료들이 종교의 자유를 변호할 때 취했던 것에 필적하지 못했다. 출판의 자유와 그와 상관관계에 있는 언론의 자유를 개인의 천부적 권리라고 주장한 토론은 존재하지 않았다. 사실 개인과 그의 권리라는 맥락에서 이를 논한 것은 전혀 없었는데, 이는 토크빌을 따르는 일부 저술가들이 출판을 제한하는 것이란 필연적으로 언론과 인민주권을 제한하는 것이라고 인정했기 때문에 더욱 놀랄만한 것이다.[68] 자유는 개인의 절대적 권리로서 취급되기보다는 더 거대한 목적을 위한 효용이란 관점에서만 주로 평가되었던 것이다.

출판물의 대변인들과 소수의 메이로쿠샤 지식인들은 그들이 출판의 자유와 문명의 진보 간 인과관계로 이해한 것을 중시했다. 쓰다와 나카무라는 출판물에서 공적 토론의 자유는 인간의 이해력을 개선하고 정신의 진보를 고무시킨다는 점을 반복해서 강조했고, 정부에게 문명을 향해 일본이 진보해 갈 수 있는 순간에 간섭하지 말도록 경고했다. 나루시마 류호쿠(成島柳北), 요코세 후미히코(横瀨文彦)와 미노우라 가츤도(箕浦勝人)와 같은 출판계의 반체제인사는 이와 달리 신문지법이 야만적 독재의 산물이고, 어떤 문명국도 그러한 법을 시행하지 않으며 이는 일본의 진보를 저해하고 미래 세대를 위태롭게 할 것이라고 반복해서 선언했다. 또한 미노우라는 더 나아가 이 법은 자유로운 발언을 금지하면서 위선을 양산할 것이라고 설명했는데, 이는 필자들이 자신의 의견을 신문에 표현할 때 진실을 회피하도록 강요해서 자신의 발언과 진실이 분리되기 때문이었다.[69] 역설적 논설이 지적했듯이 "우리는 이 법의 장단점을 이 법 없이 토론하지 않는 한 이것이 좋은지 나쁜지를 알 수 없을 것이다."[70] 후쿠자와와 나카무라가 자유를 정신적 계몽과 입헌국가를 위한 수단으로서 제시했듯이, 1875년 출판의 자유에 대한 지지는 문명의 수단으로서 자유에 의존하고 있었다. 하지만 그러한 입장은 그다지 설득력이 있지는 못했는데, 이는 많은 사람들이 이미 심지어는 문명국조차 출판물을 제한한다는 것을 인정하고 있었기 때문이다.

정부의 신문지법에 대한 가장 저명한 변호는 1875년 11월 니시무라 시게키에게서 나왔다. 니시무라는 자유와 문명 간 인과 관계에 도전하는 확실한 책략으로 시작했다. 즉, 문명국의 스스로 통치하는 인민들이 그러한 법을 실시한다면 이는 훌륭한 법임에 틀림없다. 그는 일본에 국회가 부재하다는 것이 정부가 표현의 자유를 제약할 자격이 없다는 주장을 받아들이지 않았다. 그의 주장에 따르면, 문제는 신문지법의 반대자들이 일본과 서양 간 발전의 서로 다른 수준을 인정하지 않는데 있었다. 이미 서양에서 숲이 되어 있는 것이 아직 일본에선 묘목에 지나지 않는다. 다만 어느 곳에서든 "선을 악으로 대하거나 빈 것을 가득 찼다고 하는 것은 명예훼손이라고 불려야만 한다." 그렇지만 니시무라의 토론은 다소 솔직하지 못한 데가 있다. (1875년에 역시 실행된) '참방률(讒謗律)'에 초점을 맞추면서 그는 정부의 신문지법에 관한 주요 쟁점이 명예훼손과 허위진술이라고 시사했다. 그는 한 번도 정부 정책과 관련한 토론에 대한 법의 억압을 직접 다루지 않았다. 그 대신 진실된 묘사의 문제로 주의를 돌렸다. 즉, 이 법들은 다만 터무니없는 이야기들을 방지하고자 하는 노력에 불과하다는 것이다. 적절한 시점에 그는 입법부가 설립될 것이고 그 다음 토론을 할 수 있는 충분한 기회가 있을 것이라고 인정한다. 달리 말하자면 니시무라는 1875년 신문지법에 대한 항의를 이용해서 메이지 정부의 대중 정부를 향한 점진적 접근을 재차 강조했다. 전체 프로그램, 즉 헌법, 국회와 시민적 자유는 국민이 인내심을 갖고 복종하면 적절한 때에 오게 될 것이다.[71]

갓 태어난 민권운동이 출판의 자유에 대한 토론과 교차되는 순간을 목격하는 것을 차치하더라도, 이 지점에서 당시 지배적이었던 "문명"이라는 이데올로기적 프로젝트가 자유를 전치(轉置)시키는 것을 볼 수 있다. 자유는 가토 히로유키, 쓰다 마미치와 간다 다카히라가 그 앞선 시기에 처음 언급했던 맥락 속으로 밀쳐진다. 자유는 입헌정부에 뒤따르는 것인데, 이는 문명국의 징표이다. 국가는 헌법을 가질 때 비로소 자유를 법적으로 검토할 수 있다. 따라서 일차적 사안은 자유가 아니라 문명과 헌법을 위한 기초를 준비하는 것이다.

토크빌은 순전한 자유와 순전히 천박한 출판 사이에서 중간적 위치를 발견할 수 있는 가능성에 대해 질문했고, 그는 미국의 자유를 전형적인 건전한 회의주의를 가지고 검토하면서 이 질문에 간접적으로 대답했다. 그는 규제되지 않은 출판에 대해 걱정하지 않았다. 이는 참신함이 사라지면 대다수의 사람은 이에 대한 관심을 잃어버리거나 아니면 애당초 그들은 자신을 지킬 수 있는 의견을 수립할 수 있는 지적인 요건을 가지지 않기 때문이다. 따라서 그는 "출판의 자유가 보장하는 헤아릴 수 없는 혜택을 향유하기 위해서는 그것이 창출하는 필요악을 받아들일 필요가 있다"고 믿는다.[72] 쓰다 마미치는 메이지 초 지식인들 중에서 이상적인 자유의 개념을 밝힌 아마도 최후의 글에서 토크빌의 이러한 양가적 정신에 접근하고 있다.

> 자유권은 사람의 타고난 올바른 권리로 문명국이 존중하는 것이다. 그러나 사람은 자신의 권리를 타인의 자유를 해롭게 하는 방식으로 사용해서는 안 되니, 이는 자유의 오용으로 전횡이다. 우리 동양인들은 오랫동안 자유를 사악한 덕성으로 여겨서 그것의 혜택을 알지 못한 채 그 해악만 보아왔다. 이런 이유에서 우리는 자유의 진정한 본성을 파괴하니 노예적이고 비열한 풍습이 국민들 사이에서 생겨났다.[73*]

* "무릇 자유권은 한 사람 고유의 정권(正權)으로 여러 문명국이 귀하게 여기는 것이다. 하지만

…

1875년 이전 일본에서 자유가 구축되는 과정에 대한 이상의 분석으로부터 세 가지의 결론을 도출할 수 있다. 첫째, 종교의 자유에서 출판의 자유로 이어지는 흐름은 자유의 문제에 대한 개인과 국민 간 실천적 괴리를 노정한다. 출판의 자유에 대한 토론이 국민의 발전 수준이라는 관점에서 접근되면서 개인의 언론 자유의 권리는 토론에서 사라져버렸다. 하늘로부터 부여받은 절대적 권리로서 자유라는 자유주의적 개념은 종교의 영역 즉, 양심과 신앙의 내적 영역에서 개인의 자유 추구로 제한되었다.[74] 시민적 자유와 관련된 모든 공적 활동과 마찬가지로 공중 예배는 국민과 그들의 외적 행동에 관련되며, 이들은 더 이상 자연적 권리의 토대 위에 정당화될 수 없고 법을 통해 자유를 보장하게 될 입헌정부를 건설하고자 하는 운동과 연동될 수밖에 없었다.

둘째, 현재 일반적인 번역어인 **자유**는 과도기의 지식인들 즉, 도쿠가와 난학이나 메이로쿠샤와 연관된 인물들의 계도를 벗어나 공적 영역에 진입했다. 1875년 신문지법에 대한 항의 와중에 신문에서는 다양한 용어들 중의 하나인 **자유토론**(自由討論)이 유통되었다.[75] **자유**가 일반적으로 유통되면서 자칭 교육가들은 더 이상 자유의 가치에 독점을 행사 할

사람이 제멋대로 이 권리를 사용해서 다른 사람의 자유를 해하는 것은 불의(不義)이다. 이에 자유의 폐해를 말하자면 이는 전횡이다. 우리 동방의 풍속에서 예로부터 자유를 악덕으로 여기는 것은 단지 그 폐해를 보고 이익을 알지 못하기 때문이다. 그래서 결국 자유의 본성을 파괴하고 국인(国人) 일반은 노예 비굴의 풍속에 빠지게 되었다"(옮긴이).

수 없었다. 한 세기가 끝나기 전 "자유"는 "자유 약", "자유 캔디", "자유 물", "자유 산책", "자유 결혼" 등과 같이 대중 소비를 위한 우스꽝스러운 산물들과 흥미로운 유행의 과잉과 함께 대중의 의식을 장악한다. 그리고 1880년대 초반 민권운동의 최고조 시기 "자유"는 정치소설에서 인기를 끄는 신기한 소재로 등장한다.[76] 다음 장에서 서술하듯이 "자유"는 구체적 자유들에 근거를 두는 것으로부터 해방되어 추상화된 이상적 원칙이 되는데, 이는 민권에 관한 공적 토론을 동반한 발전이었다.[77]

셋째, **자유**가 공적영역에 진입했던 바로 이 시점에 메이로쿠샤의 회원들은 이를 수정의 대상으로 삼았는데, 여기에는 밀을 번역하면서 **자유**를 보편화하는데 기여했던 나카무라 게이우도 포함되었다. 나카무라가 1874년 메이로쿠샤에서 한 연설에서 "리버티"를 중국어 또는 일본어로 번역할 만한 적당한 단어가 없다고 하거나 또는 니시무라 시게키가 1875년 신문지법의 공포 직전 "리버티"의 번역어를 **자주자유**라고 주장하는 것은 당혹스러운 일이다. 물론 이 시기는 **자유**가 일반적 번역어로 안정화되어가던 때여서 대안적 표현들에 놀랄 필요는 없다. 하지만 이 시기는 인민을 대표하는 저널리스트들이 **자유**를 옹호하기 시작했던 때이고, 나카무라와 니시무라는 인민들이 **자유**를 받아들여 자신이 원하는 것은 무엇이든 자신의 자유라고 적극적으로 주장할 수 있는 가능성을 방지하기 위해 최후의 순간에 수정을 시도하고 있었던 것이다. 나카무라는 이기적인 폭민을 제한할 수 있는 그리스도교의 약속을 기대했음을 기억해야 한다. 1874년 그는 자유에 관한 논의가 교회의 메시지보다 더 많이 공중에게 회자되고 있다는 것을 의식하고 있었음이 틀림없다. 따라서

'리버티'를 정의하는 문제를 재개하고자 했을 때 그는 자주나 임의와 같이 "인민들이 자신의 기대에 따라 행동할 수 있는 권리와 권력"을 의미하는 용어를 구체적으로 비판했다.[78]

니시무라는 이와 달리 자유의 자유주의적 시각을 거부함으로써 정치적 점진주의를 정당화하는 일에 착수했다. 가토 히로유키의 『입헌정체략』(1868)을 떠올리게 하는 방식으로, 니시무라는 한편에서는 신으로부터 온 "자연적" 또는 "개인의 자유"를 말한다. 즉 이것은 태어나면서 하늘로부터 주어진 것이며, 이를 통해 각자는 개인으로서 자신의 욕망을 충족시켜 나간다고 보았다. 니시무라는 독자들에게 사람은 사회적 세계 속에서 고립하거나 독립적 피조물이 아니며 오히려 상호작용을 해야만 한다는 것, 그리고 그 상호작용의 조건은 우리 자신과 똑같이 타인도 자유를 소유한다는 것을 인정하는 것이며, "사회적 상호작용의 도"를 완성하기 위해서는 우리의 자유 일부를 포기해야 한다는 점을 환기시킨다. 다른 한편 그는 "사회적" 또는 "정치적 자유"도 말하는데, 이는 잠정적으로 자연적 자유와 일치하지만 전체 사회의 번영과 평화를 위해 개인의 자유에 제한을 가하는 것이기도 하다. 즉, 개인의 자유를 적절한 영역 속에 한정하고 통제하는 것이다. 니시무라가 드는 대표적 예는 타인의 자유를 간섭하는 사람의 부당함을 통제하기 위해 법을 사용하는 것이다. 즉, 법은 한 사람의 사회적 자유를 증진시키는 것이다. 따라서 이 사회적 자유는 동시에 정치적 자유이기도 하다. 즉, 이 자유는 한 사람의 몸과 재산을 보호하기 위해 영주와 장관의 폭정과 정치적 예속에 반대하는 것이다.[79]

여기에서 우리는 1860년대 토마스 홉스가 묘사했던 영구적 전쟁을 떠올리게 하는 사회 환경 속에서 가토, 쓰다와 간다가 열거했던 인간의 자유로 돌아가게 된다. 니시무라는 이 법치가 요구하는 세 가지 주요 권리를 구체적으로 열거하는데, 첫째는 자기 보호이고, 둘째는 법이 금지하지 않는 곳에서 개인의 자유이며, 셋째는 개인의 소유이다. 니시무라가 자연적 또는 인간의 자유라고 부르는 자유의 자유주의적 버전은 우리 자신의 사회적 속성과 스스로를 제한할 필요를 강조하기 위해서만 사용된다. 전반적으로 니시무라는 인간의 자유를 강조하는 초기 전통에 초점을 맞춘 덕분에 대중의 정치참여 문제에 대한 정부의 점진주의적 접근을 재차 강조할 수 있게 된다. 그는 인민은 학식과 지식을 더 많이 습득할수록 자유를 획득하며, 소수의 관리들이 다수를 지배하는 상황은 적절한 때에 다수가 정치 행정에 참여하는 일반적 권리로 변환될 것이라고 선언한다.[80] 개인의 자유를 이렇게 축소시키는 과정에서 니시무라는 은연중 자유에 대한 자유주의의 공리주의적 정당화 논리를 거부한다. 자유는 어떤 것도 창출하거나 야기하지 않는다. 다만 이는 지식과 함께 성장하며 정치적 입헌주의라는 조건 하에서 드러나는 것이다.

주석

1 Benjamin Constant, "The Liberty of the Ancients Compared with That of the Moderns," in *Political Writings*, ed. Biancamaria Fontana (Cambridge: Cambridge University Press, 1988), pp. 307-338; Quentin Skinner, *Liberty Before Liberalism* (Cambridge: Cambridge University Press, 1998). 또한, Hannah Arendt, "What Is Liberty?", in *Between Past and Future*, enl. ed. (New York: Viking, 1968), pp. 143-171; Isaiah Berlin, "Two Concepts of Liberty," in *Four Essays on Liberty* (Oxford: Oxford University Press, 1969), pp. 118-172; Hanna Fenichel Pitkin, "Are Freedom and Liberty Twins?," *Political Theory* 16(4) (November 1988), pp. 523-552; and J.G.A. Pocock, "Virtues, Rights, and Manners: A Model for Historians of Political Thought," *Political Theory* 9(3) (August 1981), pp. 353-368 참조.

2 리차드 킹(Richard H. King)은 밀의 자기실현의 이상이 일종의 적극적 자유이며, 소극적 정치적 자유는 이를 위한 전제조건이 됨을 지적한다. 다음을 참고할 것. *Civil Rights and the Idea of Freedom* (New York: Oxford University Press, 1992), pp. 15-28.

3 소극적 자유의 유산을 차치하면 현대적 자유 개념은 러시아혁명에 대한 반동 특히, 시장경제에서 행복의 추구라는 발상으로 특징 지워진다. 하지만 이러한 생각은 19세기 일본의 시각에는 흔치 않았다. 다음을 참조. Harold J. Laski, *Liberty and the Modern State*, rev. ed. (New York: Viking, 1949), pp. 4-16; 坂本多加雄, 『市場·道徳·秩序』(東京: 創文社, 1991), pp. 19-36.

4 Blandine Kriegel, *The State and the Rule of Law*, trans. Marc A. LePain and Je□rey C. Cohen (Princeton: Princeton University Press, 1995), pp. 20-24, 33-37. 크리겔의 분석에서 핵심적인 것은 초기 근대에서 법과 주권의 분리인데, 이 주제는 스테픈 홈즈(Stephen Holmes)와 프란즈 노이먼(Franz Neumann)도 다루었다. 다음을 참조. Stephen Holmes, *Passions and Constraint: On the Theory of Liberal Democracy* (Chicago: University of Chicago Press, 1995), pp. 100-133; Franz Neumann, "The Change in the Function of Law in Modern Society," in *The Democratic and the Authoritarian State*, ed. Herbert Marcuse (Glencoe: Free Press, 1957), pp. 22-68.

5 進藤咲子, 『明治時代語の研究 — 語彙と文章』(東京: 明治書院, 1981), pp. 57-62; 柳父章, 『翻譯語成立事情』(東京: 岩波書店, 1982), pp. 175-176. 야나부 아키라는 자유를 대표적인 "잘못 해석된 번역어"로 취급한다.

6 다음을 참조. *The Oxford English Dictionary*, 2nd ed., prepared by J. A. Simpson and E.S.C. Weiner (Oxford: Clarendon Press, 1989), 6:157-16, 8:881-887; Williams, *Keywords*, pp. 148-150; 또한 동시대의 설명으론 箕作麟祥, 「リボルチーの説」, 『明六雜誌』 9 (1874.6): 2b-4b 그리고 41 3a-5b. 또한 다음을 참조. Werner Conze, "Freiheit," in *Geschichtliche Grundbegri¤e: Historisches Lexicon zur politisch-sozialer Sprache in Deutschland*, ed. Otto Brunner, Werner Conze, and Reinhart Koselleck (Stuttgart: Klett, 1972-1989), 2: 425-542; Anna Wierzbicka, *Understanding Cultures Through Their Key Words: English, Russian, Polish, German, and Japanese* (New York: Oxford University Press, 1997), pp. 125-155.

7 다양한 대조적 사례를 살펴보기 위해선 杉本つとむ, 『日本英語文化史資料』 (東京: 八坂書房, 1985)에 정리되어 있는 1860년대 영어 학습 교재를 비교해볼 수 있다.

8 간다는 『성법략』 서두에서 자신의 작업이 니시의 원고 즉, 『성법요결(性法要訣)』에 바탕을 두고 있다고 밝히고 있다. 오쿠보 도시아키는 이 글이 니시 저술을 너무 강하게 반영하고 있다고 생각해서 심지어 니시의 저작집에 포함시켰다. 다음을 참조 神田孝平, 『性法略』(1871), 『明治文化全集 13: 法律編』 (東京: 日本評論新社, 1957), p. 4; 蓮沼啓介, 『西周に於ける哲学の成立 — 近代日本における法哲学成立のためのエチュード』 (東京: 有斐閣, 1987), pp. 8-20. 사이먼 비셰링에 관해선 Irene Hasenberg Butter, *Academic Economics in Holland*, 1800-1870 (The Hague: Nijho¤, 1969)을 참조.

9 『태서국법론』과 휘튼의 『국제법의 요소들』의 번역에서 쓰다의 어휘 선택에 관해선 다양한 논의가 있는데, 이와 관련해선 5장에서 다룬다. 또한 다음을 참조. 大久保利謙, 『幕末維新の洋学』 (東京: 吉川弘文館, 1986), pp. 119-223; 佐藤亨, 『幕末·明治初期語彙の研究』, pp. 161-197, 356-393; 田岡良一, 「西周助「万国公法」」, 『国際法外交雑誌』 71 (1972.5):1-57.

10 加藤弘之, 『立憲政体略』, 植手通有 編, 『西周/加藤弘之』 (東京: 中央公論社, 1984), pp. 342-343. 다음도 참조할 수 있다. 津田真道, 『泰西国法論』 (1868) (東京: 東洋社, 1875), pp. 91-100. 쓰다는 가토의 생명권을 자기 가정의 불가침성에 대한 권리로 대체한다. 또한, 쓰다는 저작의 비밀을 보장받을 권리와 가족의 부에 따른 공정한 과세의 권리, 탄원할 권리 그리고 국가와 계약을 맺을 때 국가를 신뢰할 수 있는 권리를 덧붙인다. 간다는 이와 대조적으로 가토의 일련의 권리를 "타고난 권리"로 가정하고 재산과 계약과 관련된 "획득한 권리"를 상술한다. 다음을 참조. 『성법략』, pp. 6-13. 쓰다의 확장된 권리 목록은 프러시아 헌법이 부여한 좀 더 확장된 권리와 닮아있는데, 이 헌법은 1872년 기도 다카요시의 헌법안에 영향을 끼쳤다. 다음을 참조. 稲田正次, 『明治憲法成立史』 (東京: 有斐閣, 1960-1962), 1:213-216.

11 津田真道, 『泰西国法論』, pp. 95-96.

12 神田孝平, 『性法略』, p. 12.

13 Berlin, "Two Concepts of Liberty"; Holmes, *Passions and Constraint*, pp. 13-41; and H. J. McCloskey, "A Critique of the Ideals of Liberty," *Mind* 74 (1965): 483-508.

14 加藤弘之, 『立憲政体略』, p. 342. 가토는 중국의 두 왕 즉, 걸(傑)과 주(紂)라고 썼지만 진부한 이 표현 대신 "고대의 악명높은 폭정"으로 번역했다.

15 John Locke, *Two Treatises on Government*, critical [rev.] ed. by Peter Laslette (New York: New American Library, 1963), p. 348.

16 津田真道, 『泰西国法論』, p. 39.

17 리버티를 추상적인 것으로 다룬 사례는 한 번 발견되는데, 이는 니시 아마네가 집행권력에 관해 논한 부분이다. 그는 "프랑스에서 집행권력의 집중은 모든 지역에서 국민으로부터 그들의 자재(自在)를 박탈당했다." 이러한 방식으로 리버티를 사용한 경우는 니시가 영어 단어를 유사한 형태의 일본 어휘와 함께 사용하는 니시의 습관을 보여주는 대표적인 예이다. 다음을 참조, 西周, 『百学連環/Encyclopedia』, 4:226.

18 후쿠자와와 나카무라의 보편적인 것에 대한 접근방식에 관한 대안적 비교를 위해선 다음을 참조. 石田雄, 『近代日本の政治文化と言語象徵』, pp. 33-53. 사카모토 다카오는 후쿠자와의 정치, 경제적 발상을 스코틀랜드 계몽주의의 배경과 연결시키면서 그의 자유주의에 대한 가치있는 논의를 제공한다. 다음을 참조. 坂本多加雄, 『市場·道徳·秩序』, pp. 3- 41.

19 福澤諭吉, 『西洋事情』, p. 290. 또한 中村敬宇, 『自由の理』(1871), 『明治文化全集 5: 自由民権 編』(東京: 日本評論社, 1927), p. 84도 참조.

20 자유의 의미와 용례의 배경에 관해서는 木村毅의 1952년 논설 「自由はいつはじめて日本に入ってきたか?」, 『文明開化』, pp. 81-122; 石田雄, 『日本の政治と言葉 ― 上 「自由」と「福祉」』, pp. 32-37; 大久保利謙, 『明治の思想と文化』, pp. 8-14; 進藤咲子, 『明治時代語の研究』, pp. 32-56; 鈴木修次, 『日本漢語と中国』(東京: 中央公論新社, 1981), pp. 137-150; 柳父章, 『翻訳とはなにか ― 日本語と翻訳文化』, pp. 107-114.

21 木村毅, 『文明開化』를 참고할 것. 1854년에서 1858년 조약에서의 "자유 무역"의 개념과 관련해선 앤 월트홀(Anne Walthall)이 "마음대로"란 표현에 대한 부정적 비난을 누그러뜨릴 수 있는 도쿠가와 마을의 선례를 제시한다. 상업적 영농에 관계한 농민들은 "제멋대로(勝手次第)" 팔 수 있는 특권을 갖고자 협상했다. 이와 비슷하게 일부는 제한받지 않는 무역 또는 과세나 규제를 받지 않는 무역을 옹호했다. 다음을 참조, Anne Walthall, *Social Protest and Popular Culture in Eighteenth-Century Japan* (Tucson: University of Arizona Press, 1986), pp. 91 and 215.

22 中村敬宇, 『自由の理』, pp. 7-8.

23 후쿠자와의 일상어에 대한 선호는 '페더레이션(federation)'과 '리퍼블릭(republic)'의 번역어로 사용된 합중국과 '유나이티드 스테이츠 오브 어메리카(United Stated of

America)'라는 까다로운 용어의 철저한 번역어인 아메리카 합중국이란 표현에서 역효과를 일으킨다. 이 한 쌍의 용어를 발전시키면서 합중국은 미국의 적절한 이름으로 남아있지만, 일본인들은 지금도 사용되는 공화라는 대안적 표현을 "리퍼블릭"을 번역하기 위해 사용하고 있다. "리퍼블리칸(republican)"의 번역어가 합중에서 공화로 전환되는 것에 관해선 惣郷正明·飛田良文 編, 『明治のことば辞典』(東京: 東京堂出版, 1986), pp. 70-71, 113, 115-116을 참조.

24 독립에 대한 이러한 용법은 독립국들의 부상에 관한 동시대의 다른 논의에도 담겨 있다. 예를 들자면, 가토는 미국의 독립에 대해 이야기하면서 미국 내전 당시 비슷한 독립을 성취하고자 했던 남부 주들의 실패한 시도를 마지못해 묘사한다. 다음을 참조. 加藤弘之, 『隣草』, pp. 317-318, 326. 이에 반해 1860년대 글에서 왕조의 교체는 독립으로 전혀 묘사되지 않는다. 후쿠자와는 정복왕 윌리암이나 헨리 볼링브록과 같이 국왕을 시해하고 새로운 왕조를 세운 찬탈자를 그들의 왕조를 자립(自立)시켰다고 묘사한다. 다음을 참조, 福澤諭吉, 『西洋事情』, pp. 355, 360. 후쿠자와의 독립의 개념 전반에 대해선, 坂本多加雄, 『市場·道徳·秩序』, pp. 11-17. 후쿠자와의 「독립선언문」 번역이 부정확하다는 점을 지적한 또 다른 해석으로는, Tadashi Aruga, "The Declaration of Independence in Japan: Translation and Transplantation, 1854-1997," *Journal of American History* 85(4) (March 1999): 1409-1431.

25 中村敬宇, 『自由の理』, pp. 15-17.

26 신도 사키코는 자유의 문법적 분석에서 메이지 시기 자유의 용례는 대체로 형용동사(形容動詞)에서 명사로 바뀌었다고 지적한다. 『明治時代語の研究』, p. 38을 참조.

27 中村敬宇, 『自由の理』, pp. 16-17.

28 Kriegel, *State and the Rule of Law*, pp. 35-36.

29 福澤諭吉, 『西洋事情』, p. 581.

30 福澤諭吉, 『西洋事情』, pp. 486-487.

31 福澤諭吉, 『西洋事情』, pp. 392, 395. 후쿠자와의 이런 생각은 19세기 교육가인 윌리암 체임버스와 18세기 법학자인 윌리엄 블랙스톤(William Blackstone)에 근거하고 있다.

32 福澤諭吉, 『西洋事情』, pp. 393-394. "인간 교제"는 "사회"로 해석될 수 있다. 다음을 참조. 6장.

33 中村敬宇, 『自由の理』, p. 4. 클락과 "시즈오카 그룹"에 관해선 많은 연구가 있다. 다음을 참조. 大久保利謙, 『明治の思想と文化』, pp. 83-106; 太田愛人, 『明治キリスト教の流域 — 静岡バンドと幕臣たち』(東京: 築地書館, 1979).

34 中村敬宇, 『自由の理』, pp. 18-19.

35 모리 아리노리는 미국에 관한 영어 발표에서 미국에 만연한 이기적 자유로부터 나오는 "악"을 해결하기 위해 덕성과 교육을 제안했다. 다음을 참조 *Life and Resources in America* ([Washington, D.C.]: privately printed, [1871]), pp. 13-14.

36 中村敬宇, 『自由の理』, pp. 12, 18-19, 24-30.

37 梅田義彦, 「宗教法について 江戸幕府明治政府へ」, 『神道宗教』 26 (1961.11): 37-55.

38 加藤弘之 譯, [J. K. Bluntschli], 『国法汎論』 (1872-1876), 『明治文化全集 補巻 2』, 第31巻 (東京: 日本評論社, 1971), pp. 187-201.

39 James Edward Ketelaar, *Of Heretics and Martyrs in Meiji Japan: Buddhism and Its Persecution* (Princeton: Princeton University Press, 1990), p. 125.

40 다음을 참조, Thomas W. Burkman, "The Urakami Incidents and the Struggle for Religious Toleration in Early Meiji Japan," *Japanese Journal of Religious Studies* 1(2-3) (1974): 168-170. 마츠리고토에 관해선 다음을 참조. Maruyama Masao, "The Structure of Matsurigoto: The Basso Ostinato of Japanese Political Life," in *Themes and Theories in Modern Japanese History: Essays in Memory of Richard Storry*, ed. Sue Henny and Jean-Pierre Lehmann (London: Athlone, 1988), pp. 27-43; Harootunian, *Things Seen and Unseen*, pp. 164-166.

41 「人心の帰趨を一にすべく 一正教一致の御主旨を宣揚」, 『太政官日誌』 (1871.7.4); 『新聞集成明治編年史 1』, pp. 383-384.

42 메이지 초기 종교 정책의 배경에 관해서는 Abe Yoshiya, "From Prohibition to Toleration: Japanese Government Views Regarding Christianity, 1854-73," *Japanese Journal of Religious Studies* 5(2-3) (1978): 107-138; Burkman, "Urakami Incidents"; Ketelaar, Heretics and Martyrs, pp. 43-135; Muraoka Tsune-tsugu, *Studies in Shinto Thought*, trans. Delmer M. Brown and James T. Araki (1964; repr. New York: Greenwood, 1988), pp. 203-208; Notto R. Thelle, *Buddhism and Christianity in Japan: From Conflict to Dialogue, 1854-1899* (Honolulu: University of Hawai'i Press, 1987), pp. 10-17.

43 Burkman, "Urakami Incidents"; 梅田義彦, 「宗教法について: 江戸幕府から明治政府へ」. 모리 아리노리와 나카무라 게이우가 올린 정부 정책에 반대하는 주요한 상소들이 영어로 집필되었다는 것은 일부 일본 지식인들과 서구 열강 간의 공모의 정도를 보여준다.

44 「耶蘇教抑壓の方策」, 『教部省日誌』 (1872.7); 『新聞集成明治編年史 1』, p. 453.

45 島地黙雷, 「三条教則批判建白書」, 吉田 久一 編, 『現代日本思想大系 7: 仏教』 (東京: 筑摩書房, 1965), pp. 61-70.

46 西周, 「教門論 一, 二」, 『明六雑誌』 4 (1874.4) : 5b-8b, 그리고 『明六雑誌』 5 (1874.4) : 3b-6a. 니시는 또한 "政"과 "教"의 분화를 『百一新論』, p. 236에서 다루었다.

47 加藤弘之, 「米国政教 二, 三」, 『明六雑誌』 6 (1874.4) : 3b-6a, 그리고 『明六雑誌』 13 (1874.6) : 1- 4a; 中村敬宇, 「西学一斑 : 十に號の續」, 『明六雑誌』 15 (1874.8) : 2b-4b. 가토의 글은 블룬칠리의 번역에 담긴 훨씬 긴 주장을 요약한다. 다음을 참조, 『国法汎論』, pp. 187-225. 또한 모리 아리노리의 「宗教」, 『明六雑誌』 6 (1874.4) : 6a-12b와 1874년 태정관의 번역국에서 준비한 미간행 보고서인 「教会立礼」도 참고할 것. 이는 『明治政府翻訳草稿類纂』 (東京 : ゆまに書房, 1987), 12 : 327-38에 실려 있음.

48 시마지 모쿠라이는 종교가 문명의 근간이란 주장을 일축하고 학문을 통해 성취된 계몽이 종교에서의 모든 개혁과 진보에 선행되어야 한다고 넌지시 결론 내렸다. 다음을 참조 「三条教則批判建白書」, pp. 61-64과 Ketelaar, *Heretics and Martyrs*, pp. 125-129를 참조.

49 Mori, *Religious Freedom in Japan*, pp. 4-9. 또한 林竹二, 「近代教育構想と森有礼」, 『中央公論』 77(10) (1962.9) : 208-218을 참고할 것. 모리의 상소문과 그의 미국 시절 스베덴보리 공동체에서의 종교 교육에 관해서는, Ivan P. Hall, *Mori Arinori*, pp. 95-128, 195-202.

50 中村敬宇, 「擬泰西人上書」, 大久保利謙 編, 『明治啓蒙思想集』 (東京 : 筑摩書房, 1967), pp. 281-283. 나카무라의 논설은 우선 1872년 5월 영국에서 출판되고, 그 후 박식한 문예풍 한문으로 3개월 후에 출판되었다. 두 번역본 모두 작자미상이었다. 나카무라 상소문의 악명은 다음의 문장과 연관이 있다. "천황이 서양 종교를 세우고자 한다면, 그는 먼저 세례를 받고, 스스로 [일본 그리스도교] 교회의 수장이 되어야 한다. 그 다음 수백만이 이를 인정할 것이다. 천황이 그리스도교 금지령을 철폐하고자 한다면, 그날로부터 모든 서양의 통치자들은 그를 존경하고 사랑할 것이다." 그 후에 나온 개정판은 첫 번째 문장을 삭제하는데, 이 버전은 『敬宇文集』 (東京 : 吉川弘文館, 1903), 1 : 6-9에서 재판되었다. 역시 문제적인 문단을 삭제한 영어의 축약본이 *Japan Weekly Mail*, May 11, 1872, pp. 267-268에 출판되었다. 완역본은 그 다음 주 즉, 1872년 5월 18일 285-287쪽에 출판되었다. "그리스도교 문제"란 표제 하에 나간 이 상소에 대한 편집자 칼럼은 이 문제를 두고 한 달간의 논설이 이어지도록 만들었다. 다음을 참조, *Japan Weekly Mail*, May 18, 1872, pp. 282-284; June 1, 1872, pp. 322-324; June 8, 1872, pp. 341-342; June 15, 1872, pp. 358-359; June 29, 1872, pp. 391-392.

51 西周, 「教門論 三, 五」, 『明六雑誌』 6 (1874.4) : 2a-3a 그리고 『明六雑誌』 8 (1874.5) : 6b-8a (니시의 논설은 4번째 부분 없이 출판되었다); 杉享二, 「人間公共の説 三」, 『明六雑誌』 19 (1874.10) : 6b-8b; 津田真道, 「開化を進る方法を論ず」, 『明六雑誌』 3 (1874.4) : 7a-8b를 참고할 것.

52 島地黙雷, 「三条教則批判建白書」, pp. 65-66; 西周, 「教門論 一, 二」, 加藤弘之, 「米国政教 一」, 『明六雑誌』 5 (1874.4) : 10b-13.

53 「教会立礼」, pp. 328-329. 모리 아리노리와 가토 히로유키는 이 법들을 언급하면서 "양심의 자유(良心の自由)"와 같은 번역국 직원들이 사용한 것과 동일한 표현을 쓴다. 번역국장이던 미쯔쿠리 린쇼는 메이로쿠샤의 동료 회원이었다. 번역국에서 그의 역할에 관해선, 大槻文彦, 『箕作麟祥君伝』(東京: 미상, 1907), pp. 55-59, 70-71.

54 中村敬宇, 「政教無矛盾之弊」, 『敬宇文集』 13:16-17. 이 논설은 『東京新報』 1873년 9월 11호에 실렸다.

55 森有礼, 「宗教」. 모리는, 비록 이를 더 이상 발전시키진 않았지만, 필리모어와 함께 국교의 더 강력한 버전도 언급했다. 여기에선 국가의 평화를 위해서 국가는 국교를 강제할 수 있고 또한 타 종교를 금지할 수 있는 권리를 갖는다.

56 James L. Hu⌑man, *Creating a Public: People and Press in Meiji Japan* (Honolulu: University of Hawai'i Press, 1997), pp. 68-69, 76.

57 Kido, *Diary*, 1: 474; 2: 58, 221, 228, 238, 388-389, 394. 기도의 신문잡지와 관계에 관해선, Albert Altman, "Shimbunshi: The Early Meiji Adaptation of the Western-Style Newspaper," in *Modern Japan*, ed. W. G. Beasley (London: Allen & Unwin, 1975), pp. 52-66.

58 많은 연구자들이 메이지 신문과 출판법 그리고 그들의 관할권 변화와 효과에 대해 검토했다. 하지만 어떤 학자도 아직 1875년의 법이 촉발시킨 출판의 자유에 관한 논쟁을 일관되게 검토하지 못했다. 주요한 출판법은 *Japanese Government Documents*(1914), pp. 529-557에 번역되어 있다. 또한 다음을 참조할 것. Peter Figdor, "Newspapers and Their Regulation in Early Meiji Japan," *Papers on Japan* (East Asian Research Center, Harvard University) 6 (1972):1- 44; Huffman, *Creating a Public*, pp. 76-85, 104-110, 136-142; 稲田正次, 『明治憲法成立史 上』, pp. 181-185; 西田長寿, 『明治時代の新聞と雑誌』(東京: 至文堂, 1961), pp. 36-38, 85-95; 小野秀雄, 「明治初期に於ける出版自由の概念」, 『新旧時代』 第二年 第四·第五冊 自由民権号 90 (1926): 83-92 (수정된 버전은 『明治文化全集 補巻 2: 自由民権 編』(東京: 日本評論社, 1967), pp. 16-19에 포함되어 있다.); Jay Rubin, *Injurious to Public Morals: Writers and the Meiji State* (Seattle: University of Washington Press, 1984), pp. 3-31.

59 Huffman, *Creating a Public*, pp. 78-79; 「新聞各社 聯合して記載範圍を問ふ一内務省答へず」, 『郵便報知』(1875.9.25), 『新聞集成明治編年史 2』, p. 405. 1875년에서 1879년 사이 체포된 200명의 저널리스트의 명단은 美土路昌一 編, 『明治大正史. 1: 言論篇』(東京: 共同印刷, 1930), pp. 73-77.

60 폰브랑의 교재 16판이 1858년에서 1889년 사이 영국에서 나왔으며 1868년 스즈키 유이치(鈴木唯一)가 『英政如何』이란 제목으로 번역했다. 다음을 참조, 『明治文化全集 3: 政治篇』(東京: 日本評論新社, 1955). 토크빌 책의 일부는 오바타 도쿠지로(小幡篤二郎)가 『上木自由の論』이란 제목으로 1873년 번역했다. 이는 『明治文化全集 5: 自由民

權篇』(東京: 日本評論社, 1927)에 실려 있다.

61 福澤諭吉, 『西洋事情』, pp. 304-305; 中村敬宇, 『自由の理』, pp. 17, 19; 小幡篤二郎 譯, 『上木自由の論』, pp. 130-131; 鈴木唯一, 『英政如何』, p. 34. 이런 입장은 *Japan Weekly Mail*, September 6, 1873, pp. 635-636에서 지지를 받았다.

62 Altman, "Shimbunshi," pp. 59-60; Figdor, "Newspapers and Their Regulation," pp. 3-4.

63 西村茂樹, 「譏謗律一新聞條例を非難す」, 『評論新聞』 45 (1875.11), 『新聞集成明治編年史』, 2:444-445; 津田真道, 「新聞紙論」, 『明六雑誌』 20 (1874.11): 1-2b.

64 Figdor, "Newspapers and Their Regulation," pp. 8, 16; "復刻法律書飜譯," 이 글은 1872년에서 1874년 사이 태정관 번역국의 미발간된 저자미상의 미발간 보고서이다. 이 글은 『明治政府翻訳草稿類纂』 (東京: ゆまに書房, 1987) 32:3-43에 실려 있다.

65 西村茂樹, 「譏謗律一新聞條例を非難す」, p. 444.

66 福澤諭吉, 『西洋事情』, pp. 486-487; 中村敬宇, 『自由の理』, p. 19. 또한 다음을 참조. J. S. Mill, *On Liberty, in Three Essays* (Oxford: Oxford University Press, 1975), p. 22.

67 小幡篤二郎 譯, 『上木自由の論』, p. 130; 津田真道, 「出版自由ならんことを望む論」, 『明六雑誌』 6 (1874.4): 1-2a.

68 小幡篤二郎 譯, 『上木自由の論』, pp. 130-131; 横瀬文彦, 「新聞條例と譏謗律」, 『評論新聞』 16 (1875.7), 『新聞集成明治編年史 2』, pp. 372-373; 箕浦勝一, 「新聞條例發布以來二ヶ月にして早くも言論彈壓の效果顯はる」, 『郵便報知』 (1875.8.30), 『新聞集成明治編年史 2』, pp. 383-384.

69 箕浦勝一, 「新聞條例發布以來二ヶ月にして早くも言論彈壓の效果顯はる」, pp. 383-384; 成島柳北, 「新聞條例、譏謗律は、そも何れの国の法律ぞや」, 『朝野新聞』 (1875.8.15), 『新聞集成明治編年史 2』, p. 379; 横瀬文彦, 「新聞條例と譏謗律」, p. 372.

70 「明治二年の新聞條例といづれぞ」, 『朝野新聞』 (1875.9.8.), 『新聞集成明治編年史 2』, p. 393. 1875년 신문지법이 정부의 법률에 대한 비판을 금지했기 때문에 이 논설과 다른 많은 글들은 그 대신에 그 이전의 1869년이란 측면에서 이 문제를 다루었다.

71 西村茂樹, 「譏謗律一新聞條例を非難す」, pp. 444-445.

72 小幡篤二郎 譯, 『上木自由の論』, p. 130. 또한 Alexis de Tocqueville, *Democracy in America* (the Henry Reeve text as revised by Francis Bowen) (New York: Knopf, 1980), 1:184도 참조.

73 津田真道, 「情欲論」, 『明六雑誌』 34 (1875.4): 8b-9a.

74 1874년부터 일본 전역에서의 신문 기사들은 개인들이 종교의 자유를 행사했다는 것

을 증명한다. 다음을 참조 『新聞集成明治編年史 2』, p. 109 ; 『新聞集成明治編年史 3』, p. 381. 하지만 영문 신문은 "토착 그리스도교인"에 대한 공식적 박해가 부활할지도 모른다고 생각해서 종교의 자유의 이른바 남용을 감시했다. 다음을 참조, *Japan Weekly Mail*, April 3, 1875, p. 1.

75 箕浦勝一, 「新聞條例發布以來二ヶ月にして早くも言論彈壓の效果顯はる」, pp. 383-384와 「明治二年の新聞條例といづれぞ」, p. 393.

76 石田雄, 『日本の政治と言葉ー上 「自由」と「福祉」』, p. 37; 『新聞集成明治編年史 1』, p. 403; 『新聞集成明治編年史 2』, pp. 24, 26; 安丸良夫·深谷克己 編, 『日本近代思想大系 21: 民衆運動』(東京: 岩波書店, 1989), p. 239. 정치소설에 관해선, 浅井清, 「日本における市民精神の成立 ― 明治初期文学における〈自由〉の受容」, 『思想』 504 (1966):61-71; Shunsuke Kamei, "The Sacred Land of Liberty: Images of America in Nineteenth — Century Japan," in *Mutual Images: Essays in American-Japanese Relations*, ed. Akira Iriye (Cambridge, Mass.: Harvard University Press, 1975), pp. 55-72; and Ike, *Beginnings of Political Democracy in Japan*, pp. 121-123.

77 나카무라 게이우는 그의 잡지에 기고를 통해 "사상의 진정한 자유"에 관해 사설을 계속해서 써나간다. 다음을 참조. 星野郁, 「自由説」, 『同人社文学雑誌』 8 (1876.12.23.):5-7a; 安藤勝任, 「自由の弊害を論ず」, 『同人社文学雑誌』 19 (1877.12.5.):2-[쪽수 없음].

78 中村敬宇, 「西学一斑 ― 前号の続」, 『明六雑誌』 12 (1874.6):9a.

79 西村茂樹, 「自主自由解」, 『明六雑誌』 37 (1875.5):1b-2b.

80 Ibid., p. 3a. 하지만 이러한 주장은 1882년 우에키 에모리에 의해 정확히 반대 즉, 민중주의적 입장을 옹호하기 위해 사용된다. 다음을 참조. 「民権自由論 ― 二編」, 『植木枝盛集 1』(東京: 岩波書店, 1990), pp. 131-133.

Lesson 2. *Creatures and Beings.*

All created things are *creatures.* The stone, the leaf, the horse, the bird, the tree, and the star, are all creatures. Some creatures have life, and others have not. Those which have life, as the horse, the bird, and the tree, are called *beings.* Those which have not life, as the star and the stone, are only called *things,* not *beings.*

Lesson 3. *Human Beings.*

Mankind are called *human beings.* Human beings have both bodies and souls. Their bodies

제5장

권리와 주권의 구분

第二課受造之物及生物論

凡受創造之物、英國話名爲 creatures、如石、葉、馬、雀、樹、星、皆然受造之物、或有生、或無生、有生者、如馬、雀、樹之類、名曰生物、英國話叫做 beings。無生者、如星、石之類、止名物、非生物、英國話叫做 things、非叫 beings。

第三課人類論。

人類、英國話叫做 mankind、有身體亦有靈魂。身體自小至大、童子大於嬰兒、成人大於童子。靈魂會聽會想、會變。人類知別是非、所行之事、皆必受上帝審判。

근대 유럽의 정치이론은 특권을 특정인에게만 보장되는 특정한 권력으로 정의하는 한편, 권리를 법을 통해 역사적으로 확보되어 온 보편적 자격으로 정의한다. 특권이 절대주의 국가의 자의적 권력의 특징이라고 한다면, 권리는 법이 시민들에게 권리를 부여하는 공화주의 내지는 "자유" 국가의 특징이다. 법을 제정하는 권력은 주권의 권력으로서 한 때 군주가 독점했지만 헌법, 공화국, 또는 민주주의를 수립하기 위한 혁명적 투쟁을 통해 그에게서 빼앗은 것이다. 헌법은 부르주아 국가에 법적 형식을 부여함으로써 주권을 인민에게 줬고 왕의 특권을 인민의 권리로 바꿨다. 특권, 권리, 주권, 법 간의 관계에 대한 이런 묘사는 비록 서구적 전통의 한 측면을 단순화하는 것이지만, 정치적 행위의 본질을 분명하게 드러낸다. 즉 왕과 인민 간 또는 인민 내 분파 간에 발생하는 법을 통제하려는 투쟁이 본질적으로 권력의 문제라는 것이다.

정치적 전통을 이처럼 권력을 위한 투쟁으로 환원하는 것이 권리와 주권에 대한 분석을 시작함에 있어 특별히 정교한 출발점은 아니지만, 이런 관점은 서구 정치 개념을 수입하기 위한 19세기 일본의 노력과 강하게 공명한다. 일본에서 이 용어들은 모두 한자 '권(權)'으로 번역됐는데, '권'은 "저울", 무게를 재다, 판단하다, 판단할 권력, 또는 단순히 판단의 힘과 권위를 지칭하는 옛말이었다. 도쿠가와 시대 역사가인 라이 산요(賴山陽)는 '권'을 나라를 적절하고 평화롭게 다스리기 위해 통치자가 정당하게 가지는 권위라는 의미로 사용한 바 있다.[1] 요컨대 파워(power), 프리빌리지(privilege), 라이트(right), 소버린티(sovereignty)를 일본어로 번역하기 위한 노력은 대체로 이를 이해하려는 노력, 그리고 공통분모인 '권' 보다 더 복잡한 표현을 사용함으로써 일본어 번역상 이들을 적절히 구분하기 위한 차이를 발명하려는 노력 양자 모두를 의미한다. 오늘날에는 프리빌리지에 대해 특권(特權), 라이트에 대해 권리(權利), 소버린티에 대해 주권(主權), 파워에 대해 권세(權勢)와 같은 구분이 자리매김했지만, 1880년에는 그렇지 않았다. 영어 원어와 달리 다양한 일본어 번역어는 파워에 관련된 표현들, 특히 이런 파워를 행사하는 인간 행위자와 철학적으로 공명했다.

핵심 용어들이 모두 '권'으로 기표화되었기 때문에 라이트와 소버린티에 대한 초기 메이지 번역은 리버티(liberty)의 경우보다 복잡한 문제를 야기했다. 다양한 번역어가 다수의 의미를 지칭했는데, 국권(国權)은 "국가의 소버린티", "국가의 라이트", "국가의 파워"로 직역될 수 있었고, 민권(民權)은 "인민의 라이트"와 "인민의 소버린티"라는 이중적 의미를 지녔으며, 주권(主權)은 "소버린티"와 "천황의 프리빌리지"라는 의미를 가졌

던 것이다. 이런 다의성은 서구 개념을 이해하려는 과거 일본인의 노력이 대체로 시행착오를 통해 진행됐다는 사실에서 비롯된 것이다. 3장에서 살펴본 바와 같이, 이는 동류어를 통한 실험, 즉 중국식 번역어에 유럽어의 발음을 후리가나(振り仮名)로 표시함으로써 그것이 번역어임을 표시했던 것을 말한다. 또한 당연하게도 유럽어의 개념적 영역이 서로 달랐기 때문에, 특히 "로(law)", "파워", "라이트"와 같은 어휘를 고려하면 실험 가능태는 더욱 증가됐다. 영어에서 이 세 가지 용어를 명확히 구분하는 것에 반해, 네덜란드어 '레흐트(regt)', 프랑스어 '드호아(droit)', 독일어 '레히트(Recht)'는 이 세 가지를 포괄하는 것이다. 이 장에서는 국회개설운동과 민권운동(1874-1884)을 통해 **'권'**의 용례가 발전됨에 따라 이런 정치적 논쟁이 단지 권리, 권력, 주권을 구분하게끔 했을 뿐만 아니라 **'권'**이 인민의 권리로부터 유리되어 국가의 권리와 통치 권력의 편에 서게끔 유도됐음을 보여줄 것이다.

물론 서구 군사력의 위협은 이런 과정의 핵심 중 하나였다. 당시 많은 일본인들은 일본이 국제적 안보위기에 직면했기 때문에 국가의 권리가 인민의 권리에 우선해야한다고 주장했는데, 이는 정부와 인민 중 누가 국가를 구성하는지에 관한 질문을 일축하는 것이었다. 또 하나의 핵심은 1860년대 법률 번역을 통해 소개됐으며 초기 메이로쿠샤 연설들에서 확인된 자유와 권리 간의 긴밀한 연관성에 균열이 가해졌다는 점이다. 미쓰쿠리 린쇼는 "자유의 의미...는 인민이 타자의 간섭 없이 자유롭게 그들의 권리를 행사하는 것"이라고 선언한 바 있다. 후쿠자와 유키치는 홉스와 같은 초기 유럽 법학자의 예를 들면서 인류의 자연적 자유가 법체계를 통해 개인적 권리의 형태로 시민적 자유로 재구축됐다고 지적했다.[2] 법에 대한 구체적 맥락이 부재 한 상황에서 자유지권(自由之權)과 같은 동어 반복은 1860년대 문헌의 언어적 특징이 됐으며, 1870년대에는 이런 용례가 줄어들게 됨을 확인할 수 있다. 내가 이 장에서 제시하고 있는 바와 같이, 인민의 시민적 권리와 정부를 구성할 권리에 대한 열띤 공적 논쟁 이후 권리는 점차 추상화되고 이상화된 자유의 관념으로 대체됐다.

서양 법과 정치제도의 번역

1841년 일찍이 막부는 난학자 중 일부에게 법에 관련된 네덜란드 문헌을 번역하도록 명령했다. 그러나 도쿠가와 양학기관의 학자들이 유럽의 법과 정치 제도에 관한 전문용어를 체계적으로 번역하기 시작한 것은 1858년의 첫 번째 불평등 조약 체결 이후였다.[3] 이런 1860년대 문헌들은 1840년대 초기 저작의 관례에서 벗어나 이후 법률 및 정치 관련 전문용어에 대해 표준 번역으로 자리매김하게 되는 것들을 구축하기 시작했다.[4] 4장에서 소개한 가토 히로유키, 쓰다 마미치, 니시 아마네, 간다 다카히라의 저작은 모두 네덜란드 저작, 특히 사이먼 비세링의 강의에 기초하고 있었다. 이 외에 또 다른 핵심 문헌으로 마틴과 중국인 조수들이 1865년에 중국어로 번역한 헨리 휘튼의 『국제법의 요소들』이 있다. 이 책은 1865년 일본에 『만국공법』으로 수입된 이래 수 십 년간 다양한 판본으로 재생산됐다.[5] 마틴의 번역은 라이트와 소버린티를 번역하면서

'권'을 사용한 중요한 선례였다. 그러나 마틴이 '권'을 라이트, 파워, 오소리티(authority), 소버린티, 포스(force), 주리스딕션(jurisdiction), 스테이터스(status), 레지티머시(legitimacy)를 포함한 정치적·법률적 전문용어 영역을 아우르는데 사용했다는 점에서, 역시 문제의 소지가 있는 출발점이었다. '권'을 둘러싼 의미 과잉은 1870년대의 두 가지 의미심장한 발전, 즉 라이트에 대한 표준 번역어로서 **권리**의 진화, 그리고 민권논쟁을 야기한 국가의 권리와 개인적 권리 간의 근본적인 대립으로 이어지게 된다.

우리는 마틴이 영단어 "라이트"에 대해 **권리**라는 번역어를 처음으로 고안했다고 흔히 알고 있지만, 이를 설명하는 일은 생각만큼 간단치 않다.[6] 사실 마틴이 최초로 **권리**를 사용한 것은 대사의 "프리빌리지"에 대한 번역어로서인데, 또한 "파워", "라이트", 그리고 심지어 "라이트와 프리빌리지"를 번역하는데도 사용했다.[7] '권'은 그 자체로도 마틴이 가장 빈번하게 사용한 번역어였다. 구체적으로 파워의 경우에는 국가의 입법·행정·사법 파워, 군주의 무제한적 파워 또는 조약 체결 파워, 오소리티의 경우에는 상부의 오소리티, 국가의 오소리티 또는 그 자신의 오소리티 행사 등, 라이트의 경우에는 국가 간의 동등한 라이트, 자기보호의 라이트, 자기보존과 독립의 라이트, 어획의 라이트, 전쟁의 라이트 등이 이에 해당한다.[8] '권'은 또한 때때로 스테이터스, 포스, 주리스딕션의 번역어였는데, (권리의 경우처럼) 마틴은 이를 다른 한자와 결합해 소버린티, 뉴트럴리티(neutrality), 라이트, 프리빌리지, 에미넌트 도메인(eminent domain)에 대한 번역어를 만들어 냈다.[9] 나는 휘튼에 대한 번역에서 드러난 이처럼 외견상 부정확해 보이는 '권'의 사용은 마틴이 영단어 파워,

라이트, 오소리티 간의 구분에 상대적으로 덜 유도된 반면, 권력의 올바른 사용이나 정당한 권력의 사용으로서 법과 권리로 특징 지워질 수 있는 네덜란드어 레흐트, 프랑스어 드호아, 독일어 레히트 등 대륙 유럽어의 개념화에 더 유도됐음을 보여주는 것이라 생각한다.[10]

이런 의미중첩은 메이지 초기 정치적 언어 발전의 특징으로서 '권'이 어떻게 일본에서 다양한 유럽 개념을 구분하게 됐는지에 대한 검토를 요구한다. 1860년대 난학서에는 '권'의 용례에 대한 5가지 일반적 패턴이 이미 나타나 있었다. 첫 번째는 이런 문헌 중 가장 빠른 『도나리구사』에만 나타나는 것으로서, 여기서 가토는 모든 정치적 형태의 근간에 "국가의 파워"(또는 네덜란드어 레흐트)라고 부를 수 있는 것을 번역하면서 '권'을 사용했다. "군주정"을 "군주악권(君主握權)", 입헌군주정을 "상하분권(上下分權)", 귀족공화정을 "호족전권(豪族專權)", 민주공화정을 "만민동권(万民同權)"으로 번역했던 것이다. 그의 두 번째 책 『입헌정체략』은 니시와 쓰다의 작업에서도 반복되는 패턴을 구축했다. 가토는 '권'을 대신해 정치(政治)의 축약으로서 '치(治)'를 사용했고, 이에 따라 군주정은 "군주전치(君主專治)"가 되는 식이었다. 더 이상 '권'이 그 자체로 정부구조를 움직이는 권력을 지칭하는 것으로 사용되지 않았던 것이다.[11]

'권'의 두 번째 용례는 한 국가 내의 삼권분립, 즉 우리가 종종 정부의 세 갈래로 간주하는 입법, 행정, 사법 권력의 이상적인 균형을 번역하는 것이었다. 니시와 쓰다는 이런 권력 각각을 번역하면서 '권'만을 사용했는데, 이에 비해 가토는 이를 권병(權柄)으로 확장했다. 당시 저자들이 반복적으로 "삼대권(三大權)"이라는 표현을 사용했기 때문에 이런 용례는

메이지 시기 동안 널리 퍼졌으며 오늘날에도 일본어에 남아있게 됐다.[12]

세 번째 관련 용례로서 우리가 마틴, 니시, 쓰다에게서 확인할 수 있는 것처럼 "소버린 파워(sovereign power)"나 "소버린티"에 대한 일련의 번역 표현이 있다. **자립자주지권**(自立自主之権)이 **자주지권**(自主之権)이 되고, 나아가 단순하게 **주권**(主権)이 됐다는 점에서, 이는 혁신적인 축약으로 이해될 수 있다. 휘튼은 통치자를 국가와 동일시하는 유럽의 관습을 분명히 언급했고, '주권'이라는 한자 구성은 이런 소버린티와 소버린 파워의 동일시를 반복한 것이었다. 국가가 자주적인 소버린 파워라는 국제법 및 국가법의 주장을 고려할 때, '**권**'의 관련 용례인 **국권**이라는 표현은 "국가 오소리티", "국가 파워", "국가 라이트", "국가 소버린티"를 의미하는 것이었다.[13]

이처럼 국가권력의 측면을 지칭하는 세 가지 용례 외에도 '**권**'은 개인, 특히 법적으로 임명된 국가 공무원에게 생긴 파워, 오소리티, 라이트를 지칭하는 맥락에서도 사용됐다. 이런 용례가 종종 '**권**'에 독특한 차원을 추가하는 복합적 표현이었기 때문에 이는 다소 무정형(無定形)의 분류라고 할 수 있다. 이에 따라 우리는 **권병**, **권세**, **권력** 등 라이트의 파워를 강조하는 다양한 표현들을 발견하게 된다. '**권**'을 오소리티로서 강조하는 표현인 **권위**(権威), 앞서 라이트의 이익으로서의 측면을 강조하는 "프리빌리지"에 붙여진 용어인 **권리**, 그리고 마지막으로 "스페셜 파워(special powers)"나 "프리빌리지"로서 **특권**이라는 표현이 그것이다. 예컨대 니시의 비세링 번역은 이런 용례의 변주를 보여준다. "외교 관용어"에 대한 니시의 개괄은 영사의 **특권**, 특사의 **권리**, 대사의 '**권**'을 포함하고 있었는데, 이들 모두는 라이트, 파워, 스페셜 라이트(special rights), 프리빌리지로 문제없이 번역될 수 있는 것이었다.[14] 그리고 사실 해당 용어에 대한 오늘날 우리의 용례와 달리, 현대 일본의 영자신문에서도 종종 라이트, 어드벤티지(advantage), 프리빌리지를 동일시하는 사설을 확인할 수 있다.[15]

다섯 번째이자 마지막으로, '권'은 영어 개념인 라이트의 번역어로 사용됐다. 입헌체제에 대한 그의 저작에서 가토는 생명의 라이트, 개인적 자율성, 행동의 자유 등 일련의 사적·공적 라이트를 번역하는데 '권'만을 사용했다. 가토가 **권리**를 ("사상·언론·글쓰기의 자유에 대한 라이트"라는) 하나의 사례에서만 사용했지만, 여기에는 헌법적 라이트('권')가 왕과 귀족의 "파워와 프리빌리지"(권리)를 대체했다는 점이 내포되어 있었다. '리(利)'가 헌법적·자연적 권리 이론이 내포하고 있는 일종의 평등성과 일반적 적용가능성이 아니라 쇼군이나 천황의 특권에 동반되는 이익을 시사하기 때문에, 우리는 여기서 "라이트"에 대한 번역어로서 **권리**의 적절성에 대한 최초의 긴장을 확인할 수 있다.[16]

"라이트"에 대한 **권리**의 안정화에 대해 논하기에 앞서, 나는 1860년대 문헌에서 '권'이 매우 빈번하게 국가와 개인의 속성이었다는 점을 강조하고자 한다. 이런 경향은 휘튼과 비셰링에 대한 번역에서 자연법으로부터 도출된 강력한 비유, 즉 한 나라는 한 명의 개인과 같고 따라서 국제사회와 인간사회는 모두 자기보존과 자기결정에 대한 근본적인 "권리"에 기반하고 있다는 것에서 드러난다. 니시 아마네의 저작에서 국가의 권리는 개인의 권리를 모방하고 있었다. 주권국가는 "자립"하고 "독립"하는 것이기 때문에, 개인과 마찬가지로 국가 역시 상호 작용할 개인적 권리, 자율권, 재산권, 계약(국가의 경우에는 조약)을 맺을 권리를 가지는 것이다.[17] 반면, 쓰다(그리고 마틴)는 개인의 자율성을 모델로 하는 소버린티라는 발상에서 시작해 삼권분립으로서 국가 소버린티(주권 또는 국권)에 대한 분석으로 옮겨갔다.[18]

이처럼 1860년대 문헌은 우리에게 강력하지만 발전되지 않은 대립, 즉 한편에는 국가의 권리와 권력이 있고 다른 한편에는 개인적 권리가 있는 대립을 보여 준다. 휘튼과 비셰링의 국제법 문헌은 국가의 '권'을 상당히 명확하게 정의했다. 니시가 말했듯이, 한 국가는 다른 국가와 동등하고 다른 국가와 교섭할 권리와 내부 쟁점에 대해 독립성을 유지할 권리를 가지는데, 이 세 가지로부터 평화, 전쟁, 외교에 대한 권리가 생겨나는 것이다. 국가가 이런 권리를 강제하거나 지켜낼 권력을 가진 정도만큼 권리를 가진다는 점에서, 이 권리는 권력에 상응하는 것이다. 바꿔 말하면, 국제사회의 맥락에서 '권'은 레흐트, 드호아, 레히트에 상응하는 것이다.[19] **국권**의 이러한 용례는 이미 1869년에 공식적 심의에 포함되었고, 국제관계를 고려한 메이지 정부의 결정 과정에서 하나의 요인으로 실제 고려됐다.[20]

그러나 개인적 권리는 그렇게 명확하게 이해될 수 있는 것이 아니었을 뿐만 아니라, 쉽게 옹호될 수 있는 것도 아니었다. 언론과 사상의 자유 등에 대한 권리는 가장 흔히 **사권**(私權), 즉 개인적·사적 권리로서 집합적으로 번역됐으며, 앞 장의 '자유'처럼 명백하게 비공적 지위의 개인과 관련돼야 했다. 이에 따라 우리는 가토의 동료들이 보다 적절한 뉘앙스를 위해 노력했음을 확인할 수 있다. 후쿠자와 유키치는 영어의 "라이트"가 이중적 의미를 내포하고 있다고 주장했다. 즉 라이트는 도덕적 정직성과 옳음 양자 모두와 관련된 것으로서, 어떤 일을 할 수 있는 권위와 권력을 가지고 있고, 나아가 그 일을 할 의무를 다한다는 것을 의미한다는 것이다. 이에 따라 후쿠자와는 "라이트"를 **통의**(通義)로 번역하는 것을 요점으로 삼았다.[21] 쓰다 역시 "라이트"라는 단어가 법률에 따른 원칙인 '권'과 "도덕적 올바름"을 포괄한다고 지적했다. 이에 따라 후쿠자와와 니시 양자 모두 라이트를 **권의**(權義)로 번역했는데, 이 단어는 그들이 라이트의 두 가지 의미인 '**권**'과 '**의**', 즉, 권력과 정의 모두를 강조하기 위한 합성어로 종종 사용했던 것이다. 이후 쓰다는 국가의 모든 신민이 가지는 "**통권**(通權)"이나 "**공권**(公權)"으로서 인민의 권리를 열거했는데, 이는 과거 사회들에서 지배계급의 **특권**을 대체한다는 것을 의미했다.[22]

라이트 개념이 이해하기 어렵고 낯선 것이었기에 이에 대한 학습된 설명이 필수적이었다. 가토는 권리를 단순하게 입헌 정치형태의 결과물로 언급했고, 쓰다는 민법 조문에 따라 권리가 성립된다고 설명했던 것에 반해, 후쿠자와는 헌법을 통한 공화주의적 정치형태의 창출과의 연관성을 이해했다. 동시에 이는 법을 통해 공화국 시민을 위한 특정한 권리의 존재와 보호를 선언하는 것이었는데, 오직 간다 다카히라만이 후쿠자와의 고도화에 부합했다. 신도(神道)의 고풍스러운 가치를 그 땅의 교조적 가르침으로 삼으려는 메이지 정부의 노력을 고려해, 간다는 특히 자연법을 도덕적 가르침과 구별했다. 도덕적 가르침은 인간 본성의 차원에서 매우 다양한 사람들의 언론과 행동을 규율하려 하지만, 이와 대조적으로 자연법은 인간의 자연권을 고려하는데, 이는 우리가 태어나면서부터 가지는 "선천적" 권리로서 생명, 언론과 행동 등에 대한 권리, 그리고 재산과 계약의 권리를 비롯해 우리의 노동을 통해 "획득된" 권리를 포함하는 것이었다.[23]

그러나 권리를 규정함에 있어 이런 학술적인 구분은 1870년대에 이르러 마틴의 휘튼 번역에서 "라이트"와 "프리빌리지"에 대한 번역어로 소개됐던 **권리**의 안정화에 자리를 내주게 된다. 그 용어가 가진 "프리빌리지"로서의 뉘앙스에 대한 가토와 쓰다의 염려에도 불구하고, 대다수의 저자들이 "라이트"에 대해 **권리**를 사용하기 시작했던 것이다. 이는 가토가 서구의 입헌주의와 일본의 고유한 전통을 종합하려 했던 두 저명한 시도인 1870년의 『진정대의(真政大意)』와 1875년의 『국체신론(国体新論)』뿐만 아니라, 밀의 『자유론』에 대한 나카무라 게이우의 1871년 번역과 블룬칠리의 『일반국법』에 대한 가토의 1872년 번역을 통해 그런 용례가 널리 노출됐기 때문이다.[24] 1870년대 초 **권리**가 표준이 되고 있었다고는 하지만, 다수의 저자들이 "오소리티와 프린시플(principle)"이나 "오소리테이티브 라이트(authoritative right)"를 의미하는 동음이의어인 **권이(権理)***를 대신 사용하기도 했다. 유교적 배경에서 "원칙"을 되찾고 문명의 현대적 맥락에서 그것을 복원시키려는 그의 노력 속에서, 니시 아마네는 법

* '권리(権利)'와 '권리(権理)' 모두 일본어로 '겐리'이기 때문에 이를 동음이의어라고 설명하고 있는 것이다. 한국어의 경우에도 마찬가지지만 독자의 구분을 돕기 위해 '권리'와 '권이'로 표기했다(옮긴이).

체계에 기여하는 "원칙"을 분명히 강조하고자 했다. 그의 저작에서 이런 두 번째 권이는 단순한 권력보다 규율된 "권리"를 제안한다.[25] 그러나 후쿠모토 니치난(福本日南)의 『통속민권론(普通民權論)』 등 『메이로쿠잡지』를 포함한 일부 문헌에서는 두 가지 형태의 '권리'를 뚜렷한 구별 없이 사용했으며, 심지어 니시 역시 종종 그러했다.[26] 1870년대 후반 권리가 정부 검열의 공격을 받은 후에야 "천부의 인권(天賦ノ人権), 천연의 인권(天然ノ人権)"이라는 표현이 명백하고 일반적으로 사용됐다. 그 밖의 경우에 이 권리 개념은 통상적으로 "인간의 권리"나 "인민의 권리", 즉 인의 권리(人ノ権利), 인민의 권리(人民ノ権利), 인류의 권리(人類ノ権利) 또는 간단히 인권(人権)으로 표현됐다.[27]

라이트를 권리로 번역하면서 어드벤티지나 프리빌리지의 뉘앙스를 포함하려는 노력은 자유의 경우와 마찬가지로 듀티(duty)와 쌍을 이루고 있었다. 후쿠자와 유키치가 라이트와 듀티의 쌍을 소개했지만, 그의 번역어(각각 통의(通義)와 직분(職分))는 표준 용어인 권리와 의무(義務)로 대체됐다. 이는 1970년대 초 가토 히로유키·기도 다카요시·니시 아마네의 저작에서 자주 다루어졌던 것이다. 윌리엄 블랙스톤(William Blackstone)과 로버트 체임버스의 분석을 차용했던 후쿠자와처럼, 기도와 가토는 한 개인의 개인적 권리가 이에 상응하는 의무에 포함되어 있다는 법학 이론을 통해 확신을 얻게 됐다. 후쿠자와가 언급했듯이, 법은 우리의 권리를 보호하고 우리는 법을 준수할 의무를 가진다. 사회 질서를 유지하려는 번벌 정부의 관심을 고려할 때, 이는 일본 헌법에 권리를 결합하는 유망한 방법이었다.[28] 그러나 이타가키 다이스케와 우에키 에모리 같은 활동가들이 인민의 권리를 옹호하면서, 예컨대 인민이 세금 납부의 의무를 다한다면 이에 따라 정치 참여의 권리를 가질 자격을 갖는 것이라며 권리와 의무를 짝짓기 시작했을 때, "권리와 의무"는 대의제 정부 도입에 대해 점진적인 접근을 옹호하는 사람들에 의해 권리 논의의 중심부에서 밀려나게 된다. 헌법 초안은 결국 권리와 의무를 되살렸고, 궁극적으로 이 둘은 1889년의 메이지 헌법에 명시됐다. 여전히 권리의 정당성을 일반적으로 확립해야만 했던 정치적 논쟁과 거의 관련이 없었기 때문에 선천적·획득된 또는 사적·공적과 같은 초기의 구분은 사라졌지만, 권리와 의무의 쌍은 권리의 제도적 근간에 대한 점진주의자들의 접근을 결국 보완했던 것이다.[29] 일본이 강제적으로 편입되어야 했으며 일본 관료들이 일본의 국가의 권리를 언급하는 것을 즉각적으로 학습했던 국제사회의 경우와 다르게, 일본 국내사회는 정확히는 1874년에서 1890년 사이 일본 정치를 지배했던 쟁점인 개인적 권리라는 발상을 실현하기 위해 법과 정치구조를 조정해야 했다.

민권: 인민의 권리와 국민의 권리

이제 국가의 권리와 개인적 권리에 대한 이런 형식적 설명으로부터, 그런 개념이 정치적 논쟁에서 활용된 방식에 대한 것으로 전환하고자 한다. 대개 '권' 관련 개념에 결부된 논쟁은 4가지 일련의 쟁점들을 포괄한다. 하나는 1870년대 초 일부 번벌 정치인에 의해 제기됐고 1881년과 1882년에 주권에 대한 신문 논쟁과 함께 공적 토의에 들어갔던 새로운 국가의 입헌적 형태이다. 이는 다음과 같은 질문과 관계된다. 일본 고유의 정치 체제를 고려하면 일본은 어떤 형태의 헌법을 가져야 하는가. 그리고 입헌 일본에서 통치권은 누가 가져야 하는가. 여기서 두 번째 관련 쟁점은 새로운 국가에서 인민의 참여에 관한 것이다. "국회개설운동"으로 불리는 이 논쟁은 번벌 정부의 한 파벌이 저항하며 정부를 떠나 "인민"의 국회를 요구했던 1874년에 시작됐으며, 1889년에 헌법이 공포되고 1890년에 국회가 소집될 것이라고 천황이 조칙을 내렸던 1881년까지 지속됐다. 세 번째 쟁점은 언론의 자유, 자유로운 집회결사, 자유로운 출판에 대한 권리, 심지어 정치에 참여할 권리의 유무와 같은 새로운 국가에서의 인민의 권리 내지는 자유에 대한 질문이다. 남성과 여성의 동등한 권리에 대한 다소 학술적인 논쟁 외에, 더 잘 알려진 논쟁은 정치적 토론 및 집회에 관한 정부의 검열과 제한에 대한 1880년대 초 동안의 광범위한 저항이었다. 이는 지역사회와 신문을 통해 점차 확산됐으며, 이타가키 다이스케의 자유당(自由党) 지부 설립으로 독려됐다. 당시 이 저항은 "민권자유론(民權自由論)"으로 불렸지만 지금은 통상적으로 "자유민권운동(自由民權運動)"으로 간주된다.[30] 이 "자유민권운동"은 1882년 말 가토 히로유키의 『인권신설(人權新說)』 출판으로 야기된 권리의 자연성에 대한 학술적 논쟁, 즉 획득된 권리에 대한 진화론을 옹호하는 입장에서 자연권 이론을 거부했던 것과 교차됐다. 또한 '권'에 관련된 네 번째 쟁점은 일본의 불안한 국제적 지위에 관한 것으로, 일본의 수출입 관세에 대한 치외법권과 제한을 제거하려는 조약 개정을 위해 계획된 해결방안이다. 이 쟁점은 일본의 국제적 주권과 국가주권에 대한 초기 논의를 통합한 **국권**의 형태로 표현됐다. 여기서 나는 이런 일련의 쟁점들을 연대기적으로 다루기보다 민권과 사권에 집중하고 다음 섹션에서 주권과 국권에 초점을 맞추고자 한다.

메이지 초의 당면한 정치적 문제는 어떻게 인민과 그들의 권리를 제도적으로 배치할 것인지에 관한 것이었다. 대부분의 활동가들이 주장했듯이, 인민의 권리는 메이지 국가의 청사진이자 사무라이와 평민 모두가 참여할 새로운 국가의 정치를 위한 (일정 형식의) 국회에 관한 공적 토론의 지향점에 영감을 줬던 '5개조 서문(五箇條の禦誓文)'에 포함되어 있었다.[31] 그러나 그들은 국회, 공적 토론, 참여의 본질을 규정했는데, 번벌정권이 1860년대 문헌에서 주목했던 정치 형태와 권력분립을 고려하기 시작하면서, 일본의 헌법(과 헌법 초안)에 대한 그들의 건백서*는 그 제도적 프로젝트에서 중심이 되는 두 가지 긴장을 인식하게 됐다. 하나는 **군권**(君権)과 **민권** 간에 균형을 맞출 필요였고, 다른 하나는 국가 내 모든 당사자의 권리(와 의무)를 구체화하는 입헌정부를 수립할 필요였다.

일부는 전자의 문제에 초점을 맞추었고 다른 일부는 후자에 집중했다. 예컨대 오쿠보 도시미치(大久保利通)는 프랑스 혁명의 폭력성에 대한 이야기에 대응해 "통치자와 인민의 공동 통치"를 옹호하며 **군권**과 **민권**이 어떻게든 균형을 이루는 체제를 요구했다. 이런 최소주의적 입장은 번벌정부 내에 만연했는데, 1881년 야마가타 아리토모(山県有朋)에 의한 정변

* '민선의원설립건백서'를 말한다(옮긴이).

에서도 반복됐다(그리고 결국 메이지 헌법에 영향을 미쳤다).[32] 이와는 대조적으로, 기도 다카요시와 좌원(左院) 및 원로원(元老院, 관료 기구를 모방한 상원식 엘리트 의회) 구성원들은 민권의 매개로서 국회를 설립하고 인민의 자유를 보호할 입헌정부를 수립해야 할 필요성을 강조했다. 오쿠마 시게노부(大隈重信)는 1881년에 이런 입장을 되풀이해 공직에서 물러나게 되는데, 이는 번벌 정부의 시야가 더욱 더 좁아지고 있었다는 점을 시사한다. 바꿔 말하면 번벌 정부의 대다수는 대중적 참여가 점진적으로 진행되도록 계획된 입헌정부에 전념했던 것이다. 그들을 분열시킨 것은 어떤 인민의 권리가 제도적으로 보장되어야 하는지에 대한 것 정도였다.[33]

이에 따라 헌법과 권리의 소재에 대한 모든 토론을 관통하는 공통된 주제는 정부와 인민 사이의 패러다임적 대립이 되었다. 가토가 1868년 입헌적 형태에 대한 조사에서 제시한 바와 같이, 서구 정치이론은 군주정과 민주정을 군주와 인민 간의 근본적인 대립의 극단으로 규정했으며, 각각의 권력은 공화적·입헌적 변형에 따라 수정될 수 있는 것이었다. 그러나 일본의 경우, "인민"은 도쿠가와가 지배한 이전의 독재정권이 전복됐을 때 그 계기가 마련해준 제도적 권력과의 투쟁에서 그들이 제외됐음을 깨달았다. 이에 따라 정부와 인민 간의 대립은 일본인 독자들과 여러 맥락에서 강하게 공명했다. 예컨대 정부 행정은 우리의 개인적 권리를 보호하는 법을 유지하는 것이라는 1860년대 문헌의 협력적 표현에서 밀의 『자유론』과 스펜서의 『사회정학(*Social Statics*)』 같은 자유주의 고전들에 대한 1870년대 번역들에서 나타나는 명백한 적대감에 이르기까지, 정부는 인민에게서 권리를 박탈하려고 하는 권력이며 따라서 인민은 반드시 정부의 권력을 제한하도록 경계해야 한다고 말하고 있었던 것이다. 1874년 이후 많은 저자들은 군주와 인민 사이의 화합이라는 이데올로기적 약속으로 돌아가서 집권관료와 인민 사이의 갈등을 더욱 분명하게 표현했다. 이타가키와 그 일파가 1874년의 건백서에서 주장했듯이, 일본의 주요 구성체인 천황과 인민은 정부 관료에 의해 정치적 권리가 침해되어왔기 때문에 위험한 입장에 처해있다는 것을 깨달았다. 이에 따라 정부 관료의 권력을 제한하고 '5개조 서문'에서 제안됐던 상하의 단결을 회복하기 위해 인민에 의해 선출된 국회가 설립되어야 한다는 것이다.[34] 1870년대의 단계에서 인민의 제도 창출을 지연시키고 정부와 인민 사이의 대립을 촉진시키며 국회개설운동을 장려했던 인민의 자유로운 언론과 출판의 권리를 제한하는 것이 바로 번벌 정부의 뜻이었다. 새로운 메이지 정권 하에서 인민의 프로젝트는 천황과 협력해 정부를 구성할 권리와 일본 국민으로서의 개인적·집단적 권리 모두를 확립해야 할 필요성을 인식하기 시작했다.

1874년 이후 **민권**이라는 용어는 이 프로젝트의 두 가지 측면 모두를 포함하게 됐는데, 이 이중성을 나타내기 위해 나는 형식적으로 **민권**을 "인민의 권리"로 번역하고자 한다. 이후 가토의 행보에 비추어 보면 놀라운 일이지만, 이타가키에 대한 응수로서 **민권**을 인민의 권리와 참정권으로 종합한 것은 가토 히로유키였다. 가토는 인민에게 교육과 향상의 기회가 주어지지 않았던 러시아와 프러시아 같은 절대 군주제의 상황에서도 **민권**이 흥기했으며, 이에 따라 **민권**이 군주의 절대적 권리에 대한 적절한 대립점이 되었음을 확인했다. 가토는 대중적으로 선출된 국회가 장래에 수립될 것이라는 점을 인정했고, "정부가 인민을 위해 만들어졌지, 인민이 정부를 위해 만들어 진 것이 아니"라는 사실을 확인했다. 따라서 그는 대중 참여의 전제조건인 일본의 문명국화를 촉진하기 위해 사적 권리의 확대와 교육의 장려를 지지했다.[35] 국회개설운동이 출범한 이후, 밀의 『대의정부론(*Considerations on Representative Government*)』에 대한 나가미네 히데키(秀樹永峰)의 번역은 **민권**의 이런 포괄적인 관념을 더욱 촉진시켰다. 가토처럼 나가미네는 절대적 권리와 **민권**을 병치했는데, 하지만 그는 또한 "데모크라시(democracy)"를 **민권정**(民權政)으로 번역했고 이를 "자유정부"와 동일시했다. 자유정부는 인민의 정부였는데 사실 밀은 점진주의자적인 선호를 고수하면서 민주정이 아니라 "대의민주정"을 옹호한 것이지만, 인민의 자유와 인민의 정부 사이의 연결성이 성립된 것이다.[36]

내가 보다 일반적이고 추상적인 개념인 인간의 자연권, 즉 **인권**으로부터 보다 구체적이고 실용적인 개념인 인민의 권리로의 전환이라고 생각하는 이런 **민권** 개념의 구성은 두 가지 매우 다른 권리 관념을 결합한 것이다. 하나는 국제법을 통해 소개됐으며 네덜란드어 레흐트로 가장 잘 간주되는 용어로, 법에 따른 권력과 권위의 올바른 적용으로서 법과 권리의 융합이다. 또 다른 하나는 영어 입헌이론을 통해 도입됐으며 대부분의 경우 복수형 "라이트"으로 소개된 용어로, 모든 사람들이 누리고 법에 의해 보호되는 자유 내지는 특권이다. 법과 권리를 구별하기 위해 영어와 대륙어의 의미들을 분리하는 과정은 1860년대 마틴이 "로"를 '**법**'으로, "라이트"를 '**권**'으로 번역한 것에서 시작됐지만, 1870년대 일본에서의 '권'에 대한 개념화는 인민의 개인적 권리와 인민의 통치할 권리를 법 제정을 통해 집합적으로 토대화하기 위해, 영어와 대륙적 의미들을 **민권**의 개념으로 통합해야 했던 것이다.[37]

1860년대 문헌에서 '권'의 용례, 그리고 정부와 인민 사이의 대립이라는 맥락을 고려하면, 1870년대 의미에서 가장 중요한 변화 중 하나는 단순한 권력으로서의 '권'과 권리의 정당한 힘으로서 '권'을 구분하는 것이었다. 후쿠자와는 이미 1869년에 영국, 미국, 프랑스 혁명에 대한 특정한 맥락을 소개했는데, 거기서 인민은 왕권의 부정의에 반발해 자기 통치권을 주장하며 그들의 권리를 보호하기 위해 헌법을 제정했다. 1870년대에 밀의 『자유론』과 『대의정부론』, 루소의 『사회계약론(*Social Contract*)』에 대한 번역과 권리에 대한 다수의 일본인 논평은 군주의 권력에 대항한 인민의 권리 주장이라는 맥락을 반복했다. 이런 후기 문헌들은 "라이트"를 **권리**로 번역했고, "파워"는 "힘"의 측면을 더 잘 반영하는 용어인 **권세**(權勢)와 **세력**(勢力) 같은 것으로 으레 일관되게 번역했다. 권력의 입헌적 형태만이 권리의 정당한 토대였기에 번벌 정부가 헌법을 제정할 때까지, 일부 비평가가 날카롭게 **관권**(官權)라고 불렀던 번벌 정부의 '권'은 통치할 어떤 정당한 권리가 아니라 단순히 통치할 권력에 불과했다. **민권** 옹호자들의 저술에서, 인민 행동의 정당성은 '권'이 일관된 용례를 가지게 되면서, 즉 정부의 세 가지 핵심 권력이 아니라 입법, 행정, 사법으로 나누어진 국가의 권리(스타츠레흐트(staatsregt) 또는 헌법)를 의미하게 되면서 안정화된 의미 궤적을 따랐다. 정부의 입법 권력은 인민의 입법 권리로 규정됐고 이는 인민의 대표를 선출할 권리를 통해 실현되어 민회(民会) 또는 국회(国会)로 표명됐다. 따라서 후쿠모토 니치난과 도야마 마사카즈와 같은 국회와 민권에 대한 일부 옹호자들은 참여를 통한 민권 제정만이 인민의 권리를 보장할 수 있다고 말하며 참정권리(參政権利)를 강조하기 시작했다. 후쿠모토와 도야마 모두 민권이 확대됨에 따라 정부의 권리가 제한된다는 정부의 병행전환에 따라, (현재는 권위나 관할을 의미하는 단어인) 권한(権限), 즉 "권리의 제한"이라는 용어를 소개했다.[38]

이와 관련해 십여 년 간 남편과 아내의 맥락에서 널리 알려진 동권(同権)에 대한 논의가 발전했다. 1867년 쓰다 마미치는 법 앞에 모든 이의 "동등한 권리"를 처음으로 언급했고 1871년 나카무라 게이우의 『자유론』 번역에서 아내와 남편이 법 앞에 같은 권리를 가진다고 주장했다. 그러나 이 쟁점은 1874년과 1875년에 후쿠자와 유키치와 모리 아리노리가 전통적 가족 제도에서의 부정의를 비판하면서 상세하게 다뤄졌다.[39] 양자는 모두 일부다처권의 불공평함에 저항했고, 가족 내에서 아내와 남편의 동등함에 대한 적절한 해결책으로서 일부일처제를 옹호했다. 그러나 1875년 2월 메이로쿠샤의 동료들에게 놀라움을 주었던 모리의 계약 결혼 이후, 메이로쿠샤는 남편과 아내, 남자와 여자의 동등한 권리라는 발상을 두루 비판했다. 서구 남성이 여성에 대해 경의를 표한다는 차이에 경악한 가토는 그런 터무니없는 관념에 격분해 비난했다. 쓰다는 그의 청중들에게 서구 사회에서 공유되는 원칙으로서 정치적 권리에 대한 남녀 사이의 적절한 차이점을 상기시켰다.[40] 십년이 지나면서 "동등한 권리"는 (특히 구 사무라이와 정부 관료의 특권에 대한 일본의 모든 인민의 동등

한 권리의 주장으로서) 국회와 민권의 옹호자들에 의해 지지 받았다.[41]

1870년대 후반에 일부 옹호자들은 **민권** 개념을 단호히 포퓰리스트적인 방향으로 받아들였다. 예컨대 우에키 에모리는 인민이 자유롭게 태어났고 인민은 국가의 기초이며 정부는 그들을 대신해 국가를 관리한다고 주장하면서 루소를 따랐는데, 이 발언은 이타가키에 대한 가토의 1874년 응답과 다르지 않은 것이었다. 그러나 우에키는 가토가 과거 군주와 부정의한 정부가 국가에 야기했던 문제들을 지적했을 때 용납할 수 있었던 수준을 넘어섰다. 그는 국가를 발전시키고 인민에게 이익을 주며 국가를 국제적으로 보호할 수 있는 최선 내지는 유일한 방법은 민권과 자유를 확장하는 것이라고 주장했던 것이다. 사실 국민 전체가 마치 가족 같은 것이라고 한다면 국가는 사실 "가족 국가" 내지는 "민족"이고, 자유 국가는 각 개인의 자율성과 자유를 가장 많이 확장하는 국가라는 것이다.[42] 1881년 자유당의 지도자로서 이타가키 다이스케가 주장한 바와 같이, 국사는 사적·공적 이익 모두와 관계되는 것으로서 양자를 통합할 수 있는 유일한 방법은 정부에 대한 인민의 참여를 통하는 것뿐이었다. 우에키, 그리고 이후 자유당이 옹호했던 일본을 위한 해결책은 인민의 자유를 보장하고 인민의 정치적 권리를 실현하며, 나아가 천황과 인민 모두의 권리와 의무를 구체화한 헌법을 제정하는 것이었다.[43]

천황에 대한 대중의 충성을 유지하기 위한 이런 필요성은 활동가들이 포퓰리즘을 순수 민주정으로 확장시킬 수 있는 정도를 제한했다. 다시 말해 **민권**에 숨어있는 체제 전복적인 함의는 인민주권이라는 망령이었으며, 이를 위해 천황을 생략한 헌법을 옹호하는 것은 부적절했던 것이다. 일본의 전통적 정체와 국회를 통합하고자 노력했던 고지마 쇼지(児島彰二)는 일찍이 **민권**이 인민주권을 암시한다는 공포를 없애고자 했다. 인민이 곧 국가라는 루소의 주장은 틀림없이 **민권**을 주권과 등치하고 있었지만, 인민의 권력과 권리는 그들의 지도자, 예컨대 나폴레옹에 의해 전형적으로 제한됐으며, 헌법은 인민의 권리를 입법권을 가진 국회에 수립했고 프랑스에서처럼 군주는 행정 권력을 관리한다는 것이다. 이후 1910년대와 1920년대의 "다이쇼(大正) 데모크라시"의 옹호자처럼 고지마는 **민권**이 황실에 도전하지 않는다는 점을 보여주는 것에 특히 관심을 가졌던 것이다.[44]

민권 옹호자의 저작에서 이와 관련된 애국적인 발전은 민권을 **국권**과 연결하는 것이었다. 1878년 조약 개정, 즉 일본의 관세 자율성을 회복시켜주겠다는 미국 정부의 약속(그 비준 역시 최혜국대우 조항 때문에 다른 서방국가들의 동의에 의존해야 했기 때문에 쉽지 않았던 것)에서 일본의 분명한 첫 번째 성공을 목격하자, 신문들은 **국권**에 대한 논의로 가득 찼다. 1879년부터 우에키와 후쿠모토 같은 **민권** 옹호자는 민권의 확장과 국가의 안정성, 힘, 명성 간의 인과관계를 주장하기 시작했다. 우에키 그리고 국회기성동맹(国会期成同盟) 같은 여러 지역·전국 단체들은 민권의 확립이 인민과 국가 모두의 독립을 보호할 것이라고 주장했다. 즉, 독립을 함께 보장함으로써 국권이 확장될 수 있다는 것이다. 오카야마 현(岡山県)의 한 지역 단체는 국회의 창설을 통해서만 민권이 보장될 수 있고 국권을 보장할 수 있다고 주장하기도 했다.[45]

1880년대 국회개설운동이 자유와 민권의 주장에 자리를 내어주었

던 메이지의 두 번째 십년 동안, **민권** 주장 내에서 마지막이자 가장 중요한 개념적 발전은 **민권**에 대한 주장과 자유에 대한 강조 앞에 희미해졌던 권리에 대한 관심이었다. 권리와 자유 사이의 방정식은 홉스, 밀, 그리고 다른 저자들을 통해 일본인에게 알려졌다. 1870년대 후반까지 고지마, 후쿠모토, 도야마 같은 국회의 옹호자들은 권리와 자유를 다소 교환 가능한 것으로 사용했다. 우리는 그 저작들에서 이후 "종교의 자유"와 "언론의 자유"로 단순화된 표현인 "언론 자유의 권리"와 "종교적 자유의 권리"를 통해, 권리와 자유의 결합뿐만 아니라 "자연적 자유"와 "자연권"을 함께 발견할 수 있다.[46] "~자유에 대한 권리"를 "자유"라고 함으로써 다소 길고 복잡한 표현을 단순화한다는 논리적 용이함과는 별개로, 이런 단순화는 국회와 민권의 옹호자들이 그들의 정치적 주장에서 권리로 자유를 대체하기 시작하면서 발생한 것이다. 도야마, 우에키, 이타가키는 민권과 자유가 함께 성장한다고 주장하면서 권리와 자유를 결합했다. 즉 하나가 확장되면 다른 하나도 그렇게 된다는 것이다. 그러나 1875년부터 많은 옹호자들이 목격했던, 절대 정부의 성장이 민권과 자유를 훼손했다는 반대 사례를 논의하면서, 그 문제를 보다 단순하게 절대적 권력 대 자유로 규정짓는 것이 더 용이해졌다. 1880년대에 지역 단체들은 한편으로 정부의 권력과 관료의 특권, 그리고 다른 한편으로 인민의 자유 사이의 대립에 대해 더 많이 이야기했다.[47] 자유는 "자유의 주의"(自由の主義)나 "자유의 정신"(自由の精神)으로 추상화되고 결정화되기 시작했다. 활동가들은 자신들의 작업을 "자유 운동" 내지는 "자유정부"나 "자유사회"를 대표하는 것으로 묘사했다. 만약 인민이 "자유의 등불을 올리는

데" 성공한다면, 이윽고 "자유의 바람"이 불 것이고 "자유의 꽃"이 만발할 것이라는 것이다. 자유의 의미는 언론의 자유, 출판의 자유 등 특정한 권리에 대한 언급에서 이상적인 인간의 조건에 대한 일반적 개념으로 점차 이동했다.[48]

민권과 자유에 대한 이런 열망의 한 가운데서 가토 히로유키는 자연권의 이론적 근간에 일제사격을 가했다. 가토의 『인권신설』(1882)은 자연권의 이상주의적 키메라를 폭로하고 권리 이론을 과학적 원칙으로 토대화하려는 노력이었다. 가토는 그가 "적자생존"이라고 표현했던 다윈(Charles Darwin)의 자연선택에 대한 발견에 따라 활성화됐던 새롭게 발견된 진화의 법칙으로 돌아섰다. 가토는 족장과 그의 추종자들로부터 인정받은 지도자와 함께 공동체가 점진적으로 보다 더 통합된 형태로 진행되는 국가의 발흥으로서 문명의 발흥을 설명하기 위해, 진화의 법칙을 사회형태와 국가에 적용했다. 필연적으로 국가의 지도자는 모두에게 특정한 권리와 책무를 보장함으로써 그 인민 간의 자의적 처우를 방지하는 것이 자신의 이익에 포함되는 것으로 간주하게 된다는 것이다. 가토는 **민권**이라는 용어를 완전히 무시하고 대신 인간의 권리, 즉 **인권**으로 돌아갔으며, 이를 **득유권리**(得有權利)로 재정의했다. 인민의 권리에 대한 점진주의자적 접근을 과학적이고 진화적인 명제로 바꿔 말한 것은 아마도 가토의 가장 중요한 지점이었다. 국가와 문명의 공동 발전은 인민의 지능과 능력이 일본의 경쟁자들과 견줄 수 있는 수준에 도달해야 가능한 것이었다. 이를 통해 비로소 인민의 권리를 보장할 수 있으며 일본 국가가 전진할 수 있기 때문이었다.[49]

가토의 주장은 동시대인들에게 충격적이었으며 다양한 근거로 두루 비판받았다. 그 중 하나인 야노 후미오(矢野文雄)는 가토의 설명에서 도덕이 무시된 것에 당황했다. 야노는 인간의 힘이 법적 권리로 전환될 때 도덕과 법 모두로부터 말미암는다고 주장했다. 물론 권리가 힘에서 비롯된다고 누구든 말할 수 있지만, 가토가 설명하는 방식이 아니라 도덕적 원칙이 힘을 법적 권리로 전환하는데 참여한다는 것이다.[50] 다른 사람들은 가토의 진화 과정에 대한 설명을 비판했다. 적자생존은 권리 수립의 동기가 아니며, 이를 통치자가 그 인민에 대한 권리를 보장하는 이유로 제시한 것은 잘못이고, 오히려 입헌체제가 권리와 자유의 근원이라는 것이다.[51] 이 점을 강조하기 위해 바바 다쓰이(馬場辰豬)는「로마법대전(Justinian's *Code*)」의 첫 조문이 여러 유럽 국가의 법에 제정되기까지의 자연권 진화의 역사를 제시했다.[52] 도야마 마사카즈와 우에키 에모리는 가토가 다윈의 자연선택 원칙을 잘못 해석했다고 주장했다. 그것은 가토가 말했던 "적자생존", 즉 약육강식이 아니라 덜 생산적인 것의 "제거"라는 자연법칙으로서 **자연도태법**(自然淘汰法), 즉 실제 투쟁과 관계되지 않는 식물과 동물의 왕국에서 무동기적이고 무자각적인 과정이라는 것이다.[53] 실제로 가토는 카르네리(Carneri)와 셰플(Scheffle)에 의존하고 있었지만, 도야마는 가토가 그의 진화설에 대해 한 마디도 하지 않은 다윈, 스펜서, 밀을 포함한 다수의 저자를 왜곡했다고 덧붙였다.[54]

가토의 이론에 대해 제기된 학문적 의심에도 불구하고, 이는 큰 충격을 가져왔다. 번벌 정부와 **민권**의 옹호자 사이의 대립을 감안할 때, 가토는 현상유지에 새로운 정당성을 제공했다. **민권** 입장은 인민의 자연권을 주장하는 것에서 한발 더 나아가 정부가 이를 준비하기를 요구했다. 그들은 유럽의 공화국과 입헌 군주정의 발전에 대해 읽을 수는 있었지만, 일본의 경험은 이처럼 수용된 역사의 어떤 것도 마치 대본처럼 단순히 좇아갈 수 없었다. 한편 번벌 정부, 그리고 이를 지지하는 관료와 지식인은 인민이 필수적인 문명의 수준을 달성했다는 것을 증명하기만 하면, 적절한 때에 인민을 위한 어떤 공간이 만들어질 것이라는 점에 동의했다. 다른 한편으로 그들의 참을성 없는 동료들, 그리고 더 나쁘게는, 더 높은 수준의 과세에 분노한 그들의 지방 동포들은 공히 참여할 권리가 인정되고 개인적 권리가 보장되기를 원했다. 우에키 에모리는 정부를 구성할 인민의 권리에서 인민의 권리를 보호하는 헌법의 제정에 이르는 이론적 통로를 가장 명확하게 설명했다. 그러나 번벌 정부가 자발적으로 그들의 지배를 포기하지 않는 이상, 인민의 권리에 대한 추상적이고 이론적인 요구는 유럽과 아메리카의 선례를 좇아 실현될 수 없었다. 가토는 왜 인민이 그들의 지도자가 주도할 때까지 기다려야하는지를 설명한 셈이다.

내 생각에 가토 주장의 더 큰 가치는 그것의 개념적 힘이다. 6장에서 우리가 살펴보게 될『인권신설』의 한 가지 중요한 측면은 "사회"라는 새로운 개념에 대해 진화를 토대로 삼은 가토의 기여였다. 여기서 나는 그가 "획득된 권리"를 활용함으로써 논의가 "자연권"에서 "법적 권리"로 전환됐다는 점을 지적하고자 한다. 가토는 권리가 자연적인 것이 아니라 사람이 만든 것이며, 우리가 가지고 태어난 것이 아니라 지도자가 보장해준 무엇이라고 주장했다. 시간이 지나면서 이처럼 획득된 권리가 법에 명시됐다는 것이다. 가토에 대한 비판에서, 야노 후미오와 바바 다쓰이는 이런 법적 권리가 사실 자연권이었다고 주장했다. 이는 도야마 마사카즈가 구체적으로 언급했듯이 획득된 권리가 잘못 표현됐다는 것을 의미한다. 그들의 관점에서 올바른 사고방식은 자연권이 어느 시점에 법에 기록되어 사실상 법적 권리가 되었다.[55] 이에 따라 법적 권리는 가토와 그의 가장 끈질긴 비평가인 도야마 사이의 공통된 논쟁의 토대가 됐다. 도야마는 일찍이 자연권을 고려할 필요가 없는 영국에서의 권리의 제도적 확보에 기초하여, (『민권변혹』에서) 권리의 발전에 대한 대안적인 역사적 모델에 전념한 바 있다. 다시 말해, 도야마와 가토는 자연권이 불필요한 개념이라는 데 동의할 수 있었다. 그러나 가토가 통치자가 적합하다고 판단할 때 법적 권리가 보장된다고 주장했던 것에 반해, 도야마는 인민의 법적 권리는 요구와 투쟁을 통해 획득된 것이며, 역사적으로 구성된 것임에도 불구하고 개인의 법적 권리로서 정당한 것이라 주장했다. 이에 따라 다음의 사실이 남게 됐다. 번벌 정부의 정책이나 그에 대한 가토의 의문스러운 변호에 반대할 수는 있겠지만, 번벌 정부가 천황과 그들 자신의 정부에 주권을 위치시키는 헌법을 확보하기 위해, **민권**이 아니라 **국권**, 즉 국가의 권리에 초점을 맞출 책임을 지고 있었다는 것이다.

주권에 대한 신문 논쟁

주권이라는 용어는 휘튼과 비세링의 1860년대 번역에 포함되어 있었지만 일반적 용례로서는 상대적으로 후발주자였다. 일본 헌법이 가정

할 수 있는 형태에 대한 1881년의 공적 논의에 앞서, 정치적 논쟁은 주권의 발상과 직접적으로 관련되지 않은 권리와 자유에 초점을 맞추고 있었다. 1872년 블룬칠리의 『일반국법』에 대한 가토 히로유키의 번역은 그 개념에 대한 최초의 지속적인 논의였다. 가토는 쓰다 마미치가 자신의 『태서국법론』에서 소버린티를 **주권**으로 번역했다고 언급했지만, 가토는 주군이나 '**주**(主)'의 의미에 반대했고, 차용어와 함께 '스베레니테토의 권(スベレニテトの権)'*이라는 길고 복잡한 합성어를 고안했다. 블룬칠리를 따라 가토의 관심사는 주권을 **국권**의 맥락에서 기술하는 것이었고, 군주정에서의 기원으로 그 개념이 채색되기를 원치 않았다. 주권의 의미를 구체화하면서 가토는 이를 외국에 대한 자국의 자율성을 포함한 국가의 최고 권력, 제한받지 않는 권리, 공무에 있어서 자유의 권리라고 설명했다. 주권은 국가의 명예와 번영, 무제한적 권력, 규제되지 않는 **국권**, 간단히 말해 권력의 풍부함을 대표하는 용어인 셈이다. 이는 분명 휘튼과 비셰링의 **주권**이 제안했던 자율성과 독립 이상의 것이었다. 가토는 정치적 행위로서 주권의 의미에 대한 맥락을 제공하면서 주권이 한 국가가 법을 제정하고, 헌법을 제정·수정하고, 나아가 그 존재를 유지하고 개혁을 수행할 수 있게 하는 것이라고 말했다. 주권이 변화를 포괄한다는 사실에 대한 이런 관심은 유럽에서의 최근의 발전, 특히 1848년 혁명에 대한 블룬칠리의 세심한 관심과 관련되어 있었다. 이는 가토가 **민주국**(民主国)에서 **군주국**(君主国)으로 왔다 갔다 했음에도 프랑스가 여전히 주권국

* Souveränität를 말한다(옮긴이).

가로 남아 있다는 연속성을 설명하는데 도움을 주었다.[56]

주권이 인민에게 위치될 수 있다는 가능성은 1881년 이전에 **주권**이 논의된 두 번째 맥락이었다. 토크빌의 『미국의 민주주의(*Democracy in America*)』의 한 부분에 대한 오바타 도쿠지로(小幡篤次郎)의 번역에서 "인민의 주권"에 대한 사소한 언급을 제외하면, 인민주권은 루소의 『사회계약론』에 대한 핫토리 도쿠(服部德)의 번역을 통해 보다 광범위한 일본 대중의 주목을 받았다. 이는 민중의 권리 운동가 우에키 에모리와 여타 지식인들의 1878년과 1879년의 독서를 통해 확인할 수 있다.[57] 그러나 앞서 언급했듯이, 국회의 권리나 민권의 옹호자들은 인민주권을 주장하지 않았다. 그들은 인민의 권리인 **민권**을 국가의 권리인 **국권**과 서로 필요로 하고 지지하는 관계에 두는 것을 더 고려했다. 따라서 1881년에 시작된 주권에 대한 논쟁은 국회의 창설이나 민권의 보장에 관해 협소한 관련 쟁점을 고려하고 있었다. 이는 헌법을 민권이 가정하는 법적 형식이라고 한다면, 헌법을 제정하고 옹호하는 통치권은 국회나 국가의 다른 곳을 통해 인민에게 위치하는가라는 질문과 관계된다.

주권에 대한 논쟁은 주로 1881년 10월에서 1882년 5월 사이에 주요 일본 신문에서 진행됐다.[58] 이 논쟁에 대한 주된 공헌자는 누마 모리카즈(沼守一)가 편집한 『도쿄요코하마 마이니치 신문(東京横浜毎日新聞)』(『마이니치(毎日)』)과 후쿠치 겐이치로(福地源一郎)가 편집한 『니치니치 신문(日日新聞)』(『니치니치(日日)』)이었다. 『마이니치』는 주권이 국가의 입법기관에 있다고 주장했고 『니치니치』는 천황의 주권을 옹호했다. 1881년 가을의 정치적 발전에 관해 역사가 이나다 마사츠구(稲田正次)와 조셉 핏

타우(Joseph Pittau)는 입헌정체에서 주권의 위치에 대한 논쟁을 촉발시킨 최소한 세 가지의 선례를 언급한 바 있다. 첫 번째는 1881년 9월 구마모토 사무라이의 정치결사이자 가장 유명한 구성원으로 황실 고문이자 메이지 헌법의 고안자로 기억되는 이노우에 고와시(井上毅)가 있었던 자명회(紫溟会)의 설립이다. 이는 루소의 사회계약론, 그리고 주권이 인민에게 있다는 필연적 믿음에 대한 공개적 비난을 포함한다. 그들은 대신 천황이 일본 국체의 근간이며 주권의 소유자라고 주장했다.[59] 두 번째는 1881년 10월 12일 천황이 1890년에 국회를 소집할 것이라는 놀라운 발표이다. 천황의 행위의 핵심은 그의 관료들이 왕실과 마주 앉아서 국회의 "조직 및 관할"을 결정할 것이라는 언급이었으며, 이는 누가 궁극적으로 통치권을 가지는가의 문제를 일축하는 일반적 표현이었다.[60] 그리고 세 번째는 이런 천황의 행위가 헌법 초안의 작성, 즉 1870년대 기도 다카요시, 오쿠보 도시미치, 원로원 같은 복고 지도자들과 함께 시작됐지만 1880년에 사적 개인과 단체로 확산됐던 운동에 새로운 동력을 제공했다는 것이다. 중요한 점은 초기 헌법 초안에 주권에 대한 조항이 포함되어 있지 않았던 것에 반해, 1881년과 1882년의 급증한 헌법 초안은 반드시 인민, 국회, 천황 등 하나 이상의 일본국 구성체에게 주권을 위치시키고자 했다는 점이다.[61]

국회개설운동과 마찬가지로 주권에 대한 논쟁은 일본 사회의 엘리트에 의해 촉발된 것이었다. 그러나 전자의 운동이 문외한의 관용어를 통해 지역 청중에게까지 도달했던 것과 달리, 주권 논쟁은 주로 유럽 정치이론에 대한 학술적 운동이었다. 『마이니치』의 사설은 "주권은 어디에 있는가"와 같은 질문의 형식으로 주요 쟁점을 제기했다. 인민, 군주, 입법부, 정의의 원칙 등 다양한 가능성을 제공하는 것에 더해, 『마이니치』의 사설은 주권의 본질, 주권과 군주의 특권의 관계, 정부와 정치 체제의 종류, 사회계약의 현실성, 인간과 통치의 본질을 포함한 일련의 질문들을 유발했다. 이런 질문들에 대한 입장이 영국의 입헌군주정을 반복적으로 인용함에 따라, 서로의 입장에 보다 큰 신뢰성을 부여하기 위해 존 오스틴, 윌리엄 블랙스톤, 그리고 블룬칠리와 같은 법·헌법 권위자들이 소환됐다. 물론 궁극적으로 일본의 주권 문제는 주권이 황실과 헌법을 수여하는 현 천황에게 있다고 한 1889년의 메이지 헌법에 의해 결정될 것이었다. 따라서 이 논쟁은 대체로 고려할 가치가 없는 것이었다고 할 수 있다. 그 문제들은 천황의 이름 아래 번벌 정부 주권의 사실상의 지배에 따르기 마련이었기 때문이다. 그럼에도 불구하고 이 논쟁은 일본의 정치적 이성의 발전에 있어 탁월하게 실질적인 목적을 달성했다. 즉, 주권 문제를 제기하고 논쟁했으며 나아가 문제해결의 토대를 마련했던 것이다.[62]

주권에 대한 분석으로서 해당 논쟁은 언어적 구별을 통해 발전했다. 『마이니치』 저자들의 전술에서 중심이 됐던 것은 양자 사이의 직접적인 개념적·철학적 연관성을 매개할 수 있는 대안적 개념과 번역어를 소개함으로써 통치자로부터 주권의 독립성을 지키려는 시도였다. 영어의 "소버린티"와 "소버린" 사이의 관계에 대한 분석은 일본어의 **주권**과 **군주**의 관계였으며, 문자 그대로 "주인의 권력"은 "군주와 주인"의 것이었다.[63] 근대 초기 유럽 정치이론이 주권국가의 화신으로서, (그리고 정치의 봉건적 군사화에 대한 해결책으로서) 통치자를 드높인 것과 같은 방식으로, 번역 어휘에 대한 일본의 선택은 통치자를 국가의 수장으로 하는 주권 인식을 재생산했다. 헤겔이 납득할 수 없는 모순이라고 "인민주권"을 묵살했던 것과 토크빌이 새로운 정치구조에 대해 통찰력있게 변호했던 것을 비교하면, 군주에 대한 대안을 옹호했던 사람들에게 논쟁의 부담이 있음을 알 수 있다. 이는 일본의 논쟁의 경우에도 마찬가지였다.[64] 그러나 『마이니치』가 새로운 용어와 번역어, 특히 차용어 내지는 동류어의 형식으로 유럽 용어의 음역을 소개했던 것에 반해, 『니치니치』는 일본 국체의 예외주의와 그에 따라 제국 체제가 독특한 입헌체제를 규정했다는 사실을 주장함으로써 별도의 체제 구분법을 강조했다. 나는 전자에서 시작하고자 한다.

주권이 정의와 같은 추상적인 원칙이나 매개되지 않은 인민대중에게 위치할 수 없다는 것을 인정했기에, (왜냐하면 이 두 대안 모두가 매개와 입장을 무분별하게 확장시켜 실제 작동할 수 없게 만들기 때문에) 이후 『마이니치』는 적절하게 주권을 국회가 가지는 법을 정할 수 있는 힘으로 정의하기로 결정했다. 이는 『마이니치』 저자들에게 여러 가지 방식으로 그들이 시도했던, 소버린으로부터 소버린티를 분리해야한다는 부담을 주었다. 첫 번째 소개된 것은 소버린티(소베렌치(ソベレンチ)라고 주석이 붙은 주권)와 "천황의 프리빌리지"나 "프리로거티브(prerogative)"(프리비릿지(プリビリッジ)와 프레로게치브(プレロゲチブ)라고 주석이 붙은 특권) 사이의 구분이었다. 『마이니치』에 따르면 『니치니치』는 전쟁선포, 평화협상, 소버린티의 측면에서 국회의 개회나 해산과 같은 황실의 프리로거티브를 오해해서 이

두 가지를 혼동해왔다. 실제로 국회의 상하원 모두 그런 프리로거티브를 가지며, 만약 누군가가 군주의 프리로거티브를 "소버린티"라고 부른다면, 일관성에 따라 국회의 프리로거티브 역시 "소버린티"라고 불러야 한다는 것이다. 그러나 내재적이고 분별 있는 대안은 프리로거티브를 그 자체로 인식하고 소버린티와 혼동하지 않는 것이었다.[65]

영국의 국체에 대한 이런 해석을 뒷받침하기 위해 『마이니치』는 호이마르(Josef Hormayr zu Hortenburg)와 블룬칠리의 학문에 기초한 두 가지 추가적인 구분들을 소개했다. 하노버(Hanover)의 왕좌와 독일연맹(German Confederation) 사이의 관계에 대한 호이마르의 저작에서, 『마이니치』 저자들은 소베르니텟(Souveränität)(주권)과 군주의 라이트 나 프리빌리지(군권) 사이의 구분을 채택했다. 이는 소버린(군주)이라는 단어를 구성하는 두 개의 다른 한자를 전략적으로 악용한 구분이었다. '군(君)'과 '주(主)'는 서로 다른 권력을 지칭하도록 만들어졌으며, 그들 중 하나인 소버린티는 다른 하나인 군주의 라이트보다 우월하다는 것이다. 이와 유사한 구분은 블룬칠리의 이름을 빌렸는데, "지배자의 권력"과 "최상위 소버린티"(주권, 군주의 권(君主の権) 또는 푸르스튼 소베르니텟(Fürsten Souveränität), 즉 "군주의 소버린티")를 그는 "국가 소버린티"(일국의 주권, 전국가의 권(全国家の権), 또는 스타츠 소베르니텟(Staats Souveränität))와 구분했던 것이다. 전자는 국가의 부·처, 그리고 인민에 대한 내부적 권력과 권위를 지칭하는 것이며, 후자는 나라의 모든 부·처·지부를 포괄하는 외부적 권력과 권위를 지칭했다. 『마이니치』는 독자에게 일반적으로 **주권**이라고 불리는 것의 보완적 측면들로 이 두 가지를 이해하도록 촉구했지만, 헌법은 지배자의 권

력 보다 국가 소버린티를 더 우월하게 규정한다고 강조했다.[66] 소버린티가 법을 제정할 수 있는 권력으로 정의됐다는 점을 고려할 때, 국회의 지위는 왕의 그것보다 우월했다. 실정법은 국회에서 초안됐으며 의례적으로 왕에 의해 승인됐는데, 따라서 그는 국회의 한 "구성원"로서 법 제정에 참여하며 법에 대해 동등한 책임을 진다. 왕이 아니라 국회가 통치자임을 강조하기 위해, 『마이니치』는 또 다른 구분, 즉 "소버린"에 대한 새로운 용어인 **주권자**(主権者)(명목적 의미로 "소버린티의 보유자")을 제시했는데, 이는 지배자나 통치자에 대한 공통어인 **군주**와 구분하기 위함이었다.[67] "소버린"과 "지배자"는 서로 다른 행위자로 이해되어야 했던 것이다.

주권을 다양한 권력으로 분석함으로써 왕의 특권과 주권에 대한 군주의 요구을 최소화하려는 이런 노력은 『호치신문(報知新聞)』의 기고에서 정점에 이르렀다. 법학자 토드(Alpheus Todd)의 권위를 빌어, 『호치신문』의 저자는 최고 행정 권력과 최고 입법 권력을 구분했으며, 이는 "국가의 최고 정치권력"(위정의 최상권(為政の最上権)) 또는 엄밀한 의미의 소버린티(주권)라고 불리는 것으로 결합됐다.[68] 『호치신문』의 작가는 주권이 경쟁 개념이라는 점, 그리고 영국과 같은 입헌군주제 또는 그것이 표면적으로 약속된 일본에서 주권이 나누어져 있음을 숨김없이 관찰했다. 입법 권력은 국회가 가지고 행정 권력은 군주가 가진다. 따라서 국가의 최고 정치권력은 통합되지 않으며 인민을 대표하는 국회와 군주를 대표할 수 있는 정부에 의한 "대의" 과정을 통해서만 행사될 수 있다는 것이다.[69]

주권이 수백 명의 대표들로 구성된 국회에 있다거나 국회와 군주 사이에 나누어져 있다는 것은 그런 주장이 내부적 분열과 외부적 약화를 약속한다고 보았던 『니치니치』와 군주 주권의 지지자들에게는 혐오스러운 것이었다. 국가는 국체, 즉 수장이 주권을 대표하는 단위이다. 따라서 주권은 국법의 올바른 기반일 뿐만 아니라(『마이니치』 입장) 국가의 최고 권력이며, 그 목적은 국가의 자율성과 독립을 유지하는 것이다. 오직 일본의 천황만이 일본 주권의 수장이자 소유자가 될 수 있다. 『니치니치』 사설은 『마이니치』, 그리고 입법 기관 주권의 지지자들이 일본을 공화국으로 오인했다는 입장을 취했다. 오히려 일본은 정치이론에 새로운 독특한 형태로서, 영국의 입헌군주정과 구별되는 입헌제국이라는 것이다. 『니치니치』의 저자들이 입헌제국의 구조의 핵심이라고 주장한 것은 "천황이 세우고 인민이 키운다"는 원칙이었다. 천황의 창조적 능력의 중심은 주권과 천황의 덕성이다. 인민이나 관료가 주권을 가지는 것은 가능하지 않다는 그들의 입장을 강조하기 위해 『니치니치』는 일본의 제국적 경로의 독특성, 즉 깨지지 않은 2,500년의 역사와 천지가 시작된 이래 일본 천황이 주권을 발휘해왔다는 사실을 반복했다. 심지어 헌법의 권위에 따라 천황에게 깃들었다는 주권조차도 천황의 실제 주권의 일부에 지나지 않는 것이다. 그들의 주장에 추가적인 강조를 더하기 위해, 『니치니치』는 천황의 이름을 부르기 전에 다음과 같이 존경의 여백을 두면서 천황을 "우리의 ____위대한 천자", 일본을 "성스러운 땅"으로 지칭했는데, 이는 다른 신문에서는 분명히 없었던 관행이었다.[70]

일본의 국체에서 일본 천황의 명시적 지위에 대한 이런 강조에 따른 귀결은 일련의 번역 전문용어였다. 여기에는 『니치니치』의 입장이 독재나 전제를 옹호한다는 모든 암시에 맞서려는 의도가 깔려 있었다. 일본 입헌제국은 러시아와 중국과 같은 진정한 독재적 "무제한 제국"이 아니며, 『마이니치』가 영국이 그러리라 믿었던 것과 같은 비참하게 타협한 "제한된 제국"도 아니다. 나아가 이는 절대군주정도 아니고 『마이니치』가 암묵적으로 옹호한 "의회주의적 전제정"도 아니다. 민약헌법(民約憲法)이 아니라 천황의 덕을 기뻐하며 그 땅에 결정하고 부여한 국약헌법(国約憲法)이었기 때문에 일본의 입헌제국은 다른 정체들과 다르다.[71] 군주정과 달리 일본은 천황이 공동으로 통치하는 제도적 체제를 규정하는 헌법을 가질 것이다. 의회가 통치자인 정부의 대중적 형태, 즉 『니치니치』 저자들이 통치자를 파괴하고, 군주와 신민 사이의 차이를 제거하고, 사회의 질서와 도덕을 전복하고, 나아가 모든 것을 원초적인 혼돈으로 되돌리게 될 것이라며 두려워했던 그것과 달리 일본 입헌제국의 "위대한 길"은 주권이 진정으로 천황의 명령이며, 국가의 위대한 권력이 천황의 손에 있으며, 나아가 민심에 따르는 그의 위대한 마음을 통해 국가의 평화와 번영을 지원하는 것이 천황의 일이라는 세 가지 원칙을 포함했다.[72]

각각의 주장을 뒷받침하기 위해, 『마이니치』와 『니치니치』 양자 모두 메이지 유신에서 경험한 시간에 따른 변화를 강조했다. "시대의 변화"에 대한 반복적인 언급은 신화적 공식을 소개했는데, 이는 일본 사회를 분열시키는 더 큰 이데올로기적 대립 속에 이루어진 논쟁의 정치적 내용에 기반하고 있었다. 역사가들은 이런 차이를 단순히 자유주의 대 보수주의로 치부했지만 중심적 쟁점은 천황의 의미와 그 의미에 따른 뒤따르는 정치적 결과였다. 『마이니치』 사설들은 야만적인 고대의 통치자를 현대의 문명화된 통치자와 구분하려는 노력으로서 "현대 문명 세계"로의 일본의 합류를 요청했다. 그들은 역사적 맥락에서의 변화들이 의미의 변화를 뜻한다고 강조했다. "아버지"나 "어머니"와 같은 단어는 계속해서 아버지나 어머니를 지칭하지만 그 권력과 권위는 문명의 도입과 함께 변화한다. 마찬가지로 과거의 야만적 통치자는 힘과 명령으로 지배했다지만, 오늘날 문명화된 통치자는 인민과 함께 지배한다. 다시 말해 통치자의 연속성에도 불구하고, 고대의 정치적 원칙은 문명화된 현대의 대안으로 대체됐다는 것이다. 이와는 대조적으로, 『니치니치』의 사설은 신들의 시대에 주권이 태양신인 아마테라스 오미카미(天照大御神)로부터 전달되어 천황의 가계, 즉 그녀의 후손에게 내려왔음을 증명하기 위해 (신화와 전설이 다수 포함된) 일본의 초기 역사인 『고사기(古事記)』를 인용했다. 이에 따라 천황은 현재 인간의 시대에도 주권을 계속해서 행사해왔다. 사무리아 계급이 막부 지배의 일본 봉건시대 동안 천황의 주권을 빼앗았지만, 메이지 유신이 인간의 시대를 적절한 질서로 되돌렸다는 것이다.[73] 다시 말해 문명이 논리적으로 이끄는 곳을 향한 정치적 열망이 위계적 질서와 가부장적 권위를 주장하는 반대 의도에 반박됐던 셈이다. 주권에 대한 논쟁은 궁극적으로 천황을 수용하려는 노력이었다. 곧 그가 문명화된다면 국회를 지지하는 의례적 역할을 맡아야 함을 알 것이고, 그가 위엄이 있다면 번벌 정부의 힘과 명령에 의한 통치를 기꺼이 칭찬할 것이라는 기대였다.

입법 국회 개원을 준비하는 중에, 1882년 3월 입헌제정당(立憲帝政党)의 결성은 1882년 봄 동안의 주권 논쟁에 대한 참여를 확대시켰다.

부분적으로는 입헌제정당 지도부에 『니치니치』 신문의 편집장인 후쿠치 겐이치로가 포함되어 있었기 때문에, 당의 성명은 신문의 입장을 되풀이하는 것이었다. 마찬가지로 그 당에 대한 비판과 변호는 앞선 논쟁에서 나온 요점과 공명했다. 그러나 입헌제정당에 찬성하거나 반대하는 논쟁을 형성하는데 사용된 전문용어는 단순화됐으며, 이 때 『마이니치』와 『니치니치』 사설에서 소개된 많은 구분들이 사라졌다. 이제 참가자들은 **주권**, 즉 "소버린티"만을 논의했다.[74] 오이시 마사미(大石正已), 나카에 조민(中江兆民), 우에키 에모리, 오노 아즈사(小野梓) 등 소규모 신문에 나타난 소위 포퓰리스트들의 의견들 가운데, 나카에만이 주권이 사실 법을 제정하는 권력이라는 『마이니치』에 동의했다. 그는 문헌학의 권위를 그의 주장의 근거로 삼았다. 라틴어 '레스 퍼블리카(res publica)'는 법의 공적 창조를 의미하기 때문에, 주권은 나라의 전체 인민에게만 존재할 수 있는 것이다.[75] 그러나 오이시, 우에키, 오노는 주권을 나라의 최상위 내지는 전체 권력으로 정의하는 한편, 이를 시민 개개인과 동등한 관심의 국가적 현상인 사회적 질서, 평화, 독립과 연결시킴으로써 주권을 **국권**으로 재구성했다. 따라서 그들은 주권이라는 "최상위 권력"은 반드시 국가의 평화와 독립에 궁극적으로 책임 있는 인민에게 있어야 한다고 결론지었다. 우에키가 말했듯이 진정으로 독립된 주권국가는 공화주의적 제도 위에서만 성립할 수 있는 것이었다.[76]

한 번 발생한 이런 주권과 국권 간의 연결은 민중의 권리 활동가들이 개인적 권리에서 이상화된 자유로 선회했을 때 정치적 논쟁에서 **민권**의 위상이 더욱 희미해졌던 것을 상기시킨다. 이제 주목은 국내 전선이 아니라 다른 곳, 즉 인민이 정부에 참여할 권리를 실현할 1890년으로 계획된 국회와 1889년으로 계획된 헌법으로 선회했다. 국제 전선에서 국제법학자들이 치외법권의 종결뿐만 아니라, 일본의 관할권과 관세 자율성의 회복을 활발히 논의하면서 일본의 국권에 대한 관심이 커졌다.[77] 1880년대 후반 이후 문서들은 계속해서 권위주의적 중앙 정부를 비판했고 언론의 자유와 출판의 자유와 같은 구체적인 자유들을 주장했지만, 국회의 권리와 외국의 특권에 대한 일본의 국권 주장에 대한 논의 역시 촉구했다.[78] 비록 주권이 정치이론가들의 기술적 관심으로 남아있었지만, 신문 논쟁은 **주권**과 소버린티에 대한 더 넓은 대중의 관심을 불러일으켰으며, 해당 용어를 일본어 어휘목록과 메이지 정치 논쟁의 한 요소로 고정시켰다.

후쿠자와 유키치의 국권론

주권 논쟁에 대한 포퓰리스트들의 공헌이 1870년대에 **민권** 논의를 활성화했던 쟁점들을 떠올리게 한다면, 주권 논쟁에 대한 후쿠자와 유키치의 반응은 자의식적으로 온건한 입장을 취하고 있었다. 그의 저작은 여러 측면에서 가치를 가진다. 우선 그는 권력·권리·주권의 이슈를 논의하기 위한 색다르지만 일관되게 명확한 일련의 용어를 가지고 있었다. 또한 그는 동시대 사람들의 주장에서 작동하고 있었던 은밀한 의제들을 솔직하게 언급했다. 그럼에도 불구하고 1880년대에 그의 결론은 보다 포퓰리스트적인 입장에서 『니치니치』의 제국적 입장으로 옮겨간다. 번벌 정부와 민권 옹호자 모두를 진정시킬 수 있는 국권에 대한 설명을 제공한 것은 대체로 그의 업적이었다. 비록 민중의 권리와 국가의 권리에 대한 그의 생각을 칭송하는 목소리는 현대에는 읽을 수 없지만, 그의 입장은 메이지 후반의 저작들과 아마도 더욱 중요한 것은 1890년 이후 정부의 행동에 일반적인 전제로 남게 된다는 점이다. 그 논쟁에 참여한 다른 참가자들과 마찬가지로 1880년대 초반 후쿠자와는 현대 상황에 대한 분석으로서 주권에 대한 그의 생각을 제시했다. 당시 그는 그 자신의 이익과 정치적 권력의 통제에 전념하는 전직 주류관료의 정부와 개인적 및 정치적 권리의 보장에 헌신하는 일본 인민 사이의 대립을 끊임없이 목격했다. 단결을 위해 천황이 해결책으로 제시된다.

후쿠자와의 추론을 설명하기 위해, 1870년대 후반 그의 저작 중 두 요체, 즉 국회와 민권을 요구하는 운동에 관한 반응으로서 그의 저작, 그리고 **국권**, 즉 국가의 권리에 관한 그의 저작을 살펴보기로 하자. 여기서 그는 국민적 결속에 대한 그의 절박한 관심과 제국헌법을 수용하려는 그의 의지를 설명한다.[79]

우선, 국회와 민권 운동에 대한 후쿠자와의 반응은 그의 동시대 사람들의 그것과는 사뭇 다른 **민권** 표현을 보여준다. 후쿠자와는 인민의 개인적 권리를 거의 언급하지 않았다. 사실 당시의 정치적 운동에 대한 그의 세 가지 주요 공헌, 즉 1876-1878년의 『분권론(分權論)』, 1878년의 『통속민권론』, 그리고 1879년의 『국회론(国会論)』 중 어디에도 **권리**나 **자유**와 같은 표현은 두드러지지 않았다. 오히려 후쿠자와는 '**권**'을 네덜란드어에서 레흐트처럼 권리와 법적 권력의 융합으로 간주했다. 게다가 이 세 문헌에서 그의 가장 흔한 '권' 용례는 각각 **권력**·**민권**·**정권**이었다. 나는 이런 색다른 용례가 과거와의 역사적 연속성 측면에서 이슈들을 제시하기 위한 것이었으며, 가토 히로유키의 목표와 부합하는 방식이라는 맥락에서, 중앙 정부의 단결과 권력을 수호하기 위한 것이라고 생각한다.

『분권론』에서 후쿠자와는 왜 구 사무라이가 민권을 선동하는지를 설명하고자 했으며 메이지 유신을 통한 권력의 재건에 집중했다. 도쿠가와 중앙정부와 다수의 지방영지 사이의 분립을 상기시키면서, 그는 메이지 국가에 중앙정부와 지방정부 간 권리의 분립을 옹호했다. 그는 한편으로 중앙정부에게 적합한 영역은 **정권**, 즉 법을 만들고, 세금과 외무를 관리하며 육군과 해군을 감독하는 등이고, 다른 한편으로 지방 정부는 보다 적절하게 경찰·도로·교량·학교·사찰·공원·위생과 같은 지역 관심의 국내적 사안 등 **치권**(治權)을 관리할 수 있다고 지적했다. 권력의 두 영역 모두 **국권**의 총체를 구성하지만, 후쿠자와는 중앙정부의 거버넌스에 특권을 부여했고, 이는 국가 전체의 권리와 권력 모두의 집중을 대표했다. **민권**은 지방 행정에서 가장 잘 표현되는 것이었다.[80]

그러나 1878년부터, 후쿠자와는 **민권**을 국제적 **국권**에 대한 국내적 보완으로 재인식했다. **민권**은 **국권**이 해외에서 마땅히 인정되듯이 국내에서 당연히 약속되어야만 했다. 『통속민권론』에서 중앙정부와 지방정부 간의 구분을 되풀이 했지만, 후쿠자와는 두 가지를 통합하는 최선의 방법이 국회라고 주장했는데, 이는 그 기구가 국가의 모든 당사자들의 관심과 의무들을 조화시킬 것이기 때문이었다. 이런 추천은 그의 '**권**'

개념에 대한 일반적 설명에서 나온 것으로, 그는 이를 '분(分)' 또는 지위(도쿠가와 정권의 지위 체계에 대한 언급)와 비교했고, 개인에서 마을·구·현으로 확장하는 것으로 이해했다. 그리하여 그는 국가에서 권리의 두 가지 주요 표현, 즉 **민권**과 **국권**에 도달하게 된다. 이처럼 권리를 지위와 의무에 연결시키는 것은 후쿠자와가 이전에 비난했던 도쿠가와의 관습을 대단히 연상시키는 것이었음에도 불구하고, 그는 이제 번벌 정부에 대항해 인민의 편에 서기 시작했다. 그의 추천은 인민의 지능을 확대하고, 가족들의 부를 증대시키고, 개인들의 성격과 육체적 건강을 향상시키는 것이라는 점에서 장기적이고 가부장적이었지만, 그럼에도 불구하고 그는 이런 향상이 이루어지고 있다는 증거를 보았고, 인민이 무지하다는 것에 근거한 정부의 국회 개설 연기에 대해 강하게 이의를 제기했다. 후쿠자와는 정부와 인민 사이의 관계는 법적 계약이며, 무엇보다 정부는 인민의 정부라고 지적했다. 만약 인민이 너무 어리석다면 관료 역시 너무 어리석다는 것이다.[81] 1879년의 『국회론』은 이런 입장을 재강조 한다. 법적 계약은 사실 헌법이고, 지방의회의 성공은 국회가 가능하다는 것을 보여준다. 그리고 인민은 정부에 참여할 권리를 가진다. 곧 마지막은 인민의 권리 그 자체에 대한 후쿠자와의 유일한 약속이었다. 독서, 대중연설, 공교육을 통한 최근의 변화는 그들이 참여할 준비가 되어 있음을 보여준다. 국회는 이제 일본의 평화와 안녕을 위해 필요하며, 인민의 증대하는 독립성은 일본의 국권 확장에 기여할 것이다.[82]

후쿠자와가 국제적 맥락에서 국권을 설명하기 시작하면서, **민권**에 대한 그의 공감은 독립이라는 목표로 인해 크게 변경된다. 이미 1875년

『문명론의 개략』의 출판과 함께 후쿠자와는 세계 문명에 대한 그의 초기 이상주의에 번복을 천명했다. 그가 한 때 국제법의 체제 하에서 국가 간의 평등에 대한 서구 이론적 입장과 공명했던 것과 달리, 그는 인류 간의 국가적 분열이라는 사실이 그런 이상의 보편성을 훼손한다고 확신하게 됐다. 중앙정부는 부와 권력이라는 국가적 목표들을 생성한다. 따라서 국가들은 애국심과 당파주의를 장려하고, 무역에서의 이익과 군사 문제에서의 승리를 위한 경쟁의 미덕을 생성한다. 그가 간결하게 언급했듯이, "오늘날의 세계는 상업과 전쟁의 세계"로서, 거기에 국가들 간의 동등한 권리는 없기 때문에 무역과 전쟁 모두에서 지배적이 되기 위해 노력해야 한다.[83] 이런 분석에 따라 후쿠자와는 향후 10년 동안 그의 주요 작품에 활기를 불어 넣을 두 가지 결론을 도출했다. 첫째로, 그는 외국과의 관계가 일본의 주요 관심사이자 어려움이라고 주장했는데, 이는 외국 영토가 그들의 권리를 개발하고 최대한 자연적 이점을 활용하며 그들의 독립을 보존하는 것을 유럽인이 항상 방해하기 때문이다. 둘째, 따라서 세계 문명에 대한 참여를 목표로 일본은 국가의 독립에 초점을 맞춰야 한다는 것이다. 이처럼 후쿠자와는 문명과 독립을 동등한 것으로 고려하기까지 했다. 사실 당신은 다른 하나 없이 하나를 가질 수 없다는 것이다.[84]

국가의 독립에 대한 이와 같은 목표는 민권과 국권 간의 후쿠자와의 연결에 영향을 미쳤다. 이런 연결은 문명에 대한 그의 초기 사상에 어느 정도 내포되어 있었는데, 이 때 그는 나라의 부강은 그 인민의 부강에 기초하며, 나라의 문명화 정도는 그 인민의 문명화 정도를 반영한다고 강조했었다. 그러나 1878년 국권에 대한 그의 저작 『통속국권론(通俗国権

論)』은 국제무대에서 그런 개념을 보장하려는 것이었다. 1850년대 페리와 다른 외국인들이 일본에 대해 그러했던 것처럼, 그는 **국권**이 그 자신의 편의에 따라 자유롭게 행동할 수 있는 국가의 능력을 의미한다고 주장했다. 그는 **국권**을 "국민성"으로 해석했고 흥미롭게도 이를 국가 권력의 발전으로 정의했는데, 이는 독립의 위대한 원칙을 지침으로 삼고 여성과 어린이를 포함한 모든 인민의 참여를 요구하는 것이었다. 특히 조약 협상에서 국제적 독립을 유지할 수 있는 일본의 능력은 국가와 인민, 즉 **국권**과 **민권**을 연결하는 하나의 핵심 요소에 의존했다. 그것은 바로 자원, 생산, 자기 결정에 따라 무역을 행할 수 있는 능력에 의해 결정되는 국가적 자산의 힘이었다.[85] 일본의 국제적 지위에 대한 후쿠자와의 걱정은 그가 인민과 국가 사이의 이와 같은 구조적 연결을 풀도록 유도했다. 나는 이런 발전의 첫 번째를 국제관계에 대한 그의 1881년 분석, 즉 『시사소언(時事小言)』이라고 본다. 이 책은 그가 한편으로 자연적 자유와 민중의 권리, 그리고 다른 한편으로 그들과 인위적 국권 사이의 구분을 주장하기 시작했던 것이다. 인민이 하늘이 부여한 권리를 가지고 태어났지만 크기와 자원이 다양한 환경을 가진 고향으로 전 세계에 자연스럽게 분포됐기 때문에, 각각의 인민은 그들의 자연적 이점을 최대한 이용하고, 그들 스스로 법과 정부를 세움으로써 인민들 사이의 부와 권리가 동등할 수 없는 상황을 만들었다. 후쿠자와는 이에 따라 각 인민이 불가피하게 자신이 가진 것을 필요한 것과 교환하게 됐으며, 국제법과 집단적 진보를 통해 모든 인민들을 연결하려는 유럽인의 시도는 그런 통합의 작동원리로서 조약에 의존하게 되는 것이라고 결론지었다. 그는 조약의 주된 목적은 무역을 보호하는 것이라고 믿었지만, 조약이 존중되는지 파기되는지는 정확히 국권의 술책에 달린 것이었다.[86]

후쿠자와는 국권을 "사람이 만든 것"이라고 선언함으로써 일본 국내사회에 대한 제언과 국제적 맥락에서 일본에 대한 제언을 분리했다. 일본 인민의 자연권 수립과 보호는 국회의 점진적인 도입을 통해 가장 잘 이루어지며, 이는 잠재적으로 나라의 부강에 기여할 수 있다. 그러나 후쿠자와는 국회에 대한 논쟁을 그에게 더 시급한 문제로 간주됐던 대외 관계의 문제에 종속시켰다. 국권이 "사람이 만들었다"는 사실은 나라가 그 국권을 창출·보호·확대하기 위해 신중한 조치를 취해야만 한다는 것을 의미했다. 이는 국제법에 의존하고 국제 정의를 모색할 수 있는 나라의 능력이 그런 국권을 가질 능력에 의존하고 있었기 때문이었다. 국제무대는 일본이 그 국권을 확장하고 국가 독립을 보호할 수 있는 장이었기 때문에 후쿠자와는 일본이 대외 관계에서 그 자신을 즉각적으로 주장할 것, 즉 일본이 위기 시에 군사력으로 국가 이익을 주장하고 국제무역에서 국가 이익 추구를 주장할 것을 촉구했다.[87]

민권과 **국권**에 대한 후쿠자와의 분석이 가지는 이런 배경을 고려할 때, **국권**은 국제적으로 이해된 국가의 주권 문제를 이해하는 후쿠자와의 색다른 방식이었음을 알 수 있다. 따라서 주권에 대한 신문 논쟁은 사소한 일 같았다.[88] 그가 해당 쟁점을 이해했던 것처럼 통치할 권력은 인간 사회와 정치적 형식을 관통해 움직이는 것이다. 생명·안전·생활의 권리 등 "개인적 권리"의 보호는 정부가 수립된 원인이었으며 인간의 "정치적 권리"를 불러일으켰다. 그 중 1882년에 가장 우선되는 것은 입헌체제에 참여할 권리였다. 후쿠자와는 "인민의 권리"를 이런 기본적인 개인적·정치적 권리에 대한 예상치 못한 침입으로 표현했다. 교육이 확대되고 인민이 서양에 대해 학습함에 따라 그들은 자신의 정치적 권리를 깨닫게 되고 민권이라는 이름으로 한데 뭉치게 된 것이다. 특히 일본을 위해 계획된 입헌정부에 비추어 볼 때, 후쿠자와는 이를 관료에 의한 정치권력의 찬탈에 대한 적절한 반응으로 보았다. 따라서 민권은 **관권**(官權)에 반대하게 된다. 이는 정식 정부의 관료로서 가진 바 능력에 따라 국가적 사안을 관리할 수 있는 인간의 정당한 권력으로 시작됐지만, 그들의 이익에 반하는 관점을 억압하는 권력의 오용으로 인해 왜곡된 것이었다. 후쿠자와가 **주권**을 언급한 것은 이런 맥락에서였는데, 이는 그가 신문 논쟁을 견제 전술, 즉 천황을 새장에 넣고 인민의 권리에 반대하도록 그를 이용하려는 관료 보수파에 의한 시도로 읽었기 때문이었다. 후쿠자와는 천황을 좌지우지할 "관료들의 우파당" 창설을 두려워했다.[89]

후쿠자와는 집권 관료집단으로부터 거리를 두었지만, 황실을 비판하는 민권 옹호자에 대해서도 마찬가지로 반대를 표명했다. 오히려 그는 천황에 대한 인민의 존경을 권고하면서, 심지어 민권 옹호자조차도 그 땅에 조화를 이루고 평화를 가져올 천황의 고유한 능력에 상응하지 못한다고 지적했다. 시간이 지나면 일반화 될 공식에 따라, 후쿠자와는 황실의 정신적 영향력을 칭송했다. 황실은 민심을 집중시키고 인민과 행정을 조화시키며, 또 사회를 진정시키고 그 영토를 평화롭게 하며 학습과 예술을 장려한다는 것이다. 가장 중요한 점은 정치 위에 천황을 둔다는 것이었다. 천황은 사면권과 같은 "**특권**"을 가지고, 국가 기구에서 의례적 역할을 할 수 있지만, 정부 행정과 국회의 적절한 영역인 정치보다 위에 있다. 천황의 "위대한 권력"은 정부가 수행할 수 없는 도덕적 리더십으로 가장 잘 묘사됐다.[90]

『마이니치』와 특정 포퓰리스트 저자들처럼 후쿠자와는 (주권은 아닐지라도) 정치적 행위를 인민의 어떤 매개적 형식, 즉 국회에 위치시켰다. 포퓰리스트 저자들과 『니치니치』처럼 후쿠자와는 정치적 행동의 목표를 국권의 유지, 즉 국민 국가의 평화와 독립으로 이해했으며, 이는 모두의 단결된 노력을 통해서만 달성될 수 있는 것이었다. 그러나 궁극적으로 후쿠자와의 입장은 『니치니치』의 천황 지지와 가장 흡사했다. 만약 우리가 1880년대 후쿠자와가 그의 저작들에서 상상했던 정치적 갈등에 대한 해결책의 궤적을 살펴보면, 이시다 다케시가 한 때 암시했듯이 후쿠자와가 원칙의 제정으로서 제도적 구조로부터 감정적 반응으로서 국민적 특징으로 옮겨갔다는 점이 분명해진다.[91] 후쿠자와는 항상 단결에 관심이 많았으며, 적대적인 외부 권력에 맞서 일본의 모든 사람들이 함께 모여 하나의 가족처럼 행동해야 한다고 주장했다. 1882년에 단결을 향한 경로는 입헌 체제 하에서 그 구성원의 정치적 권리를 옹호하는 정치적 정당들에 의해 제공되는 것이었지만, 1888년에는 일본 인민이 자연스럽게 그들의 위엄 있는 천황을 숭배하는 것을 알고 있다는 근거들에 기초해 천황이 후쿠자와의 해결책이 됐던 것이다. 천황의 존엄성과 신성함에 대한 일본인의 의존을 강조함으로써 후쿠자와는 "위대한 인간"에 대한 일본인의 선천적 반응성이 일본 사회 내의 분열을 치유하고 국권의 중심적 원칙을 확장할 것이라고 상상했다.[92] 후쿠자와가 번벌 정부에 대해 일반적으로 변명했던 것은 아니지만, 그의 입장이 정부의 정책들과 상당히 유사하다는 점은 기묘하다. 궁극적으로 이 메이지의 가장 유명한 교육자이자 계몽가가 우상숭배(raison d'état)의 원칙을 가장 잘 만들 수 있는 사람이 됐음을 입증했던 것이다.

…

결론적으로 나는 이 장에서 논의된 전문용어 발전의 지속적인 맥락으로 일본의 국제적 안보불안이 계속되고 있다는 점을 강조할 수밖에 없다. 처음에 서구의 위협은 '권'에 대한 논의의 장을 제공했으며, 그 지배적 형태인 국권과 주권은 서구 열강이 덜 문명화된 곳에 대한 식민주의적 행위를 통해 스스로의 의지적 자율성을 과시하는 국제적 상황 속에서 일본의 자율성을 유지해야할 필요성을 강조했다. 그런 국제적 위협의 국내적 결과는 상당했으며, "권리"와 "주권"을 일본으로 가져왔던 자유주의 이론의 내적 모순을 드러냈다. 메이지 유신이 새 국가의 행정에서 상하의 집단적 참여뿐만 아니라 국회에서의 공적 논의를 약속했다면, 일부 일본인은 개인적 권리와 그들의 권리를 보호하는 국가 헌법을 수립할 인민의 권리에 대한 약속을 강조했다. 다른 사람들은 엘리트의 계도권, 즉 이런 활동에 대한 참여를 위한 준비로서 인민의 점진적 교육을 강조했다. 유럽과 일본 모두에서, 실제 자유주의는 잠재적으로 모순되는 가치들의 이데올로기였다. 그리고 이는 미래의 논쟁을 위한 강력한 참조점으로 남게 된 어휘를 생성했다.

주석

1 賴山陽,「日本外史」, 頼惟勤 責任編集,『頼山陽』(東京: 中央公論社, 1984), pp. 59-63. 여기서 라이는 막부와 조정 모두 그런 '권'을 가질 수 있다고 했지만, 다른 곳에서는 '권'을 관료와 공유할 수 있는 지에 대해 문제를 제기했다; 다음을 참조.「日本政記」, 植手通有 校注,『頼山陽』(東京: 岩波書店, 1977), p. 485. 라이의 중국어 사용에 대한 연구는 '권'을 주목할 만한 요소로 간주하지 않았다; 다음을 참조. 佐藤喜代治,『国語語彙の歴史的研究』(東京: 明治書院, 1971), pp. 246-301. 이를 도쿠가와 권위의 양상에 대한 마크 라비나(Mark Ravina)의 논의와 비교한 것으로 다음을 참조. *Land and Lordship in Early Modern Japan* (Stanford: Stanford University Press, 1999), pp. 34-45, pp. 194-196; 그러나 봉건적·세습적·영주적 권위라는 그의 구분은 직관적인 것으로서 일본의 개념적 전문용어에 근거한 것은 아니다.

2 箕作麟祥,「リボルチーノ説」, p. 2b; 福沢諭吉,『西洋事情』, pp. 395 그리고 496-498.

3 유럽법과 역사에 관련된 난학에 대해서는 다음을 참조. F. B. Verwayen, "Tokugawa Translations of Dutch Legal Texts," *Monumenta Nipponica* 53(3) (Fall 1998): 335-358; 呉秀三,「洋学の發展と明治維新」, 東京帝国大学史学会 編,『明治維新史研究』(東京: 冨山房, 1929), pp. 329-418 (특히 pp. 404-406); 그리고 石山洋,「幕末輸入の蘭英法律書」,『蘭学資料研究会研究報告』23 (1958.1.18.): 3-11. 원저에는 이 논문의 저자를 엔도 다케시(Endo Takeshi)라고 명시하고 있으나, 옮긴이가 확인한 바로는 이시야마 히로시(石山洋)다(옮긴이).

4 1840년대와 1850년대 난학 번역에서 네덜란드어 레흐트(regt)는 정률(正律), '주가 되어야할 근(主トスルベキ筋)' 또는 단순히 '근(筋)'으로 가장 빈번하게 번역됐으나, 1860년대에 활동한 학자들은 이 장에서 살펴보는 '권'의 사용을 광범위하게 정착시켰다. 다음을 참조. Verwayen, "Tokugawa Translations," pp. 353-357; 그리고 柳父章,『翻訳語成立事情』, pp. 151-152.

5 [Wheaton],『万国公法』(江戸: 開成所, 1865). 다음과 비교. 重野安繹,『和譯万国公法』(鹿児島: 미상, 1870); 高穀龍洲 注解, 中村正直 批閲,『万国公法蠡管』(미상: 済美黌蔵, 1876); 그리고 堤殼士志,『万国公法訳義』(미상, 1868). 휘튼에 대한 마틴의 번역에 관해서는 다음을 참조. Immanuel C. Y. Hsü, *China's Entry into the Family of Nations: The Diplomatic Phase, 1858-1880* (Cambridge, Mass.: Harvard University Press, 1960), pp. 125-131; Lydia H. Liu, "Legislating the Universal: The Circulation of International law in the Nineteenth Century," in *Tokens of Exchange: The*

Problem of Translation in Global Circulations, ed. Lydia H. Liu (Durham: Duke University Press, 1999), pp. 127-164; 그리고 増田渉, 『西学東漸と中国事情西学東漸と中国事情』, pp. 3-9. 장자닝(Zhang Jianing)의 해설과 함께 휘튼의 영어, 마틴의 중국어, 그리고 시게노(重野)의 일본어를 나란히 발췌해 유용하게 비교한 것은 다음에서 이용 가능하다. 加藤周一·丸山真男, 『日本近代思想大系 15: 翻訳の思想』(東京: 岩波書店, 1991), pp. 3-35 그리고 381-405.

6 다음을 참조. Blacker, *Japanese Enlightenment*, pp. 104-105; 柳父章, 『翻訳とはなにか(新装)』, p. 78.

7 [Wheaton], 『万国公法』, 1:4a, 5b, 17a, 18b, 29a, 32a, 33b.

8 『万国公法』, 1:4b, 10a, 11b, 14a, 16a, 17a, 19, 22a, 29a, 33-35; 4:32b.

9 『万国公法』, 1:3a; 2:23b, 67a. 마틴이 "하우에버 워런티드(however warranted)를 '여하유권(如何有權)'으로 번역한 것처럼, '권'은 정당한 파워나 오소리티를 지칭하는 표현에서도 사용됐으며, '유권자(有權者)'와 '집권자(執權者)'처럼 일반화된 표현은 '권'이 파워나 오소리티처럼 누군가가 가지거나 행사할 수 있는 것이었음을 나타낸다; 『万国公法』, 1:8b, 10a, 14b. 마틴의 후속작인 「中西聞見錄」(1872)에서는 또 다른데, '권'은 "파워"로 번역됐고 '권리'는 '분소응득(分所應得)', 즉 "마땅히 가질 몫"으로서 "프리빌리지"와 "라이트"로 번역됐다. 다음을 참조. W.A.P. Martin, "Terms Used in Diplomatic and Official Intercourse," in Justus Doolittle, *A Vocabulary and Handbook of the Chinese Language, Romanized in the Mandarin Dialect* (Foochow: Rozario, Marcal, 1872), 2:194-200 — "풀 파워(Full powers)", "라이트", "프리빌리지", 그리고 "익시드 원즈 파워(exceed one's powers)" 부분은 pp. 198-199.

10 휘튼은 권리와 법을 구별하는 영어의 용례를 비판한 바 있다; Wheaton, *Elements of International Law*, 2nd ann. ed. (1863), p. 18.

11 加藤弘之, 『隣草』, pp. 313-318; 『立憲政体略』, pp. 332-341. '치'는 일본어로 '지'라고도 읽힌다.

12 西周, 『百学連環』, pp. 214-229; 津田真道, 『泰西国法論』, p. 33; 그리고 加藤弘之, 『立憲政体略』, pp. 335-338. '겐(ken)'이 "헌법" 나아가 "입헌적 권력"에 사용되는 단어이기 때문에 가토는 역시 동음이의어인 '권병'을 대신 사용했다. 근대 중국과 일본에서 "권력분립" 발상의 발전에 대해서는 다음을 참조. 鈴木修次, 『日本漢語と中国』, pp. 3-45.

13 [Wheaton], 『万国公法』, 1:16a, 18b, 20a, 23b, 25a, 26a, 28a; 西周, 『和蘭畢灑林氏万国公法』, 1:6; 2:5a, 8a; 그리고 津田真道, 『泰西国法論』, pp. 16, 22, 29-35.

14 西周, 『和蘭畢灑林氏万国公法』, 大久保利謙 編, 『西周全集 2』(東京: 宗高書房, 1962), pp. 84-94. 이와 비교되게, 알바니(Albany de Fonblanque)의 *How We Are Governed*

에 대한 스즈키 유이치(鈴木唯一)의 번역은 파워에 대해 '권'을 사용하고, 파워, 오소리티, 또는 주리스딕션에 대해서는 권위의 앞뒤를 뒤집은(idiosyncratic reversal) 위권(威權)을 사용했다; 위권은 기도 다카요시의 1872년 헌법초안에서 입헌적 권력의 의미로 등장한 바 있다. 다음을 참조. 鈴木唯一 譯, 『英政如何』, pp. 33-36; 그리고 稲田正次, 『明治憲法成立史 上』, p. 217.

15 다음을 참조. "The Press-Laws—Natural rights," *Japan Weekly Mail*, August 7, 1875, p. 669; 이 사설은 에드먼드 버크(Edmund Burke)의 권위와 언어에 의존한다.

16 加藤弘之, 『立憲政体略』, pp. 341-343.

17 西周, 『和蘭畢灑林氏万国公法』, 大久保利謙 編, 『西周全集 2』, p. 1. 휘튼은 국제적 행위를 강제하는 도덕은 사회에서 사적 행위를 지도하는 그것에 비견될 수 있다고 지적했다; 다음의 서문을 참조. the 2nd ann. ed., *Elements* (1863), p. xiv.

18 津田真道, 『泰西国法論』, pp. 16, 21-22, 25, 33.

19 西周, 『和蘭畢灑林氏万国公法』, 大久保利謙 編, 『西周全集 2』, p. 1 나는 '권'이 레흐트에 대한 니시의 번역어였다는 야나부 아키라(柳父章)의 주장에 동의한다. 그러나 나는 또한 그의 번역이 휘튼에 대한 마틴의 번역이라는 선례에 따라 결정됐다고 생각한다. 다음을 참조. 柳父章, 『翻訳語成立事情』, p. 162.

20 岩倉具視, 「外交、会計、蝦夷地開拓 意見書」(1869.2.28.), 芝原拓自·豬飼隆明·池田正博 編, 『日本近代思想大系 12: 対外観』(東京: 岩波書店, 1988), pp. 5-11.

21 福沢諭吉, 『西洋事情』, pp. 392-393, 487-488, 493-498. 이 문헌에서 후쿠자와는 '권'을 사용했으며, 그 합성어를 권력의 형태를 지칭하는데 사용했다. 예를 들어, 영국의 중세는 왕실 정부와 교회 간의 "프리빌리지"(특권)와 "파워"(권병)를 둘러싼 갈등으로 묘사됐다; 福沢諭吉, 『西洋事情』, pp. 357-358, 558, 565-566, 598-600.

22 津田真道, 『泰西国法論』, pp. 13-14, 88, 91-92; 西周, 『和蘭畢灑林氏万国公法』, 大久保利謙 編, 『西周全集 2』, p. 56.

23 神田孝平, 『性法略』, pp. 4 그리고 6-7. 내가 알기로 간다의 문헌은 "나(또는 우리)의 권리"로서 '우리의 권(我が権)'이라는 첫 번째 용례를 포함하고 있다; 神田孝平, 『性法略』, p. 6, p. 11.

24 1870년대 초 기도 다카요시의 저술, 특히 그의 1872년 헌법 초안과 1873년의 입헌정부에 대한 의견 역시 권리를 쓰고 있었으나, 이는 널리 통용되지 않았다; 다음을 참조. 稲田正次, 『明治憲法成立史 上』, pp. 212-228. 그리고 宮越信一郎 編, 『日本憲政基礎史料』(東京: 議会政治社, 1939), pp. 98-104.

25 西周, 『百一新論』, pp. 275-276. 이 문헌의 배경에 대한 통찰력 있는 논의로 다음을 참조. 蓮沼啓介, 『西周に於ける哲学の成立』, pp. 21- 41.

26 두 가지 형태의 권리가 상호교차 가능했다는 점은 여러 일본 학자들의 결론이다; 다음을 참조. 惣郷正明·飛田良文, 『明治のことば辞典』, pp. 149-150; 그리고 柳父章, 『翻訳とはなにか(新裝)』, p. 92.

27 1870년대 단어 용례 사례에 관한 가장 가치 있는 문헌은 다음과 같다. 福本日南[巴], 『普通民權論』(1879), 『明治文化全集 5: 自由民權篇』(東京: 日本評論社, 1927), pp. 197-212. "자연법"에서 "자연"에 대한 분석으로 다음을 참조. 森一貫, 『近代日本思想史序説』, pp. 116-133.

28 福沢諭吉, 『西洋事情』, pp. 493-503; 加藤弘之, 『真政大意』, 『明治文化全集 5: 自由民權篇』, p. 90; 加藤弘之, 『国体新論』, 『明治文化全集 5: 自由民權篇』, pp. 114, 117-118, 120-121; 加藤弘之 譯, [Bluntschli], 『国法汎論』, p. 10; 그리고 西周, 『百一新論』, pp. 272-273. 다음을 참조. 기도의 헌법 초안, 稲田正次, 『明治憲法成立史 上』, p. 217, p. 220.

29 板垣退助 他, 「民生議員設立の大論議」, 『新聞集成明治編年史 2』, pp. 117-118; 植木枝盛, 『民權自由論』(1879), 井出孫六 編, 『自由自治元年の夢』, (東京: 社会評論社, 1991), pp. 14 그리고 23; 元老院, 「憲法草稿評林」(1879), 『自由自治元年の夢』, p. 129; 西周, 『憲法草案』(1881-1882), 『西周全集 2』, pp. 203-208. 기도의 헌법 초안에 대해서는 각주 28번을 참조. 스즈키 슈지는 "권리와 의무"가 1874-1875년 사이에 가장 대중적으로 사용됐다고 언급했다; 다음을 참조. 『日本漢語と中国』, p. 54.

30 우에키 에모리의 1879년 책 『민권자유론(民權自由論)』에서 등장한 이후, 신문들은 "국회개설운동"과 "민권자유설 또는 자유민권론" 모두를 사용하기 시작했다. 다음을 참조. 『新聞集成明治編年史 4』, p. 139, p. 472.

31 다음을 참조. Robert M. Spaulding, "The Intent of the Charter Oath," *Studies in Japanese History and Politics*, ed. Richard K. Beardsley (Ann Arbor: University of Michigan Press, 1967), pp. 1-36; Robert A. Wilson, *Genesis of the Meiji Government in Japan, 1868-1871* (Berkeley: University of California Press, 1957), pp. 34-39; 그리고 阪本多加雄, 『明治国家の建設 1871-1890』(東京: 中央公論社, 1999), pp. 28-42, 58-62.

32 1881년 10월의 정변은 이토(伊藤博文)가 관계됐던 홋카이도 개척사 관유물 불하사건(開拓使官有物払下げ事件)뿐만 아니라, 대중적 참여 도입에 대한 오쿠마 시게노부와 이토 히로부미 사이의 의견차로부터 비롯된 것이다. 오쿠마는 이토에 반대하며 거국정부(government unity)를 훼손했고 관직에서 사퇴를 강요받았다; 대신, 정부는 1890년 국회 개설을 선포했다.

33 大久保利通, 「立憲政体に関する意見書」, 『日本憲政基礎史料』, pp. 106-110; 大久保利通, 「大阪遷都建白書」, 松本三之介 編, 『明治思想集 1』(東京: 築摩書房, 1976), pp. 3-4; 木戸孝允, 「憲法制定の意見」, 『日本憲政基礎史料』, pp. 98-104; 좌원(左院) 문건, 『日

本憲政基礎史料』, pp. 83-84; 木戸孝允, 「立法·行政に関する建白書」, 『明治思想集 1』, pp. 13-19; 元老院, 「憲法草稿評林」, pp. 122-126; 大隈重信, 「立憲政体に関する建議」, 『日本憲政基礎史料』, pp. 311-322; 그리고 山縣有朋, 「立憲政体に関する建議」, 『日本憲政基礎史料』, pp. 269-276.

34 板垣退助 他, 「民生議員設立の大論議」, pp. 117-118. 정부와 인민이라는 쌍은 신민(臣民)의 형태로 간단히 표현되기도 했다; 그러나 메이지 헌법에 나타나는 신민은 공식적으로 "서브젝트(subject)"로 번역되어 왔다.

35 加藤弘之, 「時期尚早と反駁」, 『日本憲政基礎史料』, pp. 150-151.

36 永峰秀樹 訳, [John Stuart Mill], 『代議政体』(1875), 『明治文化全集(増補版) 3: 政治篇』, (東京: 日本評論新社, 1955), pp. 112, 135, 144-145, 151.

37 따라서 1970년대 미쓰쿠리 린쇼가 '드호아 시빌(droit civil)'을 민권으로 번역한 것은 법과 권리를 대체 합성한 초기 사례로 가장 잘 이해될 수 있다.

38 福本巴, 『普通民権論』, pp. 205 그리고 208; 外山正一, 『民権弁惑』(1880), 『明治文化全集 5: 自由民権篇』, pp. 218-219. 또한 다음을 참조. 元老院, 「憲法草稿評林」, p. 123; 植木枝盛, 『緒言』(1877), 家永三郎 他. 『植木枝盛集 3』(東京: 岩波書店, 1990), p. 84; 그리고 植木枝盛, 「人民の国家に対する精神を論ず」, 『明治思想集 1』, pp. 169-178. 인민의 권리에 대체로 무관심했던 후쿠자와 유키치도 국회에 참여할 권리로서 민권을 강조했다. 다음을 참조. 「国会論」(1879), 『福沢諭吉全集 5』, p. 122, p. 135.

39 학자들이 관례적으로 이런 용례를 그들의 결과물이라고 말해왔으나, 후쿠자와나 모리 중 누구도 "부부동권(夫婦同権)"이나 "남녀동권(男女同権)"과 같은 용어를 사용하지 않았다.

40 津田真道, 『泰西国法論』, p. 16; 中村敬宇, 『自由之理』, p. 77; 福沢諭吉, 『学問ノススメ』(1874-1876), 『福沢諭吉全集 3』, pp. 110-114; 福沢諭吉, 「男女同數論」, 『明六雑誌』 31 (1875.3):8-9; 森有礼, 「妻妾論」, 『明六雑誌』 8 (1874.5):2-3 그리고 27 (1875.2):1-3; 加藤弘之, 「夫婦問権ノ流弊論」, 『明六雑誌』 31 (1875.3):1-3; 그리고 津田真道, 「夫婦同権弁」, 『明六雑誌』 35 (1875.4):8-9. "부부동등권"에 대한 논쟁은 모리의 계약 결혼이 이혼으로 끝난 1880년대 중반의 정치 소설에서 되살아났다; 다음을 참조. 槌田満文, 『明治大正の新語·流行語』(東京: 角川選書, 1983), pp. 52-54.

41 福本巴, 『普通民権論』, p. 201; 「自由党結成盟約」『自由自治元年の夢』, p. 79; 植木枝盛, 「命令の文字は自由同権と並行するものにあらず」(1881), 『植木枝盛集 3』, pp. 238-240; 松島剛 訳, 『社会平権論』(1881-1883), 『明治文化全集 5: 自由民権篇』, p. 287; 永峰秀樹 訳, 『代議政体』, p. 151. 『대의정부론』에 대한 나가미네의 번역에서, 동권은 심지어 "이퀄리티(equality)"의 번역어로 채택됐다.

42 이런 맥락에서, "네이션(nation)"의 번역으로 국민을 사용한 우에키는 인민과 국가 사이에 새로운 매개적인 개념을 끼워 넣은 것이었다; 다음을 참조. 松本三之介, 『明治精

神の構造』, pp. 62-65.

43 植木枝盛, 『民権自由論』, pp. 12-15 그리고 18-23; 板垣退助, 「自由党組織の大義」, 『自由自治元年の夢』, pp. 86-88. 우에키는 자유당의 구성원이었으며 이타가키의 조언자로서 그를 위해 반복적으로 연설문과 사설을 썼다; 따라서 그의 발상 중 상당수가 자유당의 제안이 됐다.

44 児島彰二, 『民権問答』(1877), 『明治文化全集 5: 自由民権篇』, pp. 155-158 그리고 166-169. 이 문제에 대한 맥락화에 대해서는 다음을 참조. 丸山真男, 「明治国家の思想」(1946), 『戦中と戦後の間』(東京: みすず書房, 1976), pp. 202-250.

45 植木枝盛, 『民権自由論』, pp. 28-29; 福本巴, 『普通民権論』, p. 201; 国会期成同盟会, 「国会ヲ開設スル允可ヲ上願スル書」, 『日本憲政基礎史料』, pp. 256-257; 「自由党組織の趣意書」, 『日本憲政基礎史料』, p. 380; [高知県人], 『三大事件建白書』, 『自由自治元年の夢』, pp. 92 그리고 101; [岡山県人], 「同胞兄弟ニ告グ」, 『自由自治元年の夢』, p. 77. 이와 비교해, 점진주의 정치 정당인 입헌개진당(立憲改進党)은 최선의 행동 방침은 국권의 확장을 위해 내부적 행정부를 개혁하는 것이라는 입장을 고수했다; 다음을 참조. 「立憲改進党趣意書」『自由自治元年の夢』, p. 81. 다음도 참조. Kyu Hyun Kim, "Political Ideologies of the Early Meiji Parties," in *New Directions in the Study of Meiji Japan, ed. Helen Hardacre*, with Adam L. Kern (Leiden: Brill, 1997), pp. 397-407.

46 고지마와 비교해 참조. 『民権問答』, pp. 156, 161, 165, 178; 福本巴, 『普通民権論』, pp. 202-203; 小野梓, 「権理之賊」, 『明治思想集 1』, pp. 181-183; 小野梓, 「我が政治上の主義」, 『明治思想集 1』, pp. 184-207; 外山正一, 『民権弁惑』, pp. 217 그리고 221; 그리고 植木枝盛, 『猿人君主』(1876), 『植木枝盛集 3』, pp. 16-17; 그리고 植木枝盛, 『民権自由論: 二編甲號』, 『植木枝盛集 1』, pp. 131-134. 권리와 자유의 이런 교환가능성은 스펜서의 『사회정학』에 대한 마쓰시마 고우의 1881년 번역과 1880년대 초 여러 헌법초안에서 특히 가장 두드러진다. 예를 들어, 우에키 에모리의 1881년 헌법 초안을 참조. 「日本国国憲按」(1881), 『自由自治元年の夢』, pp. 110-112. 이는 『동양대일본국국헌안(東洋大日本国国憲按)』(1881)라는 제목으로 입지사(立志社) 문건으로도 인쇄된 바 있다. 家永三郎 編, 『植木枝盛全集』(東京: 岩波書店, 1974), pp. 93-95. 또한 미우라 가네유키가 옮기고 『메이지 문화 전집』에 재인쇄 된 『日本国国憲按』(1880-1881?)도 있다. 『明治文化全集(3版) 10: 正史篇(下)』(東京: 日本評論社, 1968), pp. 422-423; 그리고 [交詢社], 「私擬憲法案」(1881), 『明治文化全集(3版) 10: 正史篇(下)』, p. 410.

47 外山正一, 『民権弁惑』, pp. 215-224; 植木枝盛, 『民権自由論』, pp. 10, 14, 18; 植木枝盛, 『緒言』, p. 91; 「自由党結成盟約」, p. 79; 그리고 板垣退助, 「自由党組織の大義」, pp. 83-86. 『일본근대사상대계』에 수록된 1881년과 1884년 사이의 지역 문건들과 비교해 참조. 安丸良夫·深穀克己 校注, 『日本近代思想大系 21: 民衆運動』(東京: 岩波書

店, 1989), pp. 191, 196, 202, 223, 233.

48 『민중운동』의 지역 문건들을 참조. 安丸良夫·深穀克己 校注, 『民衆運動』, pp. 212-219, 226, 269, 276, 284. 자유주의(自由主義)라는 표현은 도야마 마사카즈의 1880년 『민권변혹(民權弁惑)』에서 두드러진다.

49 加藤弘之, 『人權新說』(1882), 『明治文化全集 5: 自由民權篇』, pp. 356-357, 359-362, 372-376.

50 矢野文雄, 『人權新說駁論』(1882), 『明治文化全集 5: 自由民權篇』, pp. 394-397 그리고 401; 그리고 『도쿄-요코하마 마이니치 신문』의 사설인 「人權新說を評す」(1882), 『明治文化全集 5: 自由民權篇』, p. 413.

51 馬場辰豬, 「讀加藤弘之君ノ人權新說」(1882), 『明治思想集 1』, pp. 208-231; 東京-橫浜每日新聞, 「人權新說を評す」, pp. 420-421; 그리고 植木枝盛, 『天賦人權弁』(1883), 『明治文化全集 5: 自由民權篇』, p. 477.

52 馬場辰豬, 『天賦人權論』(1883), 『明治文化全集 5: 自由民權篇』, pp. 444-450.

53 外山正一, 「人權新說の著者に質し併せて新聞記者の無学を賀す」(1883), 『明治文化全集 5: 自由民權篇』, pp. 428 그리고 434; 植木枝盛, 『天賦人權弁』, pp. 476-480.

54 外山正一, 「再び人權新說の著者に質し併せてスペンセル氏の為に冤を解く」, 『明治文化全集 5: 自由民權篇』, pp. 432-434. 모리 가즈쓰라는 『근대일본사상사서설(近代日本思想史序說)』에서 이 부분을 자세히 논했다. pp. 134-164. 다나카 히로시는 사회진화를 호출하면서, 가토가 그렇다 하더라도 자연권과 자연법을 격하시켰으며, 이는 철학적 추측으로부터 도출된 것이라고 강조했다; 다음을 참조. 『近代日本と自由主義(リベラリズム)』(東京: 岩波書店, 1993), pp. 57-58.

55 馬場辰豬, 『天賦人權論』, pp. 451- 455; 外山正一, 「人權新說の著者に質し併せて新聞記者の無学を賀す」, pp. 429-430; 그리고 東京-橫浜每日新聞, 「人權新說を評す」, p. 420.

56 加藤弘之 譯, 『国法汎論』, pp. 30-31, 33-38, 41-42. 블룬칠리의 독일어와 가토의 일본어를 나란히 발췌한 유용한 비교는 『일본근대사상사대계』에서 활용 가능하다. 『日本近代思想大系 15: 翻訳の思想』, pp. 34-90 그리고 414-415.

57 小幡篤次郎 譯, 『上木自由之論』, p. 131. 루소 소개에 앞서, 보다 일반적인 주장은 "입헌 공화정 대 절대 군주정"이었다"; 예를 들어, 다음을 참조. 阪本南海雄, 「加藤弘之の政体論に対する論難」(1875.12.22), 『新聞集成明治編年史 2』, p. 452. 핫토리의 루소 번역에 대해서는 다음을 참조. 稻田正次, 『明治憲法成立史 上』, p. 635. 핫토리의 번역은 공공 연설의 자유를 제한한 것에 저항한 『죠야신문』 사설(1879.12.19)의 제목이었다; 다음을 참조. 『新聞集成明治編年史 4』, p. 139.

58 이 논쟁은 다음에 요약되어 있다. 稲田正次,『明治憲法成立史 上』, pp. 599-644; 그리고 Pittau, *Political Thought in Early Meiji Japan*, pp. 106-114.

59 이 입장은 (우에키 에모리의 저작이라고 믿어지는) 최소한 하나의 비판 사설을 야기했는데, 이는 루소를 옹호하고 나라는 그 인민의 편이라고 주장했다; 다음을 참조. 稲田正次,『明治憲法成立史 上』, p. 604. 자명회의 배경에 대해서는 다음을 참조. Motoyama, *Proliferating Talent*, pp. 278-282.

60 천황의 선언은『日本憲政基礎史料』에 포함되어 있다. pp. 343-344. 영어 번역은 다음에서 활용가능하다. *Meiji Japan through Contemporary Sources*, comp. Centre for East Asian Cultural Studies (東京: Centre for East Asian Cultural Studies, 1969-1972), 3:69-70.

61 植木枝盛,『日本国国憲按』, pp. 110-112; Miura Kaneyuki 옮김,『日本国国憲按』, pp. 422-423; 그리고 [交詢社],「私擬憲法案」, p. 410. 기도의 입헌 정부에 대한 헌신에도 불구하고, 야마무로 신이치는 기도가 초기에 서구의 (행정, 입법, 사법이라는) 권력분립 원칙을 제국 정부의 부활에 위협으로 간주했다고 지적한다; 다음을 참조.『法制官僚の時代』, p. 27.

62 이 논쟁의 초기 2/3는 민권 활동가에게 도움이 될 것이라는 희망과 함께 나가쓰카 소타로(長束宗太郎)의 책에 번각됐다; 다음을 참조.「民權家必讀主權論纂」(1882),『明治文化全集 5: 自由民權篇』, pp. 309-352.

63 이 논쟁에서 그런 철학적 지점이 명확히 제기됐다;『明治文化全集 5: 自由民權篇』, p. 328.

64 주권에 대해서는 다음을 참조. Kriegel, *The State and the Rule of Law*, pp. 15-32; G.W. F. Hegel, *Elements of the Philosophy of Right*, trans. H. B. Nisbet, ed. Allen W. Wood (Cambridge: Cambridge University Press, 1991), pp. 316-321 (sec. 279); 그리고 Alexis de Tocqueville, *Democracy in America*, trans. George lawrence, ed. J. P. Mayer and Max Lerner (New York: Harper & Row, 1966), pp. 665-669 (vol. 2, pt. 4, chap. 6).

65 長束宗太郎,『民權家必讀主權論纂』, pp. 325-326.

66『民權家必讀主權論纂』, pp. 324, 327-328.

67 稲田正次,『明治憲法成立史 上』, pp. 613-615.

68 長束宗太郎,『民權家必讀主權論纂』, pp. 342-347; 이나다(稲田)는 이를 야노 후미오(矢野文雄)의 저작으로 의심했다:『明治憲法成立史 上』, p. 619. 조지 베크만(George M. Beckmann)은 토드의『영국 의회 정부론(On Parliamentary Government in England)』(1867-1869)의 사본이 1876년과 1878년 사이 일련의 헌법 초안 생산 과정에서 아리스가와 친왕과 원로원 위원회에 의해 활용됐다고 보고했다; 다음을 참조. *The Making of the Meiji Constitution: The Oligarchs and the Constitutional Development of*

Japan, 1868-1891 (Lawrence: University of Kansas Press, 1957), pp. 46-47. 토드 저작의 다양한 부분들이 1882-1883년 오자키 유키오(尾崎行雄)에 의해 일본어로 번역되어 출판됐다; 이들 중 4편이 오자키의 저작집에서 복간된 바 있다: 『尾崎行雄全集 1』(東京: 平凡社, 1926), pp. 407-474 (王室篇), 475-564 (内閣更迭史), 565-714 (内閣会議篇); 그리고 『尾崎咢堂全集 1』(東京: 公論社, 1956), pp. 396-567 (内閣執政篇).

69 長東宗太郎, 『民権家必讀主権論纂』, pp. 348, 351.

70 長東宗太郎, 『民権家必讀主権論纂』, pp. 317, 320-321, 331-332.

71 長東宗太郎, 『民権家必讀主権論纂』, pp. 330-331, 333, 336.

72 長東宗太郎, 『民権家必讀主権論纂』, pp. 321 그리고 332. 다음 역시 참조. 稲田正次, 『明治憲法成立史 上』, pp. 609-612. 당시 정치적 사회의 형성 과정에서 인민들에 의해 때마침 증가된 그의 정당한 통치자에 대한 신민(subject)의 적절한 반응은 이 1881년의 논쟁으로부터 네셔널한, 교육적인 쟁점으로 발전됐다.

73 長東宗太郎, 「民権家必讀主権論纂」, pp. 328 그리고 334-336.

74 다음을 참조. 『明治憲法成立史 上』, pp. 621-631. 입헌제정당 플랫폼은 천황의 주권을 주장했다; 이에 비교해, 자유당계와 개진당계는 1881년 후반 발간한 문건들은 절대주권을 언급하지 않았다; 자유당은 보통 국권, 즉 국가의 권리를 인용했던 것에 반해, 개진당은 두 용어 모두 기피했다; 다음을 참조. 『日本憲政基礎史料』, pp. 380-468 (입헌제정당 플랫폼에 관해서는 p. 456). 1883년 교육부에서 『주권론(主権論)』으로 출판한 토마스 홉스의 『리바이어던(Leviathan)』에 대한 익명의 번역은 소버린티를 주권으로 재확인했다; 다음을 참조. 『明治文化全集(増補版) 3: 政治篇』(東京: 日本評論社, 1955), pp. 235-278.

75 稲田正次, 『明治憲法成立史 上』, p. 636. 루소에 대한 나카에의 한문 번역은 1882년 3월과 1883년 사이에 나타났다; 흥미롭게도, 그의 신문 기사는 "소버린티"의 번역어로 주권을 사용했지만, 그의 루소 번역은 색다른 용례로 군권을 사용했다. 내 생각에 이는 루소의 군주정과 인민 사이의 대립을 강조한 것이다; 다음을 참조. 中江兆民 譯, 『民約譯解』(1882), 『明治文化全集(増補版) 3: 政治篇』(東京: 日本評論新社, 1955), pp. 181-204. 이 지점은 사카모토 다카오(阪本多加雄)가 나카에에 대한 그의 뛰어난 논의에서 언급한 바 있다. 『近代日本精神史論』, pp. 315-336; 나카에의 "통치자와 자유"에 대한 사카모토의 초기 논의에 대해서는 다음 역시 참조. 『市場·道徳·秩序』, pp. 104-115; 다음을 참조. 松本三之介, 『明治精神の構造』, pp. 77-100, 이 중 일부는 다음에서 영어로 확인할 수 있다. "Nakae Chomin and Confucianism," in *Confucianism and Tokugawa Culture*, ed. Peter Nosco (Princeton: Princeton University Press, 1984), pp. 251-266.

76 稲田正次, 『明治憲法成立史 上』, p. 632, pp. 639-644. 오노 아즈사에 대한 유용한 논의로 다음을 참조. 山下重一, 「小野梓とイギリス政治思想」, 武田清子 他, 『イギリス思

想と近代日本』(東京: 北樹出版, 1992), pp. 125-161.

77 다음을 참조. Sandra T.W. Davis, "Treaty Revision, National Security, and Regional Cooperation: A Minto Viewpoint," in *Japan in Transition: Thought and Action in the Meiji Era, 1868-1912*, ed. Hilary Conroy, Sandra T.W. Davis, and Wayne Patterson (Rutherford: Fairleigh Dickinson University Press, 1984), pp. 151-173.

78 예를 들어, 다음을 참조. [高知県人], 「三大人権建白書」(1887), 『自由自治元年の夢』, pp. 92-106; 그리고 中江兆民, 「平民の目さまし」(1887), 『自由自治元年の夢』, pp. 51-73.

79 이시다 다케시는 대신 후쿠자와가 사용한 '정권'의 의미 "수준"(정부·참여·권력)을 추상적으로 분석한 바 있다; 다음을 참조. 石田雄, 『近代日本の政治文化と言語象徴』, pp. 55-81.

80 福沢諭吉, 『分権論』(1876-1878), 『福沢諭吉全集 5』, pp. 14, 19, 44-48. 후쿠자와는 정부와 행정의 대조를 위해 토크빌의 『미국의 민주주의』의 권위에 의지했다. 그러나 그는 중앙집권화와 관련된 토크빌의 요점을 바꾸었고, 행정집권화는 자유에 대한 억압과 민주정부에 대한 부담으로 확장될 수밖에 없지만, 정부의 중앙집권화는 피할 수 없는 것이라고 주장했다. 공공 정부 관할권 대 사적 기업, 그리고 그 사이에 "국민"의 위치에 대한 후쿠자와의 분석을 추구한 분권론에 대한 대안적 분석은 다음을 참조. 松田宏一郎, 「福沢諭吉と「公」·「私」·「分」の再発見」, 『立教法学』 43 (1996): 76-140.

81 福沢諭吉, 『通俗民権論』, pp. 90-94, 97-98.

82 福沢諭吉, 『国会論』, pp. 122, 127, 135, 139-143; 다음 역시 참조. 『通俗民権論』, p. 115. 후쿠자와가 그 스스로 『국회론(国会論)』을 썼는지에 대한 몇 가지 의문이 있다; 이는 그의 두 제자 후지타 모키치(藤田箕浦)와 미우라 가쓴도(箕浦勝人)에 의해 『유빙호치신문(郵便報知新聞)』에 연재됐으며, 이후 후쿠자와가 쓴 "2부"로 복간됐다(후자는 현재 『시사소언(時事小言)』의 1부와 3부이다). 일부 지점에서, 원 저술의 저자권(authorship)은 후쿠자와에게 귀속됐다. 도리우미 요스시의 언급을 참조. 『福沢諭吉全集 5』, pp. 343-344; 카르멘 블래커(Carmen Blacker)는 "사실"의 후쿠자와 버전을 되풀이 했다. *Japanese Enlightenment*, pp. 116-118.

83 福沢諭吉, 『文明論之概略』, pp. 226-227, 236-239.

84 『文明論之概略』, pp. 242-245, 251.

85 福沢諭吉, 『通俗国権論』, 『福沢諭吉全集 7』, pp. 18-19, 22-25, 29, 50-51. 활동가 군장교 사이에 영향력이 있었던, 인민의 자유를 보전하면서도 국제적 맥락에서 '국권'의 확장에 대한 후쿠자와의 강조는 오치아이 히로키(落合弘樹)에 의해 연구됐다. 落合弘樹, 「明治前期の陸軍下士と自由民権」.

86 福沢諭吉, 「時事小言」, 『福沢諭吉全集 5』, pp. 160-161, 164-167, 237.

87 『福沢諭吉全集 5』, pp. 237, 251-252, 256. 반노 준지 역시 1881년 후쿠자와의 민권과 국권으로부터의 이탈을 관찰했다; 다음을 참조. 『近代日本の国家構想』, pp. 104-107.

88 주권에 대한 논쟁의 과정에서, 후쿠자와는 그의 신문 『지지신보』에 세 편의 저작을 연재했으며, 책의 형식으로 순차 출판했다: 「時事大勢論」(1882.4), 「帝室論」(1882.5), 그리고 「藩閥寡人政府論」(1882.6); 이 세 가지 모두 다음에서 복간됐다. 『福沢諭吉全集 6』. 천황에 초점을 맞춘 이런 저작들에 대한 다른 해설로 다음을 참조. Pittau, *Political Thought in Early Meiji Japan*, pp. 114-118.

89 福沢諭吉, 「時事大勢論」, pp. 7-10, 16-17; 「帝室論」, pp. 45-54; 그리고 「藩閥寡人政府論」, pp. 72-73.

90 福沢諭吉, 「帝室論」, pp. 39, 44-47, 50, 53-60, 67. 그는 이런 발상 중 다수를 다음에서 반복했다. 「尊王論」(1888), 『福沢諭吉全集 6』, p. 135, p. 144.

91 石田雄, 「解説」, 『福沢諭吉全集 6』, pp. 334-340.

92 福沢諭吉, 「時事大勢論」, p. 26; 「帝室論」, pp. 34, 53-54, 「尊王論」, pp. 140-145.

Lesson 2. *Creatures and Beings.*

All created things are *creatures.* The stone, the leaf, the horse, the bird, the tree, and the star, are all creatures. Some creatures have life, and others have not. Those which have life, as the horse, the bird, and the tree, are called *beings.* Those which have not life, as the star and the stone, are only called *things,* not *beings.*

Lesson 3. *Human Beings.*

Mankind are called *human beings.* Human beings have both bodies and souls. Their bodies

제6장

인민의 표상, 사회적 상상

第二課受造之物及生物論

凡受創造之物英話名爲 *creatures*、如石、葉、馬、雀、樹、星、皆然受造之物、或有生、或無生、有生者、如馬、雀、樹之類、名曰生物、英話叫做 *beings*。無生者、如星、石之類、止名物、非生物、英話叫做 *things*、非叫 *beings*。

第三課人類論。

人類英話叫做 *mankind*、有身體亦有靈魂。身體自小至大、童子大於嬰兒、成人大於童子。靈魂會聽會想會變。人類知別是非、所行之事、皆必受上帝審判。

사회 개념은 서양을 번역하기 위한 일본의 노력에서 빼놓을 수 없는 것이었다. 1868년의 '5개조 서문'에서 선포한 것처럼 번벌 정부는 국정 운영 체제를 재건하려 했는데, 이는 주군의 세습적 특권에 의한 배타적 지배를 철폐하고 국정 운영의 새로운 원칙을 세우는 것을 의미했다. 그것은 바로 광범위하게 충원되는 회의기구를 설치함으로써 공적 토론을 통해 정치적 결정을 내린다는 원칙이었다. 중세 초기와 도쿠가와 시대에 오랫동안 정책결정을 일정 부분 담당했던 것은 번(藩), 조카마치(城下町), 그리고 사무라이 단위에서의 회의기구였지만, 이 시기에 제안된 새로운 회의기구의 범위가 지닌 혁명적 측면은 '공(公)'이 "주군의" 라는 의미에서 "공공의" 라는 의미로 재해석되었다는 데에 있다.[1] 이러한 새로운 '공' 개념의 핵심은 상하의 화합을 제안했다는 점에 있는데, 이러한 화합을 위해서는 상층 사무라이와 하층 평민을 통합하기 위한 일정한 수단이 필요했다. 요컨대 일본 인민 전부를 표상하기 위한 새로운 개념이 필요해졌다는 것이다.

이 장에서는 도쿠가와 시대로부터 메이지 시대로의 이행기에 "인민"이 표상되었던 방식들을 살펴볼 것이다. 우리가 앞으로 살펴보겠지만, 이러한 표상방식들이 사무라이 계급의 자기표상으로부터 추상적이고 일반적인 관념의 '사회'로 바뀌게 되면서 두 가지의 중대한 변화가 일어났다. 첫째로 계몽주의적 진보 이론이 진화론적 진보 이론으로 대체되었는데, 후자는 허버트 스펜서의 사회진화론 저작들로부터 영향을 받았다. 그리고 둘째로 국회개설운동을 주도한 인사들이 번벌의 점진주의 정책에 대한 도전에 성공하면서, 그들은 일본 인민의 화합을 개념화하기 위한 새로운 용어들을 소개하게 되었다. 이렇게 새로 소개된 용어들 중에서도 두드러진 것은 바로 결정적인 서양 개념인 '소사이어티'였는데, 이는 1880년대에 사회(社会)라는 말로 표준화되었다.

일본인들이 인민을 나타내는 새로운 관념을 찾으려 했던 동기는 토마스 홉스나 존 로크(John Locke)와 같은 철학자들이 국왕 살해와 혁명 이후 시대에 정치적 정당성의 새로운 토대를 모색했던 17세기 잉글랜드에서 소사이어티 개념의 등장을 설명해주는 동기들과 다르지 않다. 오늘날 우리는 소사이어티, 즉 사회를 개인 "이외의 것"으로, 혹은 개인과 국가 사이의 매개 장소로, 혹은 복수의 상호의존적 기능의 유기적이고 문화적인 체계로 생각하는 습관이 있다.[2] 하지만 소사이어티라는 말이 19세기 영어의 표현으로 일본에 도착했을 때, 이는 우선적으로 이들 의미들 중에서 첫 번째 것을 지칭했다. 즉 개인들 간의 교류의 장을 의미했다. 특히 더 중요했던 것은 소사이어티 개념의 정치적 의의를 나타내는 말인 "시민의 소사이어티(civil society)"*였는데, 이러한 의미의 소사이어티는 영국혁명 직후에 확립되었고, 일본에서 이 말의 최초 번역자들에 영향을 준 영국 저자들 —윌리엄 체임버스와 로버트 체임버스 형제, 새뮤얼 스마일즈, 그리고 존 스튜어트 밀—에 의해 되살아났다. "소사이어티"는 사람들 사이의 교제와 친교를 의미하는 말로 영어에 등장하게 되는데, 특히 신분 귀족들 사이에서 예컨대 "누군가와 친교하는 즐거움(the pleasure of one's society)"과 같은 의미로 사용되었다. 하지만 이 말은 곧 공동체, 특히 정치 공동체와 동의어가 되었다. 이러한 의미는 17-18세기에 광범위하게 사용된 "시민의 소사이어티", 즉 시민들의 공동체라는 용례에서 의식적으로 드러났다.[3] 현대의 용법과 달리 시민의 (혹은 정치적) 소사이어티란 홉스와 로크의 형성기 저작들에서 "정치체(body politic)"나 "커먼웰스(commonwealth)", 즉 스테이트(state, 국가)의 선행개념들과 등치되었다. 두 사람의 철학자 모두 자연 상태에서의 인간은 고질적인 전쟁 상태를 벗어나고자 하기 때문에 '시민의 소사이어티'를 이루기 위해서 서로에게 합류한다고 상상했다. 이 합류 과정에서 그들의 수많은 의지는 하나로 화합을 이루고 공통의 법체계에 의거하여 살 것에 동의하게 된다는 것이다.[4]

* 영어 '시빌 소사이어티(civil society)'는 현대 한국어로는 국가 및 시장과 구별된다는 의미로 '시민사회'로 옮긴다. 하지만 17-18세기 당시 영국과 유럽에서 이 '사회'는 '국가'나 '정치'로부터 분화되기 이전이었다. 이때 '시빌 소사이어티'라는 말은 시민의 결사 내지는 공동체라는 의미였기 때문에 이를 '시민사회'라 옮기는 것은 오해의 소지가 있을 수 있다. 그래서 '시빌 소사이어티' 혹은 '시민의 소사이어티'로 옮긴다(옮긴이).

스코틀랜드 계몽주의 철학자 아담 퍼거슨(Adam Ferguson)은 이와 같은 추론적 역사를 일본 독자들이 체임버스 형제, 스마일즈, 그리고 밀의 저작에서 발견한 것과 같은 형태로 재구성하였다. 1760년대에 매뉴팩처, 교역, 식민화의 확장에서 그가 관찰한 인류의 진보를 설명하고자 했던 퍼거슨은 신화적인 자연 상태를 버리고 인류 생활의 기본적 형태가 소사이어티라고 주장했다. 퍼거슨은 소위 문명화된 소사이어티가 소유권과 사회적 상하관계에 대한 즉각적인 인정을 특징으로 한다고 믿었다. 이러한 소사이어티들은 예속의 양식들과 정부의 기본 형태들을 수립하도록 발전한다. 그리고 이 소사이어티들은 인민의 동의를 더 포괄적으로 대표하는 법률 제정에 의해 진보한다. 그는 매우 날카롭게도 분업(혹은 "기예와 직업의 분리")이 인류의 진보를 촉진하는 동시에 새로운 치료약을 필요로 하는 전에 없던 "질병"을 만들어낸다고 보았다.[5] 결국 그 후 1860년대 일본에 소개된 소사이어티 개념은 역동적인 발전과 문명적 전환에 대한 설명과 불가분의 관계에 놓이게 된다. 밀과 그의 동시대인들이 피력했던 것과 같은 개인의 자유와 자율성에 대한 자유주의적 관심에 의해서 진보적인 소사이어티 개념이 재정의되는데, 여기서 소사이어티는 진보를 추동하는 개인 행위자들의 배경이 되었다. 그리고 이때 개인 행위자들은 인민을 조직화하고 소사이어티를 국가와 통합시키는 핵심 제도들 내부에서 행동하게 되었는데, 그런 제도들로는 민간 영역의 경제 "법인(法人)", 입법부, 그리고 공공의 여론이 있었다. 그러나 소사이어티의 번역 문제에 관한 논의로 나아가기에 앞서 나는 메이지 시대에 인민을 표상했던 방식들이 계승한 도쿠가와 시대의 패러다임에 관해 명확히 하고자 한다.

도쿠가와 시대 신분 질서: '사농공상' 혹은 '사민'

도쿠가와 막부 시기에 개인의 사회적 실존의 가장 두드러진 표식은 신분(身分)이었다. 이는 귀족과 평민 중에서 출신과 가문의 지위를 지칭하는 것이었고, 따라서 개인의 지체의 높고 낮음, 즉 사회 안에서의 위치를 지칭하는 것이었다. 일본에서 신분의 중요성은 16세기 후반에 증대되었는데, 상당한 사회적 변화와 이동은 새로운 상업적 기회와 전쟁에 의해 촉발되었고, 이 두 가지는 모두 새로운 개인과 집단들이 사회의 상층부로 올라갈 수 있도록 만드는 경향이 있었다. 이런 견지에서 신분은 사회적 유동성을 줄이고 사회적 지위를 고정시키려는 보수적인 바람을 나타내는 말이었다. 이러한 시각은 다키가와 마사지로(滝川政次郎)에 의해 오래전부터 확립되어 있었다. 16세기에 지방에 거주하는 백성 대부분이 농사와 전투를 모두 수월하게 수행할 수 있다는 사실에 대해 우려했던 패자(覇者) 도요토미 히데요시(豊臣秀吉)는 평화와 안정을 위해서 무사와 농부를 구별하게 되었는데, 이는 모든 사람의 지위를 둘 중 하나로 정함으로써 양측 모두를 억제하려는 의도에서였다.[6]

학자들은 계속해서 1580년대 일본 사회에 일어난 이러한 신분 구별의 확립 시도와 도쿠가와 쇼군 아래에서의 신분 구별 체계의 완성이 서로 연관된 두 가지의 구성물이라고 설명해왔다. 지위는 우선 사회에 유용한 일련의 직업군을 결정하며, 또한 질서정연한 사회관계라는 도덕체계를 규정한다. 1700년대에 이르면 지위에 대한 직업적 접근과 도덕적 접근이 모두 "사농공상"을 의미하는 사민(四民)이라는 말로 설명되었는데, 이는 고대 중국 사상, 특히 그 중에서도 대체로 고대 유가에 속하는 언명에 근거를 두고 있는 이론적 표현이다.[7] 이때 **사민**이 "네 개의 백성(people)", "네 개의 계급(class)"이나 "네 개의 등급(order)"으로 번역될 수 있는가 여부와는 별개로, 이 개념은 명확하게 관리(혹은 사무라이), 농민, 장인, 상인의 분업을 규정하고 있다. 현대 일본 학자들이 **사민** 개념의 전거로 삼고 있는 도쿠가와 시대 중기의 학자이자 관리 오규 소라이(荻生徂徠)의 설명에 따르면 고대의 성현들이 사농공상의 분업을 창조했고, 그때 그들은 인간 공동체를 자연으로부터 분리시켰다. 동시에 그들은 백성 전체를 상하로 나누는 고유한 등급으로 분할하면서 도덕적 위계를 자연화했다.[8] 분업과 도덕적 위계 사이의 이러한 중첩은 고대 유가 철학자들 및 그들의 경쟁자 다수에 의해 확립된 주장에 포함되어 있었다. 재능과 능력의 자연적 배분이 사회적 분업을 정당화한다는 것이었다.[9] 노동의 도덕적 의미에 핵심이 되는 것은 그 생산적 가치이다. 즉 사무라이는 도덕적으로 최상층인데, 그들은 최고 통치자를 보좌하기 때문이다. 두 번째는 농민인데, 대지를 개간하여 인간을 먹여 살릴 식량을 생산하기 때문이다. 세 번째는 장인인데, 대지의 산물을 인간에게 유용한 도구로 변모시키기 때문이다. 마지막은 상인인데, 생산하지는 않고 단지 한쪽 시장에서 다른 쪽 시장으로 상품을 이동시키면서 인간의 욕구로부터 이득을 취하기 때문이다.

그럼에도 불구하고 사농공상에 준하여 지위를 이해하는 모든 사람들이 직면했던 고질적인 문제는 바로 이론과 현실 사이의 격차였다. 18세기 학자들은 학식과 전문성을 특징으로 하는 중국의 사(士)와 일본의 사무라이가 다르다는 사실을 언급하였다.[10] 소라이 자신은 당대의 일본인들이 전형적으로 네 등급인 것을 세 등급으로 말하고 있다는 사실을 지적하였다. 사무라이, 농민, 그리고 (장인과 상인을 합한 범주인) 조닌(町人)으로 나눴다는 것이다. 책에 쓰여 있는 사농공상 모델과 도쿠가와 시대 사회의 현실 사이에 가교를 놓기 위해 학자들은 몇 가지 노선을 취했는데, 그 각각은 더 정제된 지위의 외형을 강조하면서 이를 통해 사회적 삶에서 구체적으로 **신분**을 정초하고 있다. 한 가지 접근법은 지위에 추가적인 결정 요인을 더하는 방식인데, 예컨대 "봉사"라는 조건을 명시함으로써 지위의 분할을 노동체계, 혹은 "특권"의 기준으로서 더 완전하게 정의하는 방식이었다.[11] 두 번째 접근법은 도쿠가와 시대 법제의 관점인데, 지위에 대한 법적 등급이 전체 백성을 더 다양하게 분할하도록 명시했기 때문이며, 법집행은 이러한 법적 등급에 맞게 사회적 관행을 위에서 아래로 위계적으로 구조화하였다. 가장 위로부터 다이묘(봉건영주), 공가(公家), 사무라이, (흔히 의사와 선생이 함께 묶이는) 승려, 농민, 조닌(町人), 에타(穢多), 그리고 여기에도 포함되지 않는 (창기(娼妓), 낭인 및 다른 유랑민을 포함하는) 히닌(非人)에 이른다.[12] 그리고 세 번째로 더 사회학적인 접근법은 그저 지위상의 차이를 묘사하는 방식인데, 그 가장 구체적인 모습에서 지위는 도쿠가와 시대 일본의 일상을 가장 기본적인 세부사항에서 규제하고자 했기 때문이다. 예컨대 사회적 위치, 거주지, 의복, 여행, 주거, 식사, 혼례, 사회관계, 직종, 지출, 소비, 의례, 타인에 대한 고용, 그리고 성(姓)을 쓰거나 칼을 차는 등의 사무라이의 특권 등이 여기에 속한다.[13]

하지만 지위는 17세기 후반 이래로 지위 집단을 재정렬하게 되는 놀랄만한 경제 발전을 설명하지 못한다. 이상적이고 정태적인 사회 질서에 대한 묘사로서의 지위는 체계적인 사회경제적 변화를 설명하는데 실패한다. 여기서 결정적 사례가 되는 것은 1800년대에 이르러 최하급 사무라이가 종종 대부분의 평민들보다 궁핍하였다는 사실이다. 그의 우월한 지위는 어떻게 되었는가. 마찬가지로 이론적으로는 최하 지위 집단인 상인은 1700년대에 오사카와 에도에서 상당한 부를 축적하였다. 그리고 실제로 오사카의 대금업자는 점점 더 긴밀하게 다이묘의 재정 관리에 관여하게 되었다.[14] 사회에 대한 묘사로서의 지위의 두 번째 약점은 다종다양한 현실에 직면하여 단순화된 기준으로 보이기 시작했다는 점이다. 예외란 규칙과 쌍생아인데, 임의적인 특권이 언제나 특정 개인에게 부여됨으로써 그의 지위를 그의 동료들로부터 조금씩 상승시키기 때문이다. 성(姓)을 쓰거나 칼을 찰 수 있도록 특권을 허용 받은 농민은 사무라이의 지위를 잠식한 것이다. 지붕보를 가신의 저택만큼 높일 수 있다는 특권을 부여받은 상인도 마찬가지이다. 분명히 우리는 지위를 하나의 체계로 상상하는 것에 대한 후카야 가쓰미(深谷克己)의 경고를 명심하면서 도쿠가와 시대에 지위가 지속적으로 변화했다는 사실을 기억할 필요가 있다. 그가 질문하듯이 우리는 지위를 체계가 아닌 권력 관계의 전개로 봐야할 것이다.[15]

메이지 유신이 있고 나서 바로 특권과 권력관계의 관점에서 지위 체계를 해체하려는 시도가 있었다. "사민평등"이라는 구호가 기도 다카요시와 오쿠보 도시미치와 같은 엘리트들에게는 일본 인민을 변형시킴으로써 모두가 개화된 국가 수립에 참여할 수 있도록 하는 원칙으로 활용되었다.[16] 소노다 히데히로(園田英弘)가 주장하기를 "사민평등"에 대한 메이지 시대 초기 해석은 사무라이의 "직분(職分)" 개념과 평민의 "직(職)" 개념이 중첩된 영역에 정초되었는데, 이 두 개념은 모두 직책이나 업무를 뜻하는 말과 한자를 공유한다. 사무라이의 관점에서 '직분'에 대한 충실은 사무라이 계급에 국한되지 않으며 평민에게로 확대될 수 있는 것이다. 그래서 사무라이는 새로운 일본의 기초가 되었다. 최소한 번벌 정권에 관여한 일부는 그렇게 생각했다.[17] 평민의 관점에서는 반대로 사무라이 계급을 개혁하고 새로운 사회를 건설하려는 목표를 추구하면서 사무라이의 '직'에 충실할 것을 선택할 수 있는데, 이러한 목표는 새로운 일본 사회의 기반이 될 것이었다. 이러한 두 가지 관점을 매개할 수 있었던 것은 결국 직분을 재능 혹은 능력으로 재정의했기 때문이다. 여기에 더해서 천황의 백성이자 국가의 일원으로서 만인은 자신의 재능을 계발하고 발전시켜서 천황과 국가에 봉사해야 한다는 점을 이해할 필요가 있었다. 1872년 9월의 '학제(学制)'와 1873년 1월의 '징병령(徵兵令)'은 사민평등 원칙을 실현했는데, 국방의 의무나 고등 교육기관 입학을 위한 조건으로 고려되었던 지위를 폐지함으로써 가능했다. 그 결과 새로운 육군, 해군, 그리고 "대학"이 사회재건의 중심이 되었다.[18]

그렇다고 해서 번벌 정권이 단번에 인민 화합을 개시하고 그것에 성공한 것은 아니다. 후카야 하쿠지(深谷博治)가 지적했듯이 새로운 군제와 교육체제 수립을 위한 노력은 실제로 모든 집단을 새로운 공통의 수준으로 상승시킴으로써 새로운 인민을 창조할 것이라고 약속했지만 때로는 반동적 사무라이들의 욕망이 정치발전에 영향을 끼쳤다. 실제로 도쿠가와 시대의 지위 집단이 폐지되기는 했지만, 특권은 사라지지 않았다. 도쿠가와 사회의 상층계급인 귀족, 영주, 사무라이는 공식적으로 단일 특권계급인 화족(華族)으로 재편되었는데, 이들은 1869년과 1870년에는 과거의 사무라이 출신을 의미하는 사족(士族)과 사무라이 병사였던 졸족(卒族)으로 분류되었다. 1871년 새로운 지위 법은 '사민'을 황족, 귀족, 구(舊) 사무라이, 그리고 평민으로 재규정하였다. 그리고 비록 하위 두 지위 등급 사이에 상승과 하강의 움직임이 있었지만, 메이지 정부 초기 시대에 공무원, 교사, 학생, 신문 편집자, 그리고 정치 지도자의 대다수는 도쿠가와 시대의 사무라이 계급 출신이었다.[19] 더 비관적인 후카야와 더 긍정적인 소노다는 사민평등의 실현은 더딘 과정이라는 점, 그리고 이는 궁극적으로는 평민이 기존에 사무라이의 직분이었던 것을 수행하고, 기존에 평민에만 제한되었던 상업 직종을 사무라이가 수행하는 신분의 혼합 때문이라는 점에 관해서 의견일치를 보았다. "사민"에 함축된 도덕적이고 직업적인 위계는 1890년대에 "사회"에 자리를 내주었다. 그리고 인민의 화합 방식은 근대 계급 체계의 화합 방식으로 변하는데, 이러한 화합의 방식은 산업 자본주의와 나란히 발전하게 되었다.

부르주아와 사무라이의 자기표상으로서의 사회

사민 이론과 구별되는 메이지 초기 사회관계의 두 번째 패러다임은 앞선 장에서 논의한 것과 같이 정부와 인민 사이의 이분법적이고 지속적인 대립이었다. 많은 문헌들에서 이 패러다임은 도쿠가와 시대의 사민 관념과 중첩되어 있었기 때문에 정부는 기존 사무라이 계급의 전유물로 규정되었고, 인민은 하위 세 지위 집단(농민, 장인, 상인)으로 이해되었다. 이는 법적 현실의 관점에서는 시대착오적이었지만, 언어적이고 개념적인 표상에서는 쉽게 사라지지 않았다.[20] 물론 현실에서 패러다임들은 일치하지 않았다. 기존의 사무라이는 농상 계급과 함께 국회개설운동에서 반정부 세력을 이끌었다. 그리고 결국에 메이지 유신이 구상한 일본의 사회·정치적 재건은 실제로 도쿠가와 시대 사무라이 계급의 정치·교육·사회적 특권들을 새로운 일련의 경제적 특권들로 대체하였다. 여기서 나는 2장에서처럼 다수의 사무라이 출신 인사들이 정부의 편에서 발언하면서 스스로를 사회적 엘리트로 자리매김했다는 사실을 강조하고 싶다. 따라서 "소사이어티"를 번역하기 위한 그들의 최초의 시도에서, 사무라이 지식인들은 주로 사무라이의 사회성 개념을 나타내는 용어에 의존했다. 도쿠가와 체제는 사무라이 계급을 지배적인 사회 행위자이자 사회의 행위 주체라는 발상 자체의 지적 대변자 모두로 만들었다. 그래서 "사농공상", 그리고 정부와 인민 사이의 반목은 편리하고 유의미한 준거점이 되었다.[21]

당대 영국 사상의 기념비로 받아들여진 저작들, 특히 윌리엄과 로버트 체임버스 형제의 『정치경제론』, 새뮤얼 스마일즈의 『자조론』, 그리고 존 스튜어트 밀의 『자유론』에 대한 후쿠자와 유키치와 나카무라 게이우의 초기 번역은 사회, 정부, 인민 사이의 관계에 관한 자유주의 사상의 핵심적 긴장을 드러내준다. 체임버스 형제와 스마일즈의 정치경제학의 관점에서 개인은 자유로운 시민으로 경쟁하고 전체 복리 향상에 기여하며 사회에 의해 보호받는 권리를 누린다. 그리고 그에 대한 보답으로서 사회에 대한 의무를 다하는데, 그 의무 중에서 가장 우선적인 것은 법의 지배에 대한 지지이다. 퍼거슨에게서처럼 전체 복리의 개선은 문명의 진보다. 그리고 체임버스 형제와 스마일즈, 그리고 밀 모두 내가 진보의 계몽주의 이론이라고 부른 것을 승인한다. 그 이론의 내용이란 개인의 발전의 근간은 교육에 있다는 것이다. 곧 교육이란 부모와 사회가 자녀에게 제공할 수 있는, 그리고 개인이 스스로 추구할 수 있는 가장 중요한 대비책이다.

이들 저작에서 "소사이어티"는 대체로 "정치체"와 구별되지 않는다. 체임버스 형제와 스마일즈는 모두 사회와 정치 공동체를 그대로 동일시하면서 시작한다. 하지만 인간 진보의 과정에서 정부의 형태들이 등장하게 되면, 이에 대한 설명에서 사회 자체가 논의에서 사라진다. 사회 대신에 1860년대의 법률 번역에서처럼 체임버스 형제는 정부와 인민을 강조하고, 스마일즈는 관련된 쌍인 국가와 개인을 내세운다. 전자에서 인민은 정치 공동체 내부에서 공업, 상업, 은행업과 같은 다양한 체계에 생명력을 불어넣으며, 정부는 인민의 편에서 이를 감독하고 촉진한다. 후자에서 스마일즈의 목표는 당연히 자기-계발과 자기-진보에 있는데, 개인은 각자 경쟁하면서 집단적으로는 국가를 발전시킨다. 반면에 밀은 사회와 정부로부터 개인의 자유롭고 독립적인 자격을 전면에 내세우면서 도발적으로 저 정치경제학의 사회정치적 조건을 재고찰한다. 밀 또한 사회와 정부를 바꿔서 쓸 수 있는 말처럼 사용하는데, 다만 앞에서 언급한 다른 영국 철학자들보다는 그 정도가 덜하다. 밀의 저작에서 두 용어는 상이한 대상을 지칭하기 시작한다. 그리고 허버트 스펜서의 저작에 와서야 정부와 사회는 사회적 실재가 개념적으로 상이하게 물화된 결과물로서 완전하게 구별된다.

번역 작업이 후쿠자와와 나카무라로 하여금 "소사이어티"에 해당하는 자신들의 용어를 재고하도록 어느 정도로 자극했는지는 후쿠자와의 『서양사정』의 초편과 외편을 비교할 때 명확해진다.[22] 『서양사정』 초편에서 서양 제도와 정치사를 설명하면서 후쿠자와는 도쿠가와 시대에 일반적으로 받아들여진 용법의 관점에서 친숙한 묘사법을 활용하여 인민을 표현한다. 그는 반복적으로 "피플(people)"을 **인민**(人民), **인인**(人人) 그리고 '**민**(民)'으로 번역한다. 그리고 "번의 백성"이나 "나라의 백성"이라는 의미로 **국민**(国民)과 **국인**(国人)이라는 말을 쓰고 있다. 다만 매우 드물게 "**세간**(世間)" 혹은 "**인간**(人間)"이라고 지칭하기도 한다. 그가 의도한 것은 도쿠가와 체제의 지위 위계를 부정하려는 것이었기 때문에, 그는 "사농공상"이나 "상하" 그리고 "귀천"과 같은 용어를 거의 사용하지 않았다.[23] 제2권에 실린 체임버스의 『정치경제론』 번역은 반대로 "소사이어티"와 "시민의 소사이어티"를 대신하여 사회라는 의미의 수많은 용어를 동원하는데, 이는 인민에 해당하는 단순한 용어를 넘어서는 것이다. 그는 **세간**, **세계**, **세상**(世上) 그리고 **세인**(世人) (또는 **세상사람**(世の人))을 쓰는데, 이는

"세계", "인류", "인민", 그리고 "만인" 등을 의미한다. 그리고 사회를 뜻하는 그의 번역어로 가장 잘 알려진 교제(交際)는 글자 그대로는 "단체" 혹은 "상호작용"을 의미하며, 그는 이 말을 인간 교제와 인인 교제, 즉 "인간사회"를 뜻하는 조어로, 그리고 외국 교제, 즉 "국제사회"를 뜻하는 조어로 만들 정도로 널리 사용하였다.[24]

이 번역작업에 대해서는 두 가지 점을 지적할 필요가 있다. 먼저 이 용어법은 도쿠가와 사회사상의 언어와 영국 정치경제학의 보편주의적 열망 사이의 통용가능성을 반영하고 있다.[25] "맨(man)"과 "인간(人間)"은 "월드(world)"와 "세계(世界)"처럼 어렵지 않게 등가가 된다. "인디비주얼(individual)"과 "네이션(nation)"의 대립뿐만 아니라 "거번먼트(government)"와 "피플(people)"의 대립은 각각 스마일즈와 체임버스 형제의 어법인데, 이 또한 쉽게 정부와 인민, 그리고 특정 개인들과 (원래는 "번(藩)"을 의미하였지만 이제 "국가"를 의미하게 된) '국(国)'이라는 친숙한 용어의 쌍으로 번역되었다.[26] 사무라이와 영국 부르주아지는 한 목소리로 이들 보편 용어를 말할 수 있었다. 그 정도로 영국 정치경제학은 일본 번역자들에게 친숙했다.[27]

하지만 두 번째로 후쿠자와의 체임버스 형제 저작의 번역, 그리고 나카무라의 스마일즈 저작 번역은 독자들에게 서구 사회조직의 근본적인 차이점들을 의식하게 하였다. 그 중에서 가장 분명한 것은 집단들 간의 상이한 위계였다. 두 번역 작품 모두 노동계급 현상을 다루고 있고, 이 현상에 대해서는 노동계급의 생활 조건에 대한 개선의 필요성 때문에 특별한 관심이 요구되었는데, 이 집단을 사회의 하층부문으로 규정

하는데 있어서 대체로 미숙련 노동자를 지칭하는 친숙한 일본 용어들을 사용하고 있다. 후쿠자와는 "노동 계급(working class)"을 **하민**(下民)(혹은 시모노타미(下の民)), 즉 "하층민(lower people)"에 해당하는 말로 옮기고, 또한 노동자와 장인을 합쳐서 부르는 것에 해당하는 **역부**(駅夫)**-직인**(職人)으로 옮겼다. 나카무라는 하류 집단이라는 의미로 **하류**(下流)(혹은 시모노나가레(下の流れ)), 그리고 장인 혹은 일꾼에 해당하는 **공인**(工人)이라는 말을 썼다.[28] 반면에 **상인**(商人) 혹은 **소민**(小民)은 서양사회의 핵심 단위인 법인 및 직능단체와의 특권적 관계로 인해 상위 집단으로 상승하게 된다. 확실히 상인을 내세울 때 "사농공상"의 질서가 전복되는데, 이는 도쿠가와 역사에서도 익숙한 가능성이기는 했지만, 더 중요한 것은 서양사회의 정치구조 내부에서 상인의 우세한 위치를 인정했다는 점이다.

후쿠자와는 지방자치법인으로부터, 독립적인 도시대표와 시민의 지도하에 의회정부가 발전하는 과정에 주목한다는 점에서 체임버스 형제를 따른다. 그는 지방자치법인을 의미하는 "뮤니시펄 코퍼레이션(municipal corporation)"을 번역하기 위해 **시민회동**(市民会同)이라는 말을 사용하는데, 이는 결국 "시티즌(citizen)"의 표준번역어가 되는 용어(시민)를 사용한 것이기는 하지만, 여기서 이 말은 '상인'과 바꿔 쓸 수 있었다. "어셈블리(assembly)"를 옮긴 그의 번역어인 **회동**은 회합을 갖는 조닌의 모임과 협회를 의미한다. 후쿠자와의 설득력 있는 표현인 **매사매회**(每社每会)는 『서양사정』에서 "컴퍼니(company)", "코퍼레이션(corporation)" 혹은 "소사이어티"를 옮기려고 그가 자주 사용하는 신조어인 **회사**(会社)를 돋보이게 한다. (동인도회사나 영국양모회사 등과 같은) 상업회사와 다양한 학술 협회의 이름을 옮기기 위한 수단을 제공한다는 점 이외에 **회사**는 또한 법인과 시민사회의 밀접한 관계를 돋보이게 한다. 영어의 "소사이어티"가 당시에 정부와 동의어인 동시에 직능조직이나 법인(예컨대 영국양모회사)의 명칭이었다는 것처럼, **회사** 또한 이후의 "소사이어티"의 표준번역어가 되는 **사회**(社会)의 앞뒤를 뒤집어 놓은 것이다. 일본어에서 법인과 시민사회의 연관성은 현대영어보다 더 강하게 남아있다. 그리고 사실 후쿠자와, 나카무라, 그리고 다른 당대인들이 **회사**라는 말을 매우 빈번하게 사용할 때, 그들은 '(시민) 사회'를 번역하고 있었던 것이 아니다. 후쿠자와에게 이러한 지방자치법인은 중요했는데, 스스로 결정을 내리고 자체의 자금으로 회의를 소집하기 때문이었다. 하나의 민간 소사이어티(civil society)로서 그들의 목적은 구성원의 자격을 규제하고 법질서를 보호하는 것이다. 달리 말하면 후쿠자와와 나카무라 모두 19세기 중반에 영국 정치경제학이 시민의 소사이어티라는 부르주아지의 자기표상에 의존했던 방식을 성공적으로 재현하였다.[29]

나카무라의 후속 번역작인 밀의 『자유론』은 이에 비해서 훨씬 더 복잡한 언어의 사례였다. "리버티(liberty)"를 **자유**(自由)로 일관되게 번역한 것과는 달리 그는 사회를 다양한 말들로 옮겼다. 밀의 용법에서는 "자유로운 인간의 회합"이라는 추상적이고 일반적 의미의 사회에 해당하는 하나의 주요 번역어 대신에 우리는 사회관계에 관한 사무라이적 감각을 반영하는 세 가지의 주요한 관점을 드러내는 용어들의 장을 발견하게 된다. 첫째는 우리가 "회합(associating)" 혹은 "친교(fraternizing)"(교제 혹은 사귐(付き合い))라고 부르는, 사람들 사이의 능동적인 상호작용, 그리고

구체적인 회합, 즉 모임, 클럽, 회사, 조합, 혹은 협회(각각 교제, 회사, 조합(組合), 동료(仲間), 패거리(連中))의 특징을 갖는 유형이다.[30] 이 용법들은 개인 동료들 사이의 대면 접촉을 지칭하며, 영어 "소사이어티"와 "컴퍼니"의 의미를 공유한다. "컴퍼니"란 독자적인 사회로 특정 개인이 상호작용하는 개인들을 지칭한다.[31] 상인 조합과 마찬가지로 사무라이 또한 동료집단적 연대를 수립하였는데, 이는 도쿠가와 시대 사회와 관료제에 통상적인 수직적 위계 밖에서의 회합의 가능성을 제공하는, 수평적으로 조직된 집단과 번교 안에서 이루어졌다. 번역어의 두 번째 집합은 "인민"의 개념화를 지칭하는 것으로 이는 18-19세기 당시 개혁을 위한 노력에 관여한 식자층 사이에서 유통된 것이다. 여기에는 '공공'(the public)(공(公), 오오야케(公)*, 그리고 공중(公衆))이나 "만인"(총체(総体), 즉 글자 그대로 "전체")에 유사한 용어들 외에 또한 단순하게 **인민**(人民)이라는 표현도 포함되는데, 그 외에도 '번의 백성'이나 전국 단위의 인민(국민(国民) 혹은 **국의 민**(国の民), **평민**(平民), 그리고 백성 전체(주민(主民) 혹은 민중(民衆))을 포괄한다. 출세지향적인 개혁가들과 메이지 유신의 지지자들이 도쿠가와 체제의 사회적 병폐를, 안민(安民)을 우선시하는 유교적 훈계의 맥락으로 판단했듯이, 또한 그들은 지배층에 속하는 사무라이 계급의 일원으로서 백성에 대한 가부장적 우려를 고양시켰다.[32] 그리고 세 번째 번역어 집합은 지배계급으로서의 사무라이 계급의 우월성을 훨씬 더 첨예하게 반영하는데, 하위 계급에게 자신들이 모범을 보임으로써 지도할 자격이 있는 우월한 집단

* 정부(政府)라는 의미이다(옮긴이).

으로 가정하는 사무라이의 도덕적 역할론 때문이었다. 이들 용어에는 유교적 추상관념인 인륜(人倫)을 비롯하여 우리가 이미 논의한 도쿠가와 시대 계급 분할의 표현들, 즉 유교적 사농공상, 상하, 빈부, 귀천, 귀족과 평민 등의 표현이 포함된다.[33] 여기서 인륜이란 인간관계의 위계를 차별화하는 도덕 원칙을 지칭한다. "소사이어티"에 대한 나카무라의 번역어는 그래서 자신이 지배엘리트의 일원임을 자각하고 있는 스스로의 위치가 반영되어 있다. 이 엘리트성은 한편으로는 유교적 도덕감 및 사회구성원에 대한 가부정적 우려로 규정되며, 다른 한편으로는 헌법이론에 있어서 너무나도 중요한 시민의 소사이어티의 초기 단계 제도들이었던 번교와 사무라이 회의로 규정된다.

그럼에도 불구하고 이 목록에는 놀랍게도 우리가 기대할지도 모르는 몇몇 도쿠가와 시대의 용어들의 부재가 두드러진다. 나카무라 자신의 스마일즈 번역, 그리고 후쿠자와의 체임버스 번역과 달리 밀의 『자유론』 번역에서는 세(世), 세상(世の中), 그리고 세간(世間)과 같은 도쿠가와 시대에 익숙했던 표현들을 의식적으로 피하고 있는데, 이 표현들은 넓은 범위의 의미들을 포괄하며, 거기에는 세계, 시대, 인류, 사회세계, 혹은 인민이 포함된다.[34] 분명하게 나카무라는 밀의 "소사이어티"를 번역하는데 있어서 선제적인 접근을 하고 있다. 그는 익숙한 언어를 피하고 새로운 메이지 시대를 위한 새로운 연상 관계를 창조한다.[35]

동시에 나카무라는 밀 자신이 그랬던 것보다 더 심하게 "사회"와 "정부"를 혼용함으로써 밀을 이해하기 어렵게 만든다. 사회성, 공공, 그리고 인민(그리고 심지어는 다수, 관료제, 그리고 국가와 같은 관련 용어들)은 대체로 "거번먼트(government)"와 바꿔 쓸 수 있다. 내가 제3장에서 묘사한 유사 형식을 통해서 때때로 대부분이 정부(政府)와 등치된다.[36] 확실히 『자유론』에서 밀 자신은 개인의 자유를 심각하게 위협하는 힘을 일관된 방식으로 명명하지 않았다. 비록 그가 가장 자주 사용했던 용어가 "소사이어티"이기는 했지만, 그는 때로는 [각각 '인류', '공중', '공공의 여론', '정부', '국가'에 해당하는] "맨카인드(mankind)", "퍼블릭(public)", "퍼블릭 오피니언(public opinion)", 그리고 "거번먼트"와 "스테이트"를 사용하기도 한다. 하지만 개인이 직면하는 사회적 위험에 대한 밀의 진단으로부터 분명한 것은 "소사이어티"의 의미를 규정하는 중간계급이 개인의 자유 침식에 책임이 있는데, 정부에게 개인의 자유에 간섭할 권한을 대표기구라는 수단을 통해 위임 내지는 허가하는 주체가 바로 그들이기 때문이다.[37] 나카무라가 사회와 정부를 구별하지 않았다는 사실은 확실히 1871년 당시에 "소사이어티"에 관한 표준적 개념화의 부재에서 기인한다. 하지만 그가 반복적으로 사회와 정부를 혼용한다는 사실이 보여주는 것은 그가 인간이 타인에게 행사하는 권위의 문제를 본질적으로 정부가 신민에게 행사하는 권위의 문제로 이해했다는 점이다. 헤겔식으로 표현하면 나카무라는 국가의 외재성을 군주의 신민으로서 경험했지만, 여전히 보편이익과 특수이익이 종합되는 근대 시민의 정치의식에는 도달하지 못한 18세기 자치도시민과도 같았다고 하겠다.[38] 나카무라에게 개인의 자유에 대한 간섭은 필연적으로 정부에 의한 간섭이었다. 그리고 결과적으로 내 생각에는 소사이어티에 대한 나카무라의 번역어들 사이에서 우리가 감지하는 치환가능성의 대부분은 사회가 개인의 자유에 간섭한다고 밀이 썼을 때 의도했을지도 모르는 것을 설명하려는 그의 시도를 표현한다.

사회와 정부의 구별에 대한 무관심은 나카무라가 입법공동체, 즉 인민이 봉기하여 자신들의 영주와 주인에 맞서고 만인의 권리를 보장하는 법전을 요구하는 상황에 관한 이론적 관점을 묘사하려고 시도하는 바로 그 순간에 문제를 일으킨다. 그가 이러한 정치공동체를 홉스, 로크, 그리고 퍼거슨에 의해 이론화된 것처럼 사회와 정부가 동일한 조건하의 이상적인 마을에 위치시키기 때문에 나카무라는 사회적 위계를 성공적으로 제거하지만 자신의 논의를 모든 시민이 동시에 신민이자 주인이고, 입법자이자 법집행자인 순수 민주정에 제한시켰다. 나카무라는 통치할 권력이라는 것이 곧 피치자를 강제하고 동시에 통치자를 제약하는 법을 만들 자유라는 것처럼 말한다. 나카무라는 그와 같은 입법공동체가 자신의 권력에 대해 스스로 제약을 가하도록 결정할 것이라고 확신했는데, 만인의 안녕이 곧 정치행위의 조건이자 최종목표이기 때문이다. 하지만 (밀이 이 책에서는 자세히 설명하지 않은) 대표기구와 체계적인 입헌주의의 부재로 인해, 나카무라는 다수의 폭정에 맞서고 개인의 자유를 수호하기 위한 모든 수단을 제거해 버리는데, 이는 『자유론』에서의 밀이 우려에 완전히 배치되는 것이다.[39]

그래서 전반적으로 이 초기 영국사상의 번역은 일본 독자들로 하여금 사회라는 현상, 그리고 상업적이고 시민적인 조직들의 시민 사회로부터 정치공동체가 구축되는 과정에 주목하게 만들었다. 그리고 실제로 사회사가들에 따르면 이 모델과 일치하는 방식으로 대지주와 상업 조직이 재빨리 일본의 지역 사회에서 지도력을 행사하게 되었다.[40] 하지만 후쿠자와의 독특한 번역어인 교제를 제외하면 이 초기 번역들은 "소사이어티"의 지속적이고 유의미한 번역어를 제공하지는 못했다. 교제는 나카무라가 밀의 사회 개념을 번역한 용어 중 하나였지만, 심지어 후쿠자와의 대중적인 선례의 힘에도 불구하고 나카무라는 이 말을 다른 단어들보다 특별히 선호하지는 않았다. 그럼에도 후쿠자와는 "소사이어티"를 번역하려고 한 이 초기 시도의 공헌을 인정받을 자격이 있다. 원래의 영어적 배경에서의 용어와 마찬가지로 후쿠자와는 추상적이고 보편적인 번역어를 창조했으며, 체임버스 형제의 저작 번역에서 인간 사회나 국제 사회와 같은 다양한 사례에 적용하면서 사회를 지위와 권력의 격차에 대한 정치적 매개의 장소로 일반화하는데 성공했다.[41]

국회개설운동에서 인민 표상

이렇게 봤을 때, 메이지 시대 최초로 장기간에 걸쳐 벌어진 정치 논쟁이었던 국회개설운동이 후쿠자와와 나카무라가 발전시킨 언어 중 어느 것도 거의 사용하지 않았다는 점은 놀라울 따름이다. 이는 어느 정도는 영국 이론과 일본의 번벌 정치의 관행 사이의 격차로 설명될 수 있을 것인데, 영국의 시민적 소사이어티 개념은 메이지 초기 사회관계의 현실과는 거의 관련이 없었기 때문이다. 시민적 소사이어티 개념이 유럽의 기업가들과 지식인들의 자기표상인 것과 마찬가지로 과거 사무라이 계급은 유사하게 일본에서 소수의 엘리트집단을 이루고 있었는데, 일본에서의 인간의 보편적 진보의 표상임을 자임하였다. 즉 진보의 전위로서의 그들의 역할이란 유럽의 엘리트들에 필적하는 것이었다. 하지만 유럽의 시민적 소사이어티와 달리 정치권력만을 장악한 사무라이 집단은 산업자본주의 발전을 추동한 경제 권력과 일치하지 않았다. 따라서 국회개설운동 과정에서 제시된 논변은 사무라이의 정치적 계도를 받는 계몽주의적 진보 이론을 그대로 되풀이하였는데, 이는 대체로 도쿠가와 시대의 언어로부터 계승한 용어들로 말해졌다.

하지만 논의를 더 진행하기에 앞서 나는 국회개설을 둘러싼 논쟁을 지속시킨 두 가지의 핵심 조건을 재차 강조해야만 한다. 우선 번벌 정권의 통치자들과 운동가들, 그리고 지식인을 포함하는 메이지의 지도자들은 처음부터 어떤 형태의 헌법적 체계에 대한 헌신을 공유하였다. 이는 전체적으로 봤을 때, 도쿠가와 시대의 위계질서의 용어인 "군민공치(君民共治)"나 "상하공치(上下共治)"로 표현되었고, 종종 '상하'의 국회를 비롯한 다른 표현들을 포함하고 있었다.[42] 이 "입헌정체"는 개화된 체계로 혹은 일본을 문명국가로 이끌 수 있는 체계로 묘사되었는데 이는 점진주의라는 공식 정책에 합의한다는 사실을 보여준다. 기존 사무라이 출신인 기도 다카요시와 오쿠보 도시미치, 공가 출신인 이와쿠라 도모미는 통치 엘리트로서 인민을 굽어 살피는 위치에 있었다. 인민이 교육을 받아서 합리적이고 자주적으로 사고할 수 있게 되면 그들은 대표기구에서 자신들의 자리를 차지할 준비가 될 것이었다. 기도와 오쿠보 모두는 1873년에 평민을 정치참여에 포함시키는 일이 국내적 상황과 전국적인 계몽 수준에 따라서 조심스럽게 이루어져야만 한다고 주장했다.[43] 계몽주의적 진보 이론은 이러한 정치적 점진주의라는 공식 정책에 영향을 미쳤다. 그리고 이 연관성은 1880년과 1881년에 최초의 통치 엘리트의 계승자들인 야마가타 아리토모, 이토 히로부미, 이노우에 가오루(井上馨) 및 그들의 동료 참의(參議)들에 의해 반복되었다.

두 번째로 국회개설운동은 새로운 대중 출판을 매체로 한 최초의 정치 논쟁이었고, 유럽식의 시민적 소사이어티의 제도들이 일본 안에서 발전하는 것을 막으면서 점진주의를 주장한 최초의 번벌 세력의 노력과도 일치하였다. 메이지 법제는 언론, 집회, 토론, 결사 및 결사체 참여의 자유를 제한했다. 번벌은 공적 영역의 모든 제도들인 인쇄 언론, 민간 클럽과 협회, 그리고 정치 조직으로 하여금 정부의 결정과 행동에 관련된 사안에 관해 침묵하도록 강제함으로써 공적 영역 참여를 무위로 돌리기 위해 노력했다. 즉 번벌 정권은 정부와 인민 사이의 분리를 강화하기 위해 시도하였다. 그리고 『메이로쿠잡지』에 참여한 지식인들은 대체로 이들 조치가 한시적인 한에서 적절하다는 데에 의견을 같이했다.

따라서 메이지 일본에서 인민을 표상하기라는 쟁점은 국회개설운동에 반영된 것처럼 메이지 엘리트층 —주로 과거의 사무라이로 구성되어 있었지만, 점진적으로는 부농과 상인, 그리고 제조업자를 포함하게 된— 내부에서의 일련의 교섭이었는데, 이를 위해서는 과거의 사무라이와의 관계에서 인민뿐만 아니라 번벌의 통치 집단도 명확하게 그 경계를 확정할 필요가 있었다. 국회개설운동 기간 동안 쓰인 건백서, 건의서, 건언서, 그리고 헌법 초안을 보면 인민과 관련된 용어법은 두 가지의 포괄적인 텍스트 유형을 나타낸다. 첫째 유형은 내가 "층화(層化, stratifying)"

의 건의라고 부르는 것이다. 이 유형의 발단은 1874년과 1875년의 사건을 촉발한 성명서들, 그리고 현상유지를 지지하는 후속 건백서 및 건언서들이다. 이 문건들을 쓴 것은 정부 지도자와 『메이로쿠잡지』 지식인들, 그리고 도쿄와 오사카의 중앙 신문의 편집인들뿐만 아니라 또한 이타가키 다이스케와 소에지마 다네오미(副島種臣)가 이끄는 사무라이 출신의 반체제 인사들에 의해 최초에 규합된 집단들이기도 했다. 이 사무라이 반체제 인사들과 정부의 지지자들에게 "인민"이라는 표상은 공히 사회적 위계의 하위 집단을 지칭하는 것이었다. 둘째는 내가 "화합(和合, unifying)"의 건의라고 보는 것이다. 이는 새로운 정치조직과 정당의 중앙 및 지역 지도자들이 쓴 성명서들로 지역 신문과 중앙 매체를 통해 유포되었다. 나는 이들 유형의 문건들이 1878년 애국사(愛国社) 부활과 그 이후 국회기성동맹(国会期成同盟) 및 자유당의 창설 시기로 거슬러 올라간다고 본다. 이 건의 유형은 허버트 스펜서의 사회학 저작의 영향을 받았으며, 가토 히로유키의 1882년 작 『인권신설』을 둘러싼 자연권 찬반 논쟁과 일치한다. 이러한 전개의 결과로 사회진화론, 그리고 인민을 사회로 표상하는 완전히 새로운 방식이 도입된다.

"층화" 유형의 문헌들은 도쿠가와 시대 지위를 나타내는 언어 위에 세워졌다. "상하"나 "사민"과 같은 표현들이 두드러진다. 게다가 "인민"은 전형적으로 사무라이 계급 아래의 등급을 지칭하는 말이었다. 이 계급은 백성의 세 집단이라는 의미의 (농민, 장인, 그리고 상인을 의미하는 농공상으로 이루어진) "삼민(三民)", 그리고 인민 혹은 국민(国民, 번민(藩民))으로 불렸다. 위계질서를 강조하는 또 다른 표현으로는 사족(士族)과 평민(平民), 즉

기존의 사무라이와 일반 백성의 쌍이 있는데 이는 종종 **시민**(市民, 일본어로는 **사민**(四民)과 동음이의어)으로 압축되곤 했다. 게다가 이 문헌들에서 인민에 대한 사무라이적 가부장주의의 직접적인 표상이 발견되는데, 특히 인민을 **"우리 인민**(我が人民)**"** 혹은 **"우리 백성**(我が民)**"**이라고 언급하기 때문이다.[44] 아마도 이러한 방식에서 가장 두드러지는 문헌은 1881년 10월의 참의(參議)들에 의한 국회개설 집단 건백서일 것이다. 이 건백서는 대체로 도쿠가와 시대의 지위 체계를 되풀이하는데, 신분 귀족과 과거의 사무라이 계급 출신 중에서 뽑은 귀족을 참의원에 배치하고 하급 사무라이와 선별된 평민 일부, 즉 부농과 상인을 중의원으로 격하시키고 있다.[45]

이 "층화" 건의서에서 제기된 논변들의 범위는 바로 최초의 세 번의 입장 표명에 요약되어 있다. 민선의원(民撰議院) 설립에 관한 1874년 1월 17일 소에지마 다네오미와 이타가키 다이스케(및 그의 일파)의 건백서* 그리고 이에 대한 가토 히로유키의 반박문(1874년 1월 26일), 그리고 다시 소에지마와 이타가키의 재반박문(1872년 2월 20일)이 그것이다. 소에지마와 이타가키는 인민이 자신들의 권리를 갖고 책임을 진다고 지적하면서 포문을 연다. 그들의 권리를 확장하기 위해서는 정부가 반드시 그들의 자유를 보호해야만 한다는 것이다. 인민이 책임을 다하기 위해서는 그들 자신이 반드시 나라의 공무에 동참해야만 한다. 인민이 세금을 납부하기 때문에 그들은 정부의 결정에 대해 잘 알고 이를 승인하거나 거부할 권리를 가진다는 것이다.[46] 반박문에서 가토는 "정부가 인민을 위해 존재

* 『민선의원설립건백서』를 의미한다(옮긴이).

하지, 인민이 정부를 위해 존재하지 않는다"는 원칙을 들먹이면서 이러한 기본적인 정당화에 동의한다. 하지만 그는 현재의 상황에서는 즉각적으로 국회를 설치하는 것이 바람직하지 않다고 덧붙이는데, 인민의 무지와 어리석은 토론의 조짐이 국가에는 악영향을 끼칠 것이 분명하기 때문이라는 것이다. 그 대신에 가토는 학교를 세우고 인민의 능력을 향상시킬 것을 촉구하였다.[47]

그에 대한 대답으로 소에지마와 이타가키는 문명개화의 계몽주의적 모델과 대중의 정치참여에 관한 점진주의적 정책을 연계시키는 것을 비판하였다. 그들은 교육이 계몽된 상태를 가져오고 계몽된 상태가 곧 참여의 자격이 된다는 인과관계에 관한 암묵적 이론을 거부하였다. 반대로 그들은 교육은 참여와 '더불어' 일어나며, 이 둘이 함께 계몽과 진보로 이어진다고 주장하였다. 인민이 어리석다고 일축하는 대신에 정부는 인민에게 참여의 권리를 부여함으로써 그들을 계몽해야 한다는 것이다. 게다가 그들은 이 발전과정에서 사무라이 계급의 형성적 역할을 강조했다. 메이지 유신의 추동력은 하급 사무라이(와 소속이 없는 사무라이)로부터 왔고 마찬가지로 국회 또한 아래로부터 발전함으로써 유신의 정신에 합치할 수 있다는 것이었다. 그들은 정부가 배타적인 과두제처럼 움직인다고 비난하였다. 그래서 그에 맞서 존 스튜어트 밀의 『대의정부론』의 권위를 빌려서 정부가 적극적으로 인민을 계몽해야함을 촉구했다. 그들은 "자기 자신의 한계에 대해 의식하면서 자신보다 유능한 사람을 따르는 것이 인간 본성"이라고 주장하였다. 그래서 사무라이 계급은 인민을 이끌 것인데, 인민은 본성상 전문가의 판단을 따를 것이기 때문이라는 것이다.[48] 그 이후의 건백서는 사무라이의 덕성과 지도력에 대한 이 논변을 연장한 것인데, 번벌 정권이 국가의 최고 자산인 사무라이 계급을 평민의 수준으로 격하시키면서 망쳐놓는다고 비난했다. 초기에 릿시샤(立志社)와 같은 조직들이 주장했듯이 정부는 반대로 평민을 사무라이 수준으로 끌어올려야 한다는 것이다.[49] 국회개설의 시점과 같은 쟁점을 제외하면 이 반대 입장은 인민을 하층의 하위 대중으로 표상한다는 점에서 번벌 정부의 입장과 일치한다.[50]

1878년에 애국사의 부활과 함께 새로운 지방 의회에서의 정치 논쟁의 지속은 1880년에 이르러 국회기성동맹 및 자유당과 같은 전국적인 주요 정치조직이 수많은 지역 지부와 함께 만들어지면서 국회개설을 위한 두 번째 "화합" 유형의 건의가 새로운 화합의 방식들을 주장하고 새로운 유대의 언어를 담는 표현을 제공하였다.[51] 지역 엘리트들과 전국무대에서 새롭게 활동하는 그들의 동료들에 의해서 이 두 번째 유형의 문건들이 창조되었고, 그들이 농민과 상인과 함께 다양한 등급의 사무라이를 포함시켰다는 사실을 전제로, 인민을 표상하는 이들 용어는 도쿠가와 시대의 지위 언어를 폐기한다. 이들 문헌에서는 "우리 당", "우리 정부", "우리 인민", "우리 나라", 그리고 심지어 "우리 천황"에 이르기까지 뚜렷하게 복수 소유격의 사용이 두드러진다. 이러한 다양한 종류의 용어들이 보여주는 것은 국회개설운동이 호소하기 시작한 화합의 방식이다. 이 화합 방식은 "**일본인**"이나 "**우리들 인민**(吾輩人民)"과 같은 민족정체성의 새로운 공통 표지들에서 뿐만 아니라 "**형제**"와 "**동포**"와 같은 유대의 표현을 도입하는 데에서도 드러난다. 이들 건의는 영토와 인민, 일본,

그리고 그 역사에 대한 권리 주장을 하는데, 이는 '5개조 서문'으로부터 시작되는 천황의 과거 서약에서 국회개설에 대한 약속이 있었다는 점을 주장하기 위함이다. 천황을 제외한 만인이 포함되는 인민에 대한 정부의 의무를 언급하면서 지역 운동가들은 동포와 지역 공직자에게 중앙 정부와 지역 정부 사이의 증대되는 긴장을 활용하고 정부 최상층의 "대신(大臣)들"을 대중의 정치참여에 대한 불합리한 장애물로 지목하면서 강력하게 호소하였다. 직전 시대에 활약한 과거 사무라이 출신으로, 전국 무대에서 활약한 운동가들처럼 이들 지역 운동가들도 국회가 중앙 정부에서 대중의 여론을 대표하고 인민과 번벌 정권 사이의 긴장을 해소하기 위한 최선의 방법이라고 보았다.

이들 문건의 저자들은 전형적으로 보편적 인간 세계를 기준점으로 삼으면서 정치사회의 발전을 회합과 상호작용의 구체적인 용어로 이해했다. 예컨대 애국사는 인류와 국가로부터 출발한다. 일본에서 나라 사랑은 각자의 조직에 참여하여 국가에 공적으로 혜택이 될 계획을 수립하려는 공통의 의도를 가진 사람들을 장려하리라는 것이다. 인간 세계는 자연적이고 호혜적인 상호작용(교제)과 애착 위에 세워진 것이기 때문에, 일본의 신정부는 기존에 사무라이에게만 제한적으로 허용된 참여의 범위에 제약을 제거함으로써 모든 인민이 참여의 권리를 갖게 만들었다.[52] 참여에 대한 보편적 권리 주장에 덧붙여서 국가의 안녕에 대한 '상향식' 접근이라고 부를 수 있을지도 모를 것이 뒤따랐다. 애국사와 국회기성동맹은 모두 부현(府県)의 지역 구조를 튼튼히 함으로써 국가를 튼튼하게 만들 수 있다는 입장을 옹호하였다. 그래서 그들은 중앙 정부에 권한을 집중시키는 것보다는 전국 단위에서의 동등하고 상호적인 교류를 강조했고, 중앙을 강화하는 것보다는 지방의 자립을 옹호했다. 이런 목표에서 후쿠자와와 나카무라가 10년 전에 주장했듯이 인민의 자유와 자치는 국가의 독립을 쟁취하고 국가의 권리를 확대하는 능력을 결정한다는 것이었다.[53]

두 번째 건의서 유형은 첫 번째 유형보다 계몽주의적 진보 이론에 덜 충실했는데, 그 목표가 점진주의 정책을 비판하는데 있었기 때문이다. 계몽이 참여의 조건이 되느냐, 혹은 반대로 참여가 계몽의 조건이 되느냐 여부를 따지는 대신에 이 문건들은 인민이 이미 문명개화의 적절한 수준에 이르렀고, 따라서 국회에 참여할 자격이 있다고 주장하기 시작하였다. 예컨대 릿시샤의 도사(土佐) 지부는 지역에서의 갈등과 불만이 일본의 계몽으로의 진보를 방해한다고 보았다. 그래서 국회 개설을 통해 대중의 반목을 해소하는 것이 현명한 일로 보였다.[54] 그와 관련하여 미야기(宮城) 지방 의회는 1880년에 정치 참여에 대한 열망으로 봤을 때, 일본 인민이 실제로 계몽과 자립의 유의미한 수준에 도달했기 때문에 국회개설을 통해 그들의 손에 입법권을 쥐어줄 때가 되었다고 선언하였다.[55] 결국 이들 지역의 문건들은 진보의 계몽주의 이론의 정당성을 의문시하는데, 그들의 다양한 해석은 그 이론이 실천적 행동에 관한 적절한 방향을 제시해주지 못한다는 점을 증명하고 있기 때문이다. 지방 현 의회가 1880년에 세워지면서 인민은 그들의 능력을 입증하였고, 일본에서 진보는 확실히 진행 중이었다. 번벌은 더 이상 중앙 정부 수준에서 인민의 목소리를 부정할 수 없었고, 유일한 해결책은 정부와 인민 사이의 대립을 매개하기 위해서 국회 안에서 양자를 통합하는 일에 착수하는 것뿐이었다. 나는 이러한 자각이 번벌 정권의 1881년 말의 조치에 유리한 상황을 조성하지 않았나 추측한다. 몇몇 사람들이 인정하였듯이, 만일 정부가 10년 후에 국회개설을 할 것임을 약속했다면 운동가들은 잠잠해졌을 것이었는데, 실제로 그들 중 대부분은 그러하였다.[56]

그러나 궁극적으로 기존 질서의 옹호자와 반대자 모두 국회개설을 정당화하는 역사적 논변으로 수렴되었다. 모두가 깨닫게 되었듯이 역사의 교훈적인 힘은 행동의 선례로서 원용될 수 있는 것이었다. 점진주의의 반대자들은 역사로부터 자신들의 요구에 대한 역사적 정당화의 근거를 찾았고, 옹호자들은 역사적 선례를 들어 자신들의 지연전술을 정당화했다. 처음부터 기도 다카요시는 보편사의 하나의 패턴을 지적하였는데, 국정의 기준과 법전의 성패는 궁극적으로 국가의 지속 혹은 사멸의 원인이 된다는 것이었다. 그가 주장하기를 역사는 변화의 필요성을 보여주는데, 일본의 경우에는 1868년 천황의 '5개조 서문' 선포에 의해 이 필요성이 대두되었다. 마찬가지로 릿시샤는 메이지 시대 첫 10년의 역사를 제시하면서 '5개조 서문'이 천황과 그의 인민 사이의 서약이라는 점을 지적하였다. 그래서 천황은 국회개설을 맹세했고, 사무라이와 인민의 평등한 권리를 약속했다는 것이다. 확실히 메이지 천황 자신도 그러한 역사해석을 지지했는데, 1874년 칙령으로 지방관회의를 설치할 때 1868년의 선례를 인용한 것이 그 사례이다.* 따라서 1881년 반대파가 굴복했을 때, 참의들 또한 이 논변을 승인하는 집단 건백서를 제출했다. 그것은 바

* 「입헌정체의 조서」(1875년 4월 14일)를 의미하는 것으로 보인다(옮긴이).

로 번벌 정부가 오랫동안 국회개설을 계획했다는 사실이 역사에 의해 입증되었다는 것이었다. 천황의 국회개설 칙령*은 점진주의의 선의와 과거 사건들의 지향성 사이의 연관성을 공식화하였다. '5개조 서문'과 지방관 회의, 그리고 원로원 등의 역사적 선례는 갑작스럽거나 불규칙적인 변화 없는 진행이 옳은 접근법임을 증명해준다는 것이다. 천황은 인간의 마음이 반드시 시대와 조건에 따라서 천천히 변화해야만 국가 안정을 해치지 않는다고 강조한다.[57] 달리 말하면 일본사는 모든 일본인이 하나의 정치적 전체로서 화합할 수 있는 하나의 매개체를 제공했다는 것이다.[58]

하지만 두 번째의 진보적이고 통합주의적인 매개체가 또한 "화합"을 건의하는 문건들 다수에서 눈에 띈다. 그것은 "소사이어티"의 번역어로서의 신조어 **사회**였다. "인민"이 보편적인 용어로서 그 구성원을 집단화하고 동시에 그들을 집단이나 개인으로 셀 수 있게 만드는 말인 반면에 "사회"는 한 단계 더 나아가는 추상관념이기 때문에 인민을 별도의 화합 방식이자 그 자신의 통합의 조건으로서 재차 명명한다. 익명의 헌법 초안과 같은 일부 사례들에서 "사회"는 일본인의 집회와 결사의 자유로 요약된다. 그래서 "**정치사회**(政治社会)"는 하나의 거대한 조직으로 이해될 수 있는데, 이는 영국 자유주의 이론에서의 '시민의 소사이어티'와 마찬가지다.[59] 하지만 "인민"이 국가(혹은 "국민")와의 필연적인 친자관계로 이해되는 어떤 것에 의해 통합된 집단을 지칭하는 반면에 "사회"는 인민의 도덕적, 법적 혹은 정치적 조건에 의존하여 통합되는 집단을 지칭

* 「국회개설의 칙유」(1881년 10월 12일)(옮긴이).

한다.[60] 사회는 인민이라는 단위를 추상화하는 새로운 방법을 제공하는데, 그래서 "사회의 일치"와 "사회의 질서"를 언급하는 성명서에서 종종 중요하게 나타난다. 애국사가 선언하기를 인간사회는 도덕에 의해 움직이는데, 이 도덕이 국가 전체에 응집력을 제공한다. 그리고 법률은 사회 질서를 위한 규칙을 제공한다.[61] 자유당의 강령을 비롯한 관련 문서들에는 그와 같은 사회적 화합과 질서가 표현과 언론의 자유에 의존한다고 되어 있다. 그래서 자유당의 목표에는 개인의 자유 보호, 그리고 국정 참여의 권리 회복을 위한 노력이 포함되어 있는데, 이 모든 목표는 사회를 발전시키는 수단이 될 것이다.[62]

그렇다고 해서 "사회"가 메이지 시대 초기에 인민과 관련된 모든 문제를 덮어버린 것은 아니다. 소장파 번벌 엘리트 중 한 사람이었던 야마가타 아리토모는 전통적 범주들과 새로운 서양 개념을 매우 능숙하게 결합시킨 인물인데, 그는 입헌정체에 관한 건백서에서 독특한 조합을 통해 지위의 언어와 "사회"를 병치시켰다. 사무라이와 백성, 영주와 백성을 지칭하는 익숙한 용어들과 함께 그는 모든 나라에서 법률이 "사회를 유지한다(社会を維持す)"고 하면서 도덕과 관습이 "사회를 바로잡는다(社会を綱紀す)"고 주장했다.[63] 야마가타의 선례에 따라서 입헌개진당(立憲改進党)의 강령은 1882년에 발표되었는데, 참정권 확대의 속도를 늦추는 보수적인 시각을 견지하면서, "사회의 질서"에 관한 우려로부터 훨씬 더 혁신적인 신조어의 사용으로 옮겨갔다. 즉 계몽이 아니라 "사회진보(社会進步)"와 "사회행복(社会幸福)"을 참정권 확대의 기준으로 삼았다.[64]

스펜서의 진화론적 진보 이론에서 "소사이어티"와 "사회"

그래서 1881년에 이르러 우리는 정치운동의 주요 인사들 사이에서 "인민"이라는 개념적 화합 방식이 성장하는 가운데 계몽의 기획과 점진주의 정책 모두에 대한 심각한 의문 또한 커지게 되었다는 사실을 발견하게 된다. 이 새로운 화합 방식 개념의 중요한 징조는 신조어인 **사회**였는데, 이 말의 발전은 1877년에 시작된 허버트 스펜서의 사회 이론 번역서의 소개와 밀접하게 관련되어 있다.[65] 허버트 스펜서의 사회학에 익숙한 정치운동 인사들 중에는 후쿠자와 유키치의 제자가 여럿 있었고, 그 중 일부는 1870년대 초반에 영국에서 유학을 하고 돌아와서 오쿠마 시게노부의 후원 아래 메이지 정부의 공직에 진출하였다. 이 인물들 중에는 바바 다쓰이, 오노 아즈사, 오자키 유키오(尾崎行雄), 그리고 야노 후미오 등이 있었는데, 이들은 1870년대 말과 1880년대에 여러 언론 결사 단체, 특히 공존동중(共存同衆)과 고준샤(交詢社)에 모였고, 1880년대 정당 설립에 적극적이었다.[66] 오노는 특히 오쿠마의 연설, 그리고 입헌개진당의 공개 문건 작성에서 중요한 역할을 맡았다. 이 집단의 비주류에서 가장 중요한 인물은 우에키 에모리로서 그는 유명한 언론인이자 저술가로서 이타가키 다이스케와 그의 조직인 릿시샤 및 자유당 소속이었다. 그와 바바 다쓰이는 한 동안 자유당을 위해 함께 협력하였다.

"리버티"의 사례에서처럼 "소사이어티"의 일본어 번역어를 다루는 일본의 어원학 연구는 현대의 번역어인 **사회**의 도입과 표준화의 시기를 확정하는데 초점을 맞춘다.[67] 사회는 원래 고대 중국에서의 사직제례(社稷祭礼)를 지칭하는 말이었다. 12세기경에 이 말은 그러한 종교적 (혹은 교육적이거나 상업적) 목적으로 모인 집단을 지칭하는 말이 되었다. 그리고 일본의 도쿠가와 시대에 이 말은 난학자들에 의해 특정 회합 장소, 즉 번교, 교회, 공의소(公議所) 등을 지칭하는 말로 사용되었다. 1874년 혹은 1875년에 사회는 "소사이어티"의 번역어로 사용되었는데, 여전히 그것이 누구의 공인가에 관해서는 합의가 이루어지지 않았다.[68] 확실히 1880년대 초반 일본 제국 대학의 이노우에 데쓰지로와 아리가 나가오의 노력이 "소사이어티"의 번역어로 사회를 표준화하는데 핵심적이었다. 1881년에 발간된 이노우에의 『철학자휘』 초판과 1884년에 아리가와 공동 편집한 개정증보판 사이 시기에 사회는 "소사이어티"의 유력한 번역어가 되었고 "소시올로지(sociology)"와 "소셜 사이언스(social science)"의 번역어의 어근이 되었다.[69] 1883년에 출간된 아리가의 『사회학(社会学)』은 스펜서를 모방했고, 스펜서의 『사회학 연구』의 일본어 번역본의 제목 또한 그대로 따랐는데, 이 번역서는 같은 해에 나왔다. 그 이후에 도쿄제국대학에서 "소사이어티"의 공식 번역어로 유사하게 행위의 거대 영역을 의미하는 "인간 세계"라는 의미의 세태(世態), 그리고 "소시올로지"를 의미했던 세태학(世態学)은 점점 사라지게 되고 1885년에 세태학과는 사회학과로 명칭을 바꾸게 된다.[70] 사회는 그래서 새로운 추상관념인 "소사이어티"의 우세한 번역어가 되었는데, 이때 "사회"란 구체화된 유기적 존재로서 과학 법칙과 정치행동에 따라서 변화 가능한 것으로 일본 지식인들로 하여금 일본 사회를 다시 생각할 수 있게 해주었다. 그 근거는 새로운 학문적 기반이었고 사회의 과거, 현재, 미래에 관한 새로운 해석을 할 수 있게 해주었다. "인민"의 대안 개념으로서 '사회'는 새로운 형태의 인간 행위자를 가능하게 하였고, 사회발전의 방향을 유도할 정치적 제안을 공식적으로 승인해주었다.

스펜서의 사회 이론 번역은 일본 독자들에게 두 가지의 일반적인 방식으로 관심을 끌었다. 최초에 독자들은 개인의 권리에 대해 가장 큰 관심을 두었다. 자유민권운동의 주요인사인 오자키 유키오와 마쓰시마 고우(松島剛)는 스펜서의 『사회정학』의 주요 부분을 발췌하여 각각 1878년과 1881년에 독자적인 번역 작업을 하였다.[71] 『사회정학』에서 오자키와 바바 다쓰이, 그리고 우에키 에모리는 자연권에 관한 자유주의적 정당화 논리를 발견했는데, 이는 계몽주의적 진보 이론의 불확실성과 결별할 수 있는 이점을 부가적으로 제공해주었다. 스펜서의 적응 법칙은 사회진보의 과학적 확실성을 제공해주었다. 그리고 인민과 그들의 정부가 유기적 전체를 이룬다는 가정 하에 스펜서의 이론은 왜 공적 영역에 대한 정부의 침투가 정부의 적절한 의무에 반할 뿐만 아니라 적응을 위한 최적의 조건에도 파괴적인지 설명한다. 반대로 도쿄제국대학의 지식인 공동체를 포함한 다른 사람들과 자유민권운동의 반대자들은 사회진화와 정치제도의 발전에 관한 스펜서의 설명을 강조했다. 하지만 스펜서의 진화론은 두 가지의 상이한 해석을 승인한다는 모순을 안고 있었다. 한편으로 스펜서는 최소 정부를 지지하는 자유주의적 해석을 제공하였는데, 모든 개인의 자연권을 보장함으로써 그들이 전체 사회의 진보적 발전에 공헌할 수 있을지도 모르는 것이었다. 다른 한편으로 그는 환경에 결정론적 해석에 기대고 있었는데 그에 따르면 사회란 환경에 반응하는 유기체이며, 정부는 전체의 체계적 적응을 감독하는 역할에 적당하게 우월한 자리에 위치하는 것이었다.[72] 사회에 대한 이 이중의 해석은 스펜서의 저작 안에서와 마찬가지로 일본 지식인들 사이에서 동일한 이념적 분열에 직면했다. 그래서 오자키, 바바, 그리고 우에키가 자연권에 대한 강력한 정당화론을 발견할 때, 가토 히로유키는 적응적 결정론으로부터 논리적 단계를 따라서 "국권(国権)"에 관한 독일 이론으로 나아가면서 그 과정에서 자연권 혹은 민권을 거부하게 된다.

그에 따라 스펜서의 저작은 1880년대의 지식인들과 정치 운동가들에게 결정적이었던 논변에 새로운 전략을 제공하였다. 특히 세 가지의 쟁점이 스펜서 이론으로부터 영향을 받았다. 진보의 계몽주의 이론, 자연권을 둘러싼 논쟁, 그리고 정부와 인민 사이의 대립이 그것이다.

…

첫째로, 1878년에 자유민권론자들은 진보의 계몽주의적 모델의 인과적 선후관계 이론의 타당성에 대해 의심을 하기에 이르렀다. 스펜서는 목적론을 전제로 하는 이론을 무너뜨리는 논변을 제공했는데, 변화의 계몽주의적 기제—교육—에 대해 의심을 하도록 하였고, 이때 개인주의를 추인하면서도 진보가 개인의 합리적 행위에 기대지는 않게 만들었다. 교육에서 동일한 교수법이 상이한 개인에게서 상이한 결과로 이어진다고 전제하고, 교육이 계몽된 행동을 산출하지 않는다는 점을 증명하면서도 스펜서는 교육에 기대지 않고 개인과 더 큰 전체인 사회를 겨우 화해시킨다. 사회를 이해하기 위해서는 오직 그것을 구성하는 개인들을 살펴봐야한다는 점을 방법론의 근본 전제라고 선언하면서 스펜서는 『사회정학』에서 "적응의 법칙"을 언급함으로써 개인의 자의적 행동이 사실은 더 정의롭고 도덕적인 전체에 공헌할 것이라고 설명한다.[73] 계몽주의 이론의 핵심에 있는 계도, 즉 우월한 개인이 미성숙자를 이끌어준다는 원리에 반하여 스펜서는 자신의 제1원리가 "평등한 자유 법칙"(혹은 "도덕 법칙")이라는 입장을 견지한다. 다시 말해서 "모든 개인은 자신의 의지대로 행할 자유가 있는데, 그 전제는 그가 어느 누구의 평등한 자유도 침해하지 않아야 한다는 것이다."[74] 개인 각자가 언제나 자신의 "정상적인" 능력들을 발휘하고 그와 같은 행위를 억제하지 않는다면, 우리가 서로에게 유익하거나 해로운 고통을 초래하는 행동이 궁극적으로 사회정의라는 대의에 복무한다는 것이다. 언제나 해로울 뿐인 행동과 간접적으로 유익한 행동을 명백하게 혼동하는 경우란, 사실은 "그 작용에 대해 비(非)적응적 능력들"의 사례뿐이다—그런데 이는 사회생활의 필수불가결성이라는 더 광범위한 맥락에서는 적응 법칙이 작용한다는 증거를 제공하는 것이다. 진보의 계몽주의 이론과는 반대로 스펜서의 논변은 비합리적이고 잘못된 행태를 설명할 여지를 남겨둔다는 장점이 있다. 더구나 필(J.D.Y. Peel)이 지적했듯이 사회상태로의 적응이라는 원리는 스펜서로 하여금 진보를 부분적이고 우연적인 과정이 아니라 사회 전체에 내재된 진화의 과정으로 다룰 수 있게 하였다.[75]

스펜서의 분석에서 이론상으로 모든 사회적 과정은 개인과 사회 조건 사이에 그와 같은 괴리를 보여주며 따라서 적응 법칙에 종속된다. 계몽주의적 진보의 중심에 있는 교육은 비적응의 최우선 사례다. 스펜서는 19세기 교육의 권위적이고 강압적인 습성에 강하게 반대하는데, 그가 보기에 이러한 교육은 처벌과 교정을 강조하는 오류를 범하고 있기 때문이다. 그는 그와 달리 교육의 적절한 기능이 성격 형성에 있다고 보았다. 자기통제의 능력을 강화하고 개인의 공감능력을 되살려냄으로써 교육은 성격교정을 강조해야만 한다는 것인데, 공감이란 우리가 사회에서 타인에게 적응하는데 가장 중요한 기제이기 때문이다. 스펜서는 교육이 일시적인 현상으로서, 정신을 계몽하거나 이성을 발전시키기 위한 본질적인 수단이 아니라 개인을 사회상태에 적응하라고 훈계하기 위한 도구라고 확신했다. 그리고 교육이 일단 이 기능을 충족시키고 나면 교육 자체가 사라질 것이라고 보았다.[76]

…

스펜서의 공헌을 유의미하게 만드는 두 번째 쟁점은 자유민권운동, 특히 1880년대에 발전하고 있던 이 운동의 양태와 관련된다. 적응법칙과 인간사회의 진보, 혹은 "군사" 형태에서 "산업" 형태의 사회로의 진화에 대한 스펜서의 설명은 자유민권 운동을 둘러싼 양쪽 편에게 인간의 권리와 민주제도의 확대 혹은 제한 모두에 관한 과학적 정당화 근거가 되었다. 자유민권 운동의 편에게 사회적 적응에 관한 스펜서의 과학적 설명은 모든 자연권 혹은 『사회정학』의 마쓰시마 고우 번역본의 표현으로는 "**사회평권(社会平権)**", 즉 '사회 내의 평등한 권리'의 즉각적인 허용을 위한 강력한 정당화 논리를 제공하였다. 개인들과 그들이 모인 결사체들이 정부의 조치에 항의하는 자유민권운동의 맥락에서 정부와 개인의 자유가 대립한다는 스펜서의 논의는 완벽하게 들어맞는 것이었다. 우에키 에모리가 인간의 목표가 행복이며 행복의 성취는 개인의 자유와 평등한 권리에 달려 있다고 말했을 때, 그는 스펜서를 그대로 되풀이하고 있다. 이들 권리는 하늘이 내린 것이기 때문에 그 권리들이 정부와 법률 전부 다에 우선한다는 것이고, 그에 따라서 국가가 인민의 자유와 권리에 간섭하는 것은 잘못이다.[77] 스펜서는 문명이 진전함에 따라 함께 정부가 필연적으로 작아질 것이라고 선언하였다. 정부의 의무는 치안에 국한되는데, 여기에는 사회의 동료 구성원을 해하는 자들을 체포하기 위한 경찰력, 그리고 외부로부터 사회를 해하려는 자들을 격퇴하기 위한 군대의 적절한 사용이 거기 포함된다—그리고 이는 애국사 강령에서 되풀이되고 있는 내용이다.[78] 하지만 스펜서가 덧붙이기를 정부에 의해 제정된 모든 법률은 평등한 자유 법칙에 종속된다는 전제하에 모든 개인은 국가가 이 법칙을 어겼을 때 국가를 무시할 권리를 갖는다.[79]

동시에 우에키를 비롯한 자유민권운동가들이 진보에 관한 스펜서의 설명에서 발견한 것은 상황이 조건에 조응하도록 사회적 적응이 일어날 때, 도덕과 정부 사이의 근본적인 갈등이 수반된다는 사실이었다. 스펜서는 세속 정부가 사회의 비도덕적 조건으로부터 생겨난다고 추론하는데, 이러한 조건은 오직 동등한 자유의 도덕 법칙에 의해서만 교정될 수 있다는 것이다. 따라서 정부와 개인의 자유 사이의 충돌 상황에서 정부가 "도덕 법칙과 충돌하는 것에 대한 비난을 반드시 받아야 하는 것이지, 도덕 법칙이 정부와 충돌한다고 비난을 받을 수는 없다"는 것이다.[80] 우에키는 이러한 논리를 활용하여 개인의 자유를 옹호하였다. 1880년대에 쓴 두 편의 글인 『빈민론(貧民論)』과 『남녀동권(男女同権)』에서 그는 각각의 사례가 당대 일본에서 부와 정치적 권리의 불일치에 의해 정의와 자연적 평등에 어긋나는 조건이 강화되는 상황이라고 주장하면서 도덕에 호소하였다. 첫 번째 글에서 우에키는 평등을 쟁취하기 위해서 부의 사회주의적 재분배를 옹호하지 않는다. 대신에 그는 정부가 정치적 권리를 빈민에 확대함으로써 자유를 수호하고 평등한 권리를 보장하는 적절한 의무를 다해야 한다고 제안한다.[81] 두 번째 글에서 우에키는 오자키의 스펜서 번역서에서 "여성의 권리"에 관한 장을 인용하는데, 정부와 정부가 제정한 법률이 잘못에 책임이 있다는 것이다. 여성이 남성과 동등한 지성과 정치적 능력을 갖고 있다면 도덕적 행위란 여성에게 평등한 권리와 자유를 허용함으로써 여성도 능력을 발휘하고 그들 자신의 행복을 성취하도록 하게 해야 한다는 것이다.[82] 도덕에 대한 이러한 호소는 아이즈(会津)의 아이신샤(愛身社)와 같은 지방 정치협회에서 다시 나타나는데, 그 강령은 우리 자신에게 도덕적 의무가 있고, 이 의무에 따라서 우리 자신의 자연적 능력을 사용하여 국가를 창출해야 하는데, 이 국가가 우리 권리를 수호하는 역할을 한다는 스펜서의 발상을 내세운다.[83]

우에키와 자유민권운동파는 도덕적 우위를 점함으로써 정부를 수세적 위치에 몰아넣었는데, 그들의 입장은 스펜서 식의 자연권론의 반국가주의적 결론에 주로 기대는 것이었지만, 적응의 내재적 과정에 관한 그의 이론을 전체적으로 활용한 것은 아니었다. 사회진화의 본질적 요소들, 즉 완성에 이를 때까지의 진보, 필연성, 적응, 그리고 지속적인 변형은 『사회정학』에서 제시되었지만 스펜서의 보다 완성된 진화이론은 1883년의 『사회학 원리』와 『사회학 연구』의 완역에서 완전히 설명되어 있었다. 이러한 이론의 과학성에 대한 주장은 두 가지의 다른 입장에 대해 더 도움이 되는 정당화 논리임이 드러났다. 그 두 입장 중 하나는 과거에 『메이로쿠잡지』의 동인이자 1881년부터 도쿄제국대학의 총장을 역임한 가토 히로유키의 것이었고, 다른 하나는 자유민권운동과의 평화적 해결책으로 기울어 있던 언론인 도쿠토미 소호(德富蘇峰)의 것이었다. 사회진화론으로부터 두 사람은 더 확고한 기반 위에서 새로운 논변을 구축하기 위한 재료를 발견했다.[84]

대체로 자유민권론에 기반을 둔 민선에 대한 새로운 요구를 선제적으로 봉쇄하고, 국회개설 계획을 천명한 이후의 정부 입장을 지지하기 위해서 가토 히로유키는 『인권신설』을 1882년에 발표하였다. 앞서 5장에서 살펴봤듯이, 이 저작은 자연권 이론에 관한 극적인 거부이자 일본의 젊은 지식인들 사이에서 승인되고 있는 새로운 사회진화이론에 대한 강력한 수용이었다. 가토—와 일본의 헌법제정에 참여하고 있던 다른 관변 학자들—는 자연권론을 국권론—권리가 국가로부터 나온다는 생각—으로 대체하고자 했는데, 이들은 이 국권론을 스펜서, 그리고 독일 생물학자 에른스트 헤켈(Ernst Haekel)과 같은 학자들로부터 영향을 받은 국가 진화론과 결합시키고자 하였다. 『인권신설』에서 가토는 "적자생존"이라는 자연의 맥락에서 국가가 등장한다고 설명한다. 인민은 상호간의 보호를 위해 뭉치면서 원시적 무리 수준을 넘어서는 분업과 연대형태를 창출한다. 그리고 나면 지도자들이 집단 내의 구성원들 사이에서의 자의적인 처우를 방지하기 위해서 나선다. 이러한 형태의 권력과 특권은 권리라고 불리는데, 이는 지도자에 의한 독재적 보호통치로부터 진화하며, 저 우월한 인간에 전적으로 기댄다. 인민에 권리와 의무를 부여하는 것은 전적으로 지도자에게 달린 일이다. 그리고 가토가 강조하기를 역사적이고 진화적인 기록에 따르면 통치자들은 결국에는 자기 자신의 행동을 제약하기 시작하는데, 이는 인민의 안전과 행복을 증진시키기 위함이다. 진화의 역사에 대한 가토의 소위 경험적 연구는 국가의 우월성을 정당화하려는 의도를 반영하는데, 그가 느끼기에 국가는 인민, 혹은 이제 본질적으로 사회인 존재의 최선의 행동 강령을 결정하는 자리를 정당하게 차지하고 있다.[85] 비록 가토가 스펜서의 자연권론을 거부하는 주장을 피고 있지만, 그는 진화에 대한 자신의 이해 방식이 스펜서에게 빚지고 있다는 점을 인정한다. 가토에게 민권운동은 시기상조이며 부적절한 것이었다. 오히려 사회진화가 증명해주는 것은 변화가 자연적으로 느리게 일어난다는 사실이다.

반면에 도쿠토미 소호는 스펜서의 진화론으로부터 완전히 다른 결론을 이끌어낸다. 1886년 『장래의 일본(將來之日本)』에서 그는 일본이 변화가 넘쳐나는 곳이라고 묘사한다. 하지만 그가 또한 강조하기를 사회의 자연적 발전에 대한 정확한 이해를 통해서 이 변화가 의미를 갖게 된다. 스펜서의 적응법칙, 그리고 사회가 군사 유형에서 산업 유형으로 진보한다는 이론을 설명한 후에 그는 자신의 계몽주의 스승들이 주장한 것과는 반대로 세계는 적자생존을 위한 거대한 전장이 되었다고 말한다. 하지만 경제적 배분과 의사소통 형태에서의 진보는 세계를 군사 단계에서 산업 단계로 움직이고 있다고 말한다.[86] 도쿠토미는 권리의 기원이라는 휘발성 강한 질문에 대해서는 입장을 정하지 않는다. 대신에 그는 진보를 강조한다. 진보는 자연스러운 것이며 조물주의 의지를 나타내는데, 이는 조물주의 선택을 받은 인민인 미합중국의 역사 발전으로부터 누구나 관찰할 수 있는 것으로, 일본과 모든 일본국민에게 민주 정부는 운명이라는 것이다. 관습적인 것과 필연적 것 사이의 혼동 이후에 적응이 뒤따라 나온다는 스펜서의 이론에 의거하여 도쿠토미는 그의 독자들에게 일본이 자신의 적응을 방해하는 구습을 극복하고 진보의 보편적 패턴의 대열에 합류하게 될 것이라고 안심시킨다.[87] 우에키를 비롯한 자유민권운동가들이 제기한 문제 중에는 예컨대 일본에서의 부의 편중 등이 포함되었는데, 이 문제들은 신분귀족제적 구습의 한 사례라는 것이며, 우에키는 자유민권운동의 찬반 양편이 "봉건적" 사고방식인 권력에 대한 지나친 집착에 젖어있다고 꾸짖었다. 일본의 유교적 유산과 스펜서의 국가 의무에 관한 논평을 합해놓은 결과로 스펜서 자신은 결코 승인하지 않았을 정도의 가부장주의를 드러내고 있는 성명서에서 도쿠토미는 국가의 목표가 개인들을 보호하는데 있다는 점을 모두가 명심해야 한다고 촉구했다.

스펜서의 진화론으로부터 파생된 세 가지 진보론에 공통된 것은 확실성의 전제(presumption of certitude)였다. 이는 스펜서가 『사회정학』의 과학적 실천에 관해 가장 중요하게 주장한 바이다. 부분으로부터 전체로, 그리고 개인의 본성으로부터 일본 사회의 미래 상태에 대한 추론을 통해 우에키와 도쿠토미는 이전의 계몽주의 모델을 개선할 수 있는 진보의 과학적 원리를 스펜서로부터 찾았다. 후쿠자와 같은 계몽주의적 교육자는 봉건적 과거의 권위주의가 사회적 상호작용과 진정한 도덕의 발전을 망쳐놨다고 비난했고, 개인들로 하여금 정부의 안팎에서 스스로를 계발할 것을 촉구하였다. 하지만 우에키와 도쿠토미를 비롯한 자유민권운동가들은 이보다 더 나아갔다.[88] 그들 또한 현재의 도덕성을 비난하고 개인들이 자신들의 행태를 바꿔야만 한다고 이해했다. 하지만 그들은 또한 사회의 진화과정에 권위주의를 위치시키고 그것이 사라지게 될 것이라고 기대했다. 스펜서가 현재의 조건을 정부의 탓으로 돌린 것과 마찬가지로 그들도 정부를 개인의 권리를 인정하는데 소극적이거나 아니면 억압적인 법률로 내리누르는 위치에 억지로 끼워 넣었다. 반대로 가토는 진화로부터 정부의 권위주의적 태도를 지지할 탄탄한 근거를 찾는다. 사실상의 공식 정책인 점진주의는 인민과 국가의 자연적 진보에 합치하는 것이었다. 그래서 정부가 자유민권운동을 탄압하는 일은 문제가 되지 않는다. 그것은 탄압의 행동이 아니라 일본의 특수한 조건에서 봤을 때, 적응을 위한 적절한 조치였다는 것이다.[89] 근대성을 연구한 학자들이 주장했듯이, 그러한 확실성은 더 합리적인 정치의 목표였다. 그리고 여기서 가토는 사회과학의 진전을 예견했다. 그렇게 될 때, 반복 가능한 측정과 용어 체계를 통합할 수 있는 더 정확한 체제를 구축할 수 있을 것으로 여겼다.

…

진보의 계몽주의 이론과 자연권을 둘러싼 논쟁과 더불어 스펜서의

사회 개념은 세 번째 공헌을 하게 되는데, 그 덕분에 정부 관료와 『메이로쿠잡지』 동인들의 계몽주의적이고 점진주의적인 입장을 약화시켰던, 정부와 인민 사이의 지속적 대립의 문제를 해결해내기 시작했다. 스펜서는 이 문제를 개념화하는 새롭고 대안적인 방식을 제시했다. 정부를 인민에 맞서 싸우게 만드는 대신에 사회는 반대 쌍의 발전을 설명할 수 있는 자신만의 진화법칙을 갖게 되었다. 이 논변은 그의 글들 중에서 처음으로 1879년 말 일본어로 번역되어 발표된 「부녀의 권리(婦女の権理)」에서 명확하게 드러나 있다. 스펜서는 "야만인들이 한 단계 발전하여 정착을 하면 그들은 **사회**가 되는데 **교제**가 조밀해지면 인민을 구성하게 된다"고 설명한다. "그들의 업무가 그에 따라서 더 다양해지면 당연히 남성과 여성 사이의 분업은 더 전문화된다." 스펜서는 이때 사회의 두 근본 유형을 일반화하는데, 군사 유형과 산업 유형이 그것이며, 이 발전 유형들은 사회진화의 연대기적 단계임이 증명된다. 군사적 피지인과 산업적 사모아인이라는, 근본적으로 대조적인 폴리네시아인의 쌍에 기대서 스펜서는 여성 권리의 진보라는 관점에서 사회진화를 묘사한다. 군사 단계 사회의 특징은 일부다처제와 여성 권리의 결여이다. 산업 단계에서는 일부일처제가 발전하고 여성의 권리가 증대된다. 군사 단계에서는 신분계급 체계가 활용되어서 하위계급은 전사통치자를 부양한다. 산업사회는 보다 정교한 분업을 활용하여 사회관계를 보다 평등하게 만들고, 사회는 더 평화로운 상태를 경험할 수 있게 된다.

이러한 묘사에서 사회 개념은 인민과 정부 사이의 매개 지점을 제공해준다. 과거의 군사사회형태는 전형적으로 군주제적 통치를 받는데,

반면에 산업형태로 진화한 사회는 보다 집합적이고 민주적인 정부 형태를 갖게 된다는 것이다.[90] 가토의 이론에서 이 진화론적 역사는 전적으로 우월한 지도자의 존재에 달려 있는데, 그가 강하고 안정된 국가의 응집력을 창출할 수 있고, 인민에게 권리와 의미를 수여하면서도 동시에 그들을 집단적 통치로 통합시키는 일이 그로부터 시작되기 때문이라는 점을 상기할 필요가 있다. 도쿠토미 소호에게 정부와 인민 사이의 당시의 긴장은 단지 진화에서의 일본의 위치의 소산일 뿐이었다. 그리고 때가 되면 일본 사회는 민주 정부 하에서 화합과 조화를 성취하게 될 것이었다. 이 두 가지 입장 모두에게 사회 분파들 간의 명백한 충돌은 사회의 근본이 되는 국가적 화합 내부에서 해소될 수 있는 것이었다.[91] 그럼에도 불구하고 정부와 인민을 매개하는 사회의 이러한 역량은 일시적이었으며, 사회주의자들이 사회를 국가에 대립시키는 새로운 대의를 주장하게 되면서 곧 변형될 준비가 되어 있었다.

1880년대에 가장 놀라운 점은 인간 행위자성의 새로운 가능성을 창출하는 법인체로서의 사회의 구체화다. 『사회정학』의 "토지 사용 권리"에 관한 유명한 논의에서 스펜서는 토지의 사적소유에 대한 대안으로 사회에 의한 집단소유를 제시하였다. 토지의 합법적 소유자로서 사회는 적절한 지대 수준을 정할 수 있으며 이러한 합의는 자유의 도덕법칙에 대한 개인들의 적응을 심화한다. 여기서 스펜서의 모델이 된 것은 합자회사인데, 이 제도는 그의 일본 독자들을 개인들의 사적 경험, 그리고 인민과 정부 사이의 대립을 훨씬 넘어선 수준으로 데려간다.[92] 개인들은 자신들의 자연적인 반발력과 응집력을 사회에 적응시키고, 그로부터 문명을 발전시킨다. 우에키 에모리가 스펜서로부터 배웠듯이 개인의 자연권을 인정하게 되면 그 혜택은 그만큼 정부를 축소시키면서 사회에 누적된다. 이렇게 혁명적인 새로운 관념 덕분에 마쓰시마 고우가 『사회정학』의 일본어 번역본 제목을 '사회의 평등한 권리에 관하여'라는 의미에서 『사회평권론(社会平権論)』으로 정했다고 확신한다. 사회는 우리 자신의 야만적인 유목 충동을 그 안에서 해소하고 그 대가로 자연권에 대한 상호보장을 얻는 무리이며 우리는 새로운 유기적 권력에 참여하게 된다. 유기체로서의 개인에 대한 유비로서 새로운 집합적 행위자는 세계 속에서 자율성을 갖고 행동할 수 있다.

사회에 그와 같은 행위주체로서의 권력을 부여하는 것과는 별개로 사회의 구체화는 새로운 정치운동가들과 사회학자들, 그리고 그 외의 사람들에게 이 새로운 전체 안에서 그들의 새로운 형태의 행위를 할 수 있도록 권한을 부여받으며, 따라서 적응과 진화과정을 촉진하게 된다. 19세기 사회학에 전형적인, 그리고 일본인들에게 계몽주의적 계도로부터 과학적 확실성으로의 이행을 깨우쳐주는 방식으로 가토 히로유키가 선언하였듯이 자연학 원칙을 인간 세계에게 적용하게 되면 당시에 사회의 진보를 가로막는 정신의 기만행위를 제거하는 중요한 발견들이 가능해질 것이었다.[93] 지식의 대상으로서 사회는 연구되어야만 한다. 인민의 구성체로서의 사회는 조종되어야 한다. 정부관료, 지식인, 그리고 자유민권운동가들은 사회에 행위의 지침을 제안할 수 있었는데, 무엇보다도 사회란 개인의 행동양식에 대한 장려와 억압 중 하나를 통해서 다른 사람들에 의해 조종될 수 있는 것이었기 때문이다.[94]

1880년대에 사회는 허버트 스펜서의 분석 수준을 넘어서기 시작했는데, 이는 지속적인 신조어들이 그 원천을 비껴나간다는 표시였다. 사회는 새로운 분화의 장소가 되었고, 이러한 분화는 심화된 분석을 요하는 물화의 가능성을 내포하고 있었다. 『빈민론』에서 우에키 에모리는 인간 사회를 "상위 사회"와 "하위 사회"로 나누었는데, 이 초기 계급 분석에서 전자의 특징은 부, 읽고 쓸 수 있는 능력, 그리고 지식이었고, 후자의 특징은 빈곤, 문맹, 그리고 어리석음이었다. 하지만 이 대립은 또한 통치 계급과 인민 대중 사이의 차이에도 상응하는 것이었다. 그리고 (10년 전 후쿠자와와 마찬가지로) 우에키는 이것이 일본의 오래된 권위주의적 정부의 전통, 그리고 통치자들의 오만함의 탓이라고 비난했다. 앞서 언급했듯이 우에키는 빈민에게 평등한 정치적 권리를 부여할 것을 주장했을 뿐만 아니라 유럽의 나라들에서의 "사회주의 정당(社会党)"의 존재를 언급하고 있는데, 그들의 정치적 목표는 사회의 이러한 수준들을 평준화하는데 있다는 것이고, 이를 통해 인간 사회를 다시 화합시킨다는 것이다.[95] 세기말에 이르면 다른 저자들이 이러한 사회주의적 강령을 **사회주의**(社会主義) 라는 신조어의 구호 아래에서 옹호하기 시작하게 될 것이었다.[96]

"소사이어티"의 번역이 궁극적으로 의미하는 것은 내 생각에는 1880년대가 지나가는 동안 인민에 대한 기존의 사무라이 계급의 정치적 통제가 해체되기 시작했다는 점이다. 도쿠가와 시대의 계급 체계가 흔들리고 지위, 직업, 그리고 도덕적 등급의 단순한 등식이 해체되면서 새로운 단위인 사회는 새로운 현실로 물화되었다. 인간세계에 대한 새로운 서양식 이해에 근거하여 사회는 새로운 분화와 경향, 그리고 과정의 장소가 되었고, 그 동력을 설명하기 위한 새로운 전문가 집단, 그리고 그 방향을 관리하기 위한 새로운 접근방식을 필요로 하였다. 달리 말해서 일본이 농촌의 소작제, 그리고 도시 빈민 문제와 산업을 동시에 갖게 되는 문명의 수준으로 진보함에 따라서 고도화가 더 필요하게 되었다. 그리고 이러한 새로운 고도화 작업에서 사회 개념은 중심이 되었는데, 사회 개념이 동반하는 과학적 방법은 분석적 접근을 요청하기 때문이었다. 일본에서 이러한 종류의 과학, 즉 미국인들이 간간히 "소셜(social)"이라는 말과 연관시킨 종류의 학문은 세기말이 되어서야 최초로 등장하게 되는데, 이때가 되어서야 "사회문제(社会問題)"라는 것을 발견하게 되었고, 이 문제를 계량화하고 기록하면서 그에 따른 조치를 취할 수 있게 되었다.[97]

그리고 1880년대 말에 이르러 대체로 시민의 소사이어티에 관한 자유주의적 이론은 그 자리를 잃게 되는데, 이는 한편으로는 일본의 국가가 제국 통치라는 대안적 이론에 점점 더 기댔기 때문이고, 그리고 다른 한편으로는 전체에 관한 새로운 개화를 약속한 스펜서적인 사회 관념 때문이었다. 국회개설운동의 제한적 성공과 함께 도쿠가와 시대의 지위 패러다임은 새로운 화합 방식의 개념들에게 자리를 내주게 된다. 그것은 바로 일본국민, 일본국, 그리고 일본사회였다. 이들 용어가 의미하는 것은 진화론적 진보에 대한 관심이 증대되면서 기존의 사무라이 계급의 계도를 전제로 하는 진보의 계몽주의 이론이 대체로 폐기되었다는 사실이다. "인민", 혹은 "국민"은 일본 지식인들이 민주적이고 인종적인 가능성들로 돌아갈 수 있도록 하는 무차별적 개념들로 남아있었다. 반면에 "사회"는 내부의 긴장과 충돌, 그리고 진화적 발전이라는 특징을 갖는 추상적 전체로 남아있었다. 다수의 자유주의 지식인들이 인민으로부터 등장하여 상향식으로 번벌 정권에 맞설 수 있는 변화의 능동적 힘을 사회에서 봤다. 이때 번벌 정권은 자신의 권력과 수동적 동력을 제외하면 점점 더 정치적 정당화의 근거를 잃고 있었다. 하지만 가토 히로유키에게 이러한 대립은 적자생존의 도덕적 진리를 확인시켜줄 뿐이었다.

여기까지가 메이지 일본에 허버트 스펜서 사상이 소개된 결과 중 하나이다. 자유민권운동 찬반 양측 모두에게 과학 법칙과 정치적 실천에 따라서 변화시킬 수 있는 사회라는 추상적 관념을 제공했을 뿐만 아니라 인간의 권리와 민주적 제도의 진화에 관한 과학적 논변을 제시함으로써 스펜서 번역서는 언어와 용어법에 관한 모든 고찰이 직면하게 되는 동일한 불확실성에서 정치이론이 자유롭지 않다는 일반적 결론을 보여준다. 첫째, 현실에서 아직 실현되지 않은 것에 대해 말하는 일은 비교적 쉽다. 그래서 이 시대의 초반부에, "사회"란 유니콘과도 같은 것이어서 우리 모두가 그 정체를 파악할 수는 있지만 실제로 본 적은 없었던 것이었다. 둘째, 정치 논쟁이 이념적 입장들의 존재를 드러나게 만들듯이 우리는 새로운 현실에 대한 새로운 지식의 물화를 목격하고 있는 것이다. 이 새로운 현실의 징후로서 입헌자유당은 1890년의 창당선언에서 "**사회의 공익**(社会の公益)"에 헌신할 것임을 천명하였다. '5개조 서문'이 공공의 이익이라는 의미의 **공익**에 만족했다면 새로운 개념화 방식은 공공의 것이 사회적인 것임을 명시하였다.[98]

주석

1 林屋辰三郎, 「文明開化の歴史的前提」, pp. 6-7; Najita, *Japan: The Intellectual Foundations of Modern Japanese Politics*, pp. 48-50, 72-73; 尾佐竹猛, 『日本憲政史大綱 上』, pp. 1-14; Pittau, *Political Thought in Early Meiji Japan*, p. 14; Luke S. Roberts, "A Petition for a Popularly Chosen Council of Government in Tosa in 1787," *Harvard Journal of Asiatic Studies* 57(2) (December 1997):575-596을 참조.

2 사회 개념에 대한 20세기 개념화에 대해 전반적으로 살펴보려면 다음을 비교. Talcott Parsons, "Society," in *Encyclopedia of the Social Sciences*, ed. E.R.A. Seligman (New York: Macmillan, 1934), 13:225-232, 그리고 Leon H. Mayhew, "Society," in *International Encyclopedia of the Social Sciences*, ed. David L. Sills (New York: Macmillan Press, 1968), 14:577-586.

3 *Oxford English Dictionary*, 2nd ed., 3:255, 15:913-914; Williams, *Keywords*, pp. 243 -247; Eric R. Wolf, "Inventing Society," *American Ethnologist* 15(4) (November 1988):752-761; 그리고 Keith Michael Baker, "Enlightenment and the Institution of Society: Notes for a Conceptual History," in *Main Trends in Cultural History: Ten Essays*, ed. Willem Melching and Wyger Velema (Amsterdam: Rodopi, 1994), pp. 95-120.

4 Thomas Hobbes, *The Elements of Law* (Oxford: Oxford University Press, 1994), pp. 106-107, 그리고 *Leviathan* (Harmondsworth: Penguin, 1981), pp. 223-238; Locke, *Two Treatises on Government*, pp. 324, 366-368.

5 Adam Ferguson, *An Essay on the History of Civil Society*, ed. Fania O. Salzberger (Cambridge: Cambridge University Press, 1995), pp. 8-10, 38, 150, 159. 사카모토 다카오(坂本多加雄)는 메이지 시대의 진보에 대한 노력을 퍼거슨, 아담 스미스, 그리고 스코틀랜드 계몽주의의 맥락에서 맥락화한다. 『市場·道徳·秩序』, pp. iii-xvii.

6 滝川政次郎, 『日本法制史』(東京: 角川書店, 1959), p. 414.

7 최초의 언급은 『서경』(5:20)이지만, 이 문헌의 실제 연대는 확실치 않다. 일본에서의 사민 개념의 발전에 관해서는 다음을 참조. 朝尾直弘, 「近世の身分とその変容」, 辻達也·朝尾直弘 編, 『身分と格式』(東京: 中央公論社, 1992), pp. 14-24. 반바 마사토모(万羽正朋)에 따르면 "사민"은 1720년대 까지는 흔한 말이 아니었다. 다음을 참조. Herman Ooms, *Tokugawa Village Practice: Class, Status, Power, Law* (Berkeley: University

of California Press, 1996), p. 298.

8 Ogyū Sorai, *Tōmonsho*, trans. J. R. McEwan, *The Political Writings of Ogyū Sorai* (Cambridge: Cambridge University Press, 1969), pp. 11, 17, 24.

9 다음을 참조. Hsiao Kung-chuan, *A History of Chinese Political Thought*, vol. 1: *From the Beginnings to the Sixth Century A. D.*, trans. F. W. Mote (Princeton: Princeton University Press, 1979), pp. 350-355; 그리고 또한 다음도 참조. Herrlee G. Creel, *Shen Pu-hai: Chinese Political Philosopher of the Fourth Century B.C.* (Chicago: University of Chicago Press, 1974), pp. 95-100.

10 와타나베 히로시(渡辺浩)는 1719년 조선의 관찰자들이 경멸적 어조로 일본에는 학자 관료인 사(士)가 없고 오직 병사인 병(兵)만 있다고 언급한 기록을 제시하고 있다. 이에 대해서는 다음을 참조. 『近世日本社会と宋学』(東京大学出版会, 1985), p. 61.

11 笠谷和比古, 「武士の身分と格式」, 辻達也·朝尾直弘 編, 『身分と格式』(東京: 中央公論社, 1992), pp. 207-216; 中村吉治, 『日本社会史概説』(東京: 碓氷書房, 1947), pp. 224-227.

12 Beasley, *Meiji Restoration*, pp. 22-34; Dan Fenno Henderson, *Conciliation and Japanese Law: Tokugawa and Modern*, vol. 1 (Seattle: University of Washington Press; Tokyo: University of Tokyo Press, 1965), pp. 27 and 87-92; 峯岸健太郎, 『近世身分論』(東京: 校倉書房, 1989), pp. 71-130; 그리고 滝川政次郎, 『日本法制史』, p. 415.

13 高橋亀吉, 『徳川封建経済の研究』(東京: 先進社, 1932), pp. 29-41. 나는 다음에서 지위에 대해 자세히 논하고 있다. "Samurai Status, Class, and Bureaucracy: A Historiographical Essay," *Journal of Asian Studies* 62(2) (May 2001): 353-380.

14 Honjō Eijirō, *The Social and Economic History of Japan* (Kyoto: Nihon keilzaishi kenkyūjo, 1935), pp. 195-229; 滝川政次郎, 『日本法制史』, p. 416.

15 深谷克己, 「近世史研究と身分」, 『歴史評論』 369 (1981.1), 51-52.

16 메이지 시대 초기 법률적 평등에 관해서는 다음을 참조. 麻生義輝, 『近世日本哲学史』(東京: 近藤書店, 1942), pp. 152-162; 林屋辰三郎, 「文明開化の歴史的前提」, pp. 14-2조; 그리고 稲田正次, 『明治憲法成立史 上』, pp. 152-174.

17 과거 사무라이 계급이 모든 일본인의 모델이 되었다는 주장에 관해서는 다음을 참조. 松田 宏一郎, 「福沢諭吉と「公」·「私」·「分」の再発見」, pp. 109-112, 120-127; 특히 국회개설운동과 자유민권운동에서 사무라이 출신 인사들의 지도력과 지배력에 대해서는 다음을 참조. 丸山真男, 「自由民権運動史」(1948), 『戦中と戦後の間』(東京: みすず書房, 1976), pp. 308-341, 특히 p. 311.

18 園田英弘, 「郡県の武士―武士身分解体に関する一考察」, 林屋辰三郎 編, 『文明開化の

研究』(東京: 岩波書店, 1979), pp. 65-76. 기존에 개성소(開成所)는 1870년에 대학(大学)으로 개명되지만, 실제로 [근대적] 대학이 된 것은 도쿄의학교와 도쿄개성학교가 합병되어 1877년 도쿄대학이 되면서이다.

19 深谷博治, 『華士族秩禄処分の研究 新訂』(東京: 吉川弘文館, 1973), pp. 3-15. 1871년에 이루어진 "사민"의 재정의는 인민에 대한 법적 묘사와 가장 자주 연관되어 등장한다. 이에 관해서는 다음 참조. 家永三郎, 『日本近代思想史研究』, pp. 95-116; 그리고 坂本多加雄, 『明治国家の建設』, p. 388. 졸족(卒族) 계급은 1872년에 폐지되었다.

20 심지어 평등을 옹호한 저자들조차도 분명 비판적 의도에서였을지라도 자신들의 현재 시대를 과거 도쿠가와 시대의 영향을 받은 용어들로 표상하였다. 오노 아즈사는 1875년에 번벌을 비판한 격문에서 사회가 신분 귀족 및 과거 사무라이 계급과 대립하는 세 인민, 즉 농민, 장인, 상인으로 구성되어 있는 것으로 묘사했다. 「權利之賊」, p. 183. 또한 다음을 참조. [高知県人], 「三大事件建白書」, pp. 92-106.

21 메이지 정부가 사무라이에 의한 독점지배체제를 구축했는가 여부를 둘러싼 논쟁(1960년대에 고토 야스시가 강력하게 제기했던)은 오늘날도 계속되고 있다. 이에 대해서는 다음을 참조. 園田英弘·濱名篤· 広田照幸, 『士族の歴史社会学的研究』(名古屋: 名古屋大学出版会, 1995), pp. 1-41 그리고 70-83; 또한 坂本多加雄, 『明治国家の建設』, pp. 170-178. 앞으로의 연구는 사카모토 타카오(坂本多加雄)가 제기한 바 있는 도쿠가와 시대 사무라이를 의미하는 무사(武士)와 메이지 초기 시점에서 과거 사무라이 출신을 의미하는 사족(士族)을 구별할 수 있는 더 나은 영어식 용어의 필요성이라는 쟁점을 반드시 염두에 두어야만 한다.

22 후쿠자와는 원래 『서양사정』을 두 권으로 이루어진 작품으로 계획했는데, 서양 정치제도를 조망하고 미합중국, 홀랜드, 영국, 러시아, 프랑스, 포르투갈, 그리고 프로이센의 정치사를 개괄하려 했다. 제1권을 1866년에 완성했을 때, 미합중국, 홀랜드, 그리고 영국이 포함되었는데, 그는 여기에 체임버스의 『정치경제론』 번역을 외편(外篇)으로 1867년에 끼워 넣었다. 이 두 권에 후속으로 1870년에 "제2편"이 출간되었는데, 실제로는 3권이며, 여기에는 러시아와 프랑스가 포함되었다. 그는 포르투갈과 프로이센에 관해서는 결코 쓰지 않았다.

23 福澤諭吉, 『西洋事情』, pp. 285-382; 지위상의 차이에 대한 언급은 다음을 참조. p. 290, p. 299.

24 福澤諭吉, 『西洋事情』, pp. 385-481.

25 이 점은 다음에서 논의된다. Earl H. Kinmonth "Nakamura Keiu and Samuel Smiles: A Victorian Confucian and a Confucian Victorian," *American Historical Review* 85 (June 1980): 535-556.

26 다음을 참조. Ravina, "State-building and Political Economy in Early-modern Japan," pp. 1003-1006.

27 동일한 통용가능성(compatibility)이 간다 다카히라가 1867년에 번역한 윌리엄 엘리스(William Ellis)의 『사회경제학 개요』(*Outlines of Social Economy*; 일어 번역본의 제목은 『경제소학』(経済小学))에서 나타난다. 이 번역에 대해서는 후쿠자와 자신이 체임버스의 번역서에서 경의를 표한 바 있다. 神田孝平, 「経済小学」(1867), 『明治文化全集 12: 経済篇 (改版)』(東京: 日本評論新社, 1957), pp. 22-56; 그리고 福澤諭吉, 『西洋事情』, p. 385를 참조.

28 福澤諭吉, 『西洋事情』, pp. 435-442; 中村正直 訳, 『西国立志編』, pp. 226-227. 나카무라의 스마일즈 번역 작업의 배경에 관해서는 다음을 참조. 大久保利謙, 『幕末維新の洋学』, pp. 224-260.

29 福澤諭吉, 『西洋事情』, pp. 428-429; 中村正直 訳, 『西国立志編』, p 1. 후쿠자와는 『학문의 권장』에서 유사한 동류어를 드는데, 거기서 그는 "하나의 나라 안의 인민은 회사(会社)를 이루기 위해 모이고 이를 국민이라 부르는데, 여기서 회사(会社)의 법률이 만들어지고 운영된다. (…) 이는 마치 수백 명의 조닌이 상인 회사(会社)를 만들고 구성원 간의 토의를 거쳐서 자신들의 규칙을 세우는 것과 같다." 다음을 참조. 『学問のすゝめ』, p. 99.

30 이러한 용례는 가타카나로 표기한 외래어 '소사이에티(ソサイエティー)'를 포함하는데, 나카무라는 이를 중간회사(仲間会社)와 등치시킨다. 中村正直 訳, 『自由之理』, p. 47, 72.

31 마쓰모토 산노스케(松本三之介)는 그러한 개인들 간의 상호작용을 초기 메이지 지식인들의 사회에 대한 가장 공통된 이해방식이라고 본다. 「陸羯南における「国家」と「社会」」, *Journal of Pacific Asia*, no. 1 (1993): 145-160.

32 H. D. Harootunian, *Toward Restoration: The Growth of Political Consciousness in Tokugawa Japan* (Berkeley: University of California Press, 1970), p. 408; Maruyama Masao, *Studies in the Intellectual History of Tokugawa Japan*, trans. Mikiso Hane (Princeton: Princeton University Press; Tokyo: University of Tokyo Press, 1974), pp. 274-319, 338-340, 346-349.

33 신도 사키코(進藤咲子)는 오바타 도쿠지로(小幡篤次郎)가 프란시스 웨일랜드의 『정치경제학』(Political Economy, 1837)을 옮길 때 "소사이어티"의 번역어가 유사한 범위에서 다양하게 사용되고 있다는 점을 지적한다. 『経済論(英氏)』(1871—1877); 다음을 참조. 『明治時代語の研究』, p. 73.

34 다음을 참조. 中村正直 訳, 『西国立志編』, pp. 260-261, 324, 특히 세간(世間)과 세상(世上)의 사례에 주목하라.

35 세간(世間)은 원래 "속세"를 의미하는 불교 용어다. 에이코 이케가미(池上英子)는 세간이 사무라이의 명예를 겨루는 도쿠가와 시대의 경합장, 혹은 "한 사람의 평판이 결정되는 상상의 공동체"라고 설명한다. 다음을 참조. Eiko Ikegami, *The Taming of the Samurai: Honorific Individualism and the Making of Modern Japan* (Cambridge,

Mass.: Harvard University Press, 1995), pp. 18, 90-94. 신도 사이코는 '세(世)'와 세간(世間)이 메이지 시대에 사회 세계의 "일반" 혹은 "공통"의 조건을 지칭하는 말로 사용되었다고 언급한다. 『明治時代語の研究』, p. 28.

36 정부(政府)는 정말 글자 그대로 에도성 혹은 교토의 천황 궁정 안의 회의실을 지칭한다. 그리고 은유적 확장을 통해 회의실에 소집되는 추밀원을 의미하게 되었고, 결국 정부 일반을 의미하게 되었다.

37 밀은 꽤 명시적으로 1861년 『공리주의』에서 인간의 자연적인 사회 상태와 정치체 사이의 등식을 승인한다. John Stuart Mill, *Utilitarianism and Other Essays*, ed. Alan Ryan (Harmondsworth: Penguin, 1987), pp. 303-304. 마쓰다 고이치로(松田宏一郎)는 후쿠자와 유키치 또한 메이지 첫 10년간 프란시스 웨일랜드의 『도덕과학의 요소들(Elements of Moral Science)』(1836)에 대한 독해를 근거로 정부와 사회를 등치시킨다고 주장한다. 「福沢諭吉と「公」·「私」·「分」の再発見」, pp. 82-83.

38 G. W. F. Hegel, *Elements of the Philosophy of Right*, trans. H. B. Nisbet, ed. Allen W. Wood (Cambridge: Cambridge University Press, 1991), pp. 197—200 and 220-221 .

39 中村正直 訳, 『自由之理』, pp. 7-8.

40 예컨대 다음을 참조. Michael Lewis, "The Meandering Meaning of Local 'Autonomy: Bosses, Bureaucrats, and Toyama's Rivers," in *New Directions in the Study of Meiji Japan*, ed. Helen Hardacre, with Adam L. Kern (Leiden: Brill, 1997), pp. 440-450. 모리 가즈츠라(森一貫)는 구매와 판매를 통한 상품의 유통이 번(藩)들 사이의 연결의 기제라는 가이호 세이료(海保青陵, 1755-1817)의 분석에서 "사회"의 선례가 등장한다는 점을 언급하였다. 『近代日本思想史序説』, pp. 74-82.

41 후쿠자와는 이후에 교제를 젠더 관계인 남녀교제(男女交際)와 부모 관계인 친자교제(親子交際)로 확대한다. 이에 대해서는 다음을 참조. 柳父章, 『翻訳語の論理』(東京: 法政大学出版局, 1972), pp. 59-60. 교제는 문명의 기획에서 도덕의 근거를 마련하는 수단이 된다. 지식과 덕성은 인간의 상호작용, 즉 인간교제(人間交際)의 공적 영역에 대한 참여를 통해 함께 성장한다. 다음을 참조. 『文明論之概略』, pp. 98-107. 생애 전반에 걸쳐 후쿠자와는 교제와 표준이 되는 사회라는 말 모두를 소사이어티를 의미하는 개념으로 지속적으로 사용했다.

42 이 용어법을 포함하고 있는 최초의 논의는 내가 아는 범위 안에서는 1872년 좌원(左院)의 건의서에 담겨 있다. 다음을 참조. 『日本憲政基礎史料』, pp. 80-86. 또한 다음을 참조. 岩倉具視, 「岩倉具視政体建定、議事院設置の建議」, 『日本憲政基礎史料』, pp. 57-60; 大久保利通, 「立憲政体に關する意見書」, 『日本憲政基礎史料』, p. 106-110; 또한 『메이로쿠잡지』 회원이었던 사카타니 시로시나 니시무라 시게키 같은 저자들의 글도 참조. 『明六雑誌』 13, (1874.6): 5a-9a; 『明六雑誌』 28 (1875.2): 4b-8a.

43 大久保利通, 「立憲政体に關する意見書」, 『日本憲政基礎史料』, p 106-110; 木戸孝允,

「憲法制定の建議」, 『日本憲政基礎史料』, pp. 98-104. 기도의 제안의 영어 번역과 다른 판본은 『재팬 위클리 메일(*Japan Weekly Mail*)』 1873년 11월 8일자에 실려 있다(pp. 796-798). 그리고 또한 다음에도 포함되어 있다. *Japanese Government Documents*, pp. 567-577.

44 이는 다음에서 복간된 문헌들에 대한 검토에 근거한다. 『日本憲政基礎史料』. pp. 31—216; 板垣退助, 『自由党史』(東京: 五車楼, 1910); 그리고 中山泰昌 編, 『新聞集成明治編年史』(東京: 本邦書籍, 1982) 2권과 3권. 또한 다음도 참조하였다. 稲田正次, 『明治憲法成立史』; 尾佐竹猛, 『日本憲政史大綱』 다음에서도 사례를 찾을 수 있다. 阪谷素, 「轉換蝶鉸説」, 『明六雑誌』 38 (1875.8), pp. 5-9.

45 「諸參議連署の立憲政体に關する建奏」, 『日本憲政基礎史料』, pp. 339-342. 이것이 바로 1881년 10월 11일 오쿠마 시게노부를 배제하는데 대한 유명한 의견 일치이다. 영어 번역은 다음에서 찾을 수 있다. *Meiji Japan Through Contemporary Sources*, comp. Centre for East Asian Cultural Studies (Tokyo: Centre for East Asian Cultural Studies, 1969-1972), 3:64-69.

46 「民撰議院設立の大論議」, 『新聞集成明治編年史 2』, pp. 117—118; 다음에서 복간 되었다. 『日本憲政基礎史料』, pp. 137-142; 다음에서 영어 번역을 볼 수 있다. Japanese Government Documents, pp. 426-432. 또한 1873년 기도 다카요시의 입헌주의에 대한 옹호론을 참조. 『日本憲政基礎史料』, pp. 101—102.

47 加藤弘之, 「時機尙早と反駁」, 『新聞集成明治編年史 2』, pp. 118—120; 축약판본의 복간은 다음을 참조. 『日本憲政基礎史料』, pp. 145-151; 영어 번역은 다음을 참조. *Japanese Government Documents*, pp. 433-439.

48 「加藤弘之の所論を駁す」, 『新聞集成明治編年史 2』, pp. 131-133; 다음에서 복간 되었다. 『日本憲政基礎史料』, pp. 137-142; 다음에서 영어 번역을 볼 수 있다. Japanese Government Documents, pp. 426-432. 로버트 스칼라피노(Robert A. Scalapino)는 밀의 인용문의 출처가 『자유론』이라고 잘못 표기하였다. Robert A. Scalapino, *Democracy and the Party Movement in Prewar Japan: The Failure of the First Attempt* (Berkeley: University of California Press, 1953), p. 56.

49 다음을 참조. 「立志社設立の趣意書」, 『日本憲政基礎史料』, pp. 173-177; "A Reactionary Memorial," in Japanese Government Documents, pp. 448-457; 「立志社建白書」, 『日本憲政基礎史料』, pp 193-216 (영어 번역본은 *Japanese Government Documents*, pp. 457-480). 이 주장은 다음에서 발전되었다. 福地重孝, 『士族と士族意識』(東京: 春秋社, 1956), pp. 111-123.

50 『메이로쿠잡지』의 회원 대다수도 번벌의 점진주의 정책을 승인했는데, 인민이 하층민 집단이며 그래서 관리와 계도가 필요하다는 정당화 논리도 인정했기 때문이다. 하지만 그들 중 일부는 번벌 정권이 국회개설 계획에 적극적으로 나서야 한다고 촉

구했다. 흥미로운 것은 그들이 정부의 이익이나 관심사가 인민의 그것과 동일한 것인지 여부의 관점에서 그 쟁점에 대해 논쟁했다는 사실이다. 이에 대해서는 다음을 참조. 加藤弘之,「經国政府」,『明六雑誌』18 (1874.10) : 2 ; 西周,「網羅議院の説」,『明六雑誌』29 (1875.2) : 1-3; 西村茂樹,「修身治国非二途論」,『明六雑誌』31 (1875.3) : 3b-6;「政府與人民異利害論」,『明六雑誌』39 (1875.6) : 4-7a; 阪谷素,「質疑一則」,『明六雑誌』11 (1874.6) : 7-9;「民撰議院疑問」,『明六雑誌』13 (1874.6) : 5-9;「民撰議院變則論」,『明六雑誌』27 (1875.2) : 3-8;『明六雑誌』28 (1875.2) : 1-4a; 津田真道,「政論の三」,『明六雑誌』12 (1874.6) : 3-6. 미쓰쿠리 린쇼는 정부가 인민을 통제하는 것이 정당하다는 일반적 결론에 대한 하나의 대안을 제시했다.「バックル氏の英国開化史より抄譯」,『明六雑誌』7 (1874.5) : 4a-6a, 거기서 그는 공공의 여론과 정부조치 사이의 상호적인 변증법을 제안했는데, 이를 통해 양자가 공동의 이익의 교정—실제로는 문명 진보를 추동하는 과정—에 공헌할 수 있다는 것이었다.

51 메이지 시대 정치 조직의 발전에 관해서는 다음을 참조. Akita, *Foundations*, pp. 15-30; Sandra Davis, *Intellectual Change and Political Development*, pp. 155-191; 板垣退助,『自由党史 1』, pp. 151-436; Scalapino, *Democracy and the Party Movement*, pp. 40-73.

52 「愛国社再興趣意書」,『日本憲政基礎史料』, pp. 222-229. 후속 조직인 국회기성동맹은 번벌 정부의 권위주의 정책이 화합의 가능성을 망쳐놓는다고 덧붙인다.「国会期成同盟規約緒言」,『日本憲政基礎史料』, pp. 247-248; 片岡健吉·河野広中,「国会を開設するの允可を上願する書」,『日本憲政基礎史料』, pp. 249-258.

53 「愛国社再興趣意書」, p. 227; 片岡健吉·河野広中,「国会を開設するの允可を上願する書」, p. 250, 257.

54 「立志社建白書」, pp. 203-204.

55 Miyagi Local Assembly, "Memorial Advocating the Establishment of a National Assembly," in Japanese Government Documents, pp. 480-484.

56 하지만『재팬 위클리 메일』의 편집자들은 자유민권론자들 일부가 국회개설 지연에 대해 견디지 못해 하면서 개설 날짜를 앞당기기 위한 전략을 짜고 있다고 전하고 있다. 사실 편집자들은 양쪽 편을 다음과 같이 규정하고 있다. "성급한 진보파와 점진적 진보파"라고 말이다. 다음을 참조. October 22,1881, p. 1238.

57 木戸孝允,「憲法制定の建議」, pp. 98-100;「地方官会議開会の詔」,『日本憲政基礎史料』, pp. 182-183;「立志社建白書」, pp. 193-197;「諸參議連署の立憲政体に關する建奏」, p. 339;「国会開設を告げたまふの勅論」,『日本憲政基礎史料』, pp. 343-344; 영어 번역은 *Meiji Japan Through Contemporary Sources*, 3:69-70. 최근 역사에서의 그와 같은 더 많은 용법에 관해서는 다음을 참조.「国会期成同盟規約緒言」,『日本憲政基礎史料』p. 254; Miyagi Local Assembly, "Memorial," pp. 482-483; 阪谷素,「轉換

蝶鉸説」, p. 6.

58 다음을 참조. Stefan Tanaka, *Japan's Orient*, pp. 20-21, 181-187; "Imaging History: Inscribing Belief in the Nation," *Journal of Asian Studies* 53(1) (February 1994), 124-44.

59 『日本国国憲按』(1880-1881), 미우라 히로유키(三浦周行) 필사, pp. 418-430.

60 이제는 국민(国民)으로 옮기는 "네이션(nation)"의 번역어의 발전에 관해서는 체계적 연구가 필요하다. 몇몇 번벌 엘리트들은 이 말을 도쿠가와 시대의 의미로 "번민"이라는 뜻으로 사용하였다. 다음을 참조. 木戸孝允, 「立法·行政に関する建言書」(1871), 『明治思想集 1』, pp. 13-19; 그리고 다음을 참조. 元老院, 「憲法草稿評林」(1879), 『自由自治元年の夢』, pp. 121-146. 후쿠자와 유키치는 네이션(nation)을 인민과 국가의 매개지점으로 언급하였는데, 이는 초기 저작인 『학문의 권장』(1874-1876)과 『문명론의 개략』(1875)에서였다. 그는 이때 다양한 용어들을 사용하는데, 그 이후에 이에 대한 그의 관심을 줄어든다. 우에키 에모리는 일본어 국민(国民)을 "네이션"으로 재해석하는 데에 가장 크게 공헌한 것으로 보인다. 특히 다음의 저작들에서 그러하다. 『緒言』(1877), 『民権自由論』(1879), 『言論自由論』(1880), 『民権自由論二編甲号』(1882).

61 「愛国社再興趣意書」, p. 226.

62 「自由党組織の趣意書」, 『日本憲政基礎史料』, pp. 380-382; 「自由党盟約」, 『日本憲政基礎史料』, pp. 385-387. 또한 다음의 참조. 板垣退助, 「自由党組織の大意」, 『日本憲政基礎史料』, pp. 388-398 (영어 번역은 *Japanese Government Documents*, pp. 605-614); 大隈重信, 「立憲政体に關する建議」, 『日本憲政基礎史料』, pp. 311-320.

63 山縣有朋, 「立憲政体に關する建議」, 『日本憲政基礎史料』, pp 269-276. 지방 정부 발전 과정에서 야마가타에 의한 전통과 서양 사상의 결합에 관해서는 다음을 참조. Roger Hackett, *Yamagata Aritomo in the Rise of Modern Japan*. 1838-1922 (Cambridge, Mass.: Harvard University Press, 1971), pp. 104-115.

64 [小野梓], 「立憲改進党趣意書」, 『日本憲政基礎史料』, pp. 403-405; 小野梓, 「余ガ政事上ノ主義」(1882.6), 『明治思想集 1』, pp. 184-207; 大隈重信, 「告我党人書」, 『日本憲政基礎史料』, pp. 406-413; 또한 다음을 참조. Sandra Davis, *Intellectual Change and Political Development*, pp. 165-187.

65 나는 이들 발전에 관해서 다음에서 다루었다. "Society Reified: Herbert Spencer and Political Theory in Early Meiji Japan," *Comparative Studies in Society and History* 42(1) (January 2000): 67-86.

66 이들 토론 협회의 배경에 관해서는 다음을 참조. Helen Ballhatchet, "Baba Tatsui (1850-1888) and Victorian Britain," in *Britain and Japan*, 1859-1991: Themes and Personalities, ed. Hugh Cortazzi and Gordon Daniels (London: Routledgc, 1991), pp.

107-117; Sandra Davis, *Intellectual Change and Political Development*, pp. 49-73; Eugene Soviak, "The Case of Baba Tatsui: Western Enlightenme, Social Change, and the Early Meiji Intellectual," *Monumenta Nipponica* 18 (1963):191-235; 山室信一, 『法制官僚の時代』, pp. 160-169 and 253.

67 다음을 참조. 林恵海, 「邦訳「社会」考」, 『東京女子大学附属比較文化研究所紀要』 21 (1966.6): 65-112; 斎藤毅, 『明治のことば : 東から西への架け橋』 (東京: 講談社, 1977), pp. 175-228; 佐藤正幸, 「「個人の集合体としての社会」という考え方の定着に果たした初期社会科の役割」, 『社会科教育研究』, 68 (1993):18-29; 鈴木修次, 『文明のことば』, pp. 69-97; 그리고 柳父章, 『翻訳語成立事情 』, pp. 3-21; 『翻訳とはなにか』, pp. 128-163.

68 후쿠치 겐이치로, 미쓰쿠리 린쇼, 그리고 니시 아마네는 반복적으로 최초 고안자들로 인용되지만, 나카무라 게이우가 1874년에 사회질서를 설명할 때 사회를 사용한 것이 마땅히 인정받아야 한다. 이에 대해서는 다음을 참조. 「西学一斑」, 『明六雑誌』 16 (1874.9): 6a. 인류와 사회에 대한 니시 아마네의 개념화에 관한 탁월한 논의로는 다음을 참조. 長尾龍一, 「西周における人間と社会」, 『日本法思想史研究』 (東京: 創文社, 1981), pp. 5-34.

69 井上哲次郎, 『哲学字彙』 (東京: 東京大学三学部, 1881), p. 82, 85; 井上哲次郎·有賀長雄 増補, 『哲学字彙 改訂増補』 (東京: 東京大学三学部, 1884), p. 113, 118. 메이지 사전에서 사회의 발전에 관해서는 다음을 참조. 惣郷正明·飛田良文 編, 『明治のことば辞典』, pp. 207-209. 그 이후 유럽에서의 유학기간 동안 이노우에는 1888년에 스펜서를 방문하였고, 이를 자신의 일기에 기록해 두었다. "懐中雑記" (井上哲次郎文庫, 東京都立中央図書館); 1888.8.14.

70 어떤 학자들은 '세태(世態)'를 엘리트주의적 용어로 해석해서 이 말이 사농공상 중에서 최상층의 사무라이 사회를 함축한다고 본다. 야나부 아키라가 지적하기를 세태처럼 구체적인 의미를 계승한 용어보다는 상대적으로 새롭고 의미가 없는 사회가 "소사이어티"라는 새로운 추상관념의 번역어로 더 적합했다. 다음을 참조. 斎藤毅, 『明治のことば』, pp. 181-194, 220-225; 林恵海, 「邦訳「社会」考」 pp. 79-80, 108—109; 柳父章, 『翻訳語成立事情 』, pp. 18-21. 1882년에 도야마 마사카즈는 진정으로 기이하게도 사회학 원칙의 정초에 관한 "새로운 양식의 시를 썼다. [山仙士], 「社会学の原理に題す」, 外山正一, 矢田部良吉, 井上哲次郎 撰, 『新体詩抄 初編』 (1882) (東京: 世界文庫, 1961), pp. 31-34a.

71 다음을 참조. Douglas H. Mendel Jr., "Ozaki Yukio: Political Conscience of Modern Japan," *Far Eastern Quarterly* 15(3) (May 1956):343-356; 그리고 柳田泉, 「『社会平権論』訳者 松島剛伝」, 『明治文学研究 5: 明治初期翻訳文学の研究』 (東京: 春秋社, 1961), pp. 358-370. 스펜서의 영어와 마쓰시마의 일본어에 대한 유용한 비교 대조는 다음에서 볼 수 있다. 加藤周一·丸山真男 校注, 『日本近代思想大系 15: 翻訳の思想』, (東京:

岩波書店, 1991), pp. 159-183, 424-427.

72 다음을 참조. J.D.Y. Peel, *Herbert Spencer: The Evolution of a Sociologist* (London: Heinemann, 1971), pp. 185-186. 스펜서는 개인이 사회 상태로 진입한다고 이론화한다. 이 "사회상태(state of society)"는 "국가(the state)"로 아예 축약되는데, 국가는 "정부"의 집단 정체성을 이루는 헌법을 만든다. 정부는 따라서 사회적 모순의 산물이며 적응의 진전과 함께 사라질 것이다.

73 Herbert Spencer, *Social Statics: The conditions essential to human happiness specified, and the first of them developed* (1877?) (New York: Schalkenbach Foundation, 1995), p. 69; 尾崎行雄 訳,『権理提綱』(1878),『尾崎咢堂全集 1』(東京: 公論社, 1956), p. 68; 松島剛 譯,『社会平権論』,『明治文化全集 5: 自由民権篇』, p. 241.

74 Spencer, *Social Statics*, p. 95; 松島剛 譯,『社会平権論』, p. 258; 尾崎行雄 訳,『権理提綱』, p. 88.

75 Peel, *Herbert Spencer*, p. 155.

76 Spencer, *Social Statics*, pp. 161-168 및 312-315; 松島剛 譯,『社会平権論』, pp. 302-306; 尾崎行雄 訳,『権理提綱』, pp. 116-122.

77 植木枝盛,「貧民論」, 家永三郎 編,『植木枝盛選集』(東京: 岩波書店, 1974), p. 123; Ike, *Beginnings of Political Democracy*, p. 135. 우에키는 시민적 자유를 "사회의 자유"라는 새로운 방식으로 이해하고 있었다.「民権自由論二編甲号」, p. 133.

78 「愛国社再興趣意書」, p. 224.

79 Spencer, *Social Statics*, pp. 185, 228, 241-242. 사카모토 나오히로(坂本直寛; 나미오南海男)는「본론(本論, On Fundamentals)」에서 정부의 한계에 대한 동일한 논변을 전개하고 있다. 山下重一,『スペンサーと日本近代』(東京: 御茶の水書房, 1983), pp. 90-93에서 재인용.

80 Spencer, *Social Statics*, pp. 170-171; 松島剛 譯,『社会平権論』, p. 308; 尾崎行雄 訳,『権理提綱』, pp. 129-130.

81 植木枝盛,「貧民論」, pp. 122-123, 142-146.

82 植木枝盛,「男女の同権」,『植木枝盛選集』, pp. 169-171, 184-185. 이 글에서 우에키는 여러 점에서 오자키 유키오의 스펜서 번역본의 언어를 차용하고 있다. 다음을 비교. pp. 152, 158-159, 그리고 尾崎行雄 訳,『権理提綱』, pp 68, 94-95. 그리고 다음을 참조. Bowen, *Rebellion and Democracy*, pp. 197-212.

83 Bowen, *Rebellion and Democracy*, pp. 224-226; 色川大吉,『新編明治精神史』(東京: 中央公論社, 1973), pp. 17, 39-40, 313.『사회정학』에서의 권리에 대한 스펜서의 설명은 자유민권에 대한 후쿠모토 니치난(福本日南)의 설명의 모델이 되었다(「普通民権論」,

『明治文化全集 5: 自由民權篇』 pp. 197-212).

84 스펜서 진화론의 요소들에 관해서는 필의 연구를 참조. Peel, *Herbert Spencer*, p. 101. 일본에서 스펜서 진화론에 관한 최초의 논의는 내가 아는 범위 안에서는 『재팬 위클리 메일』 1873년 9월 20일자에 실린 발췌문과 해설문이다(pp. 664-666). 다윈의 진화론은 아이카와 노부치카에 의해 1874년에 소개가 되었고 일본을 방문한 자연학자 에드워드 모스(Edward S. Morse)가 다윈에 관한 일련의 대중 강연을 한 것이 1877년 가을이다. 이에 대해서는 다음을 참조. Robert S. Schwantes, "Christianity versus Science: A Conflict of Ideas in Meiji Japan," *Far Eastern Quarterly* 12(2) (February 1953): 123-132; Masao Watanabe, *The Japanese and Western Science, trans. Otto Theodor Benfey* (Philadelphia: University of Pennsylvania Press, 1988), pp. 66-83; 下出隼吉, 『明治社会思想研究』, pp. 92-96. 스펜서 진화론의 일본에서의 소개에 관해서는 다음을 참조. 大久保利謙, 『明治の思想と文化』, pp. 53, 205, 210; 그리고 또한 다음도 참조. 永井道雄, 「スペンサー主義の流行」, 『近代化と教育』 (東京: 東京大学出版会, 1969), pp, 152-171. 1882년부터 1883년까지 발표된 진화론에 관한 여러 논문으로는 다음을 참조 松下丈吉, 「人類ノ紀元」, 『東洋学芸雑誌』 8 (1882.5.25.) : 155-158; 『東洋学芸雑誌』 9 (1882.6.25.) : 179-183; 有賀長雄, 「社会と一個人との關係の進化」, 『東洋学芸雑誌』 19 (1883.4.25.) : 500-509.

85 加藤弘之, 『人權新説』, pp. 372-378. 또한 다음을 참조. Abosch, "Kato Hiroyuki," pp. 430-447; 그리고 다음도 참조. 山室信一, 『法制官僚の時代』, pp. 128—135.

86 徳富蘇峰, 「將來之日本」, 植手通有 編, 『徳富蘇峰集』 (東京: 筑摩書房, 1974), pp. 51-54, 63, 67-73.

87 徳富蘇峰, 「將來之日本」, pp. 81-82, 88-89; 또한 다음을 참조. 色川大吉, 『新編明治精神史』, pp. 401-402, 414-419; 松本三之介, 『明治精神の構造』, pp. 101-118; 坂本多加雄, 『市場·道徳·秩序』, pp. 43-92; Vinh Sinh, "Introduction," in Tokutomi Soho, *The Future of Japan*, trans. and ed. Vinh Sinh (Edmonton: University of Alberta Press, 1989), pp. xiii-xxxviii.

88 다음을 참조. 福澤諭吉,『学問のすゝめ』, p. 131; 또한 다음을 참조. *Encouragement of Learning*, p. 74.

89 加藤弘之, 『人權新説』, pp. 380-382.

90 ハルバルト·スペンサー 著, 「婦女の權理」, 阪口佐吉 譯, 『学芸志林』 5 (1879.11) : 340-354; (1879.12) : 451-468. 사카구치 사키치(阪口佐吉)의 글은 정확한 번역이 아니지만 스펜서의 『사회학 원리(*Principles of Sociology*)』에 실린 "여성의 지위" 장에 근거를 두고 있다(*Principles of Sociology*, vol. I, pt. 3, chap. 10.)

91 加藤弘之, 『人權新説』, p. 374; 徳富蘇峰, 「將來之日本」, pp. 105—108. 또한 제5장에서 다룬 가토에 대한 반응, 특히 모든 인간 활동의 장소로서 사회를 내세운 반응에 관

해서는 다음을 참조. 東京-横浜 毎日新聞, 「人権新説を評す」(1882), 『明治文化全集 5: 自由民権篇』, pp. 410-427; 그리고 馬場辰猪, 「天賦人権論」(1883), 『明治文化全集 5: 自由民権篇』, pp. 439-461.

92 Spencer, *Social Statics*, pp. 107; 松島剛 譯, 『社会平権論』, p, 267, 270; 尾崎行雄 訳, 『権理提綱』, p. 142, 146.

93 加藤弘之, 『人権新説』, p. 357. 필(J. D. Y. Peel)은 우연히도 스펜서의 책 『사회정학』의 제목이 의도적으로 "사회과학(social science)"이라는 제목을 피해서 정한 것임에 주목하였다. 당시에 사회과학은 "분명하게 오웬주의나 생-시몽주의의 뉘앙스"를 갖고 있었다. *Herbert Spencer*, pp. 82-83. 스펜서와 진화론에 대한 이후의 이러한 과학적 활용이 분명하게 자유주의적 목표를 갖고 있었다는 점은 바바 다쓰이의 다음의 글에서 드러난다. 馬場辰猪, 「親化分離の二力」(1879), 『明治思想集 1』, pp. 232-236.

94 일본에서의 사회학과 통계의 발전에 관해서는 다음을 참조. 下出隼吉, 『明治社会思想研究』, pp. 50-79, 111-153.

95 植木枝盛, 『貧民論』, pp. 115-113, 125, 130-134.

96 일본에서 사회주의의 기원에 관해서는 다음을 참조. 松本三之介, 『近代日本の知的状況』, pp. 159-184; 大久保利謙, 『明治の思想と文化』, pp. 27-37; 下出隼吉, 『明治社会思想研究』, pp. 97-110.

97 横山源之助, 「日本の下層社会」(1899), 『横山源之助全集 1』(東京: 明治文献, 1972); Gluck, *Japan's Modern Myth*, pp. 26-29. 신문기사 모음으로는 다음을 참조. 『明治文化全集 6: 社会篇』(東京: 日本評論社, 1968), pp. 397-571.

98 [大井憲太郎], 「立憲自由党の趣旨書」, 『日本憲政基礎史料』, pp. 383-384.

제7장

결론

문화나 언어를 총체적으로 설명하고자 하는 인류학이나 언어학에 비해 역사학은 항상 부분적인 설명을 한다. 따라서 일본의 번역과 정치 사상에 대한 역사는 본질적으로 한계를 지니고 있다. 비록 우리가 하나의 현상에 초점을 맞추고 다른 현상을 배제하지만, 역사적 현실은 그 두 가지가 공존하고 있음을 드러낸다. 타랄 아사드(Talal Asad)가 20년 전에 주장했듯이 우리는 현실을 바로 그 자리에 고정하는 "의미 구조"를 상정할 수 없다. 그의 논지는 말, 그 말의 문화적 준거와 다중 시간성이 일본, 중국, 서유럽, 미국 그리고 여타 지역들 사이에서 부침을 반복하는 경우와 관련해서 특히 적절하다.[1] 왜냐하면 언어는 연속적으로 순환하고 변화하기 때문에 우리는 이상적인 의미론을 구체화하는 위험을 무릅쓰고서라도 의미를 논의한다. 이것은 번역에 관한 대부분의 문헌학적인 연구에 해당된다. 우리는 자유나 사회와 같은 유럽의 개념들을 파악하고, 일본에서 그 단어들이 어떻게 "리버티(liberty)"나 "소사이어티(society)"를 의미하게 되었는지를 조사한 다음 무심코 어떠한 규범적 의미를 예상하곤 한다. 원인과 결과를 충분히 설명하기 위해 시간 속에 언어를 고정하려는 우리의 노력은 언어의 유동성에 의해 씻겨져 나간다. 역사는 부분적인 형태로 남는다. 윌리엄 코널리(William E. Connolly)의 "본질적으로 논쟁적인 개념(essentially contested concepts)"에서 라인하르트 코젤렉의 개념사에 이르기까지, 개념의 역사를 확립하려는 시도는 적절한 의미의 장을 출발점으로 가정함으로써 이러한 본질적인 편파성을 보완한다.[2] 심지어 관념사에 대한 가장 심도 있는 연구조차도 그것이 "서양 정치 담론"에서 시작하여 핵심 용어를 정의하고, 이러한 용어들이 어떻게 그와 같은 의미를 가지게 되었는지를 조사할 때 결국 의미론을 구체화하는 위험을 감수할 수밖에 없다.[3] 그러나 엄밀하게 보자면 여전히 의문은 남는다. 우리는 우리가 사용하는 말의 의미가 무엇인지 안다고 확신할 수 있는가.[4]

이 연구에서 나는 의도적으로 부분적이었고, 따라서 제한적인 태도를 유지했다. 나는 서양정치사상의 일본어 번역사에서 세 가지 문제를 살펴보았다. 4장에서 "리버티(liberty)"라는 개념은 쉽게 번역되었지만 매우 논쟁의 여지가 있는 개념이었다. 5장에서는 "라이트(right)", "오소리티(authority)", "파워(power)" 그리고 "소버린티(sovereignty)"라는 개념들을 검토했다. 이것들은 처음에는 모두 '권(権)'으로 옮겨졌으나, 점차 일련의 정치적 논쟁을 거치며 구별되었다. 6장에서는 신조어인 사회(社会)의 등장을 검토했는데, 이 말은 "소사이어티(society)"의 발견을 수반했다. 만약 이 용어들이 대개 서양의 자유주의 이론과 실천에 영향을 받은 일본의 문명개화 기획에 처음부터 포함되었다면, 일부 일본인들이 특히 국제 관계에 관한 서양의 이론과 실천 사이의 괴리에서 관찰한 서양의 위선은 시작부터 자유, 권리, 그리고 주권과 같은 개념들을 위태롭게 했다. 또한 메이지 초 국회개설운동에서 이러한 개념의 안정화는 동시에 문명개화 기획의 조건을 바꾸기 시작했다. 국민의 권리에 대한 관심이 쇠퇴하고 자유가 불특정한 이상으로 추상화되면서 사회의 구상화(具象化)와 천황의 주권의 위치에 영향을 미쳤다.

용어들의 맥락과 의미 변화에도 불구하고 번역 기법과 정치사상은 나란히 발전했다. 예를 들어 번역 기법의 단순화는 일본의 국가 권력 관계의 단순화와 관련되어 있다. 서론에서 제시했던 코젤렉의 언어로 돌아가자면, 언어 현상과 정치 사건들은 서로 다른 속도로 발전하기 때문에 이러한 다중 시간성은 엄밀히 말하자면 인과관계가 아닌 병렬적인 발전으로 볼 수 있다. 초기의 번역은 동류어의 방식으로 복수의 의미를 허용하고 불확실성을 환영했던 반면, 이후의 직역과 표준화는 권위 있는 언어를 정립했다. 이에 대응하는 정치적 실천으로는 메이지 초 혁명기에는 복수의 권위가 존재했으나 1880년대에는 번벌 정부가 자신들보다 낮은 계층의 지위를 결정하는 권위적인 중심을 주장함에 따라 통합 작업에 자리를 내주게 된 경우를 들 수 있다. 이 책에서 내가 주장하려는 것은 영국 자유주의의 개념적, 문화적 형태의 도입이 일본의 역사적 행위자성을 구조화하는데 일조했다는 점이다. 그러나 자유주의 기획은 더 이상 문명개화를 호출하지 않았고, 따라서 다른 노력들이 이 책이 다루는 시대 이후에도 계속되었다. 예를 들어 일본에서 주권의 문제는 1910년대 "천황기관설(天皇機関説)"과 "다이쇼 데모크라시"의 관점에서 다시 논의될 것이었다.[5] 입헌정치체제의 창출은 일본인들이 20세기에도 지속적으로 재검토하게 되는 제도적인 기대를 낳았다. 곧 마크 린시컴(Mark Lincicome)이 최근에 지적했듯이 자유주의는 국가의 의제에 반대하는 사람들에게 대안적인 역사적 유산으로 남았다.[6]

여기서 누락된 한 가지 현상은 국민이다. 인민과 사회와 더불어 국민은 국가와 개인을 매개하는 또 다른 당대의 개념이었다. 비록 몇몇 학자들과 정치가들이 1870년대에 국민을 소개했고 때때로 등장하기도 했지만, 그 번역과 용어법의 문제적 본질 때문에 그 역사는 아직 쓰이지 않았다.[7] 신조어이거나 과거의 오래되고 불명확한 말에 새로운 의미를 부여한 자유, 권리, 사회와 같은 번역어들과는 달리, "네이션(nation)"을 의미하는 **국민**(国民)은 도쿠가와 시대부터 메이지 시대에 걸쳐 광범위하고 지속적으로 사용되었다. 그렇다면 어느 시점에 대다수의 사람들이 "번민(藩民)"이 아니라 "네이션"을 의미하는 **국민**을 사용하였는가? 그리고 국민은 무엇을 말하는가?

헨리 휘튼은 『국제법의 요소들』에서 국가를 힘을 합쳐 상호 안전과 이익을 위해 결속된 사람들의 사회로 정의했고, 주권 국가는 외세로부터 독립하여 통치하는 국민 또는 인민으로 정의했다.[8] 휘튼의 1863년 판본에 주석을 단 로렌스(W. B. Lawrence)는 국민성과 인종학이 그 같은 주권의 기반이 된다고 지적했다. 국민은 인종이 통합된 것이라고 주장하면서, 그는 이탈리아가 최초의 국민 국가이자 최초의 온전히 자주적이고 자치적인 인종이라고 결론 내렸다.[9]

1854년 페리가 떠나고 1877년 세이난 전쟁(西南戰爭)이 진압되기 까지의 기간 동안 일본의 지도자들이 국가로서의 자각을 갖게 된 것은 분명하지만, 이 과정은 국가의 내부 구조에 대한 분석에 선행하는 것이었다.[10] 1870년대에는 국민이라는 용어가 다양한 형태로 나타났다. 곧 가족으로서의 국민(nation-as-family)인 **국가**(国家), 인민으로서의 국민(nation-as-people)인 **국민**(国民), 그리고 종족으로서의 인민(people-as-tribe)인 **민족**(民族)이 그것이다. 이 모든 표현들은 국가의 내부 구성원에 주목했다는 점에서 "인민"과 차이가 있으며 오히려 "사회"와 가까웠다. 예를 들어 우에키 에모리는 국가와 개인을 통합하는 "국민적 민주주의"를 꿈꾸었으며, 후쿠자와 유키치는 "시민"과 "국민"을 모두 선호했으나, 이후 공과 사를 매개하는 존재로 국민을 언급했다.[11] 오치아이 히로키(落合弘樹)가 국회개설운동, 민권운동, 그리고 천황에 헌신한 사무라이와 상인 출신 정치가들에 관해 이야기했듯이 국민은 모든 계급을 용해시킬 수 있는 매개체를 약속한 것인데, 근대적 삶의 두드러진 특징은 국민적 가치가 계급의식으로부터 분리될 수 있다는 점에 있었기 때문이다.[12] 다시 말해 국민 국가에 대한 차별화되는 다른 개념들이 4, 5, 6장에서 다뤄진 자유, 권리, 주권, 그리고 인민을 둘러싼 논쟁에 암묵적으로 영향을 미쳤다. 새로운 개념의 구축에 기여한다는 의미 외에도, 이러한 논쟁은 개인과 새로운 국민 국가를 통합하는 방법으로도 여겨졌다.

국민이라는 용어와 용례가 다양한 만큼, 일본의 국민 기획은 그 유래가 국내적이면서도 동시에 국제적이었다는 점에서 더욱 복잡했다. 관료제와 제도화된 교육과 같은 국가의 힘은 위로부터 국민을 발전시켰고,

국회개설운동과 민권운동과 같은 대중의 힘은 아래로부터 국민을 발전시켰다.[13] 보다 일관된 압력은 국제관계에 의해 가해졌다. 야마무로 신이치는 국가 형성과 국민 형성을 구별하여 전자가 전통, 근대화, 그리고 국가운영을 기준으로 한데 비해, 후자는 끈질기게 그 인민의 지적 수준을 문제로 삼았다는 점을 강조한다. 후쿠자와가 그토록 역설한 국민적 경쟁의 국제적 맥락 속에서 국민의 발전은 그 인민의 질적 수준을 향상시키는데 달려 있었던 것이다.[14] 따라서 국가 내부 구조의 국민적 측면, 예컨대 국민 아이덴티티와 통합은 대개 외부로부터 결정되었다.[15] 문제는 언제나 개인과 국민 국가를 어떻게 통합할 것인가 라는 점이었다. 정부는 통합이라는 독자적 의제를 강제하면서 국제무대로부터 단서를 얻었다. 그러나 국제적 경쟁과 갈등의 맥락은 많은 사람들의 마음속에서 서양의 자유주의 이론의 신뢰성을 손상시켰고, 일본에서는 자기결정권과 자주성의 문제를 국내적 맥락에서 벗어나 경쟁적 자본주의와 식민주의라는 국제적 맥락과 결합시키는 결과를 초래했다.[16] 곧 5장에서 살펴보았듯이 국권은 민권에 선행하는 것이 되었다.

이러한 국제적인 맥락 속에서 인종이나 종족으로서의 국민이 해결책으로 등장했다. 국제적 경쟁의 각축장에서 사회진화론은 가토 히로유키에 의해 가장 잘 설명된 언어로 이해되었고, 한편으로는 국가와 인민, 또 다른 한편으로는 각축전이 벌어지는 국내무대와 국제무대 사이의 명백한 모순을 해소하기 시작했다. 즉 케빈 독(Kevin Doak)의 중요한 정식화와 분석을 참고하면 "민족 국가"는, 첫째 국제적 각축장의 경쟁적 본질과 민족 문화를 관리할 번별 정부의 필요성과, 둘째 입헌제국이라는 국가적 기획과 충직하고 유능한 신민을 육성한다는 국민 기획을 발전사의 맥락 속에서 조화를 이루도록 했다.[17] 자유주의라는 용어로 정의된 부패한 서양 보편주의로부터 독일어 '쿨투어(Kultur)'라는 개념으로 정의된 고유한 역사와 민족적 아이덴티티로의 전환은 일본의 역사, 일본 인종, 일본 천황을 강조하는 일본의 특수성에 대한 오랜 기간의 헌신을 미덕으로 만들었다. 국내외의 요구에 비추어 볼 때, 계몽주의로부터 진화로의 전환은 보다 완전하게 합리적인 국민적 기획을 창출했는데, 그럼에도 불구하고 이 기획은 구축되자마자 포퓰리스트와 사회주의자 등 많은 이들에 의해 도전을 받았다.

여기서 빠진 것은 시민의 범주, 곧 국가를 구성하는 각각의 개인을 나타내는 어떤 방식이다. 개인을 인민의 한 사람이나 혹은 사회의 일원으로 특정하는 일은 쉬웠지만, 일본의 지도자들은 국가와 그 구성원과의 통합을 개념화하는 일은 거의 시도하지 못했다. 국가와 사적 조직의 편에서 인민을 동원하는 일이 지위와 지역 간의 차이를 해소하기 시작하고, 또 혼란과 재편, 무질서와 신질서를 창출했지만, 캐롤 글럭이 관찰했듯이 "근대 국가가 국민적 요구를 개인에게 직접적으로 행사한다"는 사실은 변함없었다.[18] 실현 가능한 시민이라는 개념이 부재한 상태에서, 국가는 뛰어난 반체제 인사들로 하여금 국가의 권위주의적인 조치에 이의를 제기하도록 부추길 수밖에 없었다.

메이지 번벌 정부는 시민권 대신에 도덕적 위계와 교육으로 가장 잘 정의되는 신민의 자리를 제공했다. 도덕적 관계의 유지는 일본 정부의 주요한 기대와 책임의 하나로서 지속되었다. 상하귀천, 그리고 지도자에 대한 인민의 자연스러운 경애심에 관한 초기의 논평으로부터 문명개화로 인해 촉발된 사회적 변화가 천황을 당연하게 숭배하는 국민들 사이에서 도덕성을 재확인하는 것을 통해 가장 잘 억제될 수 있을 것이라는 이후의 논평에 이르기까지, 도덕적 관계는 메이지 정치 논쟁에 공헌한 많은 사람들의 정치적 상상력의 한 부분으로 계속해서 남았다.[19]

따라서 대중을 교육하는 문제에 관한 니시무라 시게키의 초기 진단은 매우 실용적인 행동 계획을 제공했다. 문부성은 니시무라와 모리 아리노리와 같은 인물의 지도 아래 19세기의 마지막 20년간 그 지배력을 확대해 나가며 일본 사회에 융화했다. 수많은 학교가 설립되었고, 많은 부모들이 자녀를 학교에 보내야 한다는 것에 설득되었다. 1890년대까지는 교사집단과 학생들 모두 사무라이 계급 출신이 압도적으로 많았지만, 점차 새로운 국가 체제가 마련되고 과학, 도덕, 애국심, 그리고 천황에 대한 충성 등을 강조한 새로운 교과서와 교육 내용이 도입되면서 점점 더 많은 평민들이 포함되었다.[20] 이들은 새로운 국민으로서 위계질서의 지속이라고 표현하는 것이 최선인 상황 속에서 국가와 국가적 사안에 참여하기 위해 교육을 받았다. 이는 도쿠가와의 가부장주의를 계몽주의적 계도로 다시 만들려는 서구화의 유산이었고, 그 결과 사회과학자들의 전문지식이 민간과 군사관료제를 위한 도구로 사용되었다.

주석

1 Talal Asad, "Anthropology and the Analysis of Ideology," *Man* (n.s.) 14(1979):607-627. 또한 Ernst Gellner, "Concepts and Society," in *Rationality*, ed. Bryan R. Wilson (Oxford: Blackwell, 1979), pp. 18-49를 참고할 것.

2 William E. Connolly, *The Terms of Political Discourse*, 2nd ed. (Princeton, Princeton University Press, 1983), pp. 10-44.

3 예를 들어 다음을 참조. *Political Innovation and Conceptual Change*, ed. Terence Ball, James Farr, and Russell L. Hanson (Cambridge: Cambridge University Press, 1989).

4 John Dunn, "Practising History and Social Science on 'Realist' Assumptions," in his *Political Obligation in Its Historical Context: Essays in Political Theory* (Cambridge: Cambridge University Press, 1980), pp. 81-111를 참고할 것.

5 Frank O. Miller, *Minobe Tatsukichi: Interpreter of Constitutionalism in Japan* (Berkeley: University of California Press, 1965) ; Richard H. Minear, *Japanese Tradition and Western Law: Emperor, State, and Law in the Thought of Hozumi Yatsuka* (Cambridge, Mass.: Harvard University Press, 1970) ; Tetsuo Najita, "Some Reflections on Idealism in the Political Thought of Yoshino Sakuzo," in *Japan in Crisis: Essays on Taisho Democracy*, ed. Bernard S. Silberman and H. D. Harootunian (Princeton: Princeton University Press, 1974), pp. 29-66 ; 그리고 今井清一 編,『大正デモクラシー：草の根と天皇制のはざま』(東京: 社会評論社, 1990).

6 Mark E. Lincicome, "Local Citizens or Loyal Subjects? Enlightenment Discourse and Educational Reform," in *New Directions in the Study of Meiji Japan*, ed. Helen Hardacre with Adam L. Kern (Leiden: Brill, 1997), pp. 450-465.

7 다음을 참조. 石田雄,『日本の政治と言葉 下(「平和」と「国家」)』(東京: 東京大学出版会, 1989), pp. 153 — 183 ; 그리고 Atsuko Hirai, "The State and Ideology in Meiji Japan — A Review Article," *Journal of Asian Studies* 46(1) (February 1987):89-103.

8 Henry Wheaton, *Elements of International Law*, 2nd ann. ed., by William Beach Lawrence (Boston: Little, Brown, 1863), pp. 31-32.

9 Ibid., pp. iii-iv and 33, n.13. See also the work of his contemporary, Ernest Renan, "What Is a Nation?," trans. Martin Thom, in *Nation and Narration*, ed. Homi K.

Bhabha (London: Routledge, 1990), pp. 8-22.

10 미타니 히로시(三谷博)는 최근 근대 국가의 몇 가지 특징인 영토, 상상된 공동체, 국민 아이덴티티가 메이지 시대 이전에 존재했다고 주장했다. 다음을 참고하라. "A Protonation-State and Its 'Unforgettable Other' — The Prerequisites for Meiji International Relations," in *New Directions in the Study of Meiji japan*, pp. 293-310. 일본의 국가 형성에 관해서는 다음을 참고할 것. Yoda, *The Foundations of Japan's Modernization*, pp. 70-105.

11 松本三之介, 『明治精神の構造』, p. 66. 또한 植木枝盛, 「人民の国家に対する精神を論ず」, pp. 169-178, 그리고 松田宏一郎, 「福沢諭吉と「公」·「私」·「分」の再発見」, pp. 87-101를 참고할 것.

12 落合弘樹, 「明治前期の陸軍下士と自由民権」.

13 松本三之介, 『明治精神の構造』, pp. 21-24.

14 山室信一, 『近代日本の知と政治 : 井上毅から大衆演芸まで』, pp. 147-159. 또한 그의 국민과 식민지 영토를 강조하는 다음의 연구를 참고하라. "Form and Function of the Meiji State in Modern East Asia," *Zinbun*, no.34(1999):179-196.

15 야마무로를 비롯한 다른 일본의 연구자들이 최근 영국, 프랑스, 독일 모델 간의 차이라는 관점에서 일본의 국가 형성을 분석하게 된데 비해, 내 연구는 번역과 새로운 개념의 생성이 이들 국가의 언어 자료를 합성하는 경향이 있기 때문에 그 같은 차이를 완화할 것이다. 다음을 참조. 山室信一, 『法制官僚の時代: 国家の設計と知の歴程』; 坂野潤治, 『近代日本の国家構想』; 田中浩, 『近代日本と自由主義』.

16 田中浩, 『近代日本と自由主義』, p. 13. 또한 일본 정치의 근대적 발전을 국내적 자주성의 추구로 해석한 마루야마 마사오에 대한 리키 케르스텐(Rikki Kersten)의 논의를 참조하라. *Democracy in Postwar Japan*.

17 Kevin M. Doak, "What Is a Nation and Who Belongs? National Narratives and the Ethnic Imagination in Twentieth-Century Japan," *American Historical Review* 102(2) (April 1997):283-309; 그리고 "Culture, Ethnicity, and the State in Early Twentieth-Century Japan," *Japan's Competing Modernities: Issues in Culture and Democracy, 1900-1930*, ed. Sharon A. Minichiello (Honolulu: University of Hawai'i Press, 1998), pp. 181-205.

18 Carol Gluck, "'Meiji' for Our Time," in *New Directions in the Study of Meiji japan*, p. 17. 또한 Helen Hardacre, 色川大吉, 그리고 Marius Jansen, ibid., pp. xiii-10 등의 연구도 참고할 것.

19 특히 사카모토 다카오(坂本多加雄)의 사회계약과 시민사회에 대한 나카에 조민론을 참고하라. 『市場·道徳·秩序』, pp. 93-123.

20 다음을 참조. Lincicome, *Principle, Praxis, and Politics*; Ronald P. Dore, *Education in Tokugawa Japan*(Berkeley: University of California Press, 1965), pp. 291-316 ; 大久保利謙, 『明治の思想と文化』, pp. 43-62 ; 그리고 Herbert Passin, *Society and Education in Japan*(New York: Columbia University Press, 1965), pp. 76-78.

옮긴이 후기

이 책의 번역 작업에 발단이 된 것은 관심사를 공유하는 연구자들의 공부 모임이었다. 영어 레프레젠테이션(representation)에 해당하는 서양 개념이 '대표(代表)'나 '대의(代議)'와 같은 한자어로 번역되어 온 역사적 과정에 대한 관심에 따라 최초의 모임이 결성되었던 것이다. 이 책, 그리고 함께 같이 출간되는 『번역된 근대』는 그 첫 번째 공식 결과물이다.

이 책은 정치사상사를 번역의 시각에서 접근하는 연구이다. 번역은 우리의 지식 생산과 전파의 거의 모든 과정에서 일어나는 일이다. 너무나 일상적으로 일어나다보니 우리는 이를 특별히 의식하지 않는다. 그래서 번역학(tranlslation studies) 분야에서 상당한 연구 성과가 이미 축적되어 있음에도 불구하고 우리는 굳이 이를 참조하는 수고를 하지 않는 것을 당연하게 여긴다.

이 책은 현대 번역학보다는 20세기 중반 이후에 등장한 정치사상사 연구들로부터 영향을 받았다. 스키너(Quentin Skinner)를 비롯한 '케임브리지 학파(Cambridge School)'의 정치사상사 혹은 지성사 연구와 코젤렉

(Reinhart Koselleck)을 비롯한 독일의 역사학자들에 의해 주도된 개념사(Begriffsgeschichte) 연구가 대표적이다.*

저자 하울랜드(Douglas Howland)는 이 두 가지 연구 전통의 교집합으로부터 영감을 받아 동아시아 근대 초기에 서양정치사상 수용 과정에 관한 연구를 수행했다. 특히 그의 문제제기가 중요한 것은 동아시아의 정치적 근대성에 관한 기존의 역사 서술이 대체로 '의미론적 투명성(semantic transparency)'이라는 특정한 목적론적 관점에 입각해 있다는 점을 지적했다는 사실과 관련된다. 그가 보기에 기존의 역사 서술에 따르면 서양의 근대성은 특정한 시기를 지나고 나면 이미 완성되었거나, 혹은 현실적으로는 불완전하더라도 최소한 이상(ideal)의 수준에서는 더 이상 변경이 불필요한 완성 단계에 도달하게 되는데, 동아시아의 근대화는 바로 이러한 서양 근대성의 고정된 이상을 향해 접근해가는 과정이라는 것이다.

이런 관점에서 정치사상사를 접근하게 되면 중요 정치·사회 개념과 사상의 번역 및 수용의 과정은 이처럼 완성되었기 때문에 더 이상 변화할 이유가 없는 이상을 언어적으로 표현하는 서양의 원본 개념 및 사상을 얼마나 왜곡 없이 충실하고 투명하게 동아시아의 언어들로 옮겨오는가의 여부라는 유일한 기준에 따라서 판단하고 평가하기만 하면 된다. 그리고 현재 우리가 사용하고 있는 대부분의 개념어들이 서양의 개념어

* 케임브리지 학파의 정치사상사 연구에 관한 입문서로는 다음을 참조. 리처드 왓모어 지음, 이우창 옮김, 『지성사란 무엇인가? 역사가가 텍스트를 읽는 방법』, 파주: 오월의봄, 2020. 개념사 학파의 연구에 관한 입문서는 다음을 참조. 멜빈 릭터 지음, 송승철·김용수 옮김, 『정치·사회적 개념의 역사—비판적 소개』, 서울: 소화, 2010.

들과 일 대 일의 대응 관계에 있다는 확신을 갖게 된다.

하지만 이러한 사고방식은 케임브리지 학파의 언어 맥락주의의 관점에서든, 아니면 독일개념사 학파의 관점에서든 '시대착오(anachronism)' (혹은 서양과 동아시아의 관계에서 보자면 아마도 '시대-장소착오'라고 부를 수 있는) 오류의 전형에 속한다. 언어 사이의 번역이 필요한 이유는 단지 두 언어의 상이성에서만 기인하지 않는다. 또한 동일한 언어라고 할지라도 시대 및 장소적 맥락의 차이에 의해 번역이 필요해진다. 개념과 용어의 의미가 언어적 맥락에 의해서 결정된다고 한다면 그 맥락 자체가 역사적이고 지리적으로 변화하기 때문이다.

게다가 이 개념과 용어가 본질적으로 논쟁적이고 정치적인 성격의 것이라면 상이한 정치상황에서 상이한 독자 및 청중을 설득하고 동원하기 위한 의도에서 상이한 의미와 용법으로 사용되리라는 점을 짐작하기는 어렵지 않다. 이런 맥락에서, 이 책은 동아시아 근대성의 주요 개념어들이 확립된 시기이자, 서양정치사상에 대한 번역이 곧 명백한 정치 행위이기도 했던 메이지 시대 초기, 즉 메이지 유신부터 국회개설 직전까지 시기의 정치사상 수용과 주요 개념 번역 과정을 연구 대상으로 삼고 있다.

사실 일본 정치사상사 연구에서 번역은 오랫동안 중요한 문제로 간주되어 왔다. 이 책이 초점을 맞추고 있는 시기는 양학(洋学)이 일본에 본격적으로 소개되면서 근대를 표상하는 여러 개념들이 활발하게 해석·번역·유통되었기 때문에 특히 많은 연구자들의 관심을 끌었다. 야나부 아키라(柳父章)가 1970년대부터 선구적으로 이 분야를 개척하기는 했지만, 정치사상 문제로서 번역에 대한 연구가 본격적으로 결실을 맺기 시작한 것은 1990년대 이후의 일이다.* 1991년에는 가토 슈이치(加藤周一)와 마루야마 마사오(丸山真男)의 『번역의 사상(翻訳の思想)』이 발간되었으며,** 야나부가 저술한 『문화(文化)』를 시작으로 1995년부터 산세도(三省堂) 출판사에서 『한 단어 사전—(語の辞典)』 시리즈가 출판되기 시작하였다.***

이러한 성과는 어느 정도는 1970년대 초 일본에서 이미 역사학 분야에서 등장한 (하지만 코젤렉의 개념사 연구와는 별도의) '개념사'에 관한 논의의 연장선상에 있다고 볼 수 있지만, 정치사상사의 문제의식에 입각한 연구는 1990년대 이후 2000년대에 접어들어서야 본격적으로 연구되기 시작하였다. 이 책은 바로 이러한 연구 사조를 반영하고 있는 서구 학자의 대표적 연구 중 하나로 평가할 수 있을 것이다.

이 책은 2000년대 초반에 발표된 연구 성과이며, 그로부터 20여년이 지난 지금은 메이지 시대에 등장한 다양한 서구 개념들에 대한 연구가 상당 수준에 이르고 있으며, 이에 따라 19세기 일본과 동아시아에서의 정치사상사 역시 다각도에서 재검토되고 있다. 다만 여전히 근대 서양 개념의 동아시아적 수용에 대한 일본 내의 연구는 서구의 개념사 및

* 국내에 소개된 야나부 아키라의 저작으로는 다음을 참조. 야나부 아키라 지음, 김옥희 옮김, 『번역어의 성립: 서구어가 일본 근대를 만나 새로운 언어가 되기까지』, 서울: 마음산책, 2011.

** 加藤周一, 丸山真男, 『翻訳の思想』, 東京: 岩波書店, 1991; 국내에 소개된 논의로는 다음을 참조. 마루야마 마사오·가토 슈이치 지음, 임성모 옮김, 『번역과 일본의 근대』, 서울: 이산, 2000.

*** 사쿠타 케이이치 지음, 김석근 옮김, 『개인』, 서울: 푸른역사, 2013; 미조구치 유조 지음, 고희탁 옮김, 『공사』, 서울: 푸른역사, 2013; 야나부 아키라 지음, 박양신 옮김, 『문화』, 서울: 푸른역사, 2013;히구치 요이치 지음, 송석원 옮김, 『인권』, 푸른역사, 2013; 히라이시 나오아키 지음, 이승률 옮김,『천』, 서울: 푸른역사, 2013.

지성사 연구와는 일정부분 궤를 달리할 수밖에 없다.

특히 이 책에서도 다루고 있는 '문명(文明)', '자유(自由)', '권리(権利)', '사회(社会)' 등의 개념어가 사실 일본 전통의 야마토 말과 중국에서 유입된 한자 · 한어로서 한문맥(漢文脈)을 가질 뿐만 아니라 에도막부 말기부터 메이지 이래로 수용된 서구 근대 개념들에 대한 음차어나 번역어로서의 성격을 동시에 가지기 때문이다. 그런 점에서 이들 어휘는 단지 서양 개념을 옮기고 지칭하기 위한 기표에 불과한 것이 아니라 그 자체로 '역사적 기본 개념(Geschichtliche Grundbegriffe)'의 일부로 다뤄질 필요가 있다.

이는 일본에서의 연구 성과나 이 책만으로 완수될 수 있는 과제가 아니다. 메이지 초기 후쿠자와 유키치가 사용한 '자유'라는 번역어를 이해하기 위해서 서양 18-19세기에 일어난 리버티(liberty) (및 대립·인접) 개념의 의미 변화와 후쿠자와가 살았던 시대와 장소의 언어적 맥락을 검토해야만 하듯이, 우리는 그 이후에 서양과 동아시아 양측에서 일어난 정치적 의미와 역사적 맥락의 변화 과정에 대한 이해를 전제로 하여 정치적 개념과 사상의 역사를 조망해야만 할 것이다. 여기에 더하여 동아시아 내부에서 한국, 중국, 일본 사이의 상호적인 영향 관계 및 각국에서 전개된 '문명', '자유', '권리', '사회' 등의 어휘의 개별 역사에 대한 포괄적 연구가 뒷받침 되어야 할 것이다.

2020년 12월

번역자들을 대신하여

송경호·홍철기 씀

참고문헌

Abe Yoshiya, "From Prohibition to Toleration: Japanese Government Views Regarding Christianity, 1854-73," *Japanese Journal of Religious Studies* 5(2-3) (1978):107-138

Adam Ferguson, *An Essay on the History of Civil Society*, ed. Fania O. Salzberger (Cambridge: Cambridge University Press, 1995)

Adrienne Lehrer, *Semantic Fields and Lexical Structures* (Amsterdam: North-Holland, 1974).

Albert Altman, "Shimbunshi: The Early Meiji Adaptation of the Western-Style Newspaper," in *Modern Japan*, ed. W. G. Beasley (London: Allen & Unwin, 1975)

Albert M. Craig, "Fukuzawa Yukichi: The Philosophical Foundations of Meiji Nationalism," in *Political Development in Modern Japan*, ed. Robert E. Ward (Princeton: Princeton University Press, 1968)

Alexis de Tocqueville, Democracy in America (the Henry Reeve text as revised by Francis Bowen) (New York: Knopf, 1980), 1:184

Alexis de Tocqueville, Democracy in America, trans. George lawrence, ed. J. P. Mayer and Max Lerner (New York: Harper & Row, 1966)

Alfred H. Bloom, *The Linguistic Shaping of Thought: A Study in the Impact of Language on Thinking in China and the West* (Hillsdale, N.J.: Lawrence Erlbaum, 1981)

An Outline of a Theory of Civilization, trans. David A. Dilworth and G. Cameron Hurst (Tokyo: Sophia University, 1973)

Anna Wierzbicka, *Understanding Cultures Through Their Key Words: English, Russian, Polish, German, and Japanese* (New York: Oxford University Press, 1997)

Anne Walthall, *Social Protest and Popular Culture in Eighteenth-Century Japan* (Tucson: University of Arizona Press, 1986)

Atsuko Hirai, "The State and Ideology in Meiji Japan—A Review Article," Journal of Asian Studies 46(1) (February 1987):89-103.

Bailey, "Prince Saionji and the Popular Rights Movement"; Iyenaga Saburo [sic], "Problem of Accepting Foreign Ideas in the History of Japanese Thought," *Asian Cultural Studies*, no.5 (October 1966)

Beasley, Meiji Restoration, pp.22-34; Dan Fenno Henderson, Conciliation and Japanese Law: Tokugawa and Modern, vol. 1 (Seattle: University of Washington Press; Tokyo: University of Tokyo Press, 1965)

Benjamin Constant, "The Liberty of the Ancients Compared with That of the Moderns," in *Political Writings*, ed. Biancamaria Fontana (Cambridge: Cambridge University Press, 1988)

Berlin, "Two Concepts of Liberty"; Holmes, *Passions and Constraint*, pp.13-41; and H. J. McCloskey, "A Critique of the Ideals of Liberty," *Mind* 74 (1965): 483-508.

Blandine Kriegel, *The State and the Rule of Law*, trans. Marc A. LePain and Je□rey C. Cohen (Princeton: Princeton University Press, 1995)

C.S. Peirce, *Philosophical Writings of Preice*, ed. Justus Buchler (New York: Dover, 1955)

Carmen Blacker, *The Japanese Enlightenment: A Study of the Writings of Fukuzawa Yukichi* (Cambridge: Cambridge University Press, 1964)

Carol Gluck, *Japan's Modern Myths: Ideology in the Late Meiji Period* (Princeton: Princeton University Press, 1985)

Chieko Ariga, "The Playful Gloss: Rubi in Japanese Literature," *Monumenta Nipponica* 44(3) (Autumn 1989): 309-335

Christopher Seeley, *A History of Writing in Japan* (Leiden: Brill, 1991)

D. R. Howland, *Borders of Chinese Civilization: Geography and History at Empire's End* (Durham: Duke University Press, 1996)

David Abosch, "Kato Hiroyuki and the Introduction of German Political Thought: 1868-1883" (Ph.D. dissertation. University of California, 1964)

David E. Apter, *The Politics of Modernization* (Chicago: University of Chicago Press, 1965)

David Huish, "Aims and Achievement of the Meirokusha—Fact and Fiction," *Monumenta Nipponica* 32(4) (Winter 1977)

David Pollack, *The Fracture of Meaning: Japan's Synthesis of China from the Eighth Trough the Eighteenth Centuries* (Princeton: Princeton University Press, 1986)

Davis, Sandra T. W. *Intellectual Change and Political Development in Early modern Japan: Ono Azusa, a Case Study* (Rutherford: Fairleigh Dickinson University Press, 1980)

Dean Tipps, "Modernization Theory and the Comparative Study of Societies: A Critical Perspective," *Comparative Studies in Society and History* 15 (March 1973)

Demin Tao, "Shigeno Yasutsugu as an Advocate of 'Practical Sinology' in Meiji Japan," in *New Directions in the Study of Meiji Japan, ed. Helen Hardacre with Adam L. Kern* (Leiden: Brill, 1997)

Dipesh Chakrabarty, "Afterword: Revisiting the Tradition/Modernity Binary," in *Mirror of Modernity: Invented Traditions of Modern Japan*, ed. Stephen Vlastos (Berkeley: University of California Press, 1998)

Donald H. Shively, "Nishimura Shigeki: A Confucian View of Modernization," in *Changing Japanese Attitudes Toward Modernization*, ed. Marius B. Jansen (Princeton: Princeton University Press, 1965)

Donald Keene, *The Japanese Discovery of Europe, 1720-1830*, rev. ed. (Stanford: Stanford University Press, 1969)

Donald R. Kelley, "Horizons of Intellectual History: Retrospect, Circumspect, Prospect," *Journal of the History of Ideas* 49(1) (1987)

Douglas H. Mendel Jr., "Ozaki Yukio: Political Conscience of Modern Japan," Far Eastern Quarterly 15(3) (May 1956):343-356

Douglas Howland, "Nishi Amane's Efforts to Translate Western Knowledge: Sound, Marks, and Meaning," *Semiotica* 83(3-4) (1991):283-310

Douglas Howland, "Samurai Status, Class, and Bureaucracy: A Historiographical Essay," Journal of Asian Studies 62(2) (May 2001): 353-380.

Douglas Howland, "Society Reified: Herbert Spencer and Political Theory in Early Meiji Japan," Comparative Studies in Society and History 42(1) (January 2000):67-86.

Ducrot, Oswald, and Tzvetan Todorov, *Encyclopedic Dictionary of the Sciences of Language*, Translated by Catherine Porter. Oxford: Blackwell, 1981

E. H. Norman, *Origins of the Modern Japanese State: Selected Writings of E. H. Norman*, ed. John W. Dower (New York: Random House, 1975)

Earl H. Kinmonth "Nakamura Keiu and Samuel Smiles: A Victorian Confucian and a Confucian Victorian," American Historical Review 85 (June 1980):535-556.

Earl H. Kinmonth, *The Self-Made Man in Meiji Japanese Thought: From Samurai to Salary Man* (Berkeley: University of California Press, 1981)

Eiko Ikegami, The Taming of the Samurai: Honorific Individualism and the Making of Modern Japan (Cambridge, Mass.: Harvard University Press, 1995)

Emile Benveniste, "Civilization: A Contribution to the History of the Word," in *Problems in General Linguistics*, trans. Mary Elizabeth Meek (Coral Gables: University of Miami Press, 1971)

Eric R. Wolf, "Inventing Society," American Ethnologist 15(4) (November 1988):752-761

Ernest Renan, "What Is a Nation?," trans. Martin Thom, in Nation and Narration, ed. Homi K. Bhabha (London: Routledge, 1990)

Ernst Gellner, "Concepts and Society," in Rationality, ed. Bryan R. Wilson (Oxford: Blackwell, 1979)

Eugene Soviak, "On the Nature of Western Progress: The Journal of the Iwakura Embassy," in *Tradition and Modernization in Japanese Culture*, ed. Donald H. Shively (Princeton: Princeton University Press, 1971)

Eugene Soviak, "The Case of Baba Tatsui: Western Enlightenme, Social Change, and the Early Meiji Intellectual," Monumenta Nipponica 18 (1963):191-235

F. B. Verwayen, "Tokugawa Translations of Dutch Legal Texts," *Monumenta Nipponica* 53(3) (Fall 1998):335 -358

F. Hall, *The Journal of Francis Hall, Kanagawa and Yokohama, 1859-1866*, ed. F. G. Notehelfer (Princeton: Princeton University Press, 1992)

Frank O. Miller, Minobe Tatsukichi: Interpreter of Constitutionalism in Japan (Berkeley: University of California Press, 1965)

Franz Neumann, "The Change in the Function of Law in Modern Society," in *The Democratic and the Authoritarian State*, ed. Herbert Marcuse (Glencoe: Free Press, 1957)

Fukuzawa Yukichi, *An Encouragement of Learning*, trans. David A. Dilworth and Umeyo Hirano (Tokyo: Sophia University, 1969)

Fukuzawa Yukichi, *The Autobiography of Fukuzawa Yukichi*, trans. Eiichi Kiyooka (Tokyo: Hokuseido, 1981)

G, Beasley, *Japanese Imperialism, 1894-1945* (Oxford: Clarendon, 1987); John Halliday, *A Political History of Japanese Capitalism* (New York: Pantheon, 1975)

G. W. F. Hegel, Elements of the Philosophy of Right, trans. H. B. Nisbet, ed. Allen W. Wood (Cambridge: Cambridge University Press, 1991)

Gabriel Motzkin, "On Koselleck's Intuition of Time in History," in *Meaning of Historical Terms and Concepts*, p.41.

Gedeon Toury, *In Search of a Theory of Translation* (Tel Aviv: Tel Aviv University, Porter Institute for Poetics and Semiotics, 1980)

George Akita, *Foundations of Constitutional Government in Modern Japan, 1868-1900* (Cambridge. Mass.: Harvard University Press, 1967)

George Steiner, *After Babel: Aspects of Language and Translation* (London: Oxford University Press, 1975)

Germaine Hoston, "The State, Modernity, and the Fate of Liberalism in Prewar Japan," *Journal of Asian Studies* 51(2) (May 1992)

Graham Burchell, "Peculiar Interests: Civil Society and Governing the System of Natural Liberty," in *The Foucault Effect: Studies in Govemmentality*, ed. Graham Burchell, Colin Gordon, and Peter Miller (Chicago: University of Chicago Press, 1991)

Grant K. Goodman, *Japan: The Dutch Experience* (London: Athlone, 1986)

H. D. Harootunian, "The Functions of China in Tokugawa Thought", in *The Chinese and the Japanese: Essays in Political and Cultural Interactions*, ed. Akira Iriye (Princeton: Princeton University Press, 1980)

H. D. Harootunian, *Things Seen and Unseen: Discourse and Ideology in Tokugawa Nativism* (Chicago: University of Chicago Press, 1988)

H. D. Harootunian, Toward Restoration: The Growth of Political Consciousness in Tokugawa Japan (Berkeley: University of California Press, 1970)

Hane, "Nationalism and the Decline of Liberalism." "Traditionalism is the analogous culprit in his "Fukuzawa Yukichi and Women's Rights," in *Japan in Transition: Thought and Action in the Meiji Era, 1868-1912*, ed. Hilary Conroy, Sandra T. W. Davis, and Wayne Patterson (Rutherford: Fairleigh Dickinson University Press, 1984)

Hanna Fenichel Pitkin, "Are Freedom and Liberty Twins?," *Political Theory* 16(4) (November 1988):523 – 552

Hannah Arendt, "What Is Liberty?", in *Between Past and Future*, enl. ed. (New York: Viking, 1968)

Harold J. Laski, *Liberty and the Modern State*, rev. ed. (New York: Viking, 1949)

Harootunian, *Things Seen and Unseen*, pp.23-75; Naoki Sakai, *Voices of the Past: The Statues of Language in Eighteenth-Century Japanese Discourse* (Ithaca: Cornell University Press, 1991)

Helen Ballhatchet, "Baba Tatsui (1850-1888) and Victorian Britain," in Britain and Japan, 1859—1991: Themes and Personalities, ed. Hugh Cortazzi and Gordon Daniels (London: Routledgc, 1991)

Helen Hardacre, "Introduction," in *New Directions in the Study of Meiji Japan*, ed. Helen Hardacre, with Adam L. Kern (Leiden: Brill, 1997)

Henry Wheaton, Elements of International Law, 2nd ann. ed., by William Beach Lawrence (Boston: Little, Brown, 1863)

Henry Wheaton, *Elements of International Law*, 6th ed. (Boston: Little, Brown, 1855)

Herbert Passin, Society and Education in Japan(New York: Columbia University Press, 1965)

Herbert Spencer, Social Statics: The conditions essential to human happiness specified, and the first of them developed (1877?) (New York: Schalkenbach Foundation, 1995)

Herman Ooms, Tokugawa Village Practice: Class, Status, Power, Law (Berkeley: University of California Press, 1996)

Herrlee G. Creel, Shen Pu-hai: Chinese Political Philosopher of the Fourth Century B.C. (Chicago: University of Chicago Press, 1974)

Hirakawa Sukehiro, "Japans Turn to the West," in *The Cambridge History of Japan, vol. 5: The Nineteenth Century*, ed. Marius Jansen (Cambridge: Cambridge University Press, 1989)

Hiroshi Tanaka, "The Development of Liberalism in Modern Japan: Continuity of an Idea - From Taguchi and Kuga to Hasegawa," *Hitotsubashi Journal of Social Studies* 21 (1989)

Honjō Eijirō, The Social and Economic History of Japan (Kyoto: Nihon keilzaishi kenkyūjo, 1935)

Hsiao Kung-chuan, A History of Chinese Political Thought, vol. 1: From the Beginnings to the Sixth Century A. D., trans. F. W. Mote (Princeton: Princeton University Press, 1979)

Immanuel C. Y. Hsü, *China's Entry into the Family of Nations: The Diplomatic Phase, 1858-1880* (Cambridge, Mass.: Harvard University Press, 1960)

Irene Hasenberg Butter, *Academic Economics in Holland*, 1800 – 1870 (The Hague: Nijho[illegible], 1969)

Isaiah Berlin, "Two Concepts of Liberty," in *Four Essays on Liberty* (Oxford: Oxford University Press, 1969)

Ivan Parker Hall, *Mori Arinori* (Cambridge, Mass.: Harvard University Press, 1973)

J. Marshall Unger, "The Very Idea: The Notion of Ideogram in China and Japan," *Monumenta Nipponica* 45(4) (1990):391-411

J. S. Mill, *On Liberty, in Three Essays* (Oxford: Oxford University Press, 1975)

J.D.Y. Peel, *Herbert Spencer: The Evolution of a Sociologist* (London: Heinemann, 1971)

J.G.A. Pocock, "Virtues, Rights, and Manners: A Model for Historians of Political Thought," *Political Theory* 9(3) (August 1981), pp.353-368

Jackson H. Bailey, "Prince Saionji and the Popular Rights Movement," *Journal of Asian Studies* 21(1) (November 1961)

Jacques Mutel, "Modernization of Japan: Why Has Japan Succeeded in Its Modernization?" in *Europe and the Rise of Capitalism*, ed. Jean Baechler, John A. Hall, and Michael Mann (Oxford: Blackwell, 1988)

James Edward Ketelaar, *Of Heretics and Martyrs in Meiji Japan: Buddhism and Its Persecution* (Princeton: Princeton University Press, 1990)

James Farr, "Understanding Conceptual Change Politically," in *Political Innovation and Conceptual Change*, ed. Terence Ball, James Farr, and Russell L. Hanson (Cambridge; Cambridge University Press, 1989)

James H. Tully, "Review Article: The Pen Is a Mighty Sword: Quentin Skinner's Analysis of Politics," *British Journal of Political Science* 13(4) (October 1983)

James L. Hu□man, *Creating a Public: People and Press in Meiji Japan* (Honolulu: University of Hawai'i Press, 1997)

James Legge, *Graduated Reading: Comprising a Circle of Knowledge in 200 Lessons* (Hong Kong: London Missionary Society, 1864)

James W. White, "State Growth and Popular Protest in Tokugawa Japan," *Journal of Japanese Studies* 14(1) (1988):1-25

Janet Hunter, "Language Reform in Meiji Japan: The Views of Maejima Hisoka," in *Themes and Theories in Modern Japanese History: Essays in Memory of Richard Storry*, ed. Sue Henny and Jean-Pierre Lehmann (London: Athlone, 1988)

Japan Weekly Mail

Japanese Thought in the Tokugawa Period: Methods and Metaphors, ed. Tetsuo Najita and Irwin Scheiner (Chicago: University of Chicago Press, 1978)

Jay Rubin, *Injurious to Public Morals: Writers and the Meiji State* (Seattle: University of Washington Press, 1984)

Jeffery E. Hanes, "Contesting Centralization? Space, Time, and Hegemony in Meji Japan," in *New Directions in the Study of Meiji Japan*, ed. Helen Hardacre with Adam L. Kern (Leiden: Brill, 1997)

Jerry Norman, *Chinese* (Cambridge: Cambridge University Press, 1988)

Johann P Arnason, *Social Theory and Japanese Experience: The Dual Civilization* (London: Kegan Paul International, 1997)

John Dunn, "Practising History and Social Science on 'Realist' Assumptions," in his Political Obligation in Its Historical Context: Essays in Political Theory (Cambridge: Cambridge University Press, 1980)

John Dunn, "The Identity of the History of Ideas," *Philosophy* 43(164) (April, 1968)

John E. Toews, "Intellectual History After the Linguistic Turn: The Autonomy of Meaning and the Irreducibility of Experience," *American Historical Review* 92(4) (October 1987)

John Locke, *Two Treatises on Government*, critical [rev.] ed. by Peter Laslette (New York: New American Library, 1963)

John Peter Stern, *The Japanese Interpretation of the "Law of Nations" 1854-1874* (Princeton: Princeton University Press, 1979)

John Stuart Mill, Utilitarianism and Other Essays, ed. Alan Ryan (Harmondsworth: Penguin, 1987)

John W. Dower's introduction, "E. H. Norman, Japan, and the Uses of History," in Norman, *Origins of the Modern Japanese State*

John Whitney Hall, "Changing Conceptions of the Modernization of Japan," in *Changing Japanese Attitudes Toward Modernization*

Joseph J. Spengler, "Theory, Ideology, Non-Economic Value, and Politico-Economic Development," in *Tradition, Values, and Socio-Economic development*, ed. Ralph Braibanti and Joseph J. Spengler (Durham: Duke University Press; London: Cambridge University Press, 1961)

Joseph Pittau, *Political Thought in Early Meiji Japan, 1868-1889* (Cambridge. Mass.: Harvard University Press, 1967)

Joyce Lebra, "Yano Fumio: Meiji Intellectual, Party Leader, and Bureaucrat," *Monumenta Nipponica* 20(1-2) (1965)

Keith Michael Baker, "Enlightenment and the Institution of Society: Notes for a Conceptual History," in Main Trends in Cultural History: Ten Essays, ed. Willem Melching and Wyger Velema (Amsterdam: Rodopi, 1994)

Kenneth B. Pyle, *The New Generation in Meiji Japan: Problems of Cultural Identity, 1885-1895* (Stanford: Stanford University Press, 1969)

Kenneth Schott Latourette, *A History of Christian Missions in China* (London: Society for Promoting Christian Knowledge in China, 1929)

Kevin M. Doak, "What Is a Nation and Who Belongs? National Narratives and the Ethnic Imagination in Twentieth-Century Japan," American Historical Review 102(2) (April 1997):283-309

Kido Takayoshi, *The Diary of Kido Takayoshi*, trans. Sidney Devere Brown and Akiko Hirota (Tokyo: University of Tokyo Press, 1983-1986)

Kido, *Diary*

Kido, *Diary, vol. 3* passim; George M. Beckmann, "Political Crises and the Crystallization of Japanese Constitutional Thought, 1871-1881," *Pacific Historical Review* 23(3) (August 1954)

Koselleck, "Social History and Begrijfsgeschichte," in *History of Concepts: Comparative Perspectives*, ed. lain Hampsher-Monk, Karin Tilmans, and Frank van Vree (Amsterdam: Amsterdam University Press, 1998)

Koselleck, "Some Reflections on the Temporal Structure of Conceptual Change," in *Main Trends in Cultural History: Ten Essays*, ed. Willem Melching and Wyger Velema (Amsterdam: Rodopi, 1994)

Kyu Hyun Kim, "Political Ideologies of the Early Meiji Parties," in New Directions in the Study of Meiji Japan, ed. Helen Hardacre, with Adam L. Kern (Leiden: Brill, 1997)

Land and Lordship in Early Modern Japan (Stanford: Stanford University Press, 1999),

Leo J. Loveday, *Language Contact in Japan: A Socio-linguistic History* (Oxford:

Clarendon Press, 1996)

Leo Spitzer, "Geistesgeschichte vs. History of Ideas as Applied to Hitlerism," *Journal of the History of Ideas* 5 (1944)

Leon H. Mayhew, "Society," in International Encyclopedia of the Social Sciences, ed. David L. Sills (New York: Macmillan Press, 1968), 14:577-586.

Leon Wieger, *Chinese Characters: Their Origin, Etymology, History, Classification, and Signification. A Thorough Study from Chinese Documents*, trans. L. Davrout, 2nd ed. (New York: Dover, 1965)

Leviathan (Harmondsworth: Penguin, 1981)

Lincicome, Principle, Praxis, and Politics; Ronald P. Dore, Education in Tokugawa Japan(Berkeley: University of California Press, 1965)

Lotte Mulligan, Judith Richards, and John Graham, "Intentions and Conventions: A Critique of Quentin Skinner's Method for the Study of the History of Ideas," *Political Studies* 27(1) (March 1979)

Luke S. Roberts, "A Petition for a Popularly Chosen Council of Government in Tosa in 1787," Harvard Journal of Asiatic Studies 57(2) (December 1997):575-596

Lusebrink, "Conceptual History and Conceptual Transfer," pp.115-117.

Lydia H. Liu, "Legislating the Universal: The Circulation of International law in the Nineteenth Century," in *Tokens of Exchange: The Problem of Translation in Global Circulations*, ed. Lydia H. Liu (Durham: Duke University Press, 1999)

Mark E. Lincicom, *Principle, Praxis, and the Politics of Educational Reform in Meiji Japan* (Honolulu: University of Hawai'i Press, 1995)

Mark E. Lincicome, "Local Citizens or Loyal Subjects? Enlightenment Discourse and Educational Reform," in New Directions in the Study of Meiji Japan, ed. Helen Hardacre with Adam L. Kern (Leiden: Brill, 1997)

Mark Ravina, "State Building and Political Economy in Early-modern Japan," *Journal of Asian Studies* 54(4) (November 1995), pp.997-1022

Marlene J. Mayo, "The lwakura Mission to the United States and Europe, 1871-1873," in *Researches in the Socidl Sciences on Japan: Volume Two*, ed. Stanleigh H. Jones Jr. and John E. Lane (New York: Columbia University, East Asian Institute, 1959)

Marlene J. Mayo, "The Western Education of Kume Kunitake, 1871-76," *Monumenta Nipponica* 28(1) (1973):3-67

Maruyama Masao, "The Structure of Matsurigoto: The Basso Ostinato of Japanese Political Life," in *Themes and Theories in Modern Japanese History: Essays in Memory of Richard Storry*, ed. Sue Henny and Jean-Pierre Lehmann (London: Athlone, 1988)

Maruyama Masao, Studies in the Intellectual History of Tokugawa Japan, trans. Mikiso Hane (Princeton: Princeton University Press; Tokyo: University of Tokyo Press, 1974)

Mary Elizabeth Berry, "Public Peace and Private Attachment: The Goals and Conduct of Power in Early Modern Japan," *Journal of Japanese Studies* 12(2) (1986)

Mary Snell-Hornby, *Translation Studies: An Integrated Approach* (Amsterdam: John Benjamin, 1988)

Masao Watanabe, The Japanese and Western Science, trans. Otto Theodor Benfey (Philadelphia: University of Pennsylvania Press, 1988)

Matsuzawa Hiroaki, "Varieties of Bunmei Ron(Theories of Civilization)," in *Japan in Thought and Action in the Meiji Era, 1868-1912*, ed. Hilary Conroy, Sandra T. W. Davis, and Wayne Patterson (Rutherford: Fairleigh Dickinson University Press, 1984)

Meiroku Zasshi: Journal of the Japanese Enlightenment, trans. William R. Braisted (Cambridge: Harvard University Press, 1976)

Melvin Richter, "Appreciating a Contemporary Classic: The Geschichtliche Grundbegriffe and Future Scholarship" in *The Meaning of Historical Terms and Concepts: New Studies on Begriffsgeschichte*, ed. Hartmut Lehmann and Melvin Richter (Washington, D.C.: German Historical Institute, 1996)

Melvin Richter, "Begriffsgeschichte in *Theory and Practice in Main Trends in Cultural History*, pp. 126-129

Melvin Richter, *The History of Political and Social Concepts: A Critical Introduction* (New York: Oxford University Press, 1995)

Michael Lewis, "The Meandering Meaning of Local 'Autonomy: Bosses, Bureaucrats, and Toyama's Rivers," in New Directions in the Study of Meiji Japan, ed. Helen Hardacre, with Adam L. Kern (Leiden: Brill, 1997)

Michel Foucault, "History of Systems of Thought, 1979," *Philosophy and Social Criticism* 8(3) (Fall 1981)

Mikiso Hane, "Early Meiji Liberalism: An Assesment," *Monumenta Nipponica* 24(4) (1969)

Mikiso Hane, "Nationalism and the Decline of Liberalism in Meiji Japan," *Studies on Asia*, no.4 (1963)

Mikiso Hane, "Sources of English Liberal Concepts in Early Meiji Japan," *Monumenta Nipponica* 24(3) (1969)

Mori Arinori, *Religious Freedom in Japan: A Memorial and Draft of Charter* ([Washington, D.C.]: privately printed, [1872])

Motoyama Yukihiko, *Proliferating Talent: Essays on Politics, Thought, and Education in the Meiji Era*, ed. J.S.A. Elisonas and Richard Rubinger (Honolulu: University of Hawai'i Press, 1997)

Muraoka Tsune-tsugu, *Studies in Shinto Thought*, trans. Delmer M. Brown and James T. Araki (1964; repr. New York: Greenwood, 1988)

N.C.W. Spence, "Linguistic Fields, Conceptual Systems, and the Weltbild," *Transactions of the Philological Society* (1961)

Nagai Michio, "Mori Arinori: Pioneer of Modern Japan," in *Higher Education in Japan: Its Take-off and Crash*, trans. Jerry Dusenbury (Tokyo: University of Tokyo Press, 1971)

Nanette Gottlieb, *Kanji Politics: Language Policy and Japanese Script* (London: Kegan Paul International, 1995)

Nanette Twine, *Language and the Modern State: The Reform of Written Japanese* (London: Routledge, 1991)

Neil Pedlar, *The Imported Pioneers: Westerners Who Helped Build Modern Japa*n (New York: St. Martin's Press, 1990)

Nobutaka Ike, *A Beginnings of Political Democracy in Japan* (Baltimore: Johns Hopkins University Press, 1950)

Norbert Elias, *The Civilizing Process: The History of Manners and State Formation and Civilization*, trans. Edmund Jephcott (Oxford: Blackwell, 1994)

Notto R. Thelle, *Buddhism and Christianity in Japan: From Conflict to Dialogue, 1854–1899* (Honolulu: University of Hawai'i Press, 1987)

Ogyū Sorai, Tōmonsho, trans. J. R. McEwan, The Political Writings of Ogyū Sorai (Cambridge: Cambridge University Press, 1969)

Oswald Ducrot and Tzvetan Todorov, *Encyclopedic Dictionary of the Sciences of Language*, trans. Catherine Porter (Oxford: Blackwell, 1981)

P. N. Medvedev, *The Formal Method in Literary Scholarship: A Critical Introduction to Sociological Poetics*, trans. Albert J. Wehrle (Baltimore: Johns Hopkins University Press, 1978)

Palma Zlateva, "Translation: Text and Pre-Test: 'Adequacy' and 'Acceptability' in Crosscultural Communication," in *Translation, History, and Culture*, ed. Susan Bassnett and André Lefevere (London: Pinter, 1990)

Peter Figdor, "Newspapers and Their Regulation in Early Meiji Japan," *Papers on Japan* (East Asian Research Center, Harvard University) 6 (1972):1-44

Ping Chen, *Modern Chinese: History and Sociolinguistics* (Cambridge: Cambridge University Press, 1999)

Pittau, Joseph, *Political Thought in Early Meiji Japan, 1868-1889* (Cambridge, Mass: Harvard University Press, 1967)

Political Innovation and Conceptual Change, ed. Terence Ball, James Farr, and Russell L. Hanson (Cambridge: Cambridge University Press, 1989).

Quentin Skinner, "'Social Meaning' and the Explanation of Social Actions," in *The Philosophy of History*, ed. Patrick Gardiner (Oxford: Oxford University Press, 1974)

Quentin Skinner, "A Reply to My Critics," in *Meaning and Contexts: Quentin Skinner and His Critics*, ed. James Tully (Princeton: Princeton University Press, 1988)

Quentin Skinner, "Meaning and Understanding in the History of Ideas," *History and Theory* 8 (1969)

Quentin Skinner, *Liberty Before Liberalism* (Cambridge: Cambridge University Press, 1998)

Quentin Skinner, *The Foundations of Modern Political Thought: Volume One: The Renaissance* (Cambridge: Cambridge University Press, 1978)

Raymond Williams, *Keywords: A Vocabulary of Culture Society* (New York: Oxford University Press, 1976)

Reinhart Koselleck, "Linguistic Change and the History of Events," *Journal of Modern History* 61(4) (December 1989)

Reinhart Koselleck, *Futures On the Semantics of Historical Time* (Cambridge, Mass.: MIT Press, 1985)

Reuben A. Brower, ed. *On Translation* (Cambridge, Ass.: Harvard University Press, 1959)

Richard H. King, *Civil Rights and the Idea of Freedom* (New York: Oxford University Press, 1992)

Richard H. Minear, "Nishi Amane and the Reception of Western Law in Japan," *Monumenta Nipponica* 28(2) (1973): 151-175

Richard H. Minear, Japanese Tradition and Western Law: Emperor, State, and Law in the Thought of Hozumi Yatsuka (Cambridge, Mass.: Harvard University Press, 1970)

Richard Koebner and Helmut Dan Schmidt, *Imperialism: The Story and Significance of a Political Word, 1840-1960* (Cambridge: Cambridge University Press, 1964)

Richter, Melvin, *History of Political and Social Concepts: A Critical Introduction* (New York: Oxford University Press, 1995)

Rikki Kersten, *Democracy in Postwar Japan: Maruyama Masao and the Search for Autonomy* (London: Routledge, 1996)

Rita Copeland, "The Fortunes of 'Non Verbum Pro Verbo': or, Why Jerome Is Not a Ciceronian," in The Medieval Translator: The Theory and Practice of Translation in the Middle Ages, ed. Roger Ellis (Wolfeboro, N.H.: Brewer, 1989)

Robert A. Scalapino, "Ideology and Modernization – The Japanese Case," in *Ideology and Discontent*, ed. David E. Apter (New York: Free Press; London: Collier-Macmillan,

1964)

Robert A. Scalapino, Democracy and the Party Movement in Prewar Japan: The Failure of the First Attempt (Berkeley: University of California Press, 1953)

Robert A. Wilson, *Genesis of the Meiji Government in Japan, 1868–1871* (Berkeley: University of California Press, 1957)

Robert E. Ward, "Political Modernization and Political Culture in Japan," *World Politics* 15(4) (July 1963)

Robert M. Spaulding, "The Intent of the Charter Oath," *Studies in Japanese History and Politics*, ed. Richard K. Beardsley (Ann Arbor: University of Michigan Press, 1967)

Robert N. Bellah, *Tokugawa Religion: The Values of 'Pre-Industrial Japan* (1957; Boston: Beacon, 1970)

Robert S. Schwantes, "Christianity versus Science: A Conflict of Ideas in Meiji Japan," Far Eastern Quarterly 12(2) (February I953):123-132

Roger Hackett, Yamagata Aritomo in the Rise of Modern Japan. 1838-1922 (Cambridge, Mass.: Harvard University Press, 1971)

Roger W. Bowen, *Rebellion and Democracy in Meiji Japan: A Study of Commoners in the Popular Rights Movement* (Berkeley: University of California Press, 1980)

Roman Jakobson, "On Linguistic Aspects of Translation," in *On Translation*, ed Reuben Brower (Cambridge, Mass.: Harvard University Press, 1959)

Rostow, W. W. *The Stages of Economic Growth: A Non-Communist Manifesto* (Cam bridge: Cambridge University Press, 1960)

Roy Andrew Miller, *The Japanese Language* (Chicago: University of Chicago Press, 1967)

S. N. Eisenstadt, "Modernisation: Growth & Diversity," *India Quarterly* 20 (January-March, 1964)

S. N. Eisenstadt, *Japanese Civilization: A Comparative View* (Chicago: University of Chicago Press, 1996)

Samuel Hideo Yamashita, "Reading the New Tokugawa Intellectual Histories,' *Journal of Japanese Studies* 22(1) (Winter 1996)

Sandra T. W. Davis, *Intellectual Change and Political Development in Early Modern Japan: Ono Azusa, a Case Study* (Rutherford: Fairleigh Dickinson University Press, 1980)

Sandra T.W. Davis, "Treaty Revision, National Security, and Regional Cooperation: A Minto Viewpoint," in Japan in Transition: Thought and Action in the Meiji Era, 1868-1912, ed. Hilary Conroy, Sandra T.W. Davis, and Wayne Patterson (Rutherford: Fairleigh Dickinson University Press, 1984)

Sheldon Gardon, "Rethinking Modernization and Modernity in Japanese History: A

Focus on State Society Relations," *Journal of Asian Studies* 53(2) (May 1994)

Shunsuke Kamei, "The Sacred Land of Liberty: Images of America in Nineteenth-Century Japan," in *Mutual Images: Essays in American-Japanese Relations*, ed. Akira Iriye (Cambridge, Mass.: Harvard University Press, 1975)

Stefan Tanaka, *Japan's Orient: Reordering Pasts into History* (Berkeley: University of California Press, 1993)

Stephen Holmes, *Passions and Constraint: On the Theory of Liberal Democracy* (Chicago: University of Chicago Press, 1995)

Susan B. Hanley, *Everyday Things in Premodern Japan: The Hidden Legacy of Material Culture* (Berkeley: University of California Press, 1997)

Susan Bassnett-McGuire, *Translation Studies* (London: Methuen, 1980)

Suzanne Ohman, "Theories of the 'Linguistic Field,'" *Word* 9 (1953)

Tadashi Aruga, "The Declaration of Independence in Japan: Translation and Transplantation, 1854-1997," Journal of American History 85(4) (March 1999): 1409-1431.

Takao Suzuki, "Writing Is Not Language, or Is It?," *Journal of Pragmatics* 1(4) (1977):407-420

Talcott Parsons, "A Revised Analytical Approach to the Theory of Social Stratification," in *Class, Status, and Power: A Reader in Social Stratification*, ed. Reinhard Bendix and Seymour Martin Lipset (Glencoe: Free Press, 1953)

Talcott Parsons, "Society," in Encyclopedia of the Social Sciences, ed. E.R.A. Seligman (New York: Macmillan, 1934), 13:225-232

Terence Ball and J.G.A. Pocock, eds., "Introduction," in *Conceptual Change and the Constitution* (Lawrence: University Press of Kansas, 1988), p.8.

Tetsuo Najita, "Ambiguous Encounters: Ogata Koan and International Studies in Late Tokugawa Osaka," in *Osaka: The Merchants' Capital of Early Modern Japan*, ed. James L. McClain and Wakita Osamu (Ithaca: Cornell University Press, 1999)

Tetsuo Najita, "Presidential Address: Reflections on Modernity and Modernization," *Journal of Asian Studies* 52(4) (November I993)

Tetsuo Najita, "Some Reflections on Idealism in the Political Thought of Yoshino Sakuzo," in Japan in Crisis: Essays on Taisho Democracy, ed. Bernard S. Silberman and H. D. Harootunian (Princeton: Princeton University Press, 1974)

Tetsuo Najita, *Japan: The Intellectual Foundations of Modern Japanese Politics* (Chicago: University of Chicago Press, 1974)

Tetsuo Najita, *Visions of Virtues in Tokugawa Japan: The Kaitokudo Merchant*

Academy of Osaka (Chicago: University of Chicago Press, 1987)

The Autobiography of Fukuzawa Yukichi, with *Preface to Collected Works of Fukuzawa*, trans. Eiichi Kiyooka (Tokyo: Hokuseido, 1981)

The Japanese National Committee of Historical Sciences, *Recent Trends in Bibliographical Essays: Japan at the XIIIth International Congress of Historical Sciences in Moscow* (Tokyo: Japan Society for the Promotion of Science, 1970)

The Making of the Meiji Constitution: The Oligarchs and the Constitutional Development of Japan, 1868 – 1891 (Lawrence: University of Kansas Press, 1957)

The Oxford English Dictionary, 2nd ed., prepared by J. A. Simpson and E.S.C. Weiner (Oxford: Clarendon Press, 1989)

The Production of Space, trans. Donald Nicholson-Smith (Oxford: Blackwell, 1991)

Theodora Bynon, *Historical Linguistics* (Cambridge: Cambridge University Press, 1977)

Thomas Hobbes, The Elements of Law (Oxford: Oxford University Press, 1994)

Thomas R. H. Havens, *Nishi Amane and Modern Japanese Thought* (Princeton: Princeton University Press, 1970)

Thomas W. Burkman, "The Urakami Incidents and the Struggle for Religious Toleration in Early Meiji Japan," *Japanese Journal of Religious Studies* 1(2 – 3) (1974):168 – 170

Timon Screech, *The Western Scientific Gaze and Popular Imagery in Later Edo Japan: The Lens Within the Heart* (Cambridge: Cambridge University Press, 1996)

Toews, John E. "Intellectual History After the Linguistic Turn: The Autonomy of Meaning and the Irreducibility of Experience." *American Historical Review* 92(4) (October 1987):879-907.

Toyama Shigeki, "Reforms of the Meiji Restoration and the Birth of Modern Intellectuals," *Acta Asiatica* 13 (1967)

Twine, *Language and the Modern State: The Reform of Written Japanese* (London: Routledge, 1991)

Uday Singh Mehta, *Liberalism and Empire: A Study in Nineteenth-Century British Liberal Thought* (Chicago: University of Chicago Press, 1999)

V. N. Voloshinov, *Marxism and the Philosophy of Language*, trans. Ladislav Matejka and I. R. Titunik (New York: Academic Press, 1973)

Vinh Sinh, "Introduction," in Tokutomi Soho, The Future of Japan, trans. and ed. Vinh Sinh (Edmonton: University of Alberta Press, 1989)

W. G. Beasley, *Japan Encounters the Barbarian: Japanese Travellers in America and Europe* (New Haven: Yale University Press, 1995)

W. G. Beasley, *The Meiji Restoration* (Stanford: Stanford University Press, 1972)

W. W. McLaren, ed., *Japanese Government Documents* (1914; Tokyo: Asiatic Society of Japan, 1979)

W. W. Rostow, *The Stages of Economic Growth: A Non-Communist Manifesto* (Cambridge: Cambridge University Press, 1960)

W.A.P. Martin, "Terms Used in Diplomatic and Official Intercourse," in Justus Doolittle, *A Vocabulary and Handbook of the Chinese Language, Romanized in the Mandarin Dialect* (Foochow: Rozario, Marcal, 1872), 2:194–200

Walter Dening, "The Gakushikaiin," *Transactions of the Asiatic Society of Japan*, ser. I, vol.15 (1887)

Werner Conze, "Freiheit," in *Geschichtliche Grundbegri¤e: Historisches Lexicon zur politisch-sozialer Sprache in Deutschland*, ed. Otto Brunner, Werner Conze, and Reinhart Koselleck (Stuttgart: Klett, 1972–1989), 2: 425–542

Willem Frijhoff, "Conceptual History, Social History, and Cultural History," in *History of Concepts*, p. 11

William Buxton, *Talcott Parsons and the Capitalist Nation-State: Political Sociology as a Strategic Vocation* (Toronto: University of Toronto Press, 1985)

William E. Connolly, The Terms of Political Discourse, 2nd ed. (Princeton, Princeton University Press, 1983)

William F. Hanks, *Language and Communicative Practices* (Boulder: Westview, 1996)

William J. Bouwsma, "Intellectual History in the 1980s," *Journal of Interdisciplinary History* 12(2) (Autumn 1981)

Yaeko Sato Habein, *The History of the Japanese Written Language* (Tokyo: University of Tokyo Press, 1984)

Yoda Yoshiie, *The Foundations of Japans Modernization: A Comparison with China's Path Towards Modernization*, trans. Kurt W. Radtke (Leiden: Brill, 1996)

Yokoyama Toshio, "Setsuyoshu and Japanese Civilization," in *Themes and Theories in Modan Japanese History: Essays in Memory of Richard Storry*, ed. Sue Henny and Jean-Pierre Lehmann (London: Athlone, 1988)

"Morals and Politics Not Different Things," *Japan Weekly Mail* (April 10, 1875)

"Begriffsgeschichte and the History of Ideas," *Journal of the History of Ideas* 48(2) (1987): 247-263.

"Conceptual History (Begriffsgeschichte) and Political Theory," *Political Theory* 14(4) (November 1986)

"Constitutional Government in Japan," *Japan Weekly Mail* (September 10, 1881)

"Culture, Ethnicity, and the State in Early Twentieth-Century Japan," *Japan's Competing*

Modernities: Issues in Culture and Democracy, 1900-1930, ed. Sharon A. Minichiello (Honolulu: University of Hawai'i Press, 1998)

"Form and Function of the Meiji State in Modern East Asia," *Zinbun*, no.34(1999):179-196.

"Nakae Chomin and Confucianism," *Confucianism and Tokugawa Culture*, ed. Peter Nosco (Princeton: Princeton University Press, 1984)

加藤祐一,『文明開化』(1873),『明治文化全集 24: 文明開化篇』(東京: 日本評論社, 1967)

加藤周一・丸山真男,『日本近代思想大系 15: 翻訳の思想』(東京: 岩波書店, 1991)

加藤弘之　譯, J. K. Bluntschli,『国法汎論』(1872-1876),『明治文化全集　補巻 2』(東京: 日本評論社, 1971)

加藤弘之,『立憲政体略』, 植手通有　編,『西周/加藤弘之』(東京: 中央公論社, 1984)

家永三郎,『日本近代思想史研究』(東京: 東京大学出版会, 1980)

間崎万里,「福澤諭吉の『西洋事情』」,『史学』(慶応義塾大学) 24(2-3) (1950):89-105

岡本勲,『明治諸作家の文体：明治文語の研究』(東京: 笠間書院, 1980)

岡部啓五郎,「文明開化評林」(1875),『明治文化全集 24: 文明開化篇』(東京: 日本評論社, 1967)

高穀龍洲 注解, 中村正直 批閲,『万国公法蠡管』(済美黌蔵, 1876)

高橋亀吉,『徳川封建経済の研究』(東京: 先進社, 1932)

高橋昌郎,『西村茂樹』(東京: 吉川弘文館, 1987)

高木博志,『近代天皇制の文化史的研究：天皇就任儀礼・年中行事・文化財』(東京: 校倉書房, 1997)

古田東朔,「『智環啓蒙』と『啓蒙智恵の環』」, 近代語学会 編,『近代語研究』2 (東京: 武蔵野書院, 1968)

古田東朔,「大槻文彦傳」,『月刊文法』1-17 (1969.5-1971.3)

広瀬渡, 長田知儀,『智環啓蒙和解』(石川縣学校蔵版 1873)

橋爪貫一,『知恵啓蒙圖解』(東京: 宝集堂, 1872)

久米邦武,『特命全権大使: 米欧回覧実記』(東京: 宗高書房, 1975)

亀井俊介,「日本の近代と翻訳",亀井俊介 編,『近代日本の翻訳文化』(東京: 中央公論社, 1994)

亀井孝·大藤時彦·山田俊雄 編,『日本語の歴史 6: 新しい国語への歩み』(東京: 平凡社, 1976)

国立国語研究所 編,『国定読本用語総覧』(東京: 国立国語研究所, 1985)

堀達之助 編,『英和対訳袖珍辞書』(1862)

宮越信一郎 編,『日本憲政基礎史料』(東京: 議会政治社, 1939)

宮川透,「日本の啓蒙思想」, 金子武蔵, 大塚久雄 編,『講座: 近代思想史 9: 日本における西洋

近代思想の受容』(東京: 弘文堂, 1959)

宮川透,「日本啓蒙思想の構造」,『明治文学全集 3: 明治啓蒙思想集』(東京: 筑摩書房, 1967)

今井清一 編,『大正デモクラシー:草の根と天皇制のはざま』(東京: 社会評論社, 1990).

吉野作造,『吉野作造博士: 民主主義論集』(東京: 新紀元社, 1948)

吉田金彦,「辞書の歴史」, 阪倉篤義 編,『講座国語史 3: 語彙史』(東京: 大修館書店, 1971)

大久保利謙 編,『明治啓蒙思想集』(東京: 筑摩書房, 1967)

大久保利謙 編,『西周全集』(東京: 宗高書房, 1981)

大久保利謙,『幕末維新の洋学』(東京: 吉川弘文館, 1986)

大久保利謙,『明六社考』(東京: 立体社, 1976)

大久保利謙,『明治の思想と文化』(東京: 吉川弘文館, 1988)

大久保利通,「大阪遷都建白書」, 松本三之介 編,『明治思想集』(東京: 築摩書房, 1976)

大国隆正,『新真公法論』(1867), 田原嗣郎, 関晃, 佐伯有清, 芳賀昇 校注,『日本思想史大界 50: 平田篤胤, 伴信友, 大国隆正』(東京: 岩波書店, 1973)

大槻文彦,『箕作麟祥君伝』(東京: 丸善, 1907)

大月明,『近世日本の儒学と洋学』(京都: 思文閣出版, 1988)

徳富蘇峰,「將來之日本」, 植手通有 編,『徳富蘇峰集』(東京: 筑摩書房, 1974)

渡辺修二郎,『明治開化史』(東京: 松井順時, 1880)

渡辺浩,『近世日本社会と宋学』(東京大学出版会, 1985)

渡辺和靖,『明治思想史: 儒教的伝統と近代認識論 増補版』(東京: ぺりかん社, 1985)

稲田正次,『明治憲法成立史』(東京: 有斐閣, 1960－1962)

島地黙雷,「三条教則批判建白書」, 吉田 久一　編,『現代日本思想大系 7: 仏教』(東京: 筑摩書房, 1965)

東京大学百年史編集委員会,『東京大学百年史:通史』(東京: 東京大学, 1984)

落合弘樹,「明治前期の陸軍下士と自由民権」,『人文学報』74 (1994.3)

蓮沼啓介,『西周に於ける哲学の成立—近代日本における法哲学成立のためのエチュード』(東京: 有斐閣, 1987)

鈴木修次,『文明のことば』(広島: 文化評論, 1981)

鈴木修次,『日本漢語と中国』(東京: 中央公論新社, 1981)

鈴木修次,『漢字—その特質と漢字文明の將來』(東京: 講談社, 1978)

滝川政次郎,『日本法制史』(東京: 角川書店, 1959)

頼山陽,「日本外史」, 頼惟勤 責任編集,『頼山陽』(東京: 中央公論社, 1984)

柳父章,『翻訳とはなにか: 日本語と翻訳文化』(東京: 法政大学出版局, 1985)

柳父章,『翻譯語成立事情』(東京: 岩波書店, 1982)

柳田泉,「『社会平権論』訳者　松島剛伝」,『明治文学研究 5: 明治初期翻訳文学の研究』(東京: 春秋社, 1961)

林大,「近代の文体」, 任藤喜代治 編,『講座国語史 6: 文体史·言語生活史』(東京: 大修館書店, 1972)

林屋辰三郎 編,『文明開化の研究』(東京: 岩波書店, 1979)

林竹二,「近代教育構想と森有礼」,『中央公論』77(10) (1962.9): 208－218

林恵海,「邦訳「社会」考」,『東京女子大学附属比較文化研究所紀要』21 (1966.6)

笠谷和比古,「武士の身分と格式」, 辻達也, 朝尾直弘 編,『身分と格式』(東京: 中央公論社, 1992)

麻生義輝,『近世日本哲学史』(東京: 近藤書店, 1942)

梅田義彦,「宗教法について　江戸幕府明治政府へ」,『神道宗教』26 (1961.11): 37－55.

明治文化研究会 編,『明治文化全集』(東京: 日本評論新社, 1955)

牧原憲夫,「文明開化論」,『岩波講座-日本通史 16: 近代1』(東京: 岩波書店, 1994)

木村毅,『文明開化』(東京: 至文堂, 1954)

木下周南,『明治詩話』(東京: 文中堂, 1943)

木戸孝允,『木戸孝允日記』(東京: 東京大学出版会, 1985)

尾崎行雄,『尾崎咢堂全集』(東京: 公論社, 1956)

尾崎行雄,『尾崎行雄全集』(東京: 平凡社, 1926)

尾佐竹猛,『日本憲政史大綱 下』(東京: 日本評論社, 1939)

美土路昌一 編,『明治大正史 1: 言論篇』(東京: 共同印刷, 1930)

福本日南[巴],『普通民権論』(1879),『明治文化全集 5: 自由民権篇』(東京: 日本評論社, 1927)

服部之総,『明治維新史』(東京: 上野書店, 1929)

福地重孝,『士族と士族意識』(東京: 春秋社, 1956)

福澤諭吉,『西洋事情』(1866-1870),『福沢諭吉全集』(東京: 岩波書店, 1958)

福沢諭吉,『学問ノススメ』(1874-1876),『福沢諭吉全集』(東京: 岩波書店, 1958)

本山幸彦,「文明開化期における新知識人の思想-明六社の人々を中心として」,『人文学報』4 (1954):45-84

峯岸健太郎,『近世身分論』(東京: 校倉書房, 1989)

富田正文 編集,『福沢諭吉選集』(東京: 岩波書店, 1980-1981)

飛田良文 編,『英米外來語の世界』(東京: 南雲堂, 1981)

飛田良文 編,『哲学字彙訳語総索引』(東京: 笠間書院, 1979)

飛田良文,『東京語成立史の研究』(東京: 東京堂出版, 1992)

飛鳥井雅道,『文明開化』(東京: 岩波書店, 1985)

山本正秀,『近代文体發生の史的研究』(東京: 桜楓社, 1978-1979)

山室信一,『近代日本の知と政治 - 井上毅から大衆演芸まで』(東京: 木鐸社, 1985)

山室信一,『法制官僚の時代：国家の設計と知の歴程』(東京: 木鐸社, 1984)

山下重一,「小野梓とイギリス政治思想」, 武田清子 他,『イギリス思想と近代日本』(東京: 北樹出版, 1992)

山下重一,『スペンサーと日本近代』(東京: 御茶の水書房, 1983)

森岡健二 編,『改訂近代語の成立 - 語彙編 - 』(東京: 明治書院, 1991)

杉本つとむ 編,『図録蘭学事始』(東京: 早稲田大学出版部, 1985)

杉本つとむ,『国語学と蘭語学』(東京: 武蔵野書院, 1991)

杉本つとむ,『杉本つとむ日本語講座』(東京: 桜楓社, 1980)

杉本つとむ,『日本英語文化史資料』(東京: 八坂書房, 1985)

森一貫,『近代日本思想史序説―「自然」と「社会」の論理』(京都: 晃洋書房, 1984)

色川大吉,『新編明治精神史』(東京: 中央公論社, 1973)

色川大吉 · 江井秀雄 · 新井勝紘,『民衆憲法の創造：埋もれた多摩の人脈』(東京: 評論社, 1970)

西尾光雄,「『西国立志編』のふりがなについて」,『近代語研究』2:473-488

西田長寿,『明治時代の新聞と雑誌』(東京: 至文堂, 1961)

西周,『百一新論』, 大久保利謙 編,『西周全集』(東京: 宗高書房, 1981)

西周助,『畢洒林(Vissering)著 万国公法』(江戸: 1868)

西川長夫,『国境の越え方：比較文化論序説』(東京: 筑摩書房, 1992)

西村茂樹,「小学修身訓」(1880), 海後宗臣 編,『日本教科書大系 近代編 2: 修身』(東京: 講談社, 1962)

石綿敏雄,「現代の語彙」,『講座国語史 3: 語彙史』(東京: 大修館書店, 1971)

石綿敏雄,『日本語の中の外来語』(東京: 岩波書店, 1985)

石山洋,「幕末輸入の蘭英法律書」,『蘭学資料研究会研究報告』23 (1958.1.18.):3－11.

石田雄,『近代日本の政治文化と言語象徴』(東京: 東京大学出版会, 1983)

石田雄,『日本の政治と言葉 上』(東京: 東京大学出版会, 1989)

石田雄,『日本の政治と言葉 下(「平和」と「国家」)』(東京: 東京大学出版会, 1989)

小林雅宏,「『西国立志編』における左ルビの字音語」,『日本近代語研究』1 (春日部市: ひつじ書房, 1991)

沼田次郎,『洋学』(東京: 吉川弘文館, 1989)

沼田次郎,『洋学伝来の歴史』(東京: 至文堂 1960),

小澤三郎,「智環啟蒙と耶蘇教」,『幕末明治耶蘇教史研究』(東京: 日本基督教団出版局, 1973)

松島剛 訳,『社会平権論』(1881 - 1883),『明治文化全集 5: 自由民権篇』(東京: 日本評論社, 1927)

松尾章一,『自由民権思想の研究 増補 · 改訂』(東京: 日本経済評論社, 1990)

松本三之介,「新しい学問の形成と知識人」, 松本三之介, 山室信一 校注,『日本近代思想大系 10: 学問と知識人』(東京: 岩波書店, 1988)

松本三之介,『明治精神の構造』(東京: 日本放送出版協会, 1981)

松本三之介,『近代日本の知的状況』(東京: 中央公論社, 1974), pp.8-13.

松田宏一郎,「福沢諭吉と「公」·「私」·「分」の再発見」,『立教法学』43 (1996):76 - 140.

松田宏一郎,「福沢諭吉と公私文の再発見」,『立教法学』43 (1996):76-140

松井利彦,『近代漢語辞書の成立と展開』(東京: 笠間書院, 1990)

矢口茂雄,「明治以前に於ける外來語の音尋」,『外來語研究』4(2)(1938.1): 49-72

植木枝盛,「人民の国家に対する精神を論ず」,『近代日本思想大系 30: 明治思想集1』(東京: 筑摩書房, 1976)

植木枝盛,『民権自由論』(1879), 井出孫六 編,『自由自治元年の夢』,(東京: 社会評論社, 1991)

植木枝盛,『植木枝盛集』(東京: 岩波書店, 1990)

植木枝盛, 家永三郎 編,『植木枝盛選集』(東京: 岩波書店, 1974)

神田孝平,「経済小学」(1867),『明治文化全集 12: 経済篇』(東京: 日本評論新社, 1957)

神田孝平,「性法略」(1871),『明治文化全集 13: 法律篇』(東京: 日本評論新社, 1957)

深谷克己,「近世史研究と身分」,『歴史評論』369 (1981)

深谷博治,『華士族秩禄処分の研究 新訂』(東京: 吉川弘文館, 1973)

安丸良夫 · 深谷克己 編,『日本近代思想大系 21: 民衆運動』(東京: 岩波書店, 1989)

於菟子[瓜生寅].『啓蒙知恵乃環』(東京: 1872)

永嶋大典,『蘭和 · 英和辞書発達史』(東京: 講談社, 1970)

永井道雄,「スペンサー主義の流行」,『近代化と教育』(東京: 東京大学出版会, 1969)

呉秀三,「洋学の發展と明治維新」, 東京帝国大学史学会　編,『明治維新史研究』(東京: 冨山房, 1929)

五十嵐暁郎,『明治維新の思想』(横浜: 世織書房, 1996)

宛字外来語辞典編集委員会 編,『宛字外来語辞典』(東京: 柏書房, 1979)

遠山茂樹,「明六雑誌」,『思想』447 (1961.9)

遠山茂樹,『明治維新』(東京: 岩波書店, 1972)

園田英弘,「郡県の武士—武士身分解体に関する一考察」, 林屋辰三郎 編,『文明開化の研究』(東京: 岩波書店, 1979)

園田英弘·濱名篤· 広田照幸,『士族の歴史社会学的研究』(名古屋: 名古屋大学出版会, 1995)

議会政治社編輯部 編,『日本憲政基礎史料』(東京: 議会政治社 , 1939)

議会政治社編輯部 編, 渡辺幾治郎 監修並解説,『日本憲政基礎史料』(東京: 議会政治社, 1939)

日蘭学会 編,『洋学史事典』(東京: 雄松堂出版, 1984)

日向敏彦,「近代漢字の位相 -『明六雜誌』を中心として」,『日本語学』12(8) (1993.7): 66-74

長尾龍一,「西周における人間と社会」,『日本法思想史研究』(東京: 創文社, 1981)

斎藤毅,『明治のことば : 東から西への架け橋』(東京: 講談社, 1977)

田岡良一,「西周助「万国公法」」,『国際法外交雑誌』71 (1972.5):1 －57.

前田愛,『幕末 · 維新期の文学』(東京: 法政大学出版局, 1972)

田中浩,『近代日本と自由主義(リベラリズム)』(東京: 岩波書店, 1993)

井上哲次郎,『哲学字彙』(東京: 東京大学三学部, 1881)

井上哲次郎·有賀長雄 増補,『哲学字彙 改訂増補』(東京: 東京大学三学部, 1884)

朝尾直弘,「近世の身分とその変容」, 辻達也·朝尾直弘 編,『身分と格式』(東京: 中央公論社, 1992)

鳥海靖,『明六雜誌と近代日本』(東京: 日本放送出版協会, 1994-1995)

佐藤正幸,「「個人の集合体としての社会」という考え方の定着に果たした初期社会科の役割」,『社会科教育研究』68 (1993)

佐藤昌介,『洋学史の研究』(東京:中央公論社, 1980)

佐藤亨,『幕末·明治初期語彙の研究』(東京: 桜楓社)

佐藤喜代治 編,『近代の語彙』(東京: 明治書院, 1983)

佐藤喜代治,『国語語彙の歴史的研究』(東京: 明治書院, 1971)

中山泰昌 編,『新聞集成明治編年史』(東京: 本邦書籍, 1982)

中村敬宇 譯,『西国立志編』(東京: 銀花堂, 1888)

中村敬宇,「擬泰西人上書」, 大久保利謙 編 ,『明治啓蒙思想集』(東京: 筑摩書房, 1967)

中村敬宇,『敬宇文集』(東京: 吉川弘文館, 1903)

中村敬宇,『自由の理』(1871),『明治文化全集 5: 自由民権 編』(東京: 日本評論社, 1927)

中村吉治,『日本社会史概説』(東京: 碓氷書房, 1947)

増田涉,『西学東漸と中国事情』(東京:岩波書店, 1979)

芝原拓自 · 豬飼隆明 · 池田正博 編集,『日本近代思想大系 12: 対外観』(東京: 岩波書店, 1988)

進藤咲子,「明治初期のふりかな」,『近代語研究』2 (東京: 武蔵野書院, 1968)

進藤咲子,『明治時代語の研究—語彙と文章』(東京: 明治書院, 1981)

真田信治,『標準語はいかに成立したか』(東京: 創拓社, 1991)

津田真道,『泰西国法論』(1868) (東京: 東洋社, 1875)

浅井清,「日本における市民精神の成立—明治初期文学におけるる〈自由〉の受容」,『思想』504 (1966):61 –71

惣郷正明·飛田良文 編,『明治のことば辞典』(東京: 東京堂出版 , 1986)

太田愛人,『明治キリスト教の流域—静岡バンドと幕臣たち』(東京: 築地書館, 1979).

槌田満文,『明治大正の新語 · 流行語』『明治大正の新語 · 流行語』(東京: 角川選書, 1983)

坂本多加雄,『近代日本精神史論』(東京: 講談社, 1996)

阪本多加雄,『明治国家の建設 1871~1890』(東京: 中央公論社, 1999)

坂本多加雄,『市場 · 道徳 · 秩序』(東京: 創文社, 1991)

坂野潤治,『近代日本の国家構想 : 1871-1936』(東京: 岩波書店, 1996)

坂野潤治,『近代日本の国家構想』(東京: 岩波書店, 2009)

板垣退助,『自由党史』(東京: 五車楼, 1910)

平沢啓,「明治二十年代作文教科書の模範文」,『日本近代語研究』1:139-157

下出隼吉,『明治社会思想研究』(東京: 浅野書店, 1932)

丸山真男,「明治の思想」(1953),『戦中と戦後の間』(東京: みすず書房, 1976)

丸山真男,『戦中と戦後の間』(東京: みすず書房, 1976)

横山源之助,「日本の下層社会」,『横山源之助全集 1』(東京: 明治文献, 1972)

黒川真頼,「文字伝来考」,『東京学士会院雑誌』6(2) (1884.1):53-65

『明治政府翻訳草稿類纂』(東京: ゆまに書房, 1987)

『万国公法』(江戸: 開成所, 1865)

『東洋学芸雑誌』(1881-1922)

『明六雑誌』(1874-1875)

『評論新聞』(1875-1876)

『学芸志林』(1870-1889)

저자 및 역자 소개

더글라스 하울랜드(Douglas Howland)

시카고대학에서 박사학위를 취득했다. 드폴대학 교수를 거쳐, 현재 위스콘신 밀워키대학의 교수로 재직 중이다. 19세기 동아시아의 서구화, 중국과 일본의 국제법과 국가주권, 자유주의 문제 등에 관심을 가지고 있다. 저서로는 *Personal Liberty and Public Good: The Introduction of John Stuart Mill to Japan and China*(2020), *International Law and Japanese Sovereignty: The Emerging Global Order in the 19th Century*(2016), *Borders of Chinese Civilization Geography and History at Empire's End*(*Duke University Press Books*(1996) 등이 있다.

김현

연세대학교 정치학과 BK교육연구단 박사후 연구원.
연세대학에서 정치사상을 전공했고, 현재 근대정치사상사, 개념사, 민주주의론에 관심을 두고 연구 중이다.

박은영

성균관대학교 동아시아학술원 HK연구교수.
성균관대학교와 도시샤대학에서 각각 일본근대사상과 일본기독교사를 전공했고, 최근에는 근대 일본 여성의 사상 형성 문제에 관심을 가지고 있다.

소진형

서울대학교 인문학연구원 선임연구원.
서울대학교에서 한국정치사상사를 전공했고, 현재 동아시아 전근대 및 근대 시기 교류사, 번역사, 정치사상사를 연구 중이다.

손민석

서울과학기술대학교 인문사회학술연구교수.
중앙대학교에서 서양정치사상을 전공했고, 정치와 종교 문제와 비판적 정치철학에 관심을 두고 강의와 연구를 진행 중이다.

송경호

연세대학교 통일연구원 전문연구원.
연세대학교에서 19세기 동아시아 인권 수용에 대한 논문으로 박사학위를 받았다. 현재 지성사·개념사에 관심을 두고 연구 중이다.

이헌미

서강대학교 사회과학연구소 선임연구원.
서울대학교 법학과를 졸업하고, 외교학과에서 공부했다. 관심 분야는 한국외교사, 동아시아 지역질서, 젠더와 국제정치이다.

홍철기

서강대학교 글로컬한국정치사상연구소 전임연구원.
서울대학교 정치학과에서 정치적 대표에 관한 연구로 박사학위를 받았다. 현재는 19 · 20세기 정치사상사와 개념사 연구를 하고 있다.

색인

문명개화 시대의 자유, 권리, 주권, 사회

서양을 번역하다

1판 1쇄 인쇄 2021년 2월 19일
1판 1쇄 발행 2021년 2월 25일

지은이 더글라스 하울랜드(Douglas Howland)
옮긴이 김현 · 박은영 · 소진형 · 손민석 · 송경호 · 이헌미 · 홍철기
펴낸이 신동렬
책임편집 구남희
편집 현상철 · 신철호
외주디자인 심심거리프레스
마케팅 박정수 · 김지현

펴낸곳 성균관대학교 출판부
등록 1975년 5월 21일 제1975-9호
주소 03063 서울특별시 종로구 성균관로 25-2
전화 02)760-1253~4
팩스 02)760-7452
홈페이지 http://press.skku.edu

ISBN 979-11-5550-469-7 94080

*잘못된 책은 구입한 곳에서 교환해 드립니다.
*저서는 2018년 대한민국 교육부와 한국연구재단의 지원을 받아 수행된 연구임.
(NRF-2018S1A6A3A01023515)